U0794772

普通高等教育“十一五”国家级规划教材
全国普通高等学校优秀教材一等奖
普通高等教育精品教材
面向21世纪课程教材
Textbook Series for 21st Century
商务发展研究成果奖优秀奖

高等学校经济管理类核心课程教材

市场营销学

第8版·数字教材版

郭国庆　陈　凯 ——————— 编著

中国人民大学出版社
·北京·

前言

党的二十届三中全会提出，要健全因地制宜发展新质生产力体制机制，聚焦提高人民生活品质，构建全国统一大市场等。在构建高水平社会主义市场经济体制的时代背景下，在进一步全面深化改革、推进中国式现代化的伟大进程中，市场营销必将发挥越来越重要的作用。

教材是教学内容的主要载体，是课程标准的具体化。教材建设是育人育才的重要依托，体现国家意志，是国家事权。习近平总书记指出，要“用心打造培根铸魂、启智增慧的精品教材”。为了适应新一代信息技术、人工智能等战略性产业发展的需要，加快构建促进数字经济发展体制机制，完善促进数字产业化和产业数字化政策体系，我们推出了修订后的《市场营销学（第8版·数字教材版）》。本书系统地介绍了市场营销的基本概念、理论和方法，采用定性与定量相结合的方法，准确地阐述了人工智能背景下的市场营销原理，体现了营销学科的科学性，并对中国企业的营销实践进行了科学全面的描述，展现了市场营销学科发展的新趋势。全书注重对市场营销哲学层面的思考和市场营销理论的溯源，体现了很好的历史传承和理论积淀。

在本书修订过程中，我们遵循了如下原则：

1. 立意高远，打造高水平优秀教材。我们以习近平新时代中国特色社会主义思想为指导，坚持理论联系实际，坚定中国特色社会主义道路自信、理论自信、制度自信和文化自信，坚守为党育人、为国育才使命，致力于充分反映中华优秀传统文化和中国社会主义建设的伟大实践，反映当代中国企业营销管理的新创举，展现新时代市场营销领域的中国主张、中国智慧、中国案例等中国元素，坚持立时代之潮头、发时代之先声，为伟大祖国鼓与呼。在修订过程中，我们认真贯彻习近平总书记关于市场营销的重要论述，力求以更深邃的视野、更博大的胸怀、更自信的态度，择取最能代表中国变革和中国精神的营销题材和案例，书写和记录人民的伟大实践、时代的进步要求，彰显信仰之美、崇高之美，弘扬中国精神、凝聚中国力量，激励青年学生朝气蓬勃地迈向未来。

2. 力求做到学术严谨，理论性强。本书充分吸收并全面展现了全球营销领域的前沿成果，科学阐述了国内外市场营销领域的新实践、概念和原理，如变革营销、营销分析、营销工程、大数据营销、社交媒体营销等，帮助学生拓展国际视野，既充分吸收国际先进的成果，又深刻感受中国市场营销的新发展和巨大成就，提升民族自豪感，让青年学生看到美好、看到希望、看到梦想就在前方。本书致力于科学系统地归纳市场营销知识的相互联系和发展规律，如营销学的产生与发展、营销学派、营销学与相关学科、营销哲学新视野、传统文化与营销道德等。

3. 坚持客户导向，以读者为中心。我们严格遵循学生认知发展规律和教育教学规律，在篇章布局与内容安排上，注重贴近学生生活学习实际，增加中国企业成功营销实践的新案例，充分展示中华优秀传统文化和党的创新理论中的营销思想，贯彻党的二十大精神，聚焦“人民生活更加幸福美好”“鼓励共同奋斗创造美好生活，不断实现人民对美好生活的向往”等重要方面，确保教材有正能量、有感染力，能够温润心灵、启迪心智，传得开、留得下，为青年学生所喜爱，致力打造精品。

4. 体系结构安排合理，深入浅出。在修订过程中，我们力求做到概念、原理界定科学、清晰、严谨，案例新鲜、生动，体现中国特色，将振华重工、同仁堂、小米汽车、良品铺子、安踏集团、珍宝岛药业等营销案例传播给广大读者，发出中国声音、讲好中国故事，不断提高中华文化感召力、中国形象亲和力和中国话语说服力。坚持全球视野和世界一流水平，使更多全球智慧资源和创新要素为我所用，充分反映市场营销理论发展的新成果，符合并服务于中国特色市场营销人才培养目标。经过修订，本书具有更强的启发性、针对性和实用性，更有利于激发学生兴趣，培养学生的学习能力、实践能力和创新能力。

5. 反映人工智能新发展，注重教材内容形式创新。近年来，云计算、人工智能、大模型等技术加速创新，日益融入经济社会发展各领域的全过程。第 8 版新增了将人工智能技术应用于市场营销实践的新案例。例如，灵狐科技的“有核声誉营销”战略、蘑菇街如何激发消费者热情、足力健的市场选择、小米汽车的定价策略、旺旺的品牌延伸、蓝月亮打造线上线下双渠道、美的的 DTC 分销模式、胖东来的危机公关、零跑的营销组织创新、中通快递的绿色发展战略等。一些案例采用了二维码的形式。读者只需用手机扫描二维码，就可以在线阅读。线上与线下的融合，使读者更容易获得多层次、全方位、宽领域的阅读资源。我们还兼顾教材内容稳定性、连续性，对传统部分进行浓缩和简化，腾出空间增加新的内容。

本书由郭国庆、陈凯编著。在修订过程中，参照了多位学者的著述，得到了广大营销学同行的诸多帮助。许多同行还提供了案例遴选、数据查验、译文校正等帮助，在此表示衷心感谢。尤其感谢王紫依、安卫康、魏福元、王雨卿、张梓琪、姬春华、郭玉梅、林雪娇、安立刚、雷羽尚、冯嘉俊、郭溪月、孙乃娟、周健明、魏海蓉、吴庛灿。

从事市场营销研究和教学工作 40 年来，我们在引入、传播和应用国外市场营销学理论的同时，始终关注市场营销理论的本土化、中国化。我们一直认为，要有学习前人的礼敬之心，更要有超越前人的竞胜之心，增强自我突破的勇气，要志存高远，也要耐得住寂寞。

本书于 2021 年荣获中国人民大学商学院第四届高水平学术著作成果奖（教材类）一等奖；为 2021 年度中国人民大学研究生精品教材建设项目成果，受到中国人民大学 2021 年度“中央高校建设世界一流大学（学科）和特色发展引导专项资金”支持。修订过程中采用了中国人民大学重大规划项目“中国市场营销思想史（22XNLG08）”、中国人民大学中华民族现代文明研究专项“中华传统营销理念创造性转化与创新性发展研究”、2024 年度中国人民大学亚洲研究中心项目“中华传统营销文化对亚洲国家的影响及其现实价值研究”和 2024 年中国人民大学教育教学改革研究项目“品牌经典教材建设的历程、路径和管理制度研究（JYXM2024005）”的最新研究成果。在此，谨向中国人民大学有关部门表示衷心感谢。

当代中国，江山壮丽，人民豪迈，前程远大。实现中华民族伟大复兴的中国梦，需要一大批适应高质量发展、高水平自立自强的优秀营销人才。用心打造培根铸魂、启智增慧的精品教材，对于进一步全面深化改革、推进中国式现代化，因地制宜发展新质生产力，全面提高营销人才自主培养质量，促进乡村振兴和共同富裕，让人民过上更好生活，具有非常重要的战略意义。我们要抓住机遇、超前布局，以更高远的历史站位、更宽广的国际视野、更深邃的战略眼光，为历史存正气，为世人弘美德，为自身留清名，努力以高尚的职业操守、良好的社会形象、文质兼美的优秀教材赢得读者喜爱和欢迎。

在本书修订过程中，我们坚持创造性转化、创新性发展，聚焦育新人、兴文化、展形象的使命任务，在培根铸魂上展现新担当，在守正创新上实现新作为，在明德修身上焕发新风貌，力求展示中国营销新气象。我们注重从时代之变、中国之进、人民之呼中提炼主题、萃取题材、精选案例，展现中华历史之美、山河之美、文化之美，抒写中国人民奋斗之志、创造之力、发展之果，全方位全景式展现新时代的精神气象和营销业绩，致力于讲好中国故事、传播好中国声音、阐发中国精神、展现中国风貌。

由于作者水平所限，疏漏之处在所难免，敬请有识之士批评指正。

目　录

第 1 篇
绪　论

第 1 章

导　论

| 本章要点 |
- 营销学的产生与发展。
- 营销学的主要流派。
- 相关学科对营销学的贡献。
- 营销的内涵。
- 营销职能在企业中的地位。

营销学是一门研究满足人民美好生活向往的营销活动及其规律的应用科学。人工智能、移动通信、物联网、区块链、语音识别、人工智能机器人、移动互联网与社交媒体等新质生产力的发展，赋予了消费者更多信息与权利。今天企业的营销活动必须注重顾客互动参与，这已成为不可逆转的商业趋势。准确把握营销的核心概念，全面理解营销在推进中国式现代化、实现高质量发展、创造人民美好生活中的地位和作用，对于企业赢得市场竞争优势具有重要意义。

第 1 节　营销学概述

一、营销学的性质与研究对象

（一）营销学的性质

营销学是一门以经济科学、行为科学、管理理论和现代科学技术为基础，研究以满足人民日益增长的美好生活需要为中心的企业营销活动及其计划、组织、执行、控制的应用科学。①

营销学于 20 世纪初从经济学的母体中脱胎而出。之后，在其演变发展的历史进程中，营销学呈现出两个发展方向：一是在制度经济学的影响下形成的宏观视角的营销研

① Rajesh K. Chandy，Gita Venkataramani Johar，Christine Moorman，et al. Better Marketing for a Better World. Journal of Marketing，2021，85 (3)：1－9.

究，例如，有学者提出“营销是为社会创建并传递生活标准的过程”“营销是增进消费者福祉的社会交换过程”“营销是引导经济物品从生产者流转到消费者，有效地使供给与需求相适应，以促进社会目标实现的社会经济过程”等类似观点；二是在新古典微观经济学的影响下形成的营销管理研究，认为营销学是建立在经济学、行为科学、管理学理论基础之上的一门应用科学，涉及营销环境分析、市场细分、市场选择、市场定位、产品组合、品牌管理、新产品开发、定价、流通、促销等具体内容，属于管理学范畴。

（二）营销学的研究对象

营销学的研究对象是以满足人民日益增长的美好生活需要为中心的企业营销活动过程及其规律。具体来讲，营销学主要研究作为卖主的企业如何在动态的市场上有效地获取客户，与客户互动，建立强有力的客户关系，创造卓越客户价值，进而获得客户价值回报而采取的一系列战略活动。① 习近平总书记指出：“人民对美好生活的向往就是我们的奋斗目标，抓改革、促发展，归根到底就是为了让人民过上更好的日子。要从人民的整体利益、根本利益、长远利益出发谋划和推进改革，走好新时代党的群众路线，注重从就业、增收、入学、就医、住房、办事、托幼养老以及生命财产安全等老百姓急难愁盼中找准改革的发力点和突破口，多推出一些民生所急、民心所向的改革举措，多办一些惠民生、暖民心、顺民意的实事，使改革能够让人民群众有更多获得感、幸福感、安全感。”②

二、营销学的产生与发展

（一）营销学的产生

作为一门系统、完整的学科，营销学发轫于美国。在中华优秀传统文化、近现代中国企业家的营销实践以及中国共产党主要代表人物的著述讲话中也有着丰富的营销理念。在绵延5 000多年的文明发展进程中，中华民族有着诸多至今仍具有重要启迪意义的营销实践。这些营销理念和实践一直作为“商学”的重要组成部分呈现给世人。我国在古代的商朝时经济交换已很发达。正因为商朝重视商品交换和营销，才成为我国历史上一个延续500余年的朝代。

商，原本是黄河下游的一个部落。商部落的祖先在大禹治水和辅佐夏朝建立中立下了不朽功勋，商部落由此不断发展壮大。随着商部落地盘的扩大，其畜牧业日益发达，牲畜成为部落对外交换的主要物品，从事牲畜营销便成为商部落的主要经济活动之一。

事实上，在夏朝，商部落就以精通交换、擅长营销出名。营销的核心概念是交换，但它不同于一般的交换。营销是致力于通过满足对方需要来实现自身目标的交换，是交换的高级形式。商部落从事交换的高明之处就在于善于捕捉市场需求，勤于开拓有购买潜力的市场。商部落的首领经常亲力亲为，不惜长途跋涉，克服重重困难，带着牲畜和其他物品与别的部落开展贸易。在交换过程中，研究和预测对方需求成为商部落首领必做的功课。否则，舟车劳顿，兴师动众，却不能满足对方需求和实现自己的战略目标，就既不能彰显自己的领导力和超人本领，又不能让本部落的人心服口服，更难以满足部

---

① Philip Kotler，Gary Armstrong，Sridhar Balasubramanian. Principles of Marketing. 19th ed. Harlow：Pearson Education Limited，2024：27.

② 习近平主持召开企业和专家座谈会强调 紧扣推进中国式现代化主题 进一步全面深化改革. 人民日报，2024-05-24.

落生存、发展、壮大的客观需要。

夏朝末期，贵族阶层骄奢淫逸、挥霍无度，而商部落的人审时度势，充分利用自己擅长的营销手段和已经比较发达的手工业，最终在公元前1600年建立了商朝。商由此从部落名成为朝代名。随着商朝的发展壮大，其贵族的腐败堕落也愈演愈烈，最终走向了毁灭。公元前1046年，周武王推翻商朝，建立了新王朝，即周朝。

商朝灭亡之后，许多商族人凭着经商这一技之长，投身于做生意、跑贩运，不辞辛苦、闯荡南北，做买卖、搞营销成了商族人的主要职业。后来，随着时间的推移和社会的变迁，非商族的买卖人逐渐多了起来。此时，买卖人虽不再以商族人为主体，但人们却习惯性地把所有买卖人称为“商人”。

现在，我们称用于出售的生产物为“商品”，称专门从事交换的行业为“商业”。由此可见，商人、商品、商业都和古代的商朝有着历史的渊源。

西周时期，周文王曾通过营销便利化来渡过荒旱难关。他提出，要给四方游商以便利，如果认为这里的货币轻，可以另发重币；货物随到随卖，不耽误，早晚均可进行交易。①

由此可见，营销理念和营销实践在中国源远流长，5 000多年中华文明发展进程中的营销格言、营销案例、营销先哲更是不胜枚举。

1890年，晚清洋务派代表人物张之洞创建两湖书院，1896年在其课程体系中增设了经济、工商、商务等新课程。其中，不少课程内容与营销密切相关，例如：传播需求牵引供给、供给创造需求的营销理念（“访新地，创新货，察人国之好恶”“商先谋之，工后作之”“商为主，工为使”）；阐明营销管理中成本、价格和销售的辩证关系（“本贵则价难减，价昂则销愈滞”）；探寻发现市场供求规律（“一哄之市必有平”），而适应市场需求的新产品则“销流必广”；展现国际营销的渠道模式，诸如“自销”“带售”等。②

论述营销问题的商学典籍早在1895年之前的中国就已存在。这些商学论著将中华优秀传统文化中的商学理念、经商哲学与从国外学习借鉴得来的感悟有机结合，用于指导中国的营销实践。文明的繁盛、人类的进步，离不开文明交流、互学互鉴。诚如习近平总书记所指出的：“人类历史就是一幅不同文明相互交流、互鉴、融合的宏伟画卷。”③在众多商学典籍中，张之洞所著《劝学篇》所涉及的市场需求、市场竞争、出口营销、产品定价、流通渠道等营销思想尤为突出。该著作于1898年刊行，先后译成英文和法文出版。1900年在纽约出版的英译本更名为《中国唯一的希望》。30多年之后，以“市场学”为名的两本教材在中国出版，一本是丁馨伯编译的《市场学原理》（1934年世界书局出版），另一本是侯厚吉编写的《市场学》（1935年黎明书局出版）。④

美国是开设营销学课程较早的西方国家。1902年，密歇根大学开设了“美国产业流通和管理”课程，内容涉及对各种产品的分类、分等、品牌、批发和零售等方面。1904年，克鲁希在宾夕法尼亚大学讲授了一门名为“产品营销”的课程，这是“营销”这个词首次作为大学课程的名称。1910年，拉尔夫·斯达·巴特勒在威斯康星大学讲授了一

---

① 吴慧．中国商业通史简编．北京：中国商业出版社，2015：8-20.

② 张之洞．劝学篇．北京：朝华出版社，2017：139-147.

③ 习近平．习近平谈治国理政：第二卷．北京：外文出版社，2017：524-525.

④ 李飞．中国营销学史．北京：经济科学出版社，2013：53.

门名为“营销方法”的课程。巴特勒指出：“在对整个销售领域进行考察时，我发现，人员推销和广告往往与销售观念的最终表现密切相关。我在宝洁公司的那段经历也使我坚信这一点——企业在派遣推销员或在刊物上做广告之前，必须考虑并解决一系列问题，而解决问题的方法可以概括为营销方法。”

在营销思想发展进程中，美国的大学教师起了十分重要的作用。当时尚不存在“营销”（主要使用“流通”）这个术语，但正是这些早期的营销教师最先洞察到营销的未来发展趋势，坚信随着社会经济的不断发展，营销必将有远大的发展前途，并为营销思想的发展做出了历史性贡献。1900—1910 年间开设产业流通课程的大学和教师如表 1－1 所示。

表 1－1　1900—1910 年间美国开设产业流通课程的大学和教师

年份	大学	教师
1902	密歇根大学	爱德华·琼斯（Edward D. Jones）
1902	加州大学	西蒙·李特曼（Simon Littman）
1902	伊利诺伊大学	乔治·费斯克（George M. Fisk）
1904	宾夕法尼亚大学	克鲁希（W. E. Kreusi）
1904	宾夕法尼亚大学	帕森（H. S. Parson）
1905	俄亥俄州立大学	詹姆斯·哈格蒂（James E. Hagerty）
1909	哈佛大学	保罗·切林顿（Paul T. Cherington）
1910	威斯康星大学	拉尔夫·斯达·巴特勒（Ralph Starr Butler）

资料来源：郭国庆．中国市场营销学科发展史．北京：中国人民大学出版社，2023：33.

（二）营销学的发展

系统的营销学起始于 20 世纪初，至今已有百余年的历史。这期间，营销学大体经历了四个发展阶段。

1. 营销学萌芽时期（1900—1920 年）。20 世纪初，流通体系作为商业管理中的一个快速发展、大有作为的领域逐渐为学术界所关注。当时，传统经济学家特别关注具有经济价值的产品（还有土地、劳动力以及资本），而忽略了流通提供的服务。当市场范围局限于国内时，这种做法是可以理解的。然而，随着外来移民涌向美国各大城市，产品以及技术、交通、物流的进步等使得市场形势急剧变化，生产者所面对的是更大范围的市场，甚至是国外市场。因此，流通体系得到了迅速发展和改进。此时，迫切需要经济学家研究并解释这些尚未融入主流思想的新情况和新问题。

于是，美国高校承担大学商科教学的教师开始关注定价、流通和广告问题的研究，开设了一些新课程，譬如密歇根大学开设的“产业流通”、纽约大学开设的“商业制度”等。

在这一时期的后半段，经济学刊物对处于萌芽状态的营销学给予了重要的支持和帮助，促使营销学创立出与众不同的研究方法，推动了营销学知识的发展。比如产品研究法、机构研究法和职能研究法就是在这一时期发展起来的。同时，属于营销学所特有的新概念被陆续提出，初始的学科体系逐渐形成。

2. 营销学规范时期（1920—1950 年）。在这一时期，营销学由一个初创、尚未完全成形的研究领域发展成为一个朝气蓬勃、欣欣向荣、具有广泛影响力的学术领域。

营销系统的一个关键特征是它内嵌于日复一日的社会生活之中，并随着外部环境的变化不断发展。这是一个极不平凡的时期，美国社会经历了快速发展和繁荣的 20 年代、大萧条的 30 年代、大动荡的第二次世界大战以及 40 年代的战后恢复时期。这些机会和挑战都要求进一步明晰营销学术范围，使其成为一个规范的研究领域。为实现这一目的，学术界开始对各专门学科和各种研究方法的成果加以集成整合、融合提炼、博采众长，形成了较为系统的营销学理论。营销学科的独立性、系统性和完整性日趋明显。不过，与其后的研究相比，这一时期营销学者的研究更多地侧重于对营销实践的描述而较少考虑管理方面的问题。

3. 营销学迅速发展时期（1950—1980 年）。尽管前有先驱，后有来者，1950—1980 年之间的 30 年还是在营销思想的发展史上标出了一个分水岭。这一时期是个伟大变革的阶段。在这个时期，创新与发展受到普遍的欢迎，营销思想的领域得到了迅速扩展，管理学、社会学、行为科学、心理学、数学等相关学科的概念、理论陆续应用于营销学教学和研究，对营销思想的发展起到了很大的促进作用。这一时期，营销学的主要特征是：

（1）致力于从管理角度观察这一领域，更加强调营销管理，表现为这一时期提出了许多具有重要意义的概念，如营销观念（John McKitterick，1957）、4P 理论（E. Jerome McCarthy，1960）、品牌形象（Burleigh Gardner and Sidney Levy，1955）、营销管理（Philip Kotler，1967）以及营销近视（Theodore Levitt，1960）等。

（2）广泛吸收其他学科（包括自然科学和社会科学）的概念、原理，使理论体系更加充实，并注重营销决策研究和定量研究。

（3）营销理论的阐述更加准确，倡导营销活动必须适应消费者需求的变化，强调目标营销、营销信息和营销系统的重要作用。

（4）营销学从原来的总论性研究转变为区别不同研究对象的具体性研究，分化出许多子学科，譬如服务营销、全球营销及非营利组织营销等。

（5）这一时期末，营销学开始强调企业营销活动所关联的社会责任、社会义务和商业道德，强调借助营销学原理和方法来增进社会福祉、提升生活质量、发展社会公益、创造美好生活。

4. 营销学重构时期（1980—2000 年）。1980 年以后，营销内外部环境发生了巨大的变化，例如和平与发展成为世界主题、经济全球化的趋势愈加明显、知识经济快速发展、现代科学技术日新月异等。这些变化促进了营销学的分支科学——全球营销学的理论化、系统化，使营销学理论在国际范围内迅速传播，被广为采纳，并促进了营销学的分化和重构，尤其是具有中国特色的营销学理论体系逐步建立起来。

例 1-1 中国互联网发展新趋势

5. 营销学多元综合时期（2001 年至今）。第一，进入 21 世纪以来，西方营销学逐渐由过去传统的定性分析方式转变为运用数理统计方法、计算机科学和数据科学等多种先进技术手段，进行定量的模型化分析研究，经济学、社会学、数据科学等多领域多学科的概念、方法陆续融入营销学体系，研究方法呈现出多元化、整体化和综合化特征，涵盖微观和宏观领域的科学理论架构逐渐形成。在经历了 2008 年全球金融危机之后，各国亟需重振消费信心，扩大消费需求，赢回市场对产品服务质量和消费者福祉的信任。于是，品牌选择、品牌形象、品牌管理等品牌营销问题成为营销学研究重点。第二，营销学研究的多元综合特征日趋明显。合约、市场价值、公平交易、转换成本等经济学相关概念与营销学研究深度融合。第三，学术界将关注的重点转向中小企业、电子商务、全渠道管理、大数据、金融机构、公司创业、人力资源管理等综合性新课题，进一步拓展了营销学研究的深度和广度。第四，随着数字时代的来临、气候环境的不断恶化和生态保护意识的崛起，学术界围绕大数据营销、低碳营销、环境保护、企业社会责任、绿色营销、宏观营销、数字营销、人工智能等课题的综合性研究也逐渐兴起，积极为社会经济发展服务，有力提升了营销学的科学性、交叉性、致用性和社会影响力。诚如习近平总书记指出的："进入21世纪以来，全球科技创新进入空前密集活跃的时期，新一轮科技革命和产业变革正在重构全球创新版图、重塑全球经济结构。以人工智能、量子信息、移动通信、物联网、区块链为代表的新一代信息技术加速突破应用，以合成生物学、基因编辑、脑科学、再生医学等为代表的生命科学领域孕育新的变革，融合机器人、数字化、新材料的先进制造技术正在加速推进制造业向智能化、服务化、绿色化转型，以清洁高效可持续为目标的能源技术加速发展将引发全球能源变革，空间和海洋技术正在拓展人类生存发展新疆域。"① "技术创新进入前所未有的密集活跃期，人工智能、量子技术、生物技术等前沿技术集中涌现，引发链式变革。与此同时，世界百年未有之大变局加速演进，科技革命与大国博弈相互交织，高技术领域成为国际竞争最前沿和主战场，深刻重塑全球秩序和发展格局。"②

截至2024年6月，中国人工智能企业数量已超过4 500家。③ 随着人工智能、大数据等新技术日益与中医药深度融合，各类创新产品层出不穷：人工智能针灸机器人、中医健康手环、脉象信息采集系统等。目前，业界对人工智能辅助进行中医四诊的技术研发热情较高，人工智能也可"望闻问切"。打开手机上的"望舌问膳"小程序，对着手机摄像头拍下舌头照片，仅1分钟，患者就能收到一份详细的身体体征报告。这份报告可以从中医角度分析人的健康状况，并提供膳食养生防治方案。这款小程序融合传统中医舌诊方法和现代人工智能图像识别技术，通过对两万多张临床舌诊图片深度学习，为用户提供便捷的健康分析服务。展望未来，人工智能将越来越广泛地应用于中医药临床和科研。比如，通过图像识别技术增强"望闻问切"的客观性，基于大数据系统优化医生处方，利用人工智能模型辅助诊疗等。④

科学和文明的发展给营销领域带来了更为复杂的概念和方法，营销学术界也日益重视高新技术、文化等对营销的影响和渗透。专门化研究的发展使得数据库营销、口碑营销、体验营销、云营销、大数据营销、社交媒体营销等新的营销理论不断涌现和发展，极大地丰富了营销学的理论内容。总之，探索营销在新经济和新技术革命条件下的走向、研究变革营销（transformative marketing）的新发展及其对营销管理的影响，成为这一时期营销教学与研究的热点。

---

① 习近平．在中国科学院第十九次院士大会、中国工程院第十四次院士大会上的讲话．人民日报，2018-05-29.

② 习近平．在全国科技大会、国家科学技术奖励大会、两院院士大会上的讲话．人民日报，2024-06-25.

③ 我国人工智能企业数量已超4 500家．(2024-06-20). https://www.gov.cn/yaowen/liebiao/202406/content_6958471.htm.

④ 人工智能也可"望闻问切"辅助中医诊疗更便捷．科技日报，2024-07-29.

第 2 节　营销学派

学派是由于学说师承不同、学者地域不同以及关注问题不同而形成的群体和派别，是科学理论发展中的普遍现象。就思想的发展而言，学派的产生意味着创新和发展。习近平指出，要“努力探索科学前沿，发现和解决新的科学问题，提出新的概念、理论、方法，开辟新的领域和方向，形成新的前沿学派”①。在营销思想产生与发展的历史进程中，也形成了许多具有鲜明理论特色和独特研究方法的不同学派。各学派之间互相影响、互相促进，极大地推动了营销理论的丰富和发展。了解历史才能看得远，理解历史才能走得远。探索营销学的历史发展规律有利于营销学行稳致远，不断创新，永葆生机活力。

一、美国早期的营销学派

营销学的思想体系包含多个层面，这种多层面性导致学术界从不同角度划分营销学派。一种方法是从结构层面和知识层面进行划分，认为早期美国的营销学界存在三个主要学派，即商品学派、职能学派和机构学派，它们构成了古典学派。也可以把区域学派划归古典学派，因为它和上述三个学派一样都侧重于考察整体市场行为。另一种方法是从空间和个人层面进行划分，根据营销思想的发源地以及学者之间的师承关系，早期的营销学界存在四个学派，即威斯康星学派、哈佛学派、中西部学派和纽约学派。本节，我们分别按两种不同的划分方法对各个学派进行详细分析。

（一）古典学派

古典学派从社会科学各个领域（包括微观经济学、地理经济学和人口统计经济学等）吸取了许多有用的概念和原理，如需求理论、消费者剩余、垄断竞争、非市场交易、调查方法等。

在古典学派中，商品学派流行时间最长。它将市场交易的商品作为营销研究的重点，试图根据产品的物理属性以及消费者购买行为将产品划分为不同类别。最初，其研究重点是工农业产品，后来又增加了服务。梅尔文 · 科普兰（Melvin T. Copeland）对古典学派贡献最大，他于 1923 年提出了至今仍为学术界所称道的便利品、选购品和特殊品的分类。

与商品学派同时出现的职能学派将营销行为作为研究的重点。学术界公认的职能学派创始人阿齐 · 肖（Arch Shaw）提出，营销职能包括分担风险、运输、融资、销售、备货、分等和再装运等。到 20 世纪 30 年代中期，至少有 26 本有关营销职能的论著出版，提出的营销职能达 52 种之多。职能学派的大部分学者其实并未分清营销过程固有的职能和营销职能中的特定活动，闭门造车，脱离社会实践，以致该学派日渐走向衰败，而且后继无人。

---

① 习近平．在中国科学院第二十次院士大会、中国工程院第十五次院士大会、中国科协第十次全国代表大会上的讲话．人民日报，2021－05－29.

机构学派与前两种学派同时出现，该学派更注重研究承担营销职能的机构或组织。其出发点是反驳这样一种看法，即在营销实践中，中间商的介入只是增加了交易成本，而没有增加产品价值，带来新的贡献。因此，学者们致力于研究营销中介的作用，以论证这些组织或机构存在的经济意义。机构学派的创始人路易斯·韦尔德（Louis D. H. Weld）于1916年指出，批发商、零售商等中间商通过创造时间效用、地点效用和占有效用而增加了产品价值。他认为，职能专业化有助于营销效率的提高。

最后，区域学派将营销视为帮助买卖双方跨越地域或空间界限而进行的经济活动。该学派的出现晚于其他三个学派，其最具代表性的研究成果是威廉·雷利（William J. Reilly）和保罗·康沃斯（Paul D. Converse）的“零售引力定律”，即借助数学公式来划分零售区间，并以此判断消费者最愿意去何处购物。与前三个学派相比，区域学派不太出名，在讨论营销思想学派时常常被忽略。

（二）按发源地划分的各学派

1. 威斯康星学派。20世纪初，威斯康星大学成为激进的自由经济思想的论坛，在营销思想发展史上，威斯康星大学扮演着开路先锋的角色。它吸引了许多早期营销先驱，如哈格蒂、保罗·尼斯托姆（Paul H. Nystrom）、巴特勒和康沃斯。当时威斯康星大学的学生和教师都为营销学科的最终建立做出了贡献。他们首先在课程和著作中使用了“营销”一词，第一次讲授了农产品营销课程，并通过对外学术交流合作传播营销知识，对美国早期营销思想的发展做出了重要贡献。

2. 哈佛学派。哈佛不但培养自己学校的人才，而且对去那里暂时就读的学生的日后发展助益甚大，该校对营销的贡献是杰出而又独特的。早期在哈佛对营销思想做出贡献的先驱有切林顿、肖、科普兰、哈罗德·梅纳德（Harold H. Maynard）和尼尔·博登（Neil H. Borden）。哈佛大学与威斯康星大学相比，后者的营销学者往往是完成学业后又到其他地方任教的人，而前者的大部分学者则是在那里学习后又继续留校任教的人。哈佛的学者们是营销理论早期发展的重要参与者，他们的主要贡献是对营销问题的编辑整理和集成创新。

3. 中西部学派。随着对营销兴趣的不断增大，明尼苏达、密歇根、伊利诺伊及俄亥俄等州的学者也做出了颇具创新价值的贡献。其中包括韦尔德、弗雷德·克拉克（Fred E. Clerk）、保罗·艾维（Paul W. Ivey）、卡森·邓肯（Carson S. Duncan）、康沃斯、梅纳德及贝克曼（T. N. Beckman）。中西部学派的主要贡献是在1920年前后掀起了营销理论研究的第二次浪潮。第一次浪潮是在此之前的8～10年里，巴特勒、切林顿和肖等开创性地对营销定义进行了扩展，推动了营销思想的早期形成与发展。而中西部学派的主要贡献在于对营销理论的集成与提炼，并对营销职能和原理进行了开创性研究，进而将这门学科加以定型，并不断丰富其理论体系。

4. 纽约学派。尽管哥伦比亚大学和纽约大学对早期营销文献没有什么突出贡献，但也做了一定的奠基工作。1920年，休·安格纽（Hugh E. Agnew）去了纽约大学。在此之前，他已拥有多年的教学经验，并成为日后该地区最早的营销思想家。在安格纽思想和著作的形成中，职业因素起了很大作用，尤其在广告和传播促销方面。20世纪20年代，尼斯托姆和亚历山大（R. S. Alexander）也到纽约地区教学，在营销学理论研究中做出了历史性的贡献。

通过对美国早期营销思想的发展进行深入研究，我们可以得出如下结论：（1）营销研究是经济学研究的发展和扩展，而不是商业实践的理论化；（2）对商业活动的开拓性研究对营销科学早期发展和理论根基的充实十分重要；（3）不论是来自学术界还是来自实际领域的营销研究者，都受到多种主客观因素的影响；（4）营销的框架是在1920年（营销原理成为很多著作的题目时）才形成的；（5）20世纪前20年对营销做出主要贡献的先驱后来大多仍是营销学界的杰出学者；（6）营销先驱当时对营销问题的分析和判断，今天来看仍然是正确的。

二、营销学派的发展

20世纪50年代以来，营销思想的发展进入了管理主义时期，出现了管理营销学派、行为营销学派和应变营销学派。

（一）管理营销学派

侧重于整体市场行为的古典学派后来让位于侧重于专注市场个体行为的管理学派。管理学派、系统学派与交换学派都是出现于经济复苏的20世纪50年代。管理学派提倡对营销活动进行管理，通过加强管理来保护生产者利益，提高消费者生活质量，增进社会福祉。早期的开拓者提出了营销组合、产品差异、市场细分、产品生命周期以及营销观念等著名概念。这些概念或理论至今仍在营销思想体系中占有十分重要的地位。系统和交换理论出现于50年代末，由威廉·麦克伊内斯（William McInnes）和罗·奥德逊（Wroe Alderson）首倡。麦克伊内斯认为，在生产者和消费者通过交换满足其需求的过程中，市场发挥了极其重要的作用，目标市场和营销组合构成了相互影响的系统，企业营销应善于采用系统的观点看待市场问题。奥德逊则用交易规则来解释交易双方为何交易。后来，科特勒等人进一步明确提出，交换是营销的核心概念和中心环节。

（二）行为营销学派

随着研究重点从整体市场转向个体行为，客观上要求消费者行为学能更好地解释个体行为。为此，营销学家开始借助心理学的概念和技术研究问题。所以，行为营销学派受到经济心理学、临床心理学和组织行为学的很大影响。其中，经济心理学侧重于消费者期望；临床心理学侧重于潜意识动机；组织行为学侧重于权力、冲突和理智。行为科学认为，是愿望而不是现实驱动着人类行为，所以，在营销学家看来，许多与营销有关的行为是由个人愿望驱动的。这一时期，至少有三个学派产生，分别是组织动力学派、消费者主义学派和购买者行为学派。

一般认为，组织动力学派是由路易斯·斯腾（Louis Stern）创立的，他发表的有关分销渠道中的权力和冲突的论文，是该学派研究分销渠道成员行为的奠基性文献。受斯腾的影响，另有学者进一步研究了渠道成员关系中的权力、冲突问题以及组织内部关系模型等问题。斯腾还运用政治经济学分析方法，将机构学派的经济问题和组织动力学派的行为问题整合到一个框架中。

消费者主义学派是20世纪60年代末随着美国消费者权益保护运动的兴起而产生的。消费者权益保护作为一个社会运动，主要关注消费者福利，希望纠正购买者和销售者之间的权力不平衡，批判有害公益的企业和行业。消费者主义学派注重消费者权益的研究，主张对不道德的营销活动（如虚假广告、价格欺诈、强行推销等）进行抵制，呼吁政府制定法规保护消费者权益。该学派对消费者抱怨行为进行了全面分析，并对某些特定消费者群体（如黑人、拉丁裔、残疾人以及移民等）的购买行为进行了专门研究。在我国，强调“维护市场秩序，激发各类市场主体特别是中小微企业活力，保护广大劳动者和消费者权益”①。

随着人们逐渐认同心理因素是驱动购买行为的主要因素，消费者行为学研究重点开始转向分析个体购买者的内心世界，以社会心理学、认知心理学和组织心理学的概念为基础建立了有关消费者购买行为和组织购买行为的一般模型；以临床心理学概念为基础进行了动机研究、个性研究和态度研究。心理学中的态度研究影响了消费者行为学中的态度研究；认知心理学中的信息处理研究影响了消费者信息处理和选择行为研究。另外，实验室实验、焦点小组访谈、深度访谈、投射技术（用于动机研究）、抽样邮寄、电话调查等消费者行为研究方法均来源于行为科学。

行为营销学派对现代营销思想的发展发挥着十分重要的作用，尤其是购买者行为学派使营销学日益成熟、严谨，更具科学性。与此同时，消费者行为学日益成为一门独立于营销学的子学科。

（三）应变营销学派

进入 20 世纪 70 年代，营销学的研究重点放在了由规则、技术和全球竞争等环境因素所造成的机会和威胁上，这就促进了应变营销学派的形成和发展。该学派的理论基础是，营销机构必须善于适应环境的发展变化，于变局中开新局。在此时期形成的学派有宏观营销学派和战略计划学派，它们仍立足于行为科学，但吸收了社会科学中的一些理论、方法，主要用于环境分析、SWOT 分析和竞争分析等环境突变性研究。

宏观营销学派将营销看作一个社会系统，并从社会阶层的角度研究营销系统，分析营销和社会因素的相互影响。认为营销是引导经济的产品和服务从生产者流转到消费者，致力于提升供给体系对市场需求的适配性，形成需求牵引供给、供给创造需求的高水平动态平衡，从而实现社会目标的过程。宏观营销学派的历史可追溯到罗伯特·霍洛韦（Robert J. Holloway）、罗伯特·汉考克（Robert S. Hancock）和乔治·费斯克（George M. Fisk）的早期文章，但直到 70 年代末才真正发展成熟，并以《宏观营销学报》的创立为标志，确立了该学派在整个营销学界的地位。

战略计划学派是最新诞生的营销思想学派，该学派的学者注重分析环境动力学以及如何使营销组织适应环境，其内容多来自咨询公司及其主顾，通用电气和波士顿咨询集团的业务投资组合矩阵等就是如此。

第 3 节　营销学与相关学科

营销学在其发展的历史进程中，充分吸收了相关学科的概念、原理和方法，博采众家之长，理论体系日趋充实、完善。营销学的发展史就是不断吸收经济学、心理学、社

① 中共中央关于党的百年奋斗重大成就和历史经验的决议（2021 年 11 月 11 日中国共产党第十九届中央委员会第六次全体会议通过）. 人民日报，2021 - 11 - 17.

会学以及管理学等相关学科的概念、原理进而不断创新的历史。

一、经济学与营销学

营销思想在发展过程中借鉴最多的是经济学的概念。除营销与经济活动有天然的密切联系之外，另一个重要原因是，一些早期的营销学者或者本身是经济学家，或者大量接受过经济学教育。

（一）古典经济学的贡献

亚当·斯密（Adam Smith）提出的许多概念被广泛应用于营销领域。斯密认为，人天生就有交换的倾向，加入市场机制是不可抗拒的历史趋势。他给市场所下的定义被早期的营销学界广为采用。他还提出，所有经济活动的目的都是满足消费。赞同这一观点的营销学者都宣称消费者就是上帝，并站在消费者的立场上进行营销分析。

（二）相关经济学科的贡献

其他领域的经济学家也提出了有用的概念，例如，边际学派的经济学家提出效用的概念，用于解释消费者行为；福利经济学家有关营销的评价对测定广告效果产生了重要影响。此外，营销学者借用了货币理论中有关信用的概念、财政学中与连锁店发展有关的税收概念等。行为经济学家探索了微观经济主体非理性规律，2017年芝加哥大学的理查德·塞勒（Richard Thaler）因其在行为经济学领域的贡献获得诺贝尔经济学奖，他提出的心理账户（mental accounting）、禀赋效应（endowment effect）和交易效用（transaction utility）等概念与理论，对于理解消费者的非理性行为具有重要影响。

许多营销学者致力于通过管理企业来提高营销效率，他们大量使用经济学中有关企业的概念。例如，地租理论用于解释各种营销机构的位置和布局；价格和非价格竞争理论用于解释营销决策；竞争结构用于解释完全竞争、垄断、买主独家垄断、两家卖主垄断、两家买主垄断、多家卖主垄断、多家买主垄断和现实竞争；产品差异化理论用于解释定价、品牌、广告和服务战略；恩格尔定律为市场分析和解释消费者行为提供了思路。

（三）经济学概念对营销学的影响

经济学概念对营销理论的影响是十分明显的。在营销文献中可以找到许多经济学概念，如零售中有关区位、地租、定价、一体化和经营规模的概念；广告中有关差异化生产、经营规模和转移成本的概念；批发中有关价格行为的概念；信用中有关商业周期、购买力、消费者支出和销售条件的概念等。事实上，经济学和营销学的相互依赖关系从一些书名中就可以得到证明，如《消费经济学原理》《零售经济学》《营销和广告经济学》《广告经济学》等。

二、心理学与营销学

心理学概念对于营销思想发展的贡献之大，在所有社会科学各分支中仅次于经济学。心理学研究心理、意识和行为以及个体如何与周围的自然环境和社会环境发生关系。这些知识对营销的重要性是显而易见的。因为心理学研究的对象即个体正是市场交易的当事人。

（一）心理学各学派对营销学的贡献

与经济学一样，心理学在其发展过程中也出现了不同的思想学派及对行为的不同解释。在营销文献中我们可以找到每个学派的观点。最初由威廉·冯特（Wilhelm Wundt）于 1879 年创立的构造主义学派认为，人的心理活动由感觉、意象和情感这些基本元素构成。营销学者借用了该学派的本能、欲望和感觉等术语。

1900 年由约翰·杜威（John Dewey）创立的功能主义学派开始了人类心理的第二次探索。杜威研究了个体在适应环境的调整中心理经验的重要性，研究的重点是人的行为而不是意识。

与此同时，奥地利心理学家西格蒙德·弗洛伊德（Sigmund Freud）创立了心理学的第三个学派，即精神分析学派。弗洛伊德对无意识的心理过程很感兴趣，并通过临床研究来探索精神病的原因。他提出的许多概念和方法被营销学者采纳，用于研究消费者的潜意识以解释市场行为。

当以上三个学派蓬勃发展并吸引了全世界的学者时，约翰·华生（John B. Watson）抛弃了诸如感觉、知觉、意象等概念，于 1913 年提出了“行为主义”的新概念，其基础是行为来自刺激，行为可以学习并习惯化。根据行为主义者的说法，人们可以像动物一样条件反射，并有意识地对某种刺激做出反应，消费者对销售刺激也有模式化的反应。但华生的行为主义理论在美国之外没有获得广泛的接受，或许是因为它与占统治地位的理论格格不入。

第五个心理学学派是格式塔学派。该学派认为，行为是自然、生理和心理等各种因素综合作用的结果。

（二）心理学概念在营销领域的应用

纳入营销思想的心理学概念可分为几类。第一类是有关动机的，在营销学中就是销售吸引力。动机概念本身就说明了加入市场抱有某种目的，并暗示了某些对市场行为产生影响的因素。早期的一些营销学著作讨论了本能、欲望和冲动，并以此作为购买的基础；满意、舒适和方便则被解释为从感觉中产生的动机。市场动机特定地被称为购买动机，分为始发动机和选择动机、理性动机和感性动机、购买动机和惠顾动机以及最终动机（或个人动机）和产业动机等。刺激的概念可用于解释销售吸引力，即产品和服务刺激满足欲望的特征，它们能激起购买动机。对刺激的无反应或冷淡称为销售阻力，但这可以通过适当的行为刺激来克服。

第二类心理学概念与沟通和教育的心理功能有关。某种想法通过知觉、顿悟和直觉被意识接受，通过思考、推理、联想被理解和发展，通过记忆来保留和回忆，通过判断被应用。功能心理学的概念解释了学习的过程、被营销者对营销者渴望传递的信息如何感兴趣的过程以及沟通如何成功的过程。

第三类概念与营销信息通过何种方式才能有效地传递到人们心中有关。例如，销售过程分为知晓、兴趣、欲望、确信和行动五个阶段；在某种环境下，个体按照冲动而不是逻辑推理来采取行动。作为心理分析对象的整体的个人，是有个性的人。个性的概念也被用于无生命的营销机构。还有一个概念是意象，或者可以说仅仅由于心目中对某人的印象而形成的对他的性格特征的认识。意象由暗示、教育和经历发展而来，意象的存在仅仅是一种心理现象。

（三）心理学研究方法的贡献

营销学者不仅借鉴了心理学的概念，还借鉴了心理学的研究方法，如利用观察研究、实验研究、投射技术、问卷调查、深度访谈等方法进行市场调查。在愈加强调消费者导向的市场环境下，基于消费者洞察来制定决策的需求显得前所未有的迫切。然而，以往用问卷调查这种自我报告的方法来获得消费者真实心声却并非想象中的那么简单。譬如，消费者经常发生记忆错误；某些情况下不愿意说出真实看法；有时会迎合其他人的期待，产生社会期望偏差；有时不但不大能预期哪些因素会影响将来的行为，而且事后也不太能辨认得出。这种情形促进了神经心理学和神经营销学的发展。

神经心理学是从神经科学的角度来研究心理学问题。神经科学的迅速发展为营销界开辟了一个新的思路，即从更深的神经活动层面来理解消费者。基于消费者选择产品与品牌几乎完全受潜意识影响的观点，神经营销学运用神经学方法来确定消费者选择背后的推动力，运用核磁共振成像绘制被测试者的脑部图，来揭示他们是如何对特别的广告或者物品产生反应。目前较为成熟的神经营销学工具包括核磁共振成像、脑电图、事件相关电位、皮肤电反应和眼动仪等。多种神经科学方法的产生和成熟应用，使得营销人员能够更准确地理解消费者各种观念和行为背后的知觉、情感、记忆等原因，从而基于这类洞察来优化营销决策。

三、社会学与营销学

社会学研究群体和社会环境下的人类行为。经济学家把人看作“经济人”，社会学家则认为人是社会人，是一个或多个群体的成员，是某种文化的代表，是他所处的时代环境和文化的产物。人们不仅会按心理学家考虑的因素改变，也会按照在他的社会环境中和在社会结构里与他人联系中形成的习俗、制度和价值观等发生变化。人们采取行动不仅是为了经济利益，还出于自尊、情感、满足欲望、愉悦和非理性等原因。

（一）社会学家对营销学的贡献

在营销文献中，营销学者有意识地钻研借用社会学概念的情况比较少。例如，营销先驱哈格蒂就是一位社会学家。然而，他除了对营销系统方面感兴趣之外，很少表现出其社会学背景对营销思想研究的影响。社会学家的兴趣往往与营销学者不同。社会学概念在营销思想中被相对忽视，是因为营销被认为是一种商业系统的概念，而不是一种社会系统。营销被视为商业满足社会需求的方式，而不是社会自身满足自身需求的方式。在通过营销活动塑造个体和社会行为的过程中，社会价值经常被置于商业价值之下。

（二）社会学概念在营销领域的应用

尽管早期社会学家对营销学的贡献有限，但在营销文献中也可以找到许多评估社会自身变化及其对营销影响的论述。营销学者曾依据社会历史的变迁来解释营销的发展，并将对这些变迁的反应称作营销系统的“应变”。大量的社会学概念被引入营销理论体系。

1. 社会动机。它是指以人的社会文化需要为基础，在社会生活环境中通过学习和经验而产生的动机。它是直接推动个体活动达到一定目的的内部动力和内部刺激，是个人行为的直接原因。社会动机推动人们努力学习和工作，积极与他人交往，获得社会和他人的赞许性评价等。社会动机对个体行为具有维持和导向功能，使个体在一定时间内能够坚持某项活动，并促进个体活动向预定的目标前进，实现个体心理与行为的协调。社会动机无疑是影响消费者购买行为的一个重要因素。

2. 社会群体。社会群体简称社群，是指人们通过一定的社会关系结合起来进行活动的共同体。社会群体是构成社会的基本单位之一。每一群体具体体现了个人与个人之间、个人与整个社会之间的某些特定的相互关系。广义上的社会群体指一切通过持续的社会互动或社会关系结合起来进行共同活动并有共同利益的人类集合体。狭义上的社会群体指由持续的社会交往联系起来的具有共同利益的人群。

3. 社会互动。社会互动也称社会相互作用或社会交往，是指个体对他人采取社会行动和对方做出反应性社会行动的过程。我们不断地意识到我们的行动对别人的效果，反过来，别人的期望影响着我们自己的大多数行为。它是发生于个体之间、群体之间、个体与群体之间的相互的社会行动的过程。生产者、中间商、消费者之间也存在社会互动。

4. 文化变迁。它是指文化内容和结构在量上的缓慢变化过程。可分为自然变迁与计划变迁两类。自然变迁是无意识的文化自然发展或积累的过程，很难控制。计划变迁是人们自觉地、有计划地发展或改革文化的过程，例如经济体制改革等。文化变迁与社会变迁既有区别又有联系。前者指文化环境诸现象，如文化特质、文化模式、文化风格等的演变。后者指社会环境诸现象，如社会关系、社会群体及社会生活等的演变。一般而言，社会变迁将引起文化变迁，从文化变迁中也可看出社会变迁。文化变迁是局部的、缓慢的变化，对人产生潜移默化的影响。消费行为中的流行时尚、对待财富和信用的态度、女性地位的变化都和文化变迁有着密切的关联。

四、管理学与营销学

对营销概念体系的发展起到重要作用的学科还有管理学。通过弗雷德里克·温斯洛·泰勒（Frederick Winslow Taylor）、亨利·甘特（Henry Gantt）、吉尔布雷斯夫妇（Frank and Lillian Gilbreth）的理论，科学管理理论得到了很大发展，它对营销的影响早就得到了公认。

从管理学引入营销领域的概念有：

1. 任务。逐渐形成的以最少的浪费和最高的效率完成一项工作的方法和观念被应用于对销售人员的时间和责任的研究，包括出访路线、销售定额分配、培训、补偿、激励、监督和评估销售人员的业绩。

2. 科学方法。阐明问题、收集信息、得出结论的步骤经修改用于市场调查，形成形势分析、信息调查、制订方案、收集信息等术语。

3. 科学管理。工作的形成、员工的挑选和培训、工人和监督者之间的合作、管理者和被管理者之间的责任分配等概念进入了营销职能和营销机构体制的管理。

4. 职能化管理。引入了对采购、计划、检查、人力控制和产品保养实行职能化管理的观念。

5. 简单化。这是一个管理学概念，即一个既定的量可通过较少的工作获得时，就可以做到人均产出增加、闲置设备减少、监督简化和控制容易。产品线简化这一概念作为一项营销技术被接受。

6. 多样化。多样化概念在尝试满足消费者的不同需要、保持灵活和获取利润中产生，这一概念预示着产品线的增加。采用此概念减少了劳动力、机器和原材料的浪费。在营销实践中，也有相应的概念解决相应的问题。

7. 标准化。标准化用于市场领域中原材料、工具、设备、方法、检查和时间表的统一化，用于营销领域中的连锁店在经营、标准化产品线、陈列、作业程序、控制方法、商品分类等方面的统一，也用于统一的大规模生产和销售。

五、其他学科的贡献

其他学科也为营销思想的发展做出了贡献。例如，营销学中的很多概念来自法律和人类学等。总而言之，营销思想的发展是一个兼容并蓄的过程。营销学作为一门独立的学科，具有综合性、边缘性和实践性等明显特征。

第4节　营销的内涵

在进一步全面深化改革、推进中国式现代化的时代背景下，企业必须关注人民群众的所需所盼，按照市场需求组织生产。诚如习近平所指出的，“要处理好供给和需求的关系。供给和需求是市场经济内在关系的两个基本方面”[①]。营销者必须做到民之所需，“我心念之；民之所盼，我必行之”[②]。所谓市场，是由一组具有买卖关系的经济实体构成的，这种买卖关系的性质通过买主和卖主的数量规模和双方的交易规则反映出来。从营销的角度看，市场可以理解为具有特定需要和欲望，而且愿意并能够通过交换来满足这种需要或欲望的全部现实的和潜在的顾客。因此，市场的大小取决于那些有某种需要，并拥有使别人感兴趣的资源，同时愿意以这种资源来换取其需要的东西的人的数量。

一、市场的含义

“市场”一词，最早是指买主和卖主聚集在一起进行交换的场所。经济学家将“市场”这一术语表述为卖主和买主的集合。而在营销管理者看来，卖主构成行业，买主构成市场。在现代市场经济条件下，每个人在从事某项生产中趋向专业化，接受报酬，并以此来购买所需之物。每一个国家的经济和整个世界的经济都是由各种市场组成的复杂体系，而这些市场之间则由交换过程来联结。

营销学主要研究组织（特别是企业）的营销管理活动，即研究组织如何通过整体营销活动适应并满足买方的需求，创造美好生活，从而实现经营目标。因此，这里的市场是指某种产品的现实购买者与潜在购买者需求的总和。

市场包含三个主要因素：有某种需要的人、为满足这种需要的购买能力和购买欲望。用公式来表示就是：

市场＝人口＋购买力＋购买欲望

市场的这三个因素是相互制约、缺一不可的，只有三者结合起来才能构成现实的市场，才能决定市场的规模和容量。例如，一个国家或地区人口众多，但收入很低，购买

---

① 把改善供给侧结构作为主攻方向 推动经济朝着更高质量方向发展．人民日报，2017－01－23.

② 国家主席习近平发表二〇二二年新年贺词．人民日报，2022－01－01.

力有限，就不能构成容量很大的市场；购买力虽然很大，但人口很少，也不能成为很大的市场。只有人口多，购买力又大，才能成为一个有潜力的大市场。但是，如果产品不适合需要，不能引起人们的购买欲望，对销售者来说，仍然不能成为现实的市场。所以，市场是上述三个因素的统一。在新发展格局下，中国市场潜力将充分激发，为世界各国创造更多需求。中国人均国内生产总值已经突破 1 万美元，有超过 4 亿中等收入人口。随着中国经济的不断发展，中国人民对美好生活的追求将对来自世界各地更加多样化和高品质的产品技术与服务产生更多需求。值得注意的是，“乡村既是巨大的消费市场，又是巨大的要素市场，是国内大循环的重要组成部分。要充分发挥乡村作为消费市场和要素市场的重要作用，全面推进乡村振兴”。①

数字经济时代，人工智能技术给产品和服务创新带来了更多的机会。在一个占地不足 2.5 平方米的大玻璃窗咖啡亭前，用户选一款咖啡下单，机器人 50 秒出餐，豆子是现磨的，奶泡绵密。一个对汽车底盘进行焊接的车间，4 台机器人协同作业，精确点焊，通过信息交互，保证其中一台机器人工作时另一台机器人不会进入它的安全区间。人工智能、数字技术、手机和社交媒体的发展，彻底改变了顾客购物和互动的方式，客观上需要有创新的营销战略和战术来满足新环境下的市场需求。

二、营销的含义

营销是指以满足人民日益增长的美好生活需要为目的，通过市场变潜在交换为现实交换的一系列活动和过程。具体来讲，营销是吸引顾客并管理有利可图的客户关系，用超值产品或服务吸引新客户，并且用交付价值和满意来强化现有客户的过程。② 习近平指出：“我们的人民热爱生活，期盼有更好的教育、更稳定的工作、更满意的收入、更可靠的社会保障、更高水平的医疗卫生服务、更舒适的居住条件、更优美的环境，期盼孩子们能成长得更好、工作得更好、生活得更好。人民对美好生活的向往，就是我们的奋斗目标。”③ 在营销实践中，要切实做到“维护人民根本利益，增进民生福祉”。④

（一）营销与销售或促销

营销不同于销售或促销。现代企业营销活动包括营销调研、市场需求预测、新产品开发、定价、分销、物流、广告、公共关系、人员推销、销售促进、售后服务等，而销售仅仅是现代企业营销活动的一部分，而且不是最重要的部分。德鲁克指出：“营销的目的就是使销售成为不必要。”⑤ 营销是让生活更美好，让世界更美好。

（二）营销的目的是交换

营销的含义不是固定不变的，它随着企业营销实践的发展而发展。美国市场营销协会（AMA）于 1985 年将其定义为：营销是关于构思、货物和服务的设计、定价、促销和分销的规划与实施过程，目的是创造能实现个人和组织目标的交换。在交换双方中，如果一方比另一方更主动、更积极地寻求交换，则前者称为营销者，后者称为潜在顾客。

---

① 习近平．加快构建新发展格局 把握未来发展主动权．求是，2023（8）.

② 郭国庆．市场营销学通论．9 版．数字教材版．北京：中国人民大学出版社，2022：6.

③ 习近平．必须坚持人民至上．求是，2024（7）.

④ 习近平．新时代新征程中国共产党的使命任务．求是，2024（13）.

⑤ 邝鸿．现代市场学．北京：中国人民大学出版社，1989：5.

1990 年，日本市场营销协会（JMA）根据变化的营销环境和不断发展的营销实践，对营销的含义进行了进一步阐释和发展，指出："营销是包括教育机构、医疗机构、行政管理机构等在内的各种组织，基于与顾客、委托人、业务伙伴、个人、当地居民、雇员及有关各方达成的相互理解，通过对社会、文化、自然环境等领域的细致观察，而对组织内外部的调研、产品、价格、促销、分销、顾客关系、环境适应等进行整合、集成和协调的各种活动。"这一阐释得到了国际营销学界的普遍认同。

2004 年 8 月，AMA 公布了营销的新定义：营销既是一种组织职能，也是为了组织自身及利益相关者的利益而创造、沟通、传递客户价值，管理客户关系的一系列过程。

2021 年 1 月，郭国庆提出了营销的最新定义，得到了王永贵、徐大佑、陈章旺等著名营销学教授的一致认可。郭国庆认为，营销是创造人民美好幸福生活的活动过程，即企业为顾客创造价值并且建立牢固的顾客关系，进而从顾客那里获得价值回报的过程。营销的核心概念是交换。

追求美好生活是人类的天性。关于营销创造美好生活的观点，最先见于创办于 1930 年的美国《财富》杂志（*Fortune*）的一篇文章，作者是保罗 · 马苏尔（Paul Mazur）。他认为，营销是为社会传递生活标准。① 哈佛商学院教授马尔科姆 · 麦克纳尔（Malcolm McNair）对此非常赞同，只是增加了创造一词："营销是为社会创造并传递生活标准。"上述独到见解得到了菲利普 · 科特勒、尤金 · 凯利、本 · 伊内斯和迈克尔 · 贝克等学者的一致认同。② 营销就是研究、预测、发掘尚未得到满足的需要（即对更加美好生活的向往），进而不断满足需要的过程。换言之，就是致力于提高人类福祉、改善生活质量、创造和提高生活标准的过程。

（三）营销者

营销者是指希望从别人那里取得所需资源并愿意以某种有价之物作为交换的人。营销者可以是卖主，也可以是买主。假如有几个人同时想买正在市场上出售的某种奇缺产品，每个准备购买的人都尽力使自己被卖主选中，这些购买者就都在进行营销活动。在买卖双方都在积极寻求交换的场合，我们就把双方都称为营销者，并把这种情况称为相互营销。

三、营销中的重要概念

当人们决定以交换方式来满足自己的需要或欲望时，营销就产生了。

（一）交换、交易与无偿转让

1. 交换。交换是指通过提供某种东西作为回报，从别人那里取得所需物品的行为。

交换的发生必须具备五个条件：（1）至少有两方；（2）每一方都有被对方认为有价值的东西；（3）每一方都能沟通信息和传送物品；（4）每一方都可以自由接受或拒绝对方的产品；（5）每一方都认为与另一方进行交换是适当的或称心如意的。

---

① Paul M. Mazur. Does Distribution Cost Enough? Fortune，1947，XXXVI（5）：138－139，192－200.

② Philip Kotler. Principles of Marketing. New Jersey：Prentice-Hall，Inc.，1980：9－10；Eugene J. Kelly. Marketing Planning and Competitive Strategy. New Jersey：Prentice-Hall，Inc.，1972：3－12；Ben M. Enis. Marketing Principles：the Management Process. CA：Goodyear Publishing Company，Inc.，1974：2－4，21－23；Michael J. Baker. Marketing. WV：Macmillan Publishing Co. Inc.，1980：3－7.

具备了上述条件，就有可能发生交换行为。但交换能否真正发生，取决于双方能否找到交换条件，即交换以后双方都比交换以前好（至少不比以前差）。众所周知，营销的核心概念是交换，而实现交换的前提是必须为对方创造价值，给对方以美好。因此，营销学是关于美好生活的学问。营销创造人民美好幸福生活。

2. 交易。交换应看作一个过程而不是一个事件。如果双方正在进行谈判并趋于达成协议，这就意味着他们正在进行交换。一旦达成协议，我们就说发生了交易行为。交易是交换活动的基本单元，是由双方之间的价值交换所构成的行为。一次交易包括三个可以量度的实质内容：（1）至少有两个有价值的事物；（2）买卖双方所同意的条件；（3）协议时间和地点。

3. 转让。交易与转让不同。在转让过程中，甲将某物给乙，甲并不接受任何实物作为回报，如赠与、捐助等。营销管理不仅要考察交易行为，也要研究转让行为。

（二）交易营销与关系营销

事实上，与交易有关的营销活动即交易营销，只是另外一个大概念即关系营销的一部分。这里的关系是指营销者为促使企业交易的成功而与其顾客、分销商、经销商、供应商等建立起长期的互信互利关系。它促使营销者以公平的价格、优质的产品、良好的服务与对方交易；同时，双方的成员之间还需要加强经济、技术及社会等各方面的联系与交往。

关系营销（relationship marketing）是 20 世纪 80 年代由伦纳德·贝利（Leonard L. Berry）在探讨服务营销时首先提出的概念，到 90 年代，关系营销逐渐成为营销学界研究的热点课题。关系营销可以定义为：企业与其顾客、分销商、经销商、供应商等相关组织或个人建立、保持并加强关系，通过互利交换及共同履行诺言，使有关各方实现各自目的。企业与顾客之间的长期关系是关系营销的核心概念。交易营销能使企业获利，但企业应着眼于长远利益，因而保持并发展与顾客的长期关系是关系营销的重要内容。建立关系是指企业向顾客做出各种许诺。保持关系的前提是企业履行诺言。发展或加强关系是指企业兑现从前的诺言后，向顾客做出一系列新的许诺。

关系营销与交易营销存在一定的区别。例如，在交易营销情况下，一般说来，除产品和企业的市场形象之外，企业很难采取其他有效措施与顾客保持持久的关系。如果竞争者用较低的价格向顾客出售产品或服务，用类似的技术解决顾客的问题，则企业与顾客的关系就会终止。而在关系营销情况下，企业与顾客保持广泛、密切的联系，随时研究分析浩如烟海的顾客数据，观察线上线下的顾客购物和互动，及时调整营销战略和战术，价格不再是最主要的竞争手段，竞争者很难破坏企业与顾客的关系。再如，交易营销强调市场份额；企业必须花大量费用，吸引潜在顾客购买，取代不再购买本企业产品或服务的老顾客。关系营销则强调顾客忠诚度，保持老顾客比吸引新顾客更重要。互联网、智能手机、平板电脑、移动互联网和社交媒体的日益普及，使消费者得到赋权，营销成为企业与顾客双向互动的行为。企业不仅要加强客户关系管理（customer relationship management），而且要善于处理客户管理关系（customer-managed relationships），了解客户是如何接触企业的，以及客户之间是如何互动的，以便相机采取正确的营销手段。客户的回头率越高，营销费用就越低。关系营销还为企业带来一种独特的资产，即营销网络。

（三）营销网络

营销网络是指企业及与之建立起牢固的互相信赖的商业关系的其他企业所构成的网络。在营销网络中，企业可以找到战略伙伴并与之联合，以获得一个更广泛、更有效的地理占有。这种网络已经超出了纯粹的“营销渠道”的概念范畴。借助该网络，企业可在全球各地市场上同时推出新产品，减少由于产品进入市场的时间滞后而被富有进攻性的模仿者夺走市场的风险。借助网站、手机App、博客、微博、微信、在线视频和社交媒体等现代数字技术，营销者正亲自、直接、互动式地与战略伙伴沟通、接触，加强联系，努力由过去追求单项交易的利润最大化转变为追求与对方互利关系的最佳化。

第5节　营销的重要性

一、营销在不同行业的扩散

德鲁克曾精辟地指出，企业最重要的职能有两个，一个是创新，另一个是营销。营销在不同的时期引起了不同行业的重视。最先认识到营销重要性的往往是日用消费品企业，其次是耐用消费品企业，之后是工业设备企业。20世纪80年代以来，各国服务行业尤其是航空业、银行业等逐渐接受了营销思想。

进入21世纪，营销理念已渗入世界各国的非营利组织，如学校、医院、博物馆、交响乐团等。营销在这些行业中已引起了不同程度的兴趣，得到了不同程度的采纳。为生源减少而苦恼的大专院校和培训机构，积极将营销思想应用于招生程序。在医患矛盾突出的情况下，越来越多的医院开始将营销原理应用于日常运营管理。习近平精辟地指出：“同世界上老牌的大公司对比，中国企业走出去还缺乏经验，在适应各国法律制度、技术标准、市场营销、人员管理、当地文化等方面的能力需要不断提高。”① 以习近平同志为核心的党中央对营销问题高度重视，同时对营销工作者寄予厚望。

二、营销职能在企业中地位的变迁

一些财务部、生产部经理往往将营销当作一种小贩叫卖的伎俩，看成是对自己权力、地位的威胁。之所以造成这种现象，是由于有些营销人员过分积极，总是强调一切成果都应归功于营销。

营销对其他部门的威胁的本质特征如图1-1所示。最初，营销职能与其他部门的职能同等重要，处于平等的地位（见图1-1（a））。在需求不足的情况下，企业高层管理人员意识到营销职能要比其他部门的职能重要（见图1-1（b））。更有甚者，那些高度重视营销的企业高层管理人员提出，没有顾客就意味着企业的消亡，所以营销应是企业的主要职能。他们将营销置于中心位置，而将其他职能当作营销的辅助职能（见图1-1（c））。这种理念激起了其他职能部门经理的不满，他们不甘心当营销部门的配角。一些

① 共同开启中英全面战略伙伴关系的“黄金时代” 为中欧关系全面推进注入新动力．人民日报，2015-10-19.

热衷于顾客服务的企业高层管理人员则主张，公司的中心应当是顾客，而不是营销（见图 1-1（d））。因此他们认为，必须采取顾客导向，而且所有职能性业务部门都必须协同配合，以便更好地为顾客服务，使顾客需要得到满足。最后，随着营销实践的发展和市场竞争的加剧，越来越多的企业高层管理人员终于达成共识：营销部门与其他职能部门不同，它是连接市场需求与企业反应的桥梁和纽带，要想有效地满足顾客需要，就必须将营销置于企业的中心地位（见图 1-1（e））。

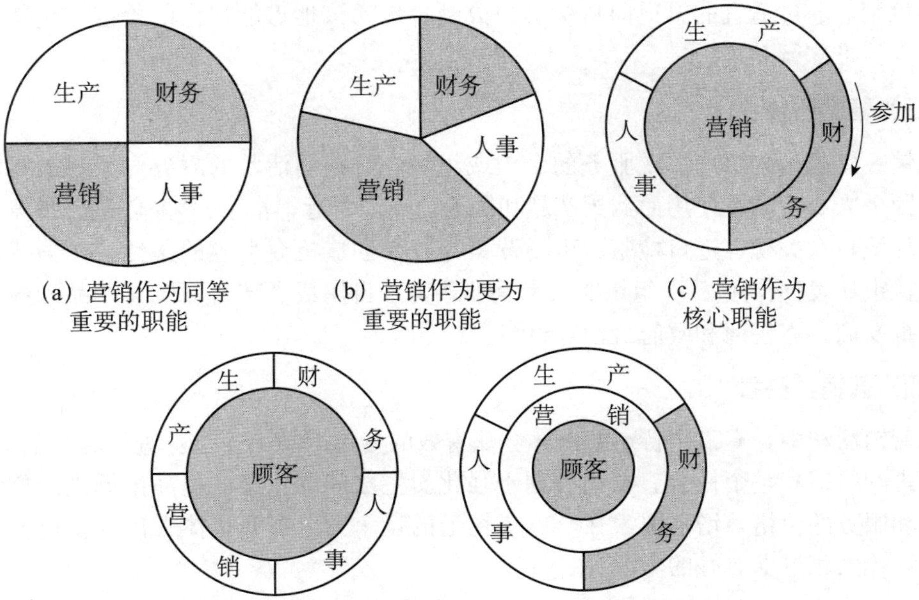

(a) 营销作为同等重要的职能　(b) 营销作为更为重要的职能　(c) 营销作为核心职能

(d) 顾客作为管理职能的核心　(e) 顾客作为管理职能的核心，而营销作为整合性职能

图 1-1　营销地位在企业中的演变

三、营销影响力的扩展

当今，营销对每个人和每个组织都产生不同程度的影响。营销的广度与深度可以从五个方面来理解。①

（一）营销主体

营销主体是指为顾客提供产品或服务的个人或组织，是营销活动的担当者。产品的制造商、批发商、电商平台、零售商、服务商、非营利机构、政府旅游部门等，几乎每个组织都在从事营销活动，甚至一些地方（城市、国家）以及个人也在通过营销手段来获取关注与支持。这些个人或组织构成了营销主体。

（二）营销供给物

消费者的需要和欲望借助营销供给物得以满足。营销供给物是提供给某个市场来满足某种需要和欲望的产品、服务、体验信息和创意的组合。产品是指有形的物体，例如手机、电脑等。服务是无形的东西，例如售后维修、理财建议等。创意是指关于某个行

---

① 郭国庆．市场营销学通论．9 版．数字教材版．北京：中国人民大学出版社，2022：15.

为或者事情的无形的想法。总之，营销供给物并不限于实体产品，还包括服务、活动、利益、人物、地点、组织、信息和思想（计策）等。其中，组织营销是指营销者为建立、维护或改变目标市场对某个组织的态度而开展的一系列活动。人物营销是指营销者为获得目标市场某一个人有利的反应、印象、认同、回报等而开展的一系列营销活动。地点营销是指营销者为了建立、维持或改变目标市场对某个具体地方的感知、观感或行为而进行的一系列活动，包括建立明晰的具有吸引力的定位与形象，为现有和潜在的客户提供激励机制，通过适宜的渠道向目标客户分销、传递该地点能提供的价值与优势，开展高效的宣传推广行动等。

（三）营销客体

营销客体是指购买产品或服务的个人或组织，是营销活动的服务对象。最终消费者指那些因个人或者家庭使用而购买产品和服务的人。习近平指出："要创造公平竞争的国内市场环境，在关税、进口检验、市场营销等方面创造机会平等的条件，让消费者自主选择，让市场发挥作用。"① 组织购买者是那些为了自用或者转售而购买产品和服务的制造商、批发商、零售商和政府机构等组织。

（四）营销获益者

在营销活动中，有三个特定的群体会从有效的营销活动中受益：进行购买的消费者、从事销售的组织和整个社会。营销有利于强化卖主之间的竞争，提高市场供给质量，降低产品和服务的价格，增强国家在全球市场上的竞争力，提升全体人民的获得感幸福感安全感，让大家过上更好的生活。

（五）营销创造的效用

营销能够创造新的价值和效用。具体来说，营销活动能在适当的空间（空间效用）、时间（时间效用）为顾客提供恰当的产品或服务（形式效用），以便消费者最终能使用或者消费（占有效用）。因此营销通过适时地提供产品与服务，为消费者带来空间、时间和占有效用。

借助大数据、云计算、物联网、机器人、人工智能等现代科技，营销可以消除生产者与消费者在如下方面的分离或矛盾：（1）供需总量；（2）供需结构；（3）时间；（4）空间；（5）所有权；（6）产品或服务的价值；（7）信息。在现代社会，营销的主要职能是交换、物流和便利（facilitating）。现代科技与营销的有机结合将改变人类的生存环境。数字时代为顾客关系的建立、维持和加强提供了诸多工具和手段，网站、在线广告、在线视频、手机广告、手机 App、博客、在线社区、视频网站、微信等社交媒体为顾客浸入营销、消费者生成内容营销以及伙伴关系管理创造了有利的环境和条件。顾客浸入营销是指在形成品牌对话、品牌体验和品牌社区时培育直接、持续的顾客卷入，使品牌成为消费者沟通和日常生活的一部分。消费者生成内容营销是指由消费者创造品牌交流的情境，并在形成自己和他人的品牌体验中发挥作用，推动营销走向成功的过程。伙伴关系管理是指营销者与企业内部的其他部门密切合作，结成伙伴关系共同应对挑战，共享市场机会，共同为顾客创造价值。

① 营造稳定公平透明的营商环境 加快建设开放型经济新体制．人民日报，2017－07－18.

四、当代营销面临高质量发展的新环境

例1-2 星巴克推出新品“山系”咖啡

高质量发展，就是能够很好满足人民日益增长的美好生活需要的发展，是体现新发展理念的发展，是创新成为第一动力、协调成为内生特点、绿色成为普遍形态、开放成为必由之路、共享成为根本目的的发展。从供给看，实现产业体系比较完整，生产组织方式网络化智能化，创新力、需求捕捉力、品牌影响力、核心竞争力强，产品和服务质量高。从需求看，不断满足人民群众个性化、多样化、不断升级的需求，这种需求又引领供给体系和结构的变化，供给变革又不断催生新的需求。

第一，在数字经济条件下，顾客渴望以合理的价格和快捷的服务，得到可靠、耐用的产品。他们还希望所购买的产品和服务能够满足自己的需求。不同顾客的欲望和需求并不一样，正因为如此，企业才有机会选择一个使产品尽可能与需求吻合或接近的市场，集中资源创建竞争优势。而且从长期来看，顾客需求缺乏稳定性，有证据表明产品如果没有持续的优化和提高，价值转移（value migration）就会发生——消费者会转向其他供应商。

第二，顾客不会轻易地为产品和服务支付高价。在许多市场中，与无品牌产品相比，精心建立和妥善管理的品牌能收取更高的价格，然而这种区别较之过去变小了。一定程度上，这是由于在互联网时代信息壁垒被打破，消费者越来越依靠口碑信息进行购买决策。而且，顾客也越来越懂商家的营销手段。低质低价的产品和几张广告图片很难吸引经验丰富的顾客。价格比较网站允许顾客快速比较相互竞争的产品，还提供零售商不同网点同种产品的价格。因此，企业需要以给顾客提供显而易见的高价值为基础建立差异。

第三，合作共赢与社会责任意识逐渐增强。随着市场需求变得更加苛刻，竞争越来越残酷，企业需要与其他机构谋求合作。近年来，企业与供应商、消费者，甚至竞争者之间的协作日渐增多。顾客在要求生产者提供物美价廉产品的同时，还要求企业能够证明其道德水准。企业在应对激烈的市场竞争的同时，还要善于谋求合作共赢，在提供受顾客欢迎的优质产品或服务的同时，自觉承担社会道义和环境责任。数字经济条件下，利用人性的弱点设计产品和服务、数据采集没有底线、大数据杀熟、强制自动续费等行为是行不通的。“我国新型工业化、信息化、城镇化、农业现代化深入推进，消费日益成为拉动经济增长的基础性力量。要增强消费能力，改善消费条件，创新消费场景，使消费潜力充分释放出来。”[①] 而经济效益和社会责任的有机融合可以为企业创造更加可持续的竞争优势。

2018年7月，库玛（V. Kumar）在《营销学杂志》发表了题为《变革营销：未来20年》的论文，他依据AMA的营销定义，将变革营销界定为：变革营销是指企业为了自身利润和利益相关者利益，在交换活动中对市场变化和未来趋势做出及时准确反应，为顾客创造超越竞争者的价值，而开展营销活动、贯彻营销观念、确定营销指标、实施营

---

① 习近平．当前经济工作的几个重大问题．求是，2023（4）．

销战略和行动方案的全过程（如图 1－2 所示）。①

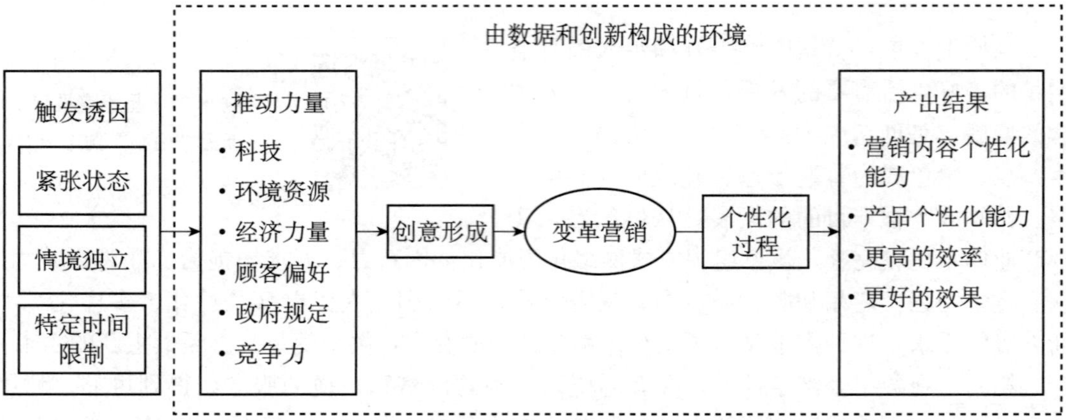

图 1－2　变革营销示意图

小　结

营销学是一门以经济科学、行为科学、管理理论和现代科学技术为基础，研究以满足人民日益增长的美好生活需要为中心的企业营销活动及其计划、组织、执行、控制的应用科学，其研究对象是以满足人民日益增长的美好生活需要为中心的企业营销活动过程及其规律。

营销学大体经历了五个发展阶段：营销学萌芽时期、营销学规范时期、营销学迅速发展时期、营销学重构时期和营销学多元综合时期。早期美国的营销学界，如果从结构层面和知识层面来看，主要存在三个学派，即商品学派、职能学派和机构学派；而如果从空间和个人层面进行划分，根据营销思想的发源地以及学者之间的师承关系，早期的营销学界存在四个学派，即威斯康星学派、哈佛学派、中西部学派和纽约学派。20 世纪 50 年代以来，营销思想的发展进入了管理主义时期，出现了管理营销学派、行为营销学派和应变营销学派。

营销学的发展史，就是不断吸收经济学、心理学、社会学以及管理学等相关学科的概念、原理进而不断创新的历史。营销是指以满足人民日益增长的美好生活需要为目的，通过市场变潜在交换为现实交换的一系列活动和过程。交换是人类获取所需产品的一种形式，交易是交换活动的基本单元，与交易相关的营销活动构成了交易营销。关系营销与交易营销存在明显差异。

现代数字技术改变了顾客购物方式和互动方式。关系营销和客户关系管理显得更加重要。营销的主体、客体、供给物、获益者以及营销创造的效用发生了巨大的变化。营销在企业中的地位是不断变化的，现在普遍接受的认识是，营销部门与其他职能部门不同，它是连接市场需求与企业反应的桥梁和纽带，要想有效地满足顾客需要，就必须将营销置于企业的中心地位，以便更好地应对营销环境的新变化，卓有成效地开展变革营销。

---

① V. Kumar. Transformative Marketing：The Next 20 Years. Journal of Marketing，2018，82（4）：1－12.

基本概念

营销学	市场	营销
交换	交易	营销者
交易营销	关系营销	学派
营销网络	变革营销	社会动机
社会群体	社会互动	客户管理关系
顾客浸入营销	消费者生成内容营销	人物营销
地点营销	组织营销	文化变迁
营销主体	营销供给物	营销客体
最终消费者	组织购买者	

复习题

1. 营销学发展史上出现过的学派主要有哪些？
2. 交易营销与关系营销之间的联系与区别是什么？
3. 营销在企业中的地位有怎样的变化？这些变化带来了什么启示？
4. 营销和销售有哪些不同？
5. 如何理解新时代的变革营销？

第 2 章

营销哲学与营销组合

| 本章要点 |

- 六种营销哲学的概念与特点。
- 营销组合的概念及其扩充与演变。
- 21 世纪营销哲学视野的重点。

营销哲学又称营销管理哲学，是企业在开展营销管理的过程中，在处理企业、顾客、社会及其他利益相关者之间关系的过程中所秉持的理念和价值观，是营销思路、努力方向、发展着力点的集中体现，具有战略性、纲领性和引领性。了解营销哲学的演变，对于企业更新观念，自觉适应快速变化的市场新形势，准确识变、科学应变、主动应变，加强营销管理，具有十分重要的意义。

第 1 节　营销哲学

现代企业的营销哲学可归纳为六种，即生产观念、产品观念、推销观念、营销观念、客户观念和社会营销观念。这些观念时隐时现，相互碰撞，深刻地影响着组织或个人。

一、传统观念

在现代企业的营销观念中，生产观念、产品观念和推销观念通常称为传统观念。

（一）生产观念

生产观念是指导企业营销行为的最古老的观念之一。生产观念认为，消费者喜欢那些可以随处买到而且价格低廉的产品，企业应致力于提高生产效率和分销效率，扩大生产，降低成本以扩展市场。显然，生产观念是一种重生产、轻营销的商业哲学。

（二）产品观念

产品观念认为，消费者喜欢高质量、多功能和有特色的产品，企业应致力于生产高质量产品，并不断加以改进。习近平指出，质量体现着人类的劳动创造和智慧结晶，体现着人们对美好生活的向往。中华民族历来重视质量。千百年前，精美的丝绸、精制的瓷器等中国优质产品就走向世界，促进了文明交流互鉴。今天，中国高度重视质量建设，不断提高产品和服务质量，努力为世界提供更加优良的中国产品、中国服务。① 在致力于提高产品质量的同时，企业还要密切关注市场需求的发展变化，满足人民日益增长的美好生活需要，推动企业高质量发展。要特别警惕营销近视的出现，仅着眼于产品质量提升而忽视市场需求的瞬息万变，往往会导致企业经营陷入困境。

（三）推销观念

推销观念（或称销售观念）是许多企业采用的另一种观念。它认为，消费者通常表现出一种购买惰性或抗衡心理，如果顺其自然，消费者一般不会足量购买某一企业的产品，因此，企业必须积极推销和大力促销，以刺激消费者大量购买本企业产品。推销观念在现代市场经济条件下被大量用于推销那些非渴求品，即购买者一般不会想到要去购买的产品或服务。许多企业在产品过剩时也常常奉行推销观念。

二、现代营销观念

（一）营销观念的含义

例 2－1　支付宝的"碰一下"体验

营销观念是作为对上述诸观念的挑战而出现的一种新型的企业经营哲学。尽管这种思想由来已久，但其核心原则直到 20 世纪 50 年代中期才基本定型。营销观念认为，实现企业各项目标的关键在于正确确定目标市场的需要，并且比竞争者更有效地交付目标市场所期望的产品或服务，进而比竞争者更有效地满足目标市场的需要。② 西奥多·莱维特（Theodore Levitt）曾对推销观念和营销观念做过深入的比较，指出：推销观念注重卖方需要，营销观念则注重买方需要；推销观念以卖主需要为出发点，考虑如何把产品变成现金，而营销观念则考虑如何通过制造、交付产品以及与最终消费产品有关的所有事务来满足顾客的需要。从本质上说，营销观念是一种以顾客需要为导向，关注人民群众获得感、幸福感、安全感的哲学，是消费者主权论在企业营销管理中的体现。近年来，从智能制造、自动驾驶到智能医疗、金融科技，人工智能技术的快速发展和广泛应用正在深刻改变着人们的生活方式，催生了大量新的需求，越来越多的中国企业以营销观念引领科技创新，致力于满足人民日益增长的美好生活需要。

（二）营销观念与顾客让渡价值

党中央提出，"要以提振消费为重点扩大国内需求，经济政策的着力点要更多转向惠民生、促消费，要多渠道增加居民收入，增强中低收入群体的消费能力和意愿，把服务

---

① 习近平向第二届中国质量（上海）大会致贺信．光明日报，2017－09－16.

② Philip Kotler，Gary Armstrong，Sridhar Balasubramanian. Principles of Marketing. 19th ed. Harlow：Pearson Education Limited，2024：34.

消费作为消费扩容升级的重要抓手，支持文旅、养老、育幼、家政等消费”①。在现代营销观念的指导下，企业应致力于顾客服务和顾客满意。要实现顾客满意，需要从多方面开展工作，并非人们所想象的“只要价格低，就万事大吉”。事实上，消费者在选择卖主时，价格只是考虑因素之一，消费者真正看重的是顾客让渡价值。

顾客让渡价值是指顾客总价值与顾客总成本之间的差额。顾客总价值是指顾客购买某一产品与服务所期望获得的一组利益，包括产品价值、服务价值、人员价值和形象价值等。顾客总成本是指顾客为购买某一产品所耗费的时间、精神、体力以及所支付的货币资金等，因此，顾客总成本包括货币成本、时间成本、精神成本和体力成本等。

顾客在购买产品时，总希望把有关成本（包括货币成本、时间成本、精神成本和体力成本等）降到最低，而同时又希望从中获得更多的实际利益，以使自己的需要得到最大限度的满足。因此，顾客在选购产品时，往往从价值与成本两个方面进行比较分析，从中选出价值最高、成本最低即顾客让渡价值最大的产品作为优先选购的对象。

企业为战胜竞争对手，吸引更多的潜在顾客，就必须向顾客提供比竞争对手具有更多顾客让渡价值的产品，这样才能使自己的产品被消费者注意，进而购买本企业的产品。

（三）营销观念与顾客满意、顾客忠诚

1. 顾客满意。顾客满意是指顾客将产品和服务满足其需要的绩效与期望进行比较所形成的感受。顾客是否满意，取决于其购买后实际感受到的绩效与期望（顾客认为应当达到的绩效）的差异：若绩效小于期望，顾客会不满意；若绩效与期望相当，顾客会满意；若绩效大于期望，顾客会十分满意。

顾客期望的形成，取决于顾客以往的购买经验、朋友和同事的影响以及营销者和竞争者的信息与承诺。若一个企业使顾客的期望过高，就容易引起购买者的失望，降低顾客满意程度。但是，如果企业把期望定得过低，虽然能使买方感到满意，却难以吸引大量的购买者。因此，管理顾客预期是企业的一项重要工作。顾客将期望与实际感受进行比较，就会形成自己对某种产品或品牌满意、不满意或十分满意等感觉。明智的企业通过做出适当的承诺，但是提供高于承诺的产品和服务来取悦顾客。愉悦的顾客不仅会重复购买，还会向他人传播关于产品和服务的积极口碑。

在数字经济时代，企业要保持技术上的优势和生产率的领先越来越不容易，因而必须把工作重心转移到顾客身上。从某种意义上说，使顾客感到满意的企业是不可战胜的。

2. 顾客忠诚。满意的顾客会变得忠诚并向他人正面传播企业及其产品。研究表明，不满意的顾客、稍微满意的顾客和完全满意的顾客在忠诚度方面存在很大差别。满意度轻微的下降，会导致忠诚度巨大的下滑。许多研究表明，高水平的顾客满意可以带来更显著的顾客忠诚，进而带来更好的企业绩效。在不同行业和不同竞争环境下，顾客满意和顾客忠诚之间的关系也有差异。在高度竞争市场，一般满意和完全满意的顾客之间忠诚度有巨大差异；而在非竞争市场，无论顾客满意与否都会保持高度忠诚。

忠诚顾客的花销更多，逗留的时间更长。失去一位顾客不仅意味着失去一份销售额，

① 中共中央政治局召开会议 分析研究当前经济形势和经济工作 审议《整治形式主义为基层减负若干规定》中共中央总书记习近平主持会议．（2024-07-30）．新华网．

还意味着失去顾客终身的购买量。顾客终身价值是指一位顾客购买企业产品或服务总量的价值。雷克萨斯公司估计一位满意和忠诚的顾客的终身价值为60万美元。除了吸引和留住顾客，许多企业还希望不断提高其顾客份额。顾客份额是指企业产品或服务在一个顾客该类消费中所占的比重，即在顾客钱袋子里所占的份额。提高顾客份额的用意不是赢得大量顾客的部分业务，而是争取现有顾客的全部业务，例如，通过成为顾客购买产品的独家供应商，或说服顾客购买更多的本公司产品，或向现有产品和服务的顾客交叉销售别的产品和服务，获得所属产品类别中更大的顾客购买量。

三、客户观念

随着现代营销战略由产品导向转变为客户导向，客户需求及其满意度逐渐成为营销战略成功的关键所在。各个行业的企业都试图通过卓有成效的方式，及时准确地了解和满足客户需求，进而实现企业目标。实践证明，不同子市场的客户存在着不同的需求，甚至同属一个子市场的客户的个别需求也会经常变化。为了适应不断变化的市场需求，企业的营销战略必须及时调整。在此营销背景下，越来越多的企业开始由奉行营销观念转变为奉行客户观念或顾客观念。

客户观念是指企业注重收集每一个客户以往的交易信息、人口统计信息、心理活动信息、媒体习惯信息以及分销偏好信息等，根据由此确认的不同客户终生价值，分别为每一个客户提供各不相同的产品或服务，传播不同的信息，通过提高客户忠诚度，增加每一个客户的购买量，从而确保企业的利润增长。营销观念与之不同，它强调的是满足每一个子市场的需求，而客户观念则强调满足每一个客户的特殊需求（如图2-1所示）。

	起点	焦点	手段	目标
推销观念	工厂	产品	推销和促销	通过增加销售量，实现利润增长
营销观念	目标市场	客户需要	整合营销	通过客户满意，实现利润增长
客户观念	单个客户	客户需要和客户价值	一对一营销整合和价值链	通过提升客户占有率、客户忠诚度和客户终身价值，实现利润增长

图2-1 推销观念、营销观念与客户观念的区别

奉行客户观念、重视客户关系管理的终极目标是产生高额的顾客资产。顾客资产是企业现有顾客和潜在顾客的终身价值之和。给企业带来利润的顾客越忠诚，顾客资产就越高。顾客资产可能是比销售额和市场份额更好的企业绩效测量指标。销售额和市场份额反映的是过去，而顾客资产反映的是未来。

需要注意的是，客户观念并不适用于所有企业。一对一营销需要以工厂定制化、运营电脑化、沟通网络化为前提条件，因此，贯彻客户观念要求企业在信息收集、数据库建设、电脑软件和硬件购置等方面大量投资，而这并不是每一个企业都能够做到的。有些企业即使舍得花钱，也难免会出现投资大于由此带来的收益的局面。客户观念最适用于那些善于收集单个客户信息的企业，这些企业所经营的产品能够借助客户数据库的运用实现交叉销售，或产品需要周期性地重购或升级即向上销售，或产品价值很高。这时，客户观念往往会给这类企业带来异乎寻常的效益和收获。①

例 2-2　数字化助力高质量发展

党的二十届三中全会对健全推动经济高质量发展体制机制、促进新质生产力发展作出了部署。围绕发展以高技术、高效能、高质量为特征的生产力，提出加强新领域新赛道制度供给，建立未来产业投入增长机制，以国家标准提升引领传统产业优化升级，促进各类先进生产要素向发展新质生产力集聚。② 随着新质生产力的发展，大规模定制（mass customization）应运而生。大规模定制是指以大规模生产的价格向单个消费者销售定制的产品和服务。这一策略被广泛应用在日益增多的产品和服务中。一般消费者都喜欢与数码产品相关的事物，而现代移动技术则为那些试图让客户互动交流的营销者提供了便利。由此引致了数字营销（digital marketing）的发展。所谓数字营销，就是企业借助网站、社交媒体、在线视频及数字平台，与消费者直接接触以获得即时响应，建立持久的客户关系，让消费者通过电脑、智能手机、平板电脑、互联网电视及其他数字设备随时随地交流互动，借以将适当的产品或服务以适当的价格送达消费者的过程。

2024 年 8 月，越来越多的外国游客涌向中国。中国庞大的数字基础设施给游客带来更多便利。通过运用互联网技术和人工智能技术，智慧旅游、智能导览、智能预订、目的地智能交通等技术运用逐渐成熟，越来越多的游客仅需一部手机就能畅游中国。随着文旅融合的深度发展，科技在文旅中的作用日益凸显，文旅科技作为文化旅游产业与科技发展相互融合的产物，在推动文化旅游多样性发展、游客体验提升和管理水平优化等方面都有出色的表现。文旅科技呈现出跨界融合、个性化、智能化、创新互动的特点。文旅科技通过运用大数据、人工智能、云计算等新兴技术，为文化旅游业注入了新的活力和动力。很多外国游客还感受到支付方面的巨大变化：交通票、餐厅预订、旅游景点门票等各种费用的支付，都可以通过与微信和支付宝等本地支付应用程序链接的二维码进行。随着中国近年来致力于在文旅消费和金融科技之间搭建桥梁，其中包括降低数字支付服务和数字基础设施的使用门槛，如今外国游客在华使用移动支付变得更加便捷。③

四、社会营销观念

（一）社会营销观念的提出

社会营销观念（societal marketing concept）是对营销观念的修改和补充。在能源短缺、通货膨胀、失业增加、环境污染严重、消费者保护运动盛行的形势下，杰拉尔德·

① Marco Iansiti，Karim R. Lakhani. Managing Our Hub Economy. Harvard Business Review，2017，September/October：85－92.

② 习近平．关于《中共中央关于进一步全面深化改革、推进中国式现代化的决定》的说明．人民日报，2024－07－22.

③ 科技创新与文化旅游相互赋能、协同发展．人民日报海外版，2024－08－05.

扎特曼（Gerald Zaltman）和菲利普·科特勒（Philip Kotler）最早提出了“社会营销”（social marketing）的概念，促使人们将营销原理运用于环境保护、计划生育、改善营养、使用安全带等具有重大推广意义的社会目标。

《中共中央关于进一步全面深化改革 推进中国式现代化的决定》指出，要“聚焦建设美丽中国，加快经济社会发展全面绿色转型，健全生态环境治理体系，推进生态优先、节约集约、绿色低碳发展，促进人与自然和谐共生”①。鉴于营销观念回避了消费者需要、消费者长期利益和长期社会福利之间隐含冲突的现实，社会营销观念提出，企业的任务是确定各个目标市场的需要，并以保护或提高消费者和社会福利的方式，比竞争者更有效、更有利地向目标市场提供能够满足其需要的物品或服务。

社会营销观念要求营销管理者在制定营销决策时统筹兼顾三方面的利益，即企业需要、消费者长期利益和社会长期利益。② 习近平指出：“只有义利兼顾才能义利兼得，只有义利平衡才能义利共赢。”③ 众多研究表明，相较于一般企业，消费者更青睐有社会责任意识的企业的产品或服务。目前，90%以上世界 500 强企业都会定期履行社会责任，发布相关 ESG 报告。企业社会责任（corporate social responsibility）是指企业在创造利润、对股东和员工承担法律责任的同时，还要承担对消费者、社区和环境的责任。企业的社会责任要求企业必须超越把利润作为唯一目标的传统理念，强调在生产过程中对人的价值的关注，强调对环境、消费者、社会的贡献。

ESG 是环境、社会和公司治理的英文单词（Environmental，Social and Governance）首字母缩略语，ESG 报告从环境、社会和公司治理三个维度评估企业经营的可持续性与对社会价值观念的影响。环境包括气候变化、生物多样性、水资源有效利用、能源利用、碳排放强度、环境治理体系等议题。社会包括机会平等、结社自由、健康和安全、人类权利、产品责任、童工等议题。公司治理包括商业道德、合规、董事会独立性、高管薪酬、股东民主等议题。ESG 评价体系又称 ESG 评级（ESG Ratings），是由商业和非营利组织创建的，以评估企业的承诺、业绩、商业模式和结构如何与可持续发展目标相一致。它们首先被投资公司用来筛选或评估其各种基金和投资组合中的公司。求职者、客户和其他人在评估商业关系时也可以使用这些评级，而被评级的公司本身也可以更好地了解它们的优势、劣势、风险和机会。

习近平指出，要“树立现代管理理念，完善管理体系，优化管理流程”④。在营销实践中，也需要重视营销理念的创新，以此来推动营销体系的完善和服务流程的优化。只有这样，企业营销工作才能与时俱进，才能健康、稳定、可持续地发展。

（二）宏观营销的含义

随着对保护消费者权益和保护生态环境等社会问题的重视，学术界日益关注营销的宏观效果，更加强调宏观营销问题。宏观营销与微观营销的差异在于：前者是指引导经济物品从生产者流转到消费者，有效地使供给与需求相适应，以促进社会目标实现的社

① 中共中央关于进一步全面深化改革 推进中国式现代化的决定.（2024-07-21）. 新华社.

② Philip Kotler，Gary Armstrong，Sridhar Balasubramanian. Principles of Marketing. 19th ed. Harlow：Pearson Education Limited，2024：35.

③ 习近平在韩国国立首尔大学发表重要演讲. 人民日报，2014-07-05.

④ 习近平. 习近平著作选读：第一卷. 北京：人民出版社，2023：390.

会经济过程，后者是指一个企业或组织为实现其目标而预测顾客需要，并引导满足需要的物品从生产者流转到顾客的经营活动过程；前者强调社会福利，后者强调企业或组织福利。

（三）绿色营销的兴起

绿色营销问题是全球范围内跨国界经营的一个新的热点问题。1987 年世界环境与发展委员会发表了《我们共同的未来》宣言，促使“绿色营销”观点萌芽；1992 年联合国环境与发展大会通过了《21 世纪议程》，强调要不断改变现行政策，实现生态与经济的协调发展，为绿色营销理论的形成奠定了基础。目前，我国能源结构正由煤炭为主向多元化转变，实现 2030 年前碳达峰、2060 年前碳中和的目标任务极其艰巨。

《中共中央关于进一步全面深化改革 推进中国式现代化的决定》指出：“中国式现代化是人与自然和谐共生的现代化。必须完善生态文明制度体系，协同推进降碳、减污、扩绿、增长，积极应对气候变化，加快完善落实绿水青山就是金山银山理念的体制机制。”① 绿色营销要求企业在开展营销活动的同时，努力消除和减少生产经营对生态环境的破坏和影响。具体来讲，企业在选择生产技术、生产原料、制造程序时，应符合环境保护标准；在产品设计和包装装潢设计时，应尽量减少产品包装或产品使用的剩余物，以减少对环境的不利影响；在分销和促销过程中，应积极引导消费者在产品消费使用、废弃物处置等方面尽量减少环境污染；在产品售前、售中、售后服务中，应注意节省资源、减少污染。可见，绿色营销的实质就是，强调企业在进行营销管理活动时，要努力把经济效益与环境效益结合起来，尽量保持人与环境的和谐，不断改善人类的生存环境，满足人民日益增长的优美生态环境需要，走出一条生产发展、生活富裕、生态良好的文明发展道路。

习近平指出：“要深入贯彻新时代中国特色社会主义生态文明思想，坚持以人民为中心，牢固树立和践行绿水青山就是金山银山的理念，把建设美丽中国摆在强国建设、民族复兴的突出位置，推动城乡人居环境明显改善、美丽中国建设取得显著成效，以高品质生态环境支撑高质量发展。”“持续开展‘美丽中国，我是行动者’系列活动，广泛动员园区、企业、社区、学校、家庭和个人积极行动起来，形成人人、事事、时时、处处崇尚生态文明的社会氛围。”②

第 2 节　营销组合的扩充与演变

营销组合是现代营销理论的一个重要概念，1953 年，尼尔 · 博登率先提出了“营销组合”（marketing mix）这一术语，意思是说市场需求在某种程度上会受到“营销变量（营销要素）”的影响，为了达到既定的营销目标，企业需要对这些要素进行有效的组合。此后，许多学者围绕营销组合展开了深入的研究，纷纷从各自的角度提出了对营销组合的不同理解，形成了营销哲学发展史上营销组合的扩充与演变。

---

① 中共中央关于进一步全面深化改革 推进中国式现代化的决定 .（2024 - 07 - 21）. 新华社.

② 习近平 . 以美丽中国建设全面推进人与自然和谐共生的现代化 . 求是，2024（1）.

一、营销组合的扩充

营销组合中所包含的可控变量很多，迄今为止影响最大的关于营销组合要素的概括是尤金·麦卡锡（Eugene J. McCarthy）于 1960 年在《基础营销》（*Basic Marketing*）一书中所提出的 4P 组合。此后，菲利普·科特勒将其扩充成大营销的 6P 组合和战略营销计划过程的 10P 组合。此外，伯纳德·布姆斯（Bernard H. Booms）与玛丽·比特纳（Mary J. Bitner）还提出了服务营销的 7P 组合。

（一）营销组合的基本框架：4P

1. 营销组合的构成。在麦卡锡提出的 4P 组合中，营销要素可概括为四类：产品（product）、价格（price）、渠道（place）和促销（promotion）。由于这四个词的英文首字母都是 P，所以称为 4P 组合。

其中，产品代表企业提供给目标市场的物品和服务的组合，包括产品质量、性能、设计、买卖权（在合同规定期间内按照规定的价格买卖某种物品和服务的权利）、式样、品牌名称、包装、尺码或型号、安装服务、品质保证、售后服务等。

价格代表顾客购买商品时的价格，包括价目表所列价格（list price）、折扣（discount）、折让（allowance）、支付期限（payment term）、信用条件（credit terms）等。

渠道代表企业为将其产品送达目标市场（或目标顾客）所进行的各种活动，包括中间商选择、渠道管理、仓储、运输以及物流配送等。

促销代表企业为宣传介绍其产品的优点和说服目标顾客购买其产品所进行的各种活动，包括广告、销售促进、宣传、人员推销等。①

2. 营销组合的特点。

（1）营销组合因素对企业来说都是“可控因素”。企业根据目标市场的需要，可以决定自己的产品结构，制定产品价格，选择分销渠道（地点）和促销方法等。对这些营销手段的运用和搭配，企业有自主权。但这种自主权是相对的，不能随心所欲，因为企业营销过程不但要受本身资源和目标的制约，而且要受各种微观和宏观环境因素的影响和制约，这些是企业不可控制的变量，即“不可控因素”。因此，营销管理人员的任务就是适当安排营销组合，使之与不可控的环境因素相适应，这是企业营销能否成功的关键。

（2）营销组合是一个复合结构。四个 P 之中又各自包含若干小的因素，形成各个 P 的亚组合，因此，营销组合是至少包括两个层次的复合结构。企业在确定营销组合时，不仅要求四个 P 之间的最佳搭配，而且要注意安排好每个 P 内部的搭配，使所有因素达到灵活运用和有效组合。

（3）营销组合是一个动态组合。每一个组合因素都是不断变化的，是一个变量；同时又是互相影响的，每个因素都是另一个因素的潜在替代者。四个大的变量又各自包含着若干小的变量，每一个变量的变动都会引起整个营销组合的变化，形成一个新的组合。

（4）营销组合受企业市场定位战略的制约，即根据市场定位战略设计和安排相应的营销组合。

---

①　Philip Kotler，Gary Armstrong，Sridhar Balasubramanian. Principles of Marketing. 19th ed. Harlow：Pearson Education Limited，2024：436.

（二）大营销：6P

菲利普 · 科特勒认为，企业能够影响自己所处的营销环境，不应单纯地顺从和适应环境。因此，在营销组合原有的 4P 之外，还应该再加上两个 P，即权力（power）与公共关系（public relations），成为 6P。这就是说，要运用政治力量和公共关系打破市场壁垒，为企业的营销开辟道路。他把这种新的战略思想称为“大营销”（megamarketing）。

（三）营销战略分析框架：10P

随着对营销战略计划过程的重视，科特勒又提出了战略营销计划过程必须优先于战术营销组合（4P 组合）的制定，战略营销计划过程也可以用 4P 来表示，分别是：探查（probing）、分割（partitioning）、优先（prioritizing）和定位（positioning）。

探查指的是营销调研，是在营销观念的指导下，以满足消费者需求为中心，用科学的方法，系统地收集、记录、整理与分析有关营销的情报资料，从而提出解决问题的建议，确保营销活动顺利进行。营销调研是营销的出发点。

分割是指市场细分，即根据消费者需求的差异性，运用系统的方法把整体市场划分为若干个消费者群的过程。

优先是指对目标市场的选择，即在市场细分的基础上，企业选择所要进入的那部分市场，或要优先最大限度地满足的那部分消费者。

定位是指市场定位，即根据竞争者在市场上所处的位置，针对消费者对产品的重视程度，强有力地塑造出本企业产品与众不同的、给人印象深刻的个性或形象，从而使产品在市场上、企业在行业中确定适当的位置。

只有在搞好战略营销的基础上，战术性营销组合的制定才能顺利进行。因此，企业首先必须做好探查、分割、优先和定位四项营销战略计划，并精通产品（product）、渠道（place）、价格（price）和促销（promotion）四种营销战术。此外，企业还要善于运用公共关系（public relations）和政治权力（political power）技巧。这样，一个包含 10P 要素的全面的营销战略分析框架就清晰可见了。

（四）服务营销组合：7P

布姆斯和比特纳将服务营销组合修改、扩充为七个因素，即产品（product）、价格（price）、渠道（place）、促销（promotion）、人员（people）、有形展示（physical evidence）和过程（process）。

1. 产品。服务产品必须考虑提供服务的范围、服务质量、服务水平、品牌、保证以及售后服务等。服务产品的这些因素组合的差异相当大，例如一家供应数样菜肴的小餐馆和一家供应各色大餐的五星级大饭店的因素组合就存在明显差异。

2. 价格。价格方面要考虑的因素包括：价格水平、折让和佣金、付款方式和信用。在区别一项服务和另一项服务时，价格是一种识别方式，顾客可从一项服务的价格中感受到其价值的高低。价格与质量间的相互关系也是服务定价的重要考虑因素。

3. 渠道。服务提供者的所在地及其地缘的便利性都是影响服务营销效益的重要因素。地缘的便利性不仅指实体意义上的便利，还包括传导和接触的其他方式。分销渠道的类型及其涵盖的地区范围都与服务便利性密切相关。习近平指出，降低全社会物流成本是提高经济运行效率的重要举措。物流降成本的出发点和落脚点是服务实体经济和人民群众，基本前提是保持制造业比重基本稳定，主要途径是调结构、促改革，有效降低运输成本、仓储成本、管理成本。优化运输结构，强化“公转铁”“公转水”，深化综合交通运输体系改革，形成统一高效、竞争有序的物流市场。优化主干线大通道，打通堵点卡点，完善现代商贸流通体系，鼓励发展与平台经济、低空经济、无人驾驶等结合的物流新模式。统筹规划物流枢纽，优化交通基础设施建设和重大生产力布局，大力发展临空经济、临港经济。①

4. 促销。促销包括广告、人员推销、销售促进、公共关系等各种营销沟通方式。

5. 人员。在服务企业担任生产或操作性角色的人员，在顾客看来其实就是服务产品的一部分，其贡献和其他销售人员相同。大多数服务企业的特点是操作人员可能承担服务表现和服务销售的双重任务。因此，营销管理者必须和作业管理者协调合作。企业工作人员的任务极为重要，尤其是那些经营“高接触度”服务业务的企业，所以，营销管理者还必须重视雇员的挑选、培训、激励和控制。此外，对某些服务而言，顾客与顾客间的关系也应引起重视，因为某顾客对一项服务产品质量的认知很可能受到其他顾客的影响。

6. 有形展示。有形展示会影响顾客对一家服务企业的评价。有形展示包含的因素有：实体环境（装潢、颜色、陈设、声音）、服务提供时需用的装备实体（比如汽车租赁公司需要的汽车），以及其他实体性信息标志，如航空公司使用的标识、干洗店将洗好的衣物加上“包装”等。

7. 过程。在服务企业，人员的行为很重要，而过程即服务的传递过程同样重要。表情愉悦、专注和关切的工作人员可以减轻必须排队等待服务的顾客的不耐烦，还可以平息技术上出问题时的怨言或不满。整个系统的运行政策和程序方法的采用、服务供应中器械化程度、员工决断权的适用范围、顾客参与服务操作过程的程度、咨询与服务的流动等，都是营销管理者需特别关注的问题。

二、营销组合的演变

在一些学者对 4P 的理论框架不断进行扩充和完善的同时，也有一些学者认为，随着世界经济的发展，营销环境发生了很大的变化，消费个性化、人文化、多样化特征日益突出，传统的 4P 组合已经越来越不适应新的情况。为此，他们提出了新的营销组合。

（一）4C 组合

20 世纪 90 年代，罗伯特・劳特朋（Robert Lauterborn）提出用新的 4C 组合取代 4P 组合。② 主要内容包括：

1. 顾客（customer）。4C 组合认为，消费者是企业一切经营活动的核心，企业重视顾客要甚于重视产品，这体现在两个方面：（1）创造顾客比开发产品更重要；（2）消费者需求和欲望的满足比产品功能更重要。

2. 成本（cost）。4C 组合将营销价格因素延伸为生产经营全过程的成本，包括：

---

① 习近平主持召开中央财经委员会第四次会议强调 推动新一轮大规模设备更新和消费品以旧换新 有效降低全社会物流成本．人民日报，2024-02-24.

② Robert Lauterborn. New Marketing Litany：4P's Passe：C-Words Take Over. Advertising Age，1990（October）：26.

（1）企业生产成本，即企业生产适合消费者需要的产品的成本。价格是企业营销中值得重视的，但价格归根结底由生产成本决定，再低的价格也不可能低于成本。（2）消费者购物成本。它不单是指购物的货币支出，还包括购物的时间和精力耗费以及风险承担（指消费者可能承担的因购买到质价不符或假冒伪劣产品而带来的损失）。值得注意的是，近年来出现了一种定价的新思维。以往企业对于产品价格的思维模式是“成本＋适当利润＝适当价格”，新的模式则是“消费者接受的价格－适当的利润＝成本上限”。也就是说，企业界对于产品的价格定义，已从过去由厂商的“指示”价格，转换成了消费者的“接受”价格，我们可以把这看作一场定价思维的革命。新的定价模式将消费者接受价格列为决定性因素，企业要想不断追求更高利润，就不得不想方设法降低成本，从而推动生产技术和营销手段到达一个新的水平。

3. 便利（convenience）。4C组合强调企业提供给消费者的便利比营销渠道更重要。便利，就是方便顾客，维护顾客利益，为顾客提供全方位的服务。便利原则应贯穿营销的全过程：在产品销售前，企业应及时向顾客提供充分的关于产品性能、质量、使用方法及使用效果的准确信息；顾客前来购买商品，企业应给顾客最大的购物方便，如自由挑选、方便停车、免费送货等；产品售完以后，企业更应重视信息反馈，及时答复、处理顾客意见，对有问题的产品要主动包退包换，对产品使用故障要积极提供维修方便，对大件产品甚至要终身保修。经营成功的企业无不在服务上下功夫，遇到顾客投诉及时答复，并根据情况及时为顾客安排专人维修和排除故障。与传统的渠道战略相比，新的4C组合更重视服务环节，强调企业既出售产品也出售服务，消费者既购买到商品也购买到便利。

4. 沟通（communication）。4C组合用沟通取代促销，强调企业应重视与顾客的双向沟通，以积极的方式适应顾客的情感，建立基于共同利益的新型的企业与顾客关系。克里斯蒂安·格罗鲁斯（Christian Grönroos）认为，企业营销不仅仅是企业做出承诺，单向劝导顾客，更重要的是追求企业与顾客的共同利益，互利的交换与承诺的实现是同等重要的。同时，强调双向沟通应有利于协调矛盾，融合感情，培养忠诚的顾客，而忠诚的顾客既是企业稳固的消费者，也是企业最理想的推销者。

4C组合是站在顾客的立场上反思营销活动的诸要素，是对传统4P理论的发展和深化。显然，4C组合有助于营销者更加主动、积极地适应市场变化，有助于营销者与顾客达成更有效的沟通。

然而，从企业的营销实践和市场发展的趋势看，4C仍然存在以下不足：

（1）4C是顾客导向，而市场经济要求的是竞争导向。顾客导向与竞争导向的本质区别是：前者看到的是顾客需求并以此作为营销工作的核心；而后者不仅看到了需求，还注意到了竞争对手，客观分析自身在竞争中的优劣势并采取相应的策略，在竞争中求发展。

（2）4C组合融入营销策略和行为，虽然推动了营销实践的发展和进步，但企业营销又会在新的层次上同一化，不能形成个性化的营销优势，保证企业市场份额的稳定性、积累性和发展性。

（3）4C以顾客需求为导向，但顾客需求也存在合理性问题。顾客总是希望质量好、价格低，特别是在价格上的要求是无底线的。只看到满足顾客需求的一面，企业必然付出更大的成本，久而久之会影响企业的发展。所以从长远看，企业经营要遵循双赢的原则，这是 4C 组合需要进一步解决的问题。

(4) 4C 仍然没有体现既赢得顾客又长期地拥有顾客的关系营销思想，没有解决满足顾客需求的操作性问题，如提供集成解决方案、快速做出反应等。

(5) 4C 总体上虽是 4P 的转化和发展，但被动适应顾客需求的色彩较浓。根据营销实践的发展，需要从更高层次以更有效的方式在企业与顾客之间建立起有别于传统的新型的主动性关系，如互动关系、双赢关系、关联关系等。

(二) 4R 组合

唐·舒尔茨（Don Shultz）提出的基于关系营销的 4R 组合，受到了广泛的关注。4R 阐述了一个全新的营销四要素，即关联（relevance）、反应（response）、关系（relationships）和回报（returns）。

这里需要说明的是，从 4P、4C 到 4R，反映了营销观念在融合和碰撞中不断深入、不断整合的趋势。这三者不是简单的取代关系而是发展和完善的关系。由于企业情况千差万别，企业环境和营销还处于发展之中，所以至少在一段时期内，4P 还是营销的一个基础要素框架，4C 也是很有价值的理论和思路。4R 不是取代 4P 和 4C，而是在 4P 和 4C 基础上的创新与发展，所以不可把三者割裂甚至对立起来。根据企业的实际，把三者结合起来指导营销实践，有助于取得更好的效果。

科特勒在 2024 年出版的《营销原理》（第 19 版）一书中，将 4P 要素换作了 4A，即可接受的产品（acceptability）、付得起的价格（affordability）、可到达的地点（accessibility）、可获悉的促销信息（awareness），旨在强调站在顾客立场上，理解营销组合因素及其运用。①

(三) 数字经济背景下的营销组合

营销组合一直在变化，创新的营销者不断为它添加新的元素。数字经济时代的到来及互联网作为营销工具的广泛使用，对营销组合的各个方面都产生了显著影响。4P、4C、4R 营销理论并没有过时，只是在互联网以及移动互联时代，信息沟通模式发生了很大变化，信息不对称逐渐被打破，致使消费者的认知和行为发生改变，譬如活动的社群化、行为的网络化以及社交化。

对有创造性、善于应用数字技术的企业而言，数字经济提供了超越墨守成规的竞争者并以创新的方法为顾客增加价值的机会。不过，依然需要有效率和有效果的分销系统使消费者获得物质产品。实际上，网络零售商比实体企业更需要高效的物流和分销系统，因为消费者对网络零售商的配送速度往往有较高的预期。近年来，国货潮品的崛起在很大程度上也得益于 400 万快递小哥像小蜜蜂一样夜以继日地辛勤付出。

第 3 节　营销哲学新视野

随着 21 世纪的第二个十年过去，世界营销舞台正发生巨大的变化。诸如数据技术的

① Philip Kotler，Gary Armstrong，Sridhar Balasubramanian. Principles of Marketing. 19th ed. Harlow：Pearson Education Limited，2024：75.

迅猛发展、全球化的快速渗透、非营利组织对营销的空前关注和重视、社会对企业营销道德和社会责任的更高要求以及信息技术对营销的深远影响等新的方面不断跃入营销哲学的视野。

一、来自营销道德和社会责任的要求

随着全球消费者保护运动和环保运动的成熟，今天的营销人员需要为他们的行为对社会和环境造成的影响负起更大的责任。因此，越来越多的企业开始关注提升消费者福祉（consumer well-being）。消费者福祉是与消费品相关的处于消费生命周期的不同阶段中主观幸福和客观幸福的一种理想状态，它连接着消费者对消费品的满意度和消费者的生活质量。消费生命周期指消费者从购买产品到产品废弃处置的整个过程，包括：产品获得（购买）、准备（安装）、消费（使用）、所有权（占有）、维修（修理）、处置（产品转卖、折价或是报废）。主观幸福感与客观幸福感是不同的。主观幸福感指消费者对自身经历的一种评价，客观幸福感指由专家对消费生命周期中消费者成本与获利的一种评价。①

从消费者福祉的角度，企业不仅要给消费者带来满意，而且要致力于提升消费者福祉，也就是致力于改善消费者整个消费过程的各个环节，真正为提高消费者的生活质量做出贡献。同时，在市场选择和4P的执行过程中，还要保护利益相关者的利益，这在一定程度上为企业塑造了一个好的内外部环境，不仅有利于企业的长期发展，也能为企业带来长期利润。基于消费者福祉的营销是一种新的营销哲学，是基于企业道德理论对关系营销的延伸，既能为企业带来长期回报，也实现了更高的道德标准。早在日本工业化初期，著名企业家涩泽荣一就曾谈到算盘和儒学的关系。他认为，一个好的商人应该一手拿算盘，一手拿《论语》，即要在商业利益和道德原则之间、私利和公益之间取得平衡。

例2-3 人工智能推动社会进步发展

企业的营销道德和社会责任受到更多的关注，不论是发达国家的跨国公司还是发展中国家的中小企业，都会时不时地成为这个话题的中心。企业社会责任是指企业追求有利于社会长远目标和增进人类福祉的一种义务。社会责任超越了只符合基本的经济和法律要求的限度，加入道德、伦理、社会的责任元素，推动人们从事那些使人类社会更美好的事情。具有社会责任感的企业总是会主动致力于让社会更美好，让世界更美好，提升人类福祉，而不限于符合法律要求和经济利益。企业既有经济责任、法律责任，也有社会责任、道德责任。任何企业存在于社会之中，就是社会的企业。社会是企业家施展才华的舞台。只有真诚回报社会、切实履行社会责任的企业家，才能真正得到社会的认可，才是符合时代要求的企业家。② 中国企业应将社会责任融入“五位一体”总体布局，以促进高质量发展体现社会责任的经济贡献；以积极参与中国特色社会主义建设体现社会责任的政治贡献；以彰显社会主义核心价值观体现

① M. Joseph Sirgy, Dong-Jin Lee, Don Rahtz. Research on Consumer Well-Being (CWB): Overview of the Field and Introduction to the Special Issue. Journal of Macromarketing, 2007, 27 (4): 341-349.

② 习近平．习近平著作选读：第二卷．北京：人民出版社，2023：323.

社会责任的文化贡献；以构建诚信守法、协同治理、稳定经营的亲清政商关系体现社会责任的社会贡献；以坚持社会主义生态文明观，打好污染防治攻坚战，构建和谐发展新格局体现社会责任的生态文明贡献。

二、全球化背景下的营销

经济全球化大致经历了三个阶段。一是殖民扩张和世界市场形成阶段，西方国家靠巧取豪夺、强权占领、殖民扩张，到第一次世界大战前基本完成了对世界的瓜分，世界各地区各民族都被卷入资本主义世界体系之中。二是两个平行世界市场阶段，第二次世界大战结束后，一批社会主义国家诞生，殖民地半殖民地国家纷纷独立，世界形成社会主义和资本主义两大阵营，在经济上则形成了两个平行的市场。三是经济全球化阶段，随着冷战结束，两大阵营对立局面不复存在，两个平行的市场随之不复存在，各国相互依存大幅加强，经济全球化快速发展演化。① 习近平指出："经济全球化是人类社会发展必经之路，多边贸易体制为各国带来了共同机遇。在各国相互依存日益紧密的今天，全球供应链、产业链、价值链紧密联系，各国都是全球合作链条中的一环，日益形成利益共同体、命运共同体。"② 全球化使得世界越变越小，几乎所有的公司，不论大小，不管愿意不愿意，都或多或少地参与到国际贸易和全球竞争当中。跨国公司把它们的触角伸到了世界每一个角落，而发展中国家的中小企业除了面对来自海外的竞争，也获得了在家门口得到国际订单的机会。因此，世界各国的管理人员现在都以全球化而不是本地的视角看待公司所在的行业、竞争者和市场机会。

中国正在加快构建以国内大循环为主体、国内国际双循环相互促进的新发展格局。中国是全球最具潜力的大市场，中国制造已经成为全球产业供应链的重要组成部分，为经济全球化做出了积极贡献。中国广阔的内需市场将继续激发源源不断的创新潜能。在新发展格局下，中国将更有效率地实现内外市场联通、要素资源共享，让中国市场成为世界的市场、共享的市场、大家的市场，为国际社会注入更多正能量。

三、数字时代的到来

数字技术的蓬勃发展深深地影响着人们的生活方式——交流、分享信息、娱乐以及购物，并对公司向顾客让渡价值的方式产生巨大影响。营销人员利用强大的计算机可以开发出非常详细的数据库，利用这些数据库定位每一位顾客，以便为他们提供专门满足其个性化需要以及购买模式的产品或服务。因此，"要善于分析新的市场环境、新的技术条件，用好新的营销手段"③，开展卓有成效的数字营销。

近年来，我国"推动技术革命性突破、生产要素创新性配置、产业深度转型升级，推动劳动者、劳动资料、劳动对象优化组合和更新跃升，催生新产业、新模式、新动能，发展以高技术、高效能、高质量为特征的生产力"④。新质生产力的发展，为营销人员提供了激动人心的新机会，带来了云营销、大数据营销、网络营销、体验营销、社交媒体

---

① 习近平：深入理解新发展理念．求是，2019（10）.
② 习近平．习近平谈治国理政：第三卷．北京：外文出版社，2020：456.
③ 习近平．加快建设农业强国 推进农业农村现代化．求是，2023（6）.
④ 中共中央关于进一步全面深化改革 推进中国式现代化的决定．（2024－07－21）．新华社.

营销、交叉销售、追加销售等全新的营销概念，不断地影响着营销人员的营销观念，为营销哲学的发展带来新的启示。2024 年 7 月，橡鹿科技宣布推出美膳狮 AI 炒菜机器人产品线，包括小钢炮 2K、火箭炮 400 和中钢炮 7K 在内的产品，将上线食用油煤油检测功能。AI 炒菜机器人已经实现了菜品还原度超 98%，人效提升 80%，能耗节省 50%。通过机器深度学习、多传感器融合、自然语言处理、计算机视觉等技术，可以进一步训练和调优厨房场景垂直模型，并实现 1∶1 烹饪数字化复刻，尽可能还原厨师的手艺和菜品口味。①

在数字经济蓬勃发展的同时，存在着如下值得注意的问题：

（一）参与者之间往往是零和游戏

行业竞争到最后往往是赢家独吞所有市场，因此很多早期数字经济企业拼命地烧钱扩大规模，以求打败对手取得垄断地位。在取得了垄断优势后，再对平台用户或消费者收取高昂的门槛费、服务费。以至于一些线上销售平台的平台费率，比线下高成本的百货商店、超市的上架费率还高，这是很不合理的。这种类型的商业模式没有产生资源优化配置，在社会总体价值创造上贡献有限，因为过度关注流量助长了假冒伪劣商品在网上的泛滥，甚至倒逼制造业出现“劣币驱逐良币”的现象。

（二）利用人性的弱点设计各种产品

数字经济形成初期所主导的自由理念，使得网络失信的违约成本极低，于是一部分企业利用人性的弱点设计各种产品来获取流量，罔顾消费者的长期利益和市场的良性发展。比如一些信息服务公司，通过各种打擦边球的图片、噱头标题吸引用户点击。这种利用人性弱点诱使用户使用产品的行为实际上是不正当的，甚至触犯了法律。未来数字经济的竞争，一定是在更公平、可信的环境下进行，这些利用人性弱点设计产品的企业很难长期生存。

（三）企业采集数据没有底线

由于目前缺乏数据治理规范，很多企业在用户使用产品的时候要求提供个人数据。在这个过程中，有些平台采集的数据、要求的授权和提供的服务明显不对等。明明很简单的服务，仅需要几个数据，却要求用户提供几十个数据；明明只需要一项权限，却让用户把权限全部打开，从而超范围收集个人数据。比如，有的公司获取了消费者手机麦克风使用权限，通过窃听交谈内容获取用户习惯，看似聪明的做法实际上已经触犯了法律。随着数字经济不断成熟、法律法规日趋完善，上述行为在未来将很难行得通，数字经济企业在经营过程中必须要加以避免。

（四）出现互联网杀熟行为

在用户不知情的情况下，企业根据大数据将用户群体划分为不同类别进而收取不同的价格。这类杀熟行为有违市场公平、透明的原则，被杀熟的消费者一旦获悉就会感到愤怒。之所以存在上述问题，是因为在数字经济背景下尚未形成明确的各方共赢的盈利模式，许多企业一旦确定某种模式可以获利就“一刀切”地全盘推进，通过烧钱形成规

---

① AI 的厨房探索：刘强东豪掷 2 亿、大疆“孵化人”布局．(2024-07-25)．新浪财经．

模效应，盲目追求流量。

四、新时代营销人才的关键素质

虽然系统的营销学发轫于西方，但是在中国的应用必须扎根于中国实践，同时兼具全球视野。在符合教育主管部门人才培养要求的前提下，一流的营销人才需不断强化以下素质（简称 CHINAMKT）：

1. 沟通传播（communication）。营销与沟通传播在学科发展史上有着千丝万缕的联系。营销工作离不开沟通、传播。传播促销、营销传播、整合营销传播（IMC）都属于营销理论的基本概念。优秀的营销人才不仅要能够传播产品或服务的信息，还应善于借助营销传播理论知识讲好中国故事，传播好中国声音，具备国家营销、政府营销和社会营销的知识素养和实践能力。

2. 诚实可靠（honesty）。诚信和友善是中华民族传统美德，也是社会主义核心价值观的重要内容。人们对营销专业的误解大多源于营销实践中的不规范、不诚信、不可靠现象。“营销”这个词给人留下了太多太深的诸如“忽悠”“以次充好”“假冒伪劣”“价格欺诈”等不良印象。因此，扭转专业形象、培养一流营销人才必须加强法律、诚信和营销道德教育。

3. 开拓创新（innovation）。营销理念源于实践，必须与时俱进，营销战略必须紧跟营销环境和市场需求新变化及时调整，营销方式必须拥抱数字经济时代不断创新。创新必须瞄准国家需要、人民要求、市场需求，借助营销工具将新科学、新技术、新理念、新方法应用于实践。

4. 领航主导（navigation）。营销人才必须深刻理解时代潮流和国家需要，具备引领担当、开路先锋、主导掌控的意识和能力，具有战略眼光和过人本领。只有这样，才能担当大任。

5. 积极上进（activeness）。营销是充满挑战和困难的工作岗位，随时可能遭遇艰难险阻与突变境况。营销人才必须具备极强的抗压能力，以积极乐观的心态不断进取，奋力开拓。

6. 多才善能（multi-skill）。营销目标的实现最终需要营销人员、营销经理去贯彻实施。有效的营销管理过程，需要营销人员具备多种才干，有综合应对能力和坚忍不拔的毅力。

7. 知识深厚（knowledgeability）。营销管理者经常会面临各种不确定的现实，要具备应对各种现实问题的知识、才干、能力。知识渊博是营销人应具备的基本素养。

8. 团队合作（teamwork）。营销不是单枪匹马就能干好的工作。营销绩效靠的是集体智慧和团队合作。

小　结

营销管理哲学就是企业在开展营销管理的过程中，在处理企业、顾客、社会及其他利益相关者之间关系的过程中所秉持的理念和价值观，是营销思路、努力方向、发展着力点的集中体现，具有战略性、纲领性和引领性。现代企业的营销管理哲学可归纳为六种，即生产观念、产品观念、推销观念、营销观念、客户观念和社会营销观念。

营销组合是现代营销理论的一个重要概念，意思是说市场需求在某种程度上会受到营销变量（营销要素）的影响，为了达到既定的营销目标，企业需要对这些要素进行有效的组合。营销组合中所包含的可控变量很多，迄今为止影响最大的关于营销组合要素的概括是 4P 组合。此后，营销组合被扩充成 6P、10P 或者 7P。另外，也有学者认为传统的 4P 组合已经越来越不适应新的情况，于是提出了 4C、4R 这样新的营销组合来变革 4P 组合。后来科特勒等学者又提出了 4A 的观点。

伴随着新质生产力发展，全面提升市场营销人才自主培养质量，强化新时代营销人才 CHINAMKT 素质势在必行。

基本概念

生产观念	产品观念	推销观念
营销观念	客户观念	社会营销观念
顾客满意	顾客忠诚	顾客份额
顾客终身价值	顾客资产	顾客让渡价值
大规模定制	宏观营销	绿色营销
消费者福祉	主观幸福感	客观幸福感
数字营销		

复习题

1. 营销哲学的演变经历了哪几个阶段？
2. 4P 营销组合有哪些特点？
3. 营销组合发生了怎样的扩充和演变？
4. 21 世纪营销哲学有哪些新的关注点？
5. 近年来营销的发展有哪些新趋势？

案例分析

中国企业的奥运营销

前脚欧洲杯刚结束，后脚巴黎奥运会就拉开了帷幕，中国快消品各大品牌纷纷抓住这一契机，推出一系列营销活动。偏爱 00 后运动员，是 2024 年奥运营销大战的一大趋势。品牌选择 00 后运动员，既能挑动消费主力 Z 世代的情绪，也能为品牌年轻化提供多样化的玩法。比如，娃哈哈、可口可乐、伊利、农夫山泉等纷纷选择全红婵为品牌代言人。

值得注意的是，在巴黎奥运会男女参赛配额比例各为 50%的影响下，女性运动员的代言数量和商业价值显著提升。在巴黎奥运会官方公布的 2024 巴黎奥运会最值得关注的 12 位顶级运动员中，孙颖莎成为中国唯一上榜的运动员，她在 6 月份就斩获了两个品牌代言。

在本届巴黎奥运会中，有两家中国企业出现在全球合作伙伴行列，分别是阿里巴巴和蒙牛。在奥运官方赞助体系外押宝明星运动员成为一个高性价比的选择，这也是北京冬奥会中谷爱凌手握众多代言的原因之一。此外，也可考虑借势营销，借助奥运氛围打造类似“我的品牌我的奥运”活动，抢占消费者的心智和眼球；随着赛程不断推进，也可以利用游戏竞猜的方式设置相关活动，达到破圈的效果。受巴黎时尚之都的影响，在奥运会开幕前大众就已掀起了对运动员参赛服装时尚度的讨论，安踏、九牧王、李宁、特步等品牌选择赞助鞋服装备。16 年间，从李娜到张雨霏，伊利始终在以营养支持女性运动员。支持和宣传女性运动员，不仅彰显了品牌的社会责任，还在潜移默化中推动了社会对女性力量的认可和尊重，引起女性消费者的共鸣。

部分品牌将营销重心放在国家队、体育明星合作上。比如，在新产品设计上，伊利囊括了乒乓球、跳水、游泳等热门体育赛事，邀请王楚钦、孙颖莎、全红婵等多位体育明星，借助他们的形象与热度打开传播话题度。与娱乐明星相比，品牌选择运动员代言的安全性更高，但需要注意两点：一是运动员形象是否和产品、品牌文化相吻合，二是运动员的粉丝群体是否和品牌的目标消费者相契合。

从国内情况来看，在 14 亿人口规模、5G 移动互联网技术和物流电商的加持下，流量、场景、社群这三者的玩法多样化，会更快速地形成有中国特色的体育营销模式，其典型特点就是营销链路变短，企业结合什么样的场景创造能够抓住流量的内容很重要。

2024 年 5 月，伊利发布了一组国家乒乓球队运动员樊振东、孙颖莎、王楚钦拍摄的大片，顺势开设了“伊利听劝小组”，主打听、改、做，让粉丝出谋划策，定制运动员产品；并借助“伊利莎头”“巴黎奥运 logo 鲁豫 logo”等话题将“听劝式”营销推向高潮。这场“听劝”狂欢已经卷到可口可乐、松下空调等品牌。

营销正处在社交化、在线化、数字化飞速发展的阶段，体育营销也在顺应时代发展作出转型。企业需要通过和消费者的持续绑定，在当下嘈杂的营销环境中成为真正走进人心的品牌。企业需要创造的是与消费者所产生的共鸣。相关营销必须把体育文化融入到品牌文化中，使消费者对企业品牌产生认同，这有别于企业为博取消费者好感而采取的厂商主导式传播，由此塑造出来的企业形象更能深入消费者心智。

在此趋势下，企业需要思考如何将资源进行重新整合，把巴黎奥运会所体现的体育文化融入到企业产品中，实现体育文化、品牌文化与企业文化三者的融合，从而引起消费者与企业的共鸣，在消费者心目中形成长期的特殊偏好。早在巴黎奥运会开幕前，泡泡玛特、名创优品等潮玩品牌就已经尝试在巴黎开设门店，增加品牌曝光。据泡泡玛特方面透露，2024 年 7 月 27 日其卢浮宫店正式开业，并为全球游客准备了奥运风衍生品，希望能够进一步帮助品牌在全球范围内扩大声量和影响力。

资料来源：黎竹，刘旺．中国企业花式营销玩转巴黎奥运会．(2024－07－27)．中国经营网.

思考题

1. 企业开展奥运营销会追求哪些目标?

2. 中国企业参与奥运营销的效果如何?

第 3 章

战略计划与营销管理

| 本章要点 |

- 战略计划与市场导向。
- 企业评价战略业务单位的主要方法。
- 企业发展新业务的方法。
- 营销管理的任务及其主要步骤。
- 营销信息系统的构成。

随着数字经济时代的到来，消费者行为的数据量将迅速扩大，数字技术的进一步升级将实现对客户更全面、更深刻的洞察，对购买者行为和需求进行更加精准的预测。当今世界正经历百年未有之大变局，这样的大变局不是一时一事、一域一国之变，是世界之变、时代之变、历史之变。能否应对好这一大变局，关键要看我们是否有识变之智、应变之方、求变之勇。① 企业必须更加积极主动地适应不断变化的市场，制订战略计划，开展营销管理。战略计划过程为营销管理过程勾画出基本的活动框架，而营销管理则为战略计划导向以及战略计划的实施奠定坚实的基础，进而促进和确保战略计划的实现。市场导向的战略计划是现代企业在动态的市场环境中成功经营的重要基础。

第 1 节　战略计划过程与市场导向

一、战略、策略与逆向营销

（一）战略与策略的含义

“战略”（strategy）一词源于希腊语，意为“将军的艺术”，原指军事方面事关全局的重大部署，现已广泛应用于社会、经济、管理等各个领域。从管理学角度讲，战略是指企业为了实现预定目标所做的全盘考虑和统筹安排。加拿大麦吉尔大学明茨伯格教授指出，战略由计划（plan）、政策（policy）、模式（pattern）、定位（position）和观念

① 习近平．新发展阶段贯彻新发展理念必然要求构建新发展格局．求是，2022（17）.

（perspective）组成。换言之，战略由上述5P组成。

策略（tactics）是指实现目标的具体行动。如果说战略明确了企业努力的方向，策略则决定由何人、在何时、以何种方式、通过何种步骤将战略付诸实施。

（二）战略与策略的关系

战略与策略既有区别又有联系。战略是如何赢得一场战争的概念，而策略则是如何赢得一场战役的概念；策略是一种单一的主意或谋略，而战略则包含很多因素，但其重点是策略；策略具有某种竞争优势，而战略则用以保持这种优势；策略相对于产品或企业具有外在性，甚至不是企业自己制定的，而战略则是内在的，通常需要进行大量的内部组织工作；策略是沟通导向的，而战略则是产品导向或企业导向的。

习近平总书记指出，战略与策略是我们党领导人民改造世界、变革实践、推动历史发展的有力武器。正确运用战略和策略，是我们党创造辉煌历史、成就千秋伟业、战胜各种风险挑战，不断从胜利走向胜利的成功秘诀。推进中国式现代化，必须把这一成功秘诀传承好、运用好、发展好。要增强战略的前瞻性，准确把握事物发展的必然趋势，敏锐洞悉前进道路上可能出现的机遇和挑战，以科学的战略预见未来、引领未来。增强战略的全局性，谋划战略目标、制定战略举措、作出战略部署，都要着眼于解决事关党和国家事业兴衰成败、牵一发而动全身的重大问题。增强战略的稳定性，战略一经形成，就要长期坚持、一抓到底、善作善成，不要随意改变。做到这些，需要我们提高政治站位，树立世界眼光，胸怀“国之大者”，把历史、现实、未来贯通起来，把中国和世界连接起来，增强战略思维能力，使我们制定的战略符合实际、行之有效，为中国式现代化提供强大的战略支撑。策略为战略实施提供科学方法。实施战略的环境条件随时都在发生变化，每时每刻都会遇到新情况新问题，这就需要我们把战略的原则性和策略的灵活性有机结合起来，灵活机动、随机应变、临机决断，在因地制宜、因势而动、顺势而为中把握战略主动。①

例3-1　以战略思维布局科技发展

习近平总书记认为：“战略是从全局、长远、大势上作出判断和决策。”“要善于进行战略思维，善于从战略上看问题、想问题。”“战略上判断得准确，战略上谋划得科学，战略上赢得主动，党和人民事业就大有希望。”“正确的战略需要正确的策略来落实。策略是在战略指导下为战略服务的。战略和策略是辩证统一的关系，要把战略的坚定性和策略的灵活性结合起来。”② 习近平总书记的科学论断对于我们正确理解战略与策略的关系，制订既高瞻远瞩又务实管用的营销计划、取得营销管理的成功，具有重要的指导意义。

（三）逆向营销

按照传统理论，管理层确定营销战略，管理人员接受指令后选择一组相应的策略去实现它。简言之，战略应当支配策略。然而，严酷的现实是：我们正生活在一个充满竞

---

① 习近平．推进中国式现代化需要处理好若干重大关系．求是，2023（19）．

② 习近平在省部级主要领导干部学习贯彻党的十九届六中全会精神专题研讨班开班式上发表重要讲话．（2022-01-11）．http：//www.gov.cn/xinwen/2022-01/11/content_5667663.htm．

争的时代，商场如战场，营销环境的变幻莫测使得“战略支配策略”的传统营销理念颇受质疑。当企业不能预测未来的竞争态势时，长期战略计划的优点又体现在何处呢？当企业的资源被牵制在长期计划上时，又如何面对竞争者的挑战，及时、正确地做出反应呢？

逆向营销（bottom-up marketing）这一新概念的提出，可以说是对传统理论的一大挑战。按照这一理论，战略应当自下而上地制定，即先找到一个行之有效的策略，然后再把该策略发展为战略。换言之，逆向营销意味着“策略应当支配战略，然后战略推动策略”。策略是直接对经营产生影响的创意，而战略则为策略增添双翼，从而使企业经营展翅翱翔。

二、战略计划过程

计划是一种事先的安排，用于正确地指导企业实现自己的目标。战略计划是企业根据外部营销环境和内部资源条件而制订的涉及企业管理各方面（包括生产管理、营销管理、财务管理、人力资源管理等）的带有全局性的重大计划。要强调企业组织的整体性，而不仅限于营销一个方面。

战略计划过程是指通过制订企业的任务、目标、业务组合计划和新业务计划，在企业的目标和资源（或能力）与迅速变化的环境之间发展和保持一种切实可行的战略适应的管理过程。换言之，战略计划过程是企业及其各业务单位为生存和发展而制定长期总战略所采取的一系列重大步骤，包括规定企业使命、确定企业目标、安排业务组合、制订新业务计划。①

（一）规定企业使命

企业使命应回答这个问题：本企业的业务是什么？最高管理层明确规定适当的任务，并向全体工作人员讲清楚，这可以提高士气，调动全体工作人员的积极性。企业的使命是一只“无形的手”，它指引全体工作人员朝着一个方向前进，使全体工作人员同心协力地工作。

企业在规定其使命时，可向股东、顾客、经销商等有关方面广泛征求意见，并且需考虑企业过去历史的突出特征、企业高层的意图、企业周围环境的发展变化、企业的资源情况以及企业的特有能力等方面的因素。

通常，企业的最高管理层需要借助正式的企业使命陈述或使命宣言来说明企业的使命。所谓使命宣言，是指企业对特定营销环境下所要实现的目标的精确陈述。一个有效的使命宣言应具备如下特点：（1）市场导向，即在企业使命宣言中要按照其目标顾客的需要来规定和表述企业使命；（2）切实可行，即根据本企业的资源优势来规定和表述业务范围，而不要把业务范围规定得太窄或者太宽，或者说得太笼统；（3）富有鼓动性；（4）具体明确，即在使命宣言中要规定明确的方向和指导路线，以缩小每个工作人员的自由处理权限和范围。

企业的使命一旦被规定，在未来的一二十年内就成为企业努力的焦点。然而，有时

① Philip Kotler，Gary Armstrong，Sridhar Balasubramanian. Principles of Marketing. 19th ed. Harlow：Pearson Education Limited，2024：60.

也会在短短几年之内就得改写企业使命宣言，因为原来的不再有效或者不能为企业规定一个最好的行动方向。一般来说，环境变化越快，企业就越需要经常检查其使命宣言是否适当。

(二) 确定企业目标

在规定了企业的使命之后，还要把它具化为一系列各组织层次的目标。各级经理应当对其目标胸中有数，并对目标的实现完全负责，这种制度叫作目标管理。企业的常用目标有：投资收益增加、销售增长、市场份额提高以及产品创新等。

为了使企业的目标切实可行，所确定的目标必须符合以下要求：(1) 层次化，即一个企业（尤其是大企业）通常有许多目标，但是这些目标的重要性不一样，应当按照各种目标的重要性来排列，显示出哪些是主要的，哪些是派生的；(2) 数量化，即要以数量来表示企业的目标，便于管理计划、执行和控制过程；(3) 现实性，即企业应当根据对市场机会和资源条件的调查研究和分析来规定适当的目标水平；(4) 一致性，即各种目标必须相互一致，而不是自相矛盾，以致失去指导作用。

(三) 安排业务组合

企业的最高管理层规定了企业的使命和目标之后，就需要精心安排业务组合。大企业一般都有许多业务部门，各种产品大类、产品、品牌等。任何企业的资源都是有限的，各个业务单位的增长机会、经营效益也大不相同。因此，必须对现有的各种业务加以分析、评价，看看哪些应当发展，哪些应当维持，哪些应当减少，哪些应当淘汰。这就是说，必须安排业务组合，把企业有限的资金用于经营效益最高的业务，做到投资有回报、产品有市场、企业有利润、员工有收入、政府有税收、环境有改善。这是企业战略计划工作的一个主要任务。

1. 战略业务单位的划分。企业在安排业务组合时，首先要把所有业务分成若干战略业务单位（strategic business units，SBU）。战略业务单位是指企业内部具有特定的战略目标、使命和竞争对手，掌握一定资源，由专人负责经营，能从企业战略获益，可以单独规划、独立核算的业务单位（如部门、产品线、品牌等）。一个 SBU 常具有如下特征：它是单独的业务或一组有关的业务；它有不同的任务；它有竞争者；它有认真负责的经理；它掌握一定的资源；它能从战略计划得到好处；它可以独立计划其他业务。

2. 战略业务单位的评价。企业在安排业务组合的过程中还要对各个 SBU 的经营效益加以分析、评价，以便确定哪些单位应当发展、维持、减少或淘汰。最著名的分类和评价方法是美国波士顿咨询集团法和通用电气公司法。

(1) 波士顿咨询集团法（BCG approach）。波士顿咨询集团法是用“市场增长率-相对市场份额矩阵”来对企业的 SBU 加以分类和评价（如图 3-1 所示）。

矩阵图中的纵坐标代表市场增长率，表示企业的各 SBU 的年市场增长率。假设以 10%为分界线，10%以上为高增长率，10%以下为低增长率。

矩阵图中的横坐标代表相对市场份额，表示企业各 SBU 的市场份额与同行业最大的竞争者（市场上的领导者或“大头”）的市场份额之比。如果企业的 SBU 的相对市场份额为 0.4，那么其市场份额为同行业最大竞争者的市场份额的 40%；如果企业的 SBU 的相对市场份额为 2.0，那么企业的 SBU 是市场上的“大头”，其市场份额为市场上的“二头”的市场份额的 2 倍。假设以 1.5 为分界线，1.5 以上为高相对市场份额，1.5 以下为

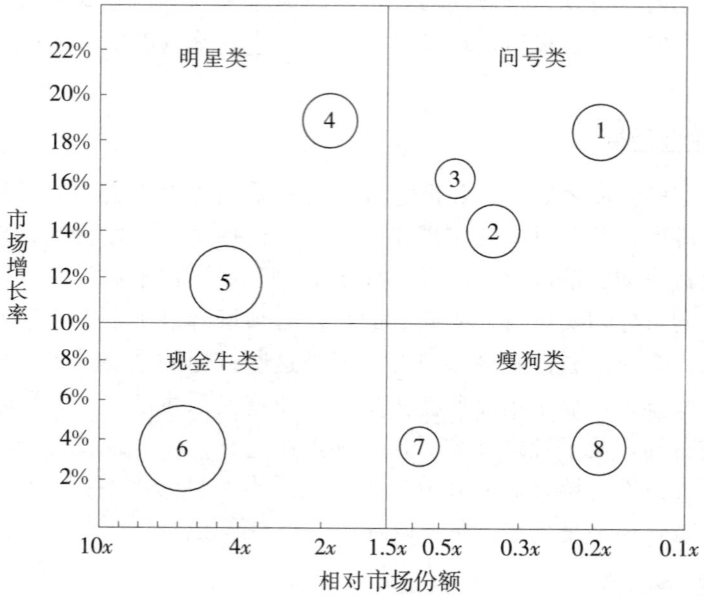

图 3-1　波士顿咨询集团法

低相对市场份额。

矩阵图中的 8 个圆代表企业的 8 个 SBU。这些圆的位置表示各 SBU 的市场增长率和相对市场份额的高低；各个圆的面积大小表示各 SBU 销售额的大小。

矩阵图把企业的 SBU 分为四种类型。

问号类。这类 SBU 是高市场增长率和低相对市场份额的 SBU，大多数 SBU 最初都处于问号（question mark）类。这类业务单位市场增长迅速，需要企业加大投资重点扶持，由于市场地位尚未稳固，能否在市场上取得成功还是个问题。这类单位需要大量现金，因为企业需提高其相对市场份额，使之赶上市场上的“大头”，而且必须增添一些工厂、设备和人员，才能适应迅速增长的市场。因此，企业要慎重考虑经营这类单位是否合算；如果不合算，就应精简或淘汰。从图 3-1 看，企业有 3 个问号类单位。这类单位可能过多。企业与其把有限的资金分散用于 3 个问号类单位，不如集中力量用于其中一两个单位，这样经营效益也许会高一些。

明星类。问号类的 SBU 如果经营成功，就会转入明星类。这类 SBU 是高市场增长率和高相对市场份额的单位，宛若冉冉升起的璀璨耀眼的明星。这类单位因为增长迅速，同时要击退竞争对手的进攻，需要投入大量现金，因而是使用现金较多的单位。由于任何产品都有其生命周期，这类单位的增长速度会逐渐放缓，最后会转入现金牛类。

现金牛类。明星类的 SBU 的市场增长率下降到 10%以下，就转入现金牛类。这类单位是低市场增长率和高相对市场份额的单位。因为相对市场份额高，需要投入的现金少，但取得的现金收入多，如成熟的奶牛那样，吃的是草，生成的是鲜奶，能够源源不断地给企业带来生存发展所必需的现金。企业可以用这些现金来支付账单，支援需要现金的问号类、明星类和瘦狗类单位。从图 3-1 看，企业只有一个大现金牛，这种财务状况是很脆弱的。如果这个现金牛的市场份额突然下降，企业就不得不从其他单位抽回现金来加强这个现金牛以维持其市场领导地位；如果企业把这个现金牛所放出的现金都用来支援其他单位，这个强壮的现金牛就会成为弱现金牛。

瘦狗类。这类SBU是低市场增长率和低相对市场份额的单位，盈利少或有亏损，如同处于饥饿或病痛状态中的瘦狗一样，气息奄奄。从图3-1看，企业有两个瘦狗类单位，这种情况显然不妙。

上述四类SBU在矩阵图中的位置不是固定不变的。任何产品都有其生命周期，随着时间推移，这四类SBU在矩阵图中的位置会发生变化。例如，起初处于问号类的SBU如果经营成功，就会转入明星类；随着市场增长率降到10%以下，又会从明星类转入现金牛类；最后，到产品的衰退期，产品销售量下降，又从现金牛类转入瘦狗类。

波士顿咨询集团法的局限性在于执行难度大、耗费时间、成本高。管理层会发现很难界定SBU并衡量市场份额与增长率。此外，这一方法专注于对现有业务的分类，对未来的规划没什么帮助。基于这些问题，很多企业放弃了这类正规的矩阵方法，转而选择更契合自己具体情况、更个性化的方法。以前的战略规划工作由总部高层管理人员亲自处理，今天的战略规划工作已经下放。越来越多的公司把战略规划的责任交给由各部门经理组成的跨职能团队，因为这些人员更接近市场，能够更好地洞悉快速变化环境中的机遇与风险。①

(2) 通用电气公司法（GE approach）。通用电气公司法用“多因素投资组合矩阵”来对企业的SBU加以分类和评价（如图3-2所示）。矩阵图中的7个圆圈代表企业的7个SBU。圆圈大小表示各个单位所在行业（市场）的大小，圆圈内的阴影部分表示各个单位的市场份额。例如，圆圈D表示SBU所在行业是一个相当大的行业，其市场份额也较大（37.5%）；圆圈B表示SBU所在行业是中等的，其市场份额为25%。

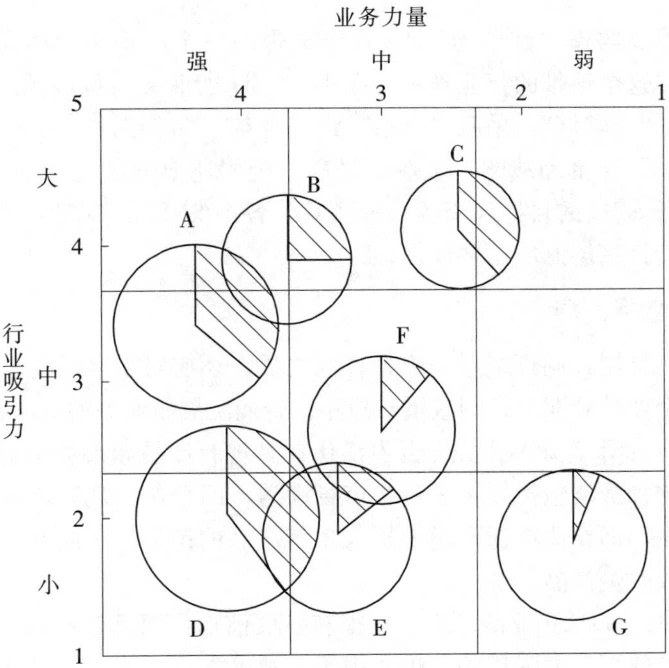

图3-2　通用电气公司法

① Melissa Schilling. What is Your Best Innovation Bet? . Harvard Business Review，2017 (July/August)：86-93.

通用电气公司认为，企业在对其 SBU 加以分类和评价时，除了要考虑市场增长率和市场份额之外，还要考虑许多其他因素，这些因素分别包括在以下两个主要变量之内。

一是行业吸引力，包括市场大小、市场年增长率、历史利润率、竞争强度、技术要求、由通货膨胀引起的脆弱性、能源要求、环境影响以及社会、政治、法律因素等。矩阵图中的纵坐标代表行业吸引力，以大、中、小概括地表示。

二是业务力量，即 SBU 在本行业中的竞争能力，包括市场份额、市场份额增长、产品质量、品牌信誉、分销网络、促销能力、生产能力与效率、单位成本、原料供应、研究与开发成绩以及管理人员等。矩阵图中横坐标代表 SBU 的业务力量或竞争能力，以强、中、弱概括地表示。如果行业吸引力大，企业的 SBU 的业务力量又强，显然这种业务是最好的。

企业对上述两大变量中的各个因素都要评分（最高分数为 5 分），而且各个因素都要加权，以求出各个变量的加权平均分数。

多因素投资组合矩阵图分为三个地带。

左上角地带（又叫作“绿色地带”，这个地带的三个小格是“大强”“中强”“大中”）。这个地带的行业吸引力较大，SBU 的业务力量较强。因此，企业对这个地带的 SBU 要“开绿灯”，采取增加投资和发展的战略。

从左下角到右上角的对角线地带（又叫作“黄色地带”，这个地带的三个小格是“小强”“中中”“大弱”）。这个地带的行业吸引力和 SBU 的业务力量总的来说是“中中”。因此，企业对这个地带的 SBU 要“亮黄灯”，采取维持原来的投资水平和市场份额的战略。

右下角地带（又叫作“红色地带”，这个地带的三个小格是“小弱”“小中”“中弱”）。总的来说，这个地带的行业吸引力偏小，SBU 的业务力量偏弱。因此，企业对这个地带的 SBU 要“开红灯”，采取“收割”或“放弃”的战略。

根据上述分类、评价和战略，企业的最高管理层还要绘制出各个 SBU 的计划位置图，并据此决定各 SBU 的目标和资源分配预算。各个 SBU 的最高管理层和营销人员的任务就是贯彻执行好高层的决定和计划。

（四）制订新业务计划

企业的最高管理层在制订了业务组合计划之后，还应对未来的业务发展方向做出战略计划，即制订企业的新业务计划或增长战略。企业发展新业务的方法有如下三种。

1. 密集增长。如果企业尚未完全开发潜伏在其现有产品和市场中的机会，则可采取密集增长战略。这种战略包括以下三种：市场渗透，即企业在现有市场上扩大现有产品的销售；市场开发，即企业在新市场上扩大现有产品的销售；产品开发，即企业向现有市场提供新产品或改进产品。

2. 一体化增长。如果企业的基本行业很有发展前途，而且企业在供、产、销等方面实行一体化能提高效率、加强控制、扩大销售，则可实行一体化增长战略。这种战略包括以下三种：后向一体化，即企业通过收购或兼并若干原材料供应商，拥有和控制其供应系统，实行供产一体化；前向一体化，即企业通过收购或兼并若干商业企业，或者拥有和控制其分销系统，实行产销一体化；水平一体化，即企业收购、兼并竞争者的同种类型的企业，或者在国内外与其他同类企业合资生产经营等。

3. 多元化增长。多元化增长就是企业尽量增加产品种类，跨行业生产经营多种产品和服务，扩大企业的生产范围和市场范围，使企业的特长得到充分发挥，人力、物力、财力等资源得到充分利用，从而提高经营效益。多元化增长的主要方式包括：

（1）同心多元化，即企业利用原有的技术、特长、经验等发展新产品，增加产品种类，从同一圆心向外扩大业务经营范围。例如汽车制造厂增加拖拉机生产。同心多元化的特点是原产品与新产品的基本用途不同，但有着较强的技术关联性。

（2）水平多元化，即企业利用原有市场，采用不同的技术来发展新产品，增加产品种类。例如原来生产化肥的企业又投资农药项目。水平多元化的特点是原产品与新产品的基本用途不同，但存在较强的市场关联性，可以利用原来的分销渠道销售新产品。

（3）复合多元化，即大企业收购、兼并其他行业的企业，或者在其他行业投资，把业务扩展到其他行业中去，新产品、新业务与企业的现有产品、技术、市场毫无关系。也就是说，企业既不以原有技术也不以原有市场为依托，向技术和市场完全不同的产品或服务项目发展。它是实力雄厚的大企业集团采用的一种经营战略。

例3-2 引领人工智能发展的国家战略计划

三、战略计划过程中的市场导向

（一）营销部门对战略计划的贡献

战略计划人员至少在五个方面要依赖企业营销部门：

1. 依靠营销部门获得有关新产品和市场机会的启迪。

2. 依靠营销部门来评估每个新机会，特别是有关市场是否足够大，企业是否有足够的营销力量利用这一机会等问题。

3. 营销部门还要为每一个新机会制订详尽的营销计划，具体陈述有关产品、价格、分销和促销的战略和策略。

4. 营销部门对市场上实施的每项计划都负有一定的责任。

5. 营销部门必须对随时出现的情况做出评价，并在必要时采取纠正措施。

总之，营销部门在战略计划的制订和实施过程中，担负着关键性的任务。

（二）市场导向的含义

市场导向（market orientation）是一个应用范围相对宽广的概念，可分别从宏观和微观角度进行界定。从宏观角度看，市场导向表明了整个经济的运行机制和运行规则，表明了整个经济体系的运作范围和重点；从微观角度看，市场导向是营销理论中一个广受关注的焦点，是指营销观念在组织运作中的执行，是旨在提高运营效率、提高顾客满意度和获得优势竞争地位的一种手段，是以提供优越顾客让渡价值、实现顾客满意为目的的价值观及建立于其上的一系列组织内相互协调的行为，是价值观与执行力的统一。市场导向的概念基本上可分为行为观和文化观两大类。

1. 市场导向行为观。市场导向行为观认为，以顾客为中心是市场导向的核心环节，组织内各部门行为的协调一致具有重要意义。市场导向包括信息生成、信息传播以及组织响应三个维度。信息生成是指组织通过各种方式搜索顾客当前和潜在的需求和偏好，也包括收集间接影响顾客需求和偏好的外部因素，譬如政府规制、技术发展、竞争对手以及其他一些环境因素等；信息传播指组织通过正式和非正式的渠道，将信息传递给组织内的所有相关部门和成员的过程；组织响应是指组织针对所收集市场信息采取的应对行动，包括选择目标市场，设计、生产并提供符合目标市场需要的产品和服务等。

2. 市场导向文化观。市场导向文化观认为，市场导向由三个行为要素构成——顾客导向、竞争者导向和部门间协调。顾客导向是指组织能充分了解目标市场顾客的需求特点和偏好，并预测顾客需求的变化；竞争者导向是指组织对竞争者短期内的优缺点及长期能力与战略的信息进行收集与分析判断，据此制定竞争对策；部门间协调指整合组织资源的使用，强调部门间的协调与协作，以创造优越的顾客价值。

研究表明，市场导向水平高的企业具有更好的财务业绩，市场导向、顾客满意和企业财务业绩之间存在直接联系。图3-3说明了市场导向对企业活动和业绩的影响。在一个高度市场导向的组织中，所有的职能部门都将各自的任务和努力集中于为顾客创造卓越的价值，进而影响了这些职能部门的管理方式以及它们所追求的目标。例如，人力资源的管理和培训是为了了解顾客并为顾客服务，薪酬结构的设计是为了鼓励员工实现顾客满意。在高度市场导向的组织中，员工对工作的满意度和努力程度都很高，从而形成了一支自觉性很强的队伍来满足顾客需要。作为一种组织文化，市场导向能最有效地激发企业为购买方创造卓越的价值，进而持续实现高绩效所必需的行为。

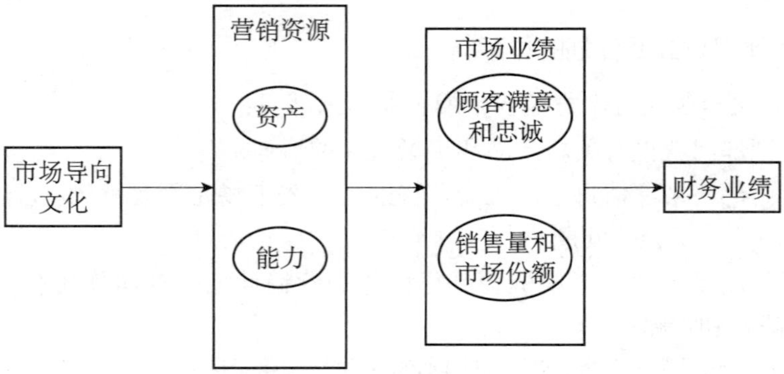

图3-3　市场导向与企业业绩

斯里瓦斯塔瓦（R. K. Srivastava）、谢尔瓦尼（T. A. Shervani）和费伊（L. Fahey）曾提出市场型资产（market-based assets）的概念。市场型资产是在外部环境中与企业有关的实体的联系互动产生的各种资源。大致可以分为关系资产和知识资产两类。关系资产（relational assets）是指由企业外部环境中主要利益相关者的关系而产生的各种资源，包括品牌资产、顾客资产、渠道资产等。知识资产（intellectual assets）是指企业获取的关于环境以及环境中主要实体的各种知识，包括市场形势知识、顾客知识、竞争者知识、渠道成员知识、供应商知识等。在数据丰富的数字化环境下，有三种市场型资源最具重要意义，那就是企业的顾客信息资产、顾客信息分析能力和顾客知识。顾客信息资产是企业拥有的具有经济价值的顾客信息。顾客信息分析能力是指内含于致力将顾客信息资产生成为顾客知识的组织程序中的各种技能和知识的复合体。信息是经过加工处理的具有意义和价值的各种数据。知识是对信息及其联系模式的理解或认识。顾客知识是指企业对影响经营决策的顾客信息的洞察、认识和理解，包括顾客态度、顾客行为、顾客信念，以及顾客的人文因素、欲望、情感、习惯、兴趣、卷入度、生活方式、动机、需要、感知、偏好、心理因素、品位、价值观等。①

随着数字技术的快速发展，顾客期望企业能不断提高产品和服务的定制化程度以满足个性化需求，市场环境展现出越来越强的互动特征。企业与顾客之间的关系日益紧密，彼此界限越来越模糊，顾客可以扮演企业员工的角色参与产品研发与创造，顾客和企业之间的价值共创深刻影响企业的经营活动。因此，有效并高效地管理这种互动关系是保持与创造企业竞争优势的来源之一。2008 年，吉里什·拉马尼（Girish Ramani）等首次提出互动导向（interaction orientation）的概念，将互动导向看作一种战略导向。与市场导向相比，互动导向拓展了和顾客互动的深度、强度和广度，不仅聚焦目标顾客，而且强调和个体客户进行持续不断的互动，对个体客户进行精细化管理，分析的单元从整个市场或者目标客户群体转变为个体客户。互动导向包括四个维度，分别是顾客理念、互动响应能力、顾客授权和顾客价值管理。②

第 2 节　营销管理

企业为了实现战略计划规定的各项任务和目标，必须十分重视营销管理，根据市场需求的现状与趋势制订计划、配置资源，通过有效地满足市场需求来赢得竞争优势，求得生存、获得发展、赢得成功。

一、营销管理的实质

营销管理是指为了实现企业目标，创造、建立和保持与目标市场之间的互利交换关系，而对设计方案进行的分析、计划、执行和控制。营销管理的任务，就是为促进企业目标的实现而调节需求的水平、时机和性质。营销管理的实质是需求管理。企业在开展营销管理的过程中，一般要设定一个在目标市场上预期要实现的交易水平，然而，实际需求水平可能低于、等于或高于这个预期的需求水平。换言之，在目标市场上，可能没有需求、需求很小或需求超量。营销管理就是要应对这些不同的需求情况。

二、营销管理的任务

根据需求水平、时间和性质的不同，可归纳出八种需求状况。在不同的需求状况下，营销管理的任务有所不同。

（一）负需求

负需求是指绝大多数人对某个产品感到厌恶，甚至愿意出钱回避它的一种需求状况。在负需求情况下，营销管理的任务是改变营销，即分析市场为什么不喜欢这种产品，以及是否可以通过产品重新设计、降低价格和积极促销的营销方案来改变市场的信念和态度，将负需求转变为正需求。

---

① Rajan Varadarajan. A Commentary on “Transformative Marketing：The Next 20 Years”. Journal of Marketing，2018，82（4）：15－16.

② V. Kumar. Transformative Marketing：The Next 20 Years. Journal of Marketing，2018，82（4）：1－12.

（二）无需求

无需求是指目标市场对产品毫无兴趣或漠不关心的一种需求状况。通常，市场对下列产品无需求：人们一般认为无价值的废旧物资；人们一般认为有价值但在特定市场无价值的东西；新产品或消费者平常不熟悉的物品等。

在无需求情况下，营销管理的任务是刺激营销，即通过大力促销及其他营销措施，努力将产品所能提供的利益与人的自然需要和兴趣联系起来。

（三）潜伏需求

潜伏需求与潜在需求不同，潜在需求是指消费者对某些产品和服务有消费需求而无购买力，或虽有购买力但并不急于购买的需求状况，而潜伏需求是指相当一部分消费者对某物有强烈的需求，但现有产品或服务无法使之满足的一种需求状况。关于潜在需求，习近平指出，"消费者更加注重品质和个性化，竞争必须把握市场潜在需求，通过供给创新满足需求"①。要致力于"满足有效需求和潜在需求，实现供需匹配和动态均衡发展，改善市场发展预期"②。在潜伏需求情况下，营销管理的任务是开发营销，即开展营销调研和潜在市场范围的测量，开发有效的产品和服务来满足这些需求，将潜伏需求变为现实需求。

（四）下降需求

下降需求是指市场对一个或几个产品的需求呈下降趋势的一种需求状况。在下降需求情况下，营销管理的任务是重振营销，即分析需求衰退的原因，开拓新的目标市场，改进产品特色和外观，或采用更有效的沟通手段重新刺激需求，使老产品开始新的生命周期，并通过创造性的产品再营销扭转需求下降的趋势，进而谋求开拓新的市场。

（五）不规则需求

不规则需求是指某些产品或服务的市场需求在一年不同季节，或一周不同日子，甚至一天不同时间上下波动很大的一种需求状况。在不规则需求情况下，营销管理的任务是协调营销，即通过灵活定价、大力促销及其他刺激手段来改变需求的时间模式，使产品或服务的市场供给与需求在时间上协调一致。

（六）充分需求

充分需求是指某种产品或服务的目前需求水平和时间等于预期的需求水平和时间的一种需求状况。这是企业最理想的一种需求状况。但是，在动态市场上，消费者偏好会不断变化，竞争也会日益激烈。因此，在充分需求情况下，营销管理的任务是维持营销，即努力保持产品质量，经常测量消费者满意程度，通过降低成本来保持合理价格，并激励推销人员和经销商大力推销，千方百计维持目前的需求水平。

（七）过量需求

过量需求是指某种产品或服务的市场需求超过了企业所能供给或所愿供给的水平的

---

① 习近平：新常态将给中国带来新的发展机遇．（2016－11－17）．人民网．

② 习近平．努力成为世界主要科学中心和创新高地．求是，2021（6）．

一种需求状况。在过量需求情况下，营销管理的任务是降低营销，即通过提高价格、合理分销产品、减少服务和促销等措施，暂时或永久地降低市场需求水平，或者是设法降低盈利较少的市场的需求水平。需要强调的是，降低营销并不是杜绝需求，而是降低需求水平。

（八）有害需求

有害需求是指市场对某些有害产品或服务的需求。对于有害需求，营销管理的任务是反营销，即劝说喜欢有害产品或服务的消费者放弃这种爱好和需求，大力宣传有害产品或服务的严重危害性，大幅度提高价格，以及停止生产供应等。降低营销与反营销的区别在于：前者是采取措施减少需求，后者是采取措施消灭需求。

第 3 节　营销管理过程

战略计划过程明确了企业重点经营的业务，而营销管理过程则用系统的方法寻找市场机会，进而把市场机会变为有利可图的企业机会。所谓营销管理过程，就是企业为实现其任务和目标而发现、分析、选择和利用市场机会的管理过程。更具体地说，营销管理过程包括如下步骤：分析市场机会、选择目标市场、设计营销组合和管理营销活动。

一、分析市场机会

营销学认为，寻找、分析和评价市场机会是营销管理人员的主要任务，也是营销管理过程的首要步骤。在现代市场经济条件下，由于市场需要不断变化，任何产品都有其生命周期，因此每一个企业都必须经常寻找、发现新的市场机会。习近平指出，“中国经济韧性强、潜力足、回旋余地广、长期向好的基本面不会改变，将为世界经济企稳复苏提供强大动能，为各国提供更广阔的市场机会”①。营销管理人员可采取以下方法来寻找、发现市场机会。

（一）收集市场信息

营销人员可通过经常上网浏览、阅读报纸、参加展销会、研究竞争者的产品、召开献计献策会、调查研究消费者的需要等来寻找、发现或识别未满足的需要和新市场机会。上海曹杨新村街道通过阅读报纸了解到不少在本市高校留学的外国学生对中国家庭文化颇感兴趣，又考虑到许多待业人员有强烈的就业愿望，于是推出了“家庭旅游”业务，收到了良好的效果。

（二）分析产品/市场发展矩阵

营销人员也可利用产品/市场发展矩阵（如图 3－4 所示）来寻找、发现增长机会。例如，某洗发露产品公司的营销人员可以考虑采取一些措施，在现有市场上扩大洗发露

① 习近平．把握时代潮流 加强团结合作 共创美好未来：在上海合作组织成员国元首理事会第二十二次会议上的讲话（2022 年 9 月 16 日，撒马尔罕）．人民日报，2022－09－17．

产品的销售（市场渗透），或者在国外市场扩大洗发露的销售（市场开发）；还可以考虑向现有市场提供发胶，或者改进洗发露的包装、成分等，以满足市场需要、扩大销售（产品开发）；甚至可以考虑进入服装、家用电器等行业，跨行业经营多种多样的业务（多元化发展）。经验证明，这是企业寻找、发现市场机会一种很有用的方法。

	现有产品	新产品
现有市场	市场渗透	产品开发
新市场	市场开发	多元化发展

图 3-4　产品/市场发展矩阵

（三）进行市场细分

我国在世界经济中的地位将持续上升，同世界经济的联系会更加紧密，为其他国家提供的市场机会将更加广阔，成为吸引国际商品和要素资源的巨大引力场。[1] 营销人员不仅要善于寻找、发现有吸引力的市场机会，而且要善于对所发现的各种市场机会加以评价，决定哪些市场机会能成为本企业有利可图的机会。

在现代市场经济条件下，某种市场机会能否成为某企业的机会，不仅要看利用这种市场机会是否与该企业的任务和目标相一致，而且要看该企业是否具备利用这种市场机会、经营这种业务的条件，该企业是否在利用这种市场机会、经营这种业务上比其潜在的竞争者有更大的优势，只有这些条件都具备才能获得更大的差别优势（differential advantage）。

二、选择目标市场

营销管理人员发现和评估了有吸引力的市场机会之后，还要进行进一步的营销调研和信息收集工作，如市场测量和市场预测工作等，据以决定企业应当生产经营哪些新产品，应当以哪个或哪些市场为目标市场。

企业选择目标市场可以考虑下列策略（如图 3-5 所示）。

（一）市场集中化

这是最简单的一种模式，也是部分新企业经常采用的一种策略，即企业只选择一个目标市场，只生产一类产品，供应单一的顾客群。企业可以更清楚地了解子市场的需求，从而树立良好的信誉，在该市场建立巩固的地位。同时，公司通过生产、销售和促销的专业化分工，可以实现规模经济效益。但是，单一市场的风险比较大，一旦选择的市场需求发生变化，企业就可能面临倒闭的危险。如果企业具备在某一子市场从事专业化经营的优势地位与条件，或限于财力只能经营单一市场，或者该子市场的竞争对手较少，企业就可以选择市场集中化策略。

---

① 习近平．正确认识和把握中长期经济社会发展重大问题．求是，2021（2）．

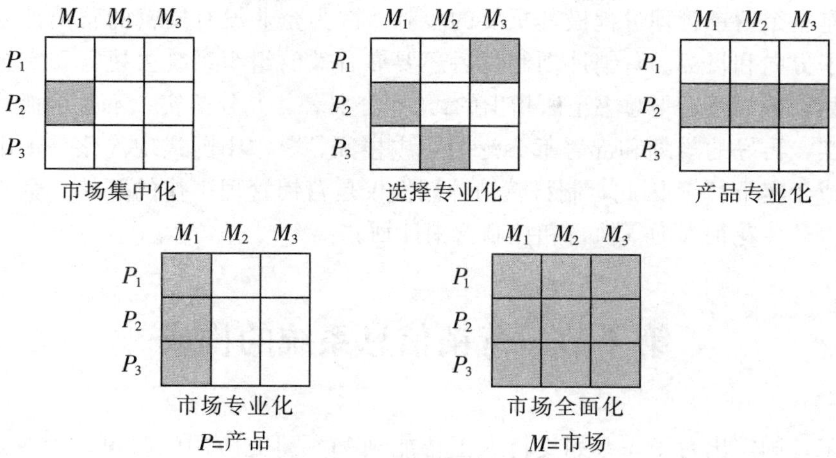

图 3-5　目标市场选择策略

（二）选择专业化

企业有选择地进入几个不同的子市场。每个子市场都具有良好的盈利潜力，且与企业的目标和资源条件相符合。这些子市场之间很少或根本不发生联系。选择专业化能够很好地分散风险，但也会分散企业的力量，因此采用选择专业化策略的企业应具有较多的资源和较强的营销实力。

（三）产品专业化

产品专业化指企业同时向几个子市场销售一种产品。企业通过这种战略可在特定的产品领域树立良好的形象。但是，一旦新技术、新产品出现，企业就会面临效益滑坡的危险。

（四）市场专业化

市场专业化指企业集中力量满足某一特定顾客群的各种需要。这种模式能更好地满足顾客的需求，树立良好的信誉。企业还可以向这类顾客群推销新产品，成为新产品有效的销售渠道。但是，一旦顾客需求发生变化，企业就会面临收益下降的风险。

（五）市场全面化

市场全面化指企业为所有顾客群提供他们需要的所有产品。只有实力强大的大公司才能采取这种策略。

三、设计营销组合

营销组合是企业营销战略的一个重要组成部分。麦卡锡指出，企业的营销战略包括两个不同而又互相关联的部分：一是目标市场，即一家企业拟投其所好的、颇为相似的顾客群；二是营销组合，即企业为了满足这个目标顾客群的需要而组合搭配、灵活运用可控制的变量。

所谓营销战略就是企业根据可能的机会，选择一个目标市场，并试图为目标市场提供一个有吸引力的营销组合。

四、管理营销活动

企业营销管理过程的第四个主要步骤是管理营销活动，即营销计划、组织、执行和控制。这是整个营销管理过程极其重要的步骤，因为企业没有周密的营销计划，营销工作就失去了方向和目标。营销计划制订后还要靠有效的组织系统去执行和实施，否则就是纸上谈兵。诚如习近平总书记所指出的："一分部署、九分落实。不注重抓落实，不认真抓好落实，再好的规划和部署都会沦为空中楼阁。"① "中国式现代化是干出来的，伟大事业都成于实干！"② 因此，制订营销计划仅仅是营销管理工作的开始。企业制订营销计划之后，还要花很大力气执行和控制营销计划。

第 4 节　营销信息系统的构成

近年来，国家出台了一系列支持人工智能（AI）研究应用的政策，生成式 AI 与大模型技术（LLM）的飞速发展，为中国企业应用 AI 创造了有利条件。通过应用 AI，企业能够更好地收集市场信息，分析数据，改善决策，将重复性任务自动化，从而提高效率，降低成本。AI 的战略性应用与投入，不仅能够增强企业的竞争优势，还能够提升企业在价值链中的贡献，为企业在数字经济的浪潮下实现创新增长铺平道路。

在营销实践中，AI 的应用也会有力地提升营销信息系统的效能。所谓营销信息系统，是指一个由人员、机器和程序构成的相互作用的复合体，企业借以收集、挑选、分析、评估和分配适当、及时和准确的信息，为营销管理人员改进营销计划、执行和控制工作提供依据。营销信息系统处于环境与营销管理人员（信息使用者）之间。各种营销数据由环境流向企业营销信息系统。营销信息系统则将数据加以转换，并通过营销信息流程传导给管理人员。管理人员依据这些数据制订各种计划、方案，由此形成的各种数据又通过营销沟通流程回到环境中（如图 3－6 所示）。

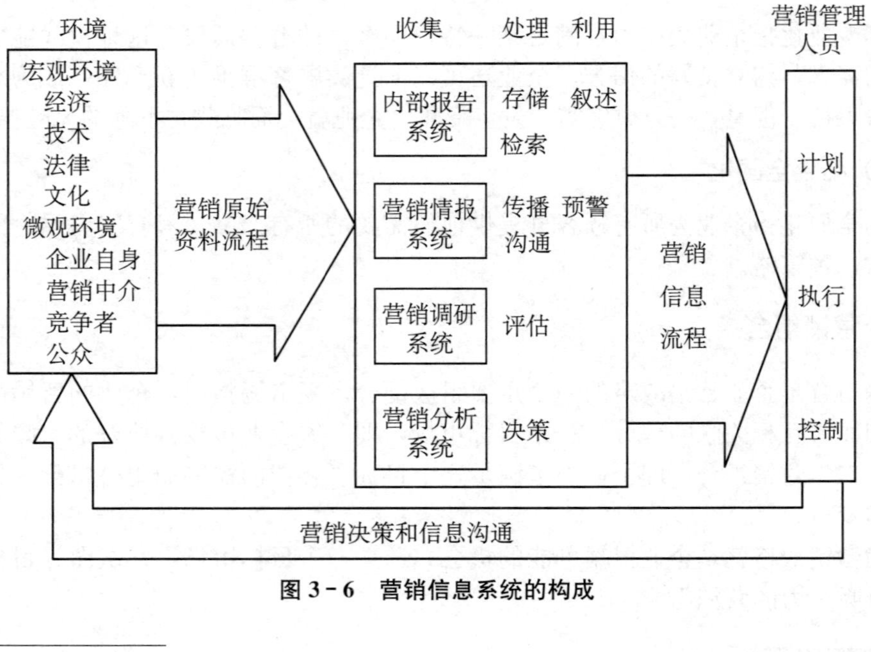

图 3－6　营销信息系统的构成

① 习近平．在二十届中央政治局第一次集体学习时的讲话．求是，2023（2）．
② 习近平致信祝贺深圳至中山跨江通道建成开通．人民日报，2024－07－01．

一、营销环境

营销信息系统是企业收集、处理并利用相关环境数据的工具。相关环境包括宏观环境与微观环境，它们十分广泛且经常变化。企业在制定决策时必须明确哪些范围内的环境最值得研究。随着信息技术的发展，企业可以获得大量营销信息。通过电子邮件、短信、博客、微信等数字化渠道，消费者给企业创造了大量的信息，包括消费者之间的互动信息。企业应主要收集人口、价格水平、消费方式等数据，以及与竞争者的过去、现在和未来等有关的信息。自信息收集到传送给管理人员再到对环境做出反应，整个过程的时间性很重要。有效的营销信息系统应能向决策者提供迅速、准确、可解释的信息。

二、营销信息系统的构成

营销信息系统由四个子系统构成。

（一）内部报告系统

内部报告系统是指向管理人员提供有关销售、成本、存货、现金流程、应收账款等各种反映企业经营现状信息的信息系统。许多企业建立了行之有效的内部数据库（internal database）。内部数据库是指从企业网络数据资源中收集的关于消费者和市场信息的集合。市场部提供有关顾客特征、销售交易和网站访问的信息。会计部提供有关销售、成本、现金流量的记录。生产部提供生产计划、装运和存货情况等。营销管理人员必须以产品、地区、推销员为基础进行分类，并深入分析有关目前与过去销售及成本的信息。

（二）营销情报系统

营销情报系统是指营销管理人员用以了解有关外部环境发展趋势的信息的各种来源与程序。借助该系统，将环境最新发展的信息传递给有关的管理人员。企业一般比较重视普查数据、企业统计数据及营销调研这三个方面。企业经常采用的营销情报技术包括直接观察消费者、向企业员工询问、参照竞争者产品、互联网调研、监测网络热点等。

（三）营销调研系统

营销调研系统是指对营销环境和市场需求进行观察、实验和调研，并对调研结果进行收集、评估，进而传递给决策者的信息系统。企业管理人员常常请求市场研究部门开展市场调查、消费者偏好测验、销售研究、广告评估等工作。研究部门的工作主要侧重于特定问题的解决，即针对某一特定问题正式收集原始数据，加以分析、研究，写成报告供最高管理层参考。

（四）营销分析系统

营销分析系统是指从改善经营或取得最佳经营效益的目的出发，借助各种数理分析模型和信息处理技术，帮助营销管理人员分析复杂的营销问题的信息系统。该系统包括一些先进的统计程序和模型，借助这些程序和模型，研究者可以从信息中发掘出更精确的调查结果。

三、有效的营销信息系统

尽管现代营销管理人员已成为上述四个子系统的受益者，但也不时会面临信息超负荷的问题。许多信息系统在设计方面最容易出现的错误就是没有考虑到管理人员能否有效地使用众多的信息。营销信息系统的设计人员、营销人员以及购买人员，在为营销信息系统投资之前，必须慎重地考虑该系统的利用率问题，做到物尽其用。

一个有效的营销信息系统一般应具备如下特征：

1. 能向各级管理人员提供从事工作所必需的一切信息。

2. 能够对信息进行选择，使各级管理人员获得与他能够且必须采取的行动有关的信息。

3. 提供信息的时间限于管理人员能够且应当采取行动的时间。

4. 提供所要求的任何形式的分析、数据与信息。

5. 提供的信息一定是最新的，并且提供信息的形式都是有关管理人员最容易了解和消化的。

四、数字经济为营销信息系统增添活力

世界正进入数字经济快速发展的时期，5G、人工智能、智慧城市等新技术、新业态、新平台蓬勃兴起，深刻影响全球科技创新、产业结构调整、经济社会发展。近年来，中国积极推进数字产业化、产业数字化，推动数字技术同经济社会发展深度融合，让数字化、网络化、智能化为经济社会发展增添动力。数字经济也为营销信息系统带来无限活力，这主要是因为数字经济具有“五全”的信息特征，即全空域、全流程、全场景、全解析和全价值。

所谓全空域是指打破区域和空间限制，从天上到地上、从地上到水下、从国内到国际都可以广泛地连成一体。所谓全流程是指关系到人类所有生产、生活流程中的每一个点，全天24小时都在不停地积累信息。所谓全场景是指跨越行业界别，把人类所有生活、工作中的行为场景全部打通。所谓全解析是指通过人工智能的搜集、分析和判断，预测人类所有行为信息，产生异于传统的全新认知、全新行为和全新价值。所谓全价值是指打破单个价值体系的封闭性，穿透所有价值体系，并整合与创建出前所未有的、巨大的价值链。

小　结

战略是指企业为了实现预定目标所做的全盘考虑和统筹安排。战略计划是企业根据外部营销环境和内部资源条件而制订的涉及企业管理各方面的带有全局性的重大计划。战略计划过程是企业及其各业务单位为生存和发展而制定长期总战略所采取的一系列重大步骤，包括规定企业使命、确定企业目标、安排业务组合、制订新业务计划。战略计划人员在制订战略计划时是离不开营销部门的支持的。市场导向是一个应用范围相对宽广的概念，可分别从宏观角度和微观角度进行界定。市场导向的概念基本上可分为行为观和文化观。

营销管理过程是指企业为实现其任务和目标而发现、分析、选择和利用市场机会的管理过程。营销战略是指企业根据可能的机会，选择一个目标市场，并试图为目标市场提供一个有吸引力的营销组合。营销管理过程包括如下步骤：分析市场机会、选择目标市场、设计营销组合和管理营销活动。

所谓营销信息系统，是指一个由人员、机器和程序构成的相互作用的复合体，企业

借以收集、挑选、分析、评估和分配适当、及时和准确的信息，为营销管理人员改进营销计划、执行和控制工作提供依据。营销信息系统由四个子系统构成：内部报告系统、营销情报系统、营销调研系统和营销分析系统。

基本概念

逆向营销	战略计划过程	使命宣言
战略业务单位	密集增长	一体化增长
多元化增长	营销管理	差别优势
市场渗透	同心多元化	水平多元化
复合多元化	市场导向	信息生成
信息传播	组织响应	顾客导向
竞争者导向	关系资产	互动导向
营销组合	目标市场	

复习题

1. 如何理解战略与策略的关系？
2. 怎样用波士顿咨询集团法对企业的战略业务单位进行评价？
3. 企业实现密集增长的方式有哪些？
4. 营销管理过程由哪些内容构成？
5. 营销信息系统的构成如何？

案例分析

灵狐科技的“有核声誉营销”战略

企业要想在品牌传播上建立行稳致远的良好形象，就必须适应当今媒体环境和受众环境的变化，避免传播媒体选择的“无核现象”。无核现象是指传播媒体矩阵中作为核心媒体资源的背书能力不足，甚至没有核心媒体资源。不少企业选择的媒体平台，在公信力和权威性方面无法为品牌提供足够的信誉背书，信息在首次接触中难以有效建立品牌信任度，品牌不得不在多个平台多次触达目标用户，但还是难以打造品牌的可靠声誉。

还有些企业只考虑 IP 人群号召力，不考虑人群与媒体、企业品牌的结合度，以致传播中资源与物料、资源与 IP 的结合缺乏深度和创意，使传播效果大打折扣。所以，品牌要想实现有效的声誉管理，就一定要实行“有核传播”战略，选择具备充分背书能力的媒体作为传播媒体矩阵中的核心媒体。这种媒体资源要求强大的公信力和稳固的读者群基础，而不仅仅是简单自媒体型的“粉丝关注度”。具备这种能力的往往是传统大媒体，或者有传统大媒体背景的新媒体资源。这种媒体资源因其长期以来坚持的新闻报道的专业、审慎态度，在读者群中积累了持久的公信力，在品牌传播中，能够在精准迅速提升市场曝光度的同时，帮助品牌在消费者心中建立起更积极和更值得信赖的形象，从而提升品牌的美誉度。

基于“有核传播”的媒体核心，传播过程中要基于这个核心大资源，匹配有助于声誉营销的大 IP。大 IP 自带的粉丝效应能够吸引消费者主动参与品牌活动。通过精心策划与大 IP 的联动营销战略，品牌能够充分利用粉丝效应，建立起更加稳固和持久的客户关系，进而在激烈的市场竞争中赢得优势地位。

灵狐科技凭借深厚的行业经验与创新技术，提供了基于新华社大资源体系及配套大IP体系的“有核声誉营销”解决方案。该公司拥有新华社独家视频号和抖音号双平台资源，能够通过新华社的权威媒体平台、专业化的内容策划、精准圈层人群的定位以及社交平台的多维传播，为品牌传播打造强大的核心媒体资源背书效应，这构成了灵狐科技“有核声誉营销”解决方案的基础。

新华社的权威性为品牌提供了坚实的公信力背书，专业的内容策划确保了信息传递的准确性与吸引力，精准圈层人群的选择进一步提高了传播的效率和效果，结合社交平台的广泛覆盖，这种整合式传播策略能够显著提升品牌的市场认知度和美誉度，实现卓越的传播效果。围绕着新华社媒体资源，灵狐科技精准匹配与媒体调性吻合，同时与品牌调性相符、能够助力声誉营销的大IP资源，配合以高匹配度的营销创意，使得媒体＋IP之间形成1＋1＞2的共振效应。这种策略加深了消费者对品牌的认知，在消费者心智层面留下了深刻印象，助力品牌“顺势而为，无势造势”，实现曝光与销售业绩的双重提升，达成“品效合一”。

这个“1＋1＞2”的有核传播矩阵，为众多企业品牌提供了强有力的支持，帮助它们在市场竞争中脱颖而出。例如，灵狐科技协助某知名家电品牌携手新华社，成功举办了一场线上直播发布会。此次发布会以新华社的权威资源为核心，采用抖音、视频号双平台联动直播，通过现场明星助阵深度互动，多场景深度演绎触达，实现了超500万播放量，深化了产品特性的传递，赢得了广大消费者的深厚信赖。

灵狐科技在本土市场深耕细作，与众多本土品牌合作，通过精心策划和专业执行，不仅显著提升了这些品牌的市场认知度和美誉度，而且深化了消费者对其品牌价值的认同。此外，灵狐亦拓展至国际舞台，与一些TOP级别国际品牌建立了紧密的合作关系，在市场中策略性地帮助国际品牌客户与具有中国属性的权威媒体资源进行深度捆绑，显著增强了这些国际品牌在中国消费者心中的影响力，提升了它们在中国市场的吸引力和竞争力。

这种大资源＋大IP的“有核声誉营销”战略，会帮助更多的国际、国内品牌有效提升市场声誉度，进而帮助品牌占领市场份额，让品牌在激烈的竞争中脱颖而出，在复杂多变的市场环境中稳健前行，真正实现营销效益的最大化。

资料来源：霸屏、出圈、印象好，品牌需要“有核传播”：灵狐科技携手大资源大IP助品牌实现有效声誉管理.(2024-08-31). 极目新闻；能力领先，服务优异丨灵狐科技荣膺京东健康“卓越广告服务商”.(2024-04-28). 极目新闻；彰显数智化营销领军实力丨灵狐科技入选京准通B端营销官方合作伙伴.(2024-01-23). 中国日报网.

思考题

灵狐科技“有核声誉营销”战略的成功要点有哪些？

第4章

营销环境

| 本章要点 |

- 企业与环境的互动关系。
- 环境威胁和市场机会对企业营销的影响。
- 营销微观环境的构成。
- 营销宏观环境的构成。

当前，新一代人工智能相关学科发展、理论建模、技术创新、软硬件升级等整体推进，正在引发链式突破，推动经济社会各领域从数字化、网络化向智能化加速跃升。企业必须建立适当的系统，指定一些专业人员，采取适当的措施，经常监视和预测周围营销环境的发展变化，并善于分析和识别由于环境变化而造成的主要机会和威胁，及时采取适当的对策，使经营管理与营销环境的发展变化相适应。正如习近平总书记指出的，“要坚持具体问题具体分析，‘入山问樵、入水问渔’，一切以时间、地点、条件为转移”①。只有善于分析环境、适应环境才有可能取得营销的成功。

第1节　营销环境的概念

一、企业与环境的互动关系

企业处在复杂的环境中，环境对企业生存和发展有着重要的影响。但早期的组织理论研究将企业看成一个封闭的系统，忽视对企业与外界环境关系的研究。随着企业生态学、企业生命周期论等理论的发展，组织和环境之间的关系得到了深入的探讨，学者们提出了一系列理论来讨论、解释企业与环境之间的关系，有学者对此进行了系统的整理和回顾。②

---

① 习近平谈全面建成小康社会：不是一个“数字游戏”．(2019-01-23)．人民网.

② 陈国权．组织与环境的关系及组织学习．管理科学学报，2001 (5)：39-49.

（一）开放系统理论

开放系统理论（open system theory）认为，组织要满足自身的各种需要，要生存和发展下去，就必须与其所处的环境进行物质、能量和信息等各方面的交换，否则就会灭亡。因此，组织必须像生物体一样对环境开放，建立一种与周围环境融洽的关系。

（二）权变理论

权变理论（contingency theory）认为，组织除了要对环境开放外，还必须考虑如何适应环境的问题，其主要观点包括：（1）组织是开放系统，需要精心管理以满足和平衡内部需要并适应环境；（2）没有最佳的组织形式，组织的适当形式取决于任务或所处环境的类型；（3）在同一组织中，完成不同的任务需要不同的管理方法，不同的环境需要不同的组织类型。

（三）种群生态学

种群生态学（population ecology）主要是将达尔文的自然选择学说移植到了组织分析中，认为组织像自然界中的生物一样，其生存依赖于它们获得充足资源的能力。由于面临其他组织的竞争及资源的稀缺性，只有最适应环境的组织才能够生存。环境通过优胜劣汰选择最强者，环境成为决定组织成败的关键因素。由于组织必须争夺有限的资源来维持自身的生存和发展，因此，组织之间的关系以竞争为主。

（四）组织生态学

种群生态学和权变理论都将组织与环境对立起来，假定组织和环境是分离的。组织生态学（organizational ecology）认为，整个生态系统的演变包括了组织与环境的关系集合的演变。组织的环境也是由大量组织构成的，因此，组织与环境是互动的。不仅环境会选择组织，组织也会主动构造自己的未来，尤其当组织联合起来时，环境就会变得可协商，而不是独立的、影响组织的外在力量。组织生态学最著名的观点就是，“进化是相互适应者生存（the survival of the fitting），而不是最适者生存（the survival of the fittest）”。组织生态学强调的是合作，即相互联系的群体之间通过相互适应实现整个群体的生存。

（五）资源依附理论

与组织生态学观点相似的是资源依附理论（resource-based）。该理论强调组织对环境的适应性，它认为既有组织能够努力提高其生存机会。资源依附理论着重于单个组织，从组织优势来考察环境，认为组织能够改变环境并对其做出反应。资源依附理论的一个主要贡献就在于从缓冲、分化和兼并中，识别并描述了被组织用来改变和适应环境的各种战略。

（六）合作竞争理论

合作竞争理论（co-opetition theory）强调合作与竞争的同时性。布兰登勃格（A. M. Brandenburger）和内勒巴夫（B. J. Nalebuff）在《合作竞争》一书中提出了与书名相同的新名词——合作竞争，指出企业之间既不是单纯的竞争，也不是单纯的合作，而是合作与竞争共存。他们把与企业相关的伙伴企业分成四类：顾客、供应商、互补者和竞争者，企业与它们之间形成了二维的价值网（value net），一个企业对另一个企业来说可能会同时扮演不同的角色。

（七）商业生态系统理论

商业生态系统理论（business ecosystem theory）用商业生态系统来描述组织所处的环境，认为任何一个企业都应与其所处环境（商业生态系统）"共同进化"（coevolution），而不只是竞争或合作，或单个企业的进化。企业要成功，仅仅完善自身还不够，还要塑造整个商业生态系统的发展，因为其所处生态系统的前景制约着企业的发展。"共同进化"这一观点超越了对企业之间只是"合作竞争"这一关系的认识。

总之，企业所处的环境在不断地变化，企业与环境之间的关系也在不断地变化。企业必须正确认识和把握其与环境之间的关系，制定相应的营销策略。习近平指出，"我们有些做法过去有效，现在未必有效；有些过去不合时宜，现在却势在必行；有些过去不可逾越，现在则需要突破。'不日新者必日退。''明者因时而变，知者随事而制'"[①]。在企业营销实践中，必须随时监测营销环境的最新动向。环境变了，企业的营销战略策略也要随机应变。

与营销环境类似的一个概念是营商环境。营商环境是指从企业开办、运营到注销各环节周围境况和条件的总和，包括影响企业活动的社会要素、经济要素、政治要素和法律要素等方面。

二、营销环境及其发展趋势

（一）营销环境与相关环境

营销环境是指影响企业营销活动及其目标实现的各种因素和动向（如图 4-1 所示），由企业和影响企业营销管理能力的外部因素组成，可分为营销宏观环境和营销微观环境。[②] 对于企业管理者来说，宏观是必须接受的，而微观才是可以有所作为的。宏观环境只能承受，微观环境是奋斗后可以改变的。每个企业都和营销环境的某个部分相互影响、相互作用，我们将这部分环境称为相关环境。企业的相关环境总是处于不断变化的状态之中。在一定时期内，经营最为成功的企业一般是能够适应其相关环境的企业。企业得以生存的关键，在于它在环境变化需要新的经营行为时所具有的自我调节能力。适应性强的企业总是随时关注环境的发展变化，及时获取有价值的营销洞见（marketing insights），通过事先制订的计划来控制变化，以保证现行战略对环境变化的适应。所谓营销管理能力，主要是指构建和维护与目标客户的关系的能力。所谓营销洞见，就是有关市场现象背后的原因及其对营销者具有启示性的诊断信息。

（二）环境威胁与市场机会

市场环境发展趋势基本上分为两大类：一类是环境威胁，另一类是市场机会。

---

① 习近平十八大以来关于"宣传思想工作"精彩论述摘编．(2014-08-19). http://cpc.people.com.cn/n/2014/0819/c164113-25493994.html?from=groupmessage&isappinstalled=0.

② Philip Kotler，Gary Armstrong，Sridhar Balasubramanian. Principles of Marketing. 19th ed. Harlow：Pearson Education Limited，2024：88.

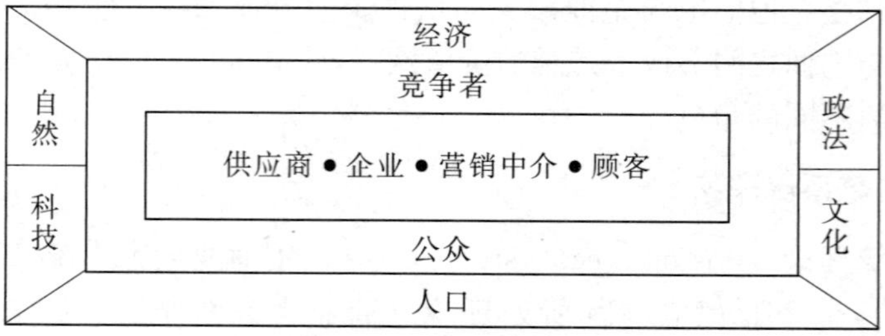

图4-1　营销环境的构成

所谓环境威胁，是指环境中一种不利的发展趋势所形成的挑战，如果不采取果断的营销行动，这种不利趋势将损害企业的市场地位。企业营销经理应善于识别所面临的威胁，综合研判、统筹谋划、有力应对，首先按其严重性和出现的可能性进行分类，之后，针对那些严重性大且可能性也大的威胁制订应变计划。

所谓市场机会，是指对企业营销管理富有吸引力的而且具有竞争优势的领域或动向。这些机会可以按其吸引力以及每一个机会可能获得成功的概率来加以分类。企业在每一特定机会中成功的概率，取决于其业务实力是否与该行业所需要的成功条件相符合。

假设某烟草公司通过其营销信息系统和营销调研了解到以下足以影响其业务经营的动向：(1) 有些国家政府颁布了法令，规定所有的香烟包装都必须印上关于吸烟危害健康的警告；(2) 有些国家的一些地方政府禁止在公共场所吸烟；(3) 许多发达国家的吸烟人数下降；(4) 这家烟草公司的研究实验室很快就发明出用莴苣叶制造无害烟叶的方法；(5) 一些发展中国家的吸烟人数迅速增加。据估计，我国目前有3亿多人吸烟，其中，主要为男性，但是女性吸烟数量有上涨的趋势。显然，上述动向 (1) ～ (3) 给这家烟草公司造成了环境威胁；(4) 和 (5) 两条动向带来了使公司可能享有差别利益的市场机会。

（三）分析营销环境的方法

如上所述，任何企业都面临若干环境威胁和市场机会。然而，并不是所有的环境威胁都一样大，也不是所有的市场机会都有同样的吸引力。企业的最高管理层可以用环境威胁矩阵和市场机会矩阵来加以分析、评价（见图4-2）。

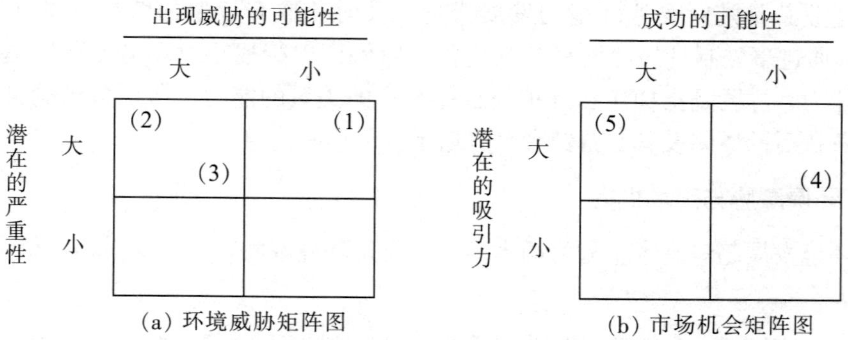

图4-2　营销环境的分析与评价

环境威胁矩阵图的横排代表“出现威胁的可能性”，纵列代表“潜在的严重性”，表示盈利减少程度。上述烟草公司在环境威胁矩阵图上有三个“环境威胁”，即动向（1）、（2）和（3）。其中威胁（2）和威胁（3）潜在严重性大，出现的可能性也大。所以，这两个环境威胁都是主要威胁，公司对这两个主要威胁都应十分重视；威胁（1）的潜在严重性大，但出现的可能性小，所以这个威胁不是主要威胁。

市场机会矩阵图的横排代表“成功的可能性”，纵列代表“潜在的吸引力”，表示潜在盈利能力。上述烟草公司在市场机会矩阵图上有两个“市场机会”，即动向（4）和（5）。其中最好的市场机会是（5），其潜在吸引力和成功的可能性都大；市场机会（4）的潜在吸引力虽然大，但其成功的可能性小。

用上述方法来分析和评价企业所经营的业务，可能会出现四种不同的结果：

1. 理想业务，即高机会和低威胁的业务。
2. 风险业务，即高机会和高威胁的业务。
3. 成熟业务，即低机会和低威胁的业务。
4. 困难业务，即低机会和高威胁的业务。

上例中，烟草公司共有两个主要威胁，即（2）和（3），以及一个最好的机会，即（5）。这就是说，该公司的业务属风险业务。

三、企业对机会和威胁的反应

对企业所面临的机会和威胁，最高管理层应当做出什么反应或采取何种对策呢？

（一）对机会的反应

最高管理层对企业所面临的市场机会，必须慎重地评价其质量，准确认识、深入认识、全面认识，顺势而为、乘势而上。著名营销学者西奥多·莱维特曾告诫企业家，要小心仔细地评价市场机会。他说：“这里可能是一种需要，但是没市场；或者这里可能是一个市场，但是没有顾客；或者这里可能有一些顾客，但目前实在不是一个市场。又如，这里对新技术培训是一个市场，但是没有那么多的顾客购买这种产品。那些不懂得这些道理的市场预测者对于某些领域（如闲暇产品、住房建筑等）表面上的机会曾做出惊人的错误估计。”

（二）对威胁的反应

企业对所面临的主要威胁有三种对策。

1. 反抗，即试图限制或扭转不利因素的发展。
2. 减轻，即通过调整营销组合等来改善环境适应，以减轻环境威胁的严重性。
3. 转移，即决定转移到其他盈利更多的行业或市场。

例 4－1　海南自贸港的营商环境

在营销环境监测、分析、预判过程中，企业应重视人工智能技术的应用。人工智能新技术已经成为全球科技创新的焦点，人工智能聊天机器人 ChatGPT、文本-视频生成模型 Sora 相继问世。人工智能已在多项基准测试中超越人类，包括图像分类、视觉推理和英语理解方面，因而可以使营销环境监测、分析更有效率。

第2节　营销微观环境

营销微观环境是指对企业服务其顾客的能力构成直接影响的各种力量，包括企业本身、供应商、营销中介、市场、竞争者和公众，这些都会影响企业为其目标市场服务的能力（如图4-3所示）。

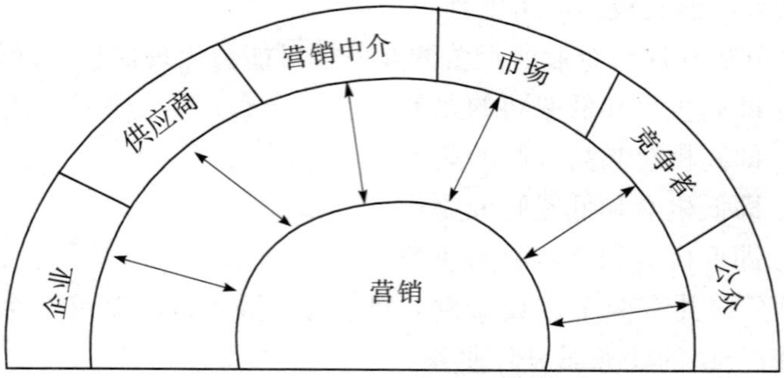

图4-3　营销微观环境

一、企业

企业本身包括营销管理部门、其他职能部门和最高管理层。企业为实现其目标，必须进行制造、采购、研究与开发、财务、营销等业务活动。营销部门一般由营销副总裁、销售经理、推销人员、广告经理、营销调研经理、营销计划经理、定价专家等组成。营销部门在制定决策时，不仅要考虑企业外部环境力量，而且要考虑企业内部环境力量。首先，要考虑其他业务部门（如制造部门、采购部门、研究与开发部门、财务部门等）的情况，并与之密切协作，共同研究制订年度和长期计划。其次，要考虑最高管理层的意图，以企业任务、目标、战略和政策等为依据，制订营销计划，并报最高管理层批准后执行。

二、供应商

供应链是指围绕核心企业，从配套零件开始，制成中间产品以及最终产品，最后由销售网络把产品送到消费者手中的，将供应商、制造商、分销商直到最终用户连成一个整体的功能网链结构。企业越来越重视与供应链的其他成员（如供应商、经销商、代理商、最终顾客等）展开深度合作，努力提升顾客价值传递网络的性能。所谓价值传递网络，是指为了提升营销系统的整体绩效，由企业、供应商、经销商、代理商、最终顾客等构成的相互密切合作、致力于顾客价值传递的网络系统。供应商是企业整个顾客价值传递网络中的重要环节，指向企业供应原材料、部件、能源、劳动力和资金等资源的企业和组织。营销经理必须关注供应品的及时性和成本变动，供应短缺或延迟会导致企业销售业绩下滑，顾客满意度和忠诚度降低。供应品的成本提高会导致企业产品售价上升，进而影响产品的市场竞争力和销售量。许多企业把供应商视为创造和传递顾客价值过程中的合作伙伴。

三、营销中介

营销中介是指帮助企业销售、促销并将产品送达最终购买者的经销商、代理商、辅助商等机构。营销中介包括：

1. 经销商，即从事商品购销活动，并对所经营的商品拥有所有权的中间商，如批发商、零售商等。

2. 代理商，即协助买卖成交、推销产品，但对所经营的产品没有所有权的中间商，如经纪人、制造商代表等。

3. 辅助商，即辅助执行中间商的某些职能，为商品交换和物流提供便利，但不直接经营商品的企业或机构，如快递公司、运输公司、物流公司、银行、保险公司、广告公司、营销调研公司、营销咨询公司等。

目前，自动驾驶、控制交通流量、智慧停车等人工智能技术在交通治理领域的应用取得了显著成效。北京、上海、广州等城市开展了自动驾驶出行服务应用示范工作，推动自动驾驶技术加速落地。北京、重庆等地利用人工智能技术实现对交通状况的实时感知、精准预测、分析研判，并根据实时交通流，调整信号控制，缓解城市交通拥堵难题。这对于供应商和辅助商降低物流成本、提高效率、节省时间发挥了重要作用。

四、市场

营销学是根据购买者及其购买目的进行市场划分的，包括：

1. 消费者市场，即为了个人消费而购买的个人和家庭所构成的市场。

2. 生产者市场，即为了生产、取得利润而购买的个人和企业所构成的市场。

3. 中间商市场，即为了转卖、取得利润而购买的批发商和零售商所构成的市场。

4. 政府市场，即为了履行职责而购买的政府机构所构成的市场。

5. 国际市场，即由国外的消费者、生产者、中间商、政府机构等所构成的市场。“经过持续攻关和积累，我国多项新能源技术和装备制造水平已全球领先，建成了世界上最大的清洁电力供应体系，新能源汽车、锂电池和光伏产品还在国际市场上形成了强大的竞争力。”①

五、竞争者

营销观念表明，企业要想在市场竞争中获得成功，就必须比竞争者更有效地满足消费者的需要与欲望。因此，企业所要做的不是仅仅迎合目标顾客的需要，而是要通过有效的产品定位，使得企业产品与竞争者产品在顾客心目中形成明显差异，从而取得竞争优势。竞争者包括：

1. 愿望竞争者，即向企业的目标市场提供种类不同的产品以满足不同需要的其他企业。

2. 一般竞争者，即向企业的目标市场提供种类不同的产品但可以满足同一种需要的其他企业。

3. 产品形式竞争者，即向企业的目标市场提供种类相同但质量、规格、型号、款

---

① 习近平在中共中央政治局第十二次集体学习时强调 大力推动我国新能源高质量发展 为共建清洁美丽世界作出更大贡献．人民日报，2024-03-02.

式、包装等有所不同的产品的其他企业。

4. 品牌竞争者，即向企业的目标市场提供种类相同，产品形式也基本相同，但品牌不同的产品的其他企业。

六、公众

公众是指对企业实现其营销目标构成实际或潜在影响的任何团体，包括：

1. 金融公众，即影响企业取得资金能力的任何集团，如银行、投资公司等。
2. 媒体公众，即报纸、杂志、广播、电视等具有广泛影响的大众媒体。
3. 政府公众，即负责管理企业业务经营活动的有关政府机构。
4. 社会组织公众，即各种消费者权益保护组织、环境保护组织等。
5. 地方公众，即企业附近的民众、地方官员等。
6. 一般公众。
7. 企业内部公众，即董事会、监事会、经理、职工等。

第 3 节　营销宏观环境

营销宏观环境是指那些给企业造成市场机会和环境威胁的主要社会力量，包括人口环境、经济环境、自然环境、技术环境、政治法律环境以及社会文化环境。这些主要社会力量是企业不可控制的变量（如图 4－4 所示）。

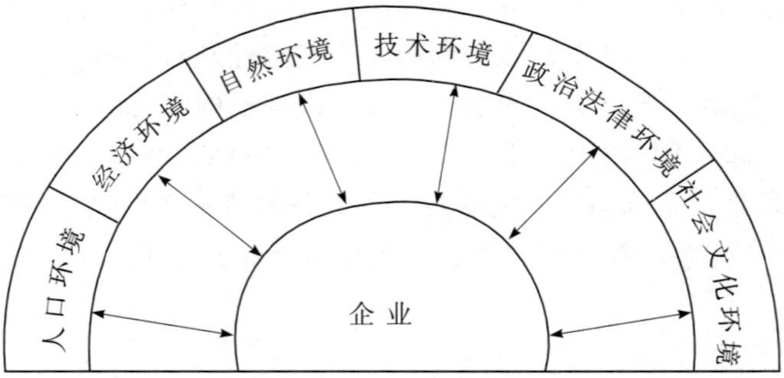

图 4－4　营销宏观环境

一、人口环境

企业必须密切注意人口环境方面的动向，因为市场是由那些想买东西并且有购买力的人（潜在购买者）构成的，而且这种人越多，市场的规模就越大。目前许多国家人口环境方面的主要动向如下。

（一）世界人口快速增长

联合国发布的一份报告称，预计到 2030 年，全球人口将达到 85 亿。世界人口快速增长的主要原因是：随着科学技术进步、生产力发展和人民生活条件改善，人的平均寿命大大延长，死亡率下降；发展中国家的人口出生率上升，人口迅速增加。世界人口尤其是发展中国家的人口将继续增长，这意味着世界市场将继续增长。

（二）发达国家的人口出生率下降

一些国家人口出生率下降的主要原因是：越来越多的女性参加工作，公众生育观念发生变化、避孕知识增加且避孕技术提高。一方面，这种人口动向对儿童食品、儿童用品、儿童服装、儿童玩具等行业是一种环境威胁。因此，发达国家经营儿童食品和用品的公司，或者到人口出生率高的国家去寻找市场，或者采取“转移”的对策，改行经营其他业务。另一方面，这种人口动向对某些行业有利。例如，许多年轻夫妇有更多的闲暇和收入用于旅游、外出就餐、娱乐，这给旅游业、餐饮业、体育娱乐业等提供了市场机会，促进了第三产业的发展。

（三）许多国家人口趋于老龄化

例 4－2　银发经济发展空间广阔

在西方发达国家，60 岁以上的人口占总人口的比例达 20%左右，并且这个比例预计会在 2050 年前上升至 33%。在日本，到 2030 年 37%的人口将超过 65 岁。这些年老的顾客相对富裕，50 岁以上的群体占有近 3/4 的世界财富，并且控制着一半的自由支配预算。这种人口动向，无论对社会还是对企业营销的影响都将是深刻的。由于人口老龄化，一方面，市场对体育用品等青少年用品的需要日益减少；另一方面，市场对老年人的医疗和保健用品、助听器、眼镜、旅游、娱乐等的需要迅速增加，这就给经营老年人用品的行业如旅游业、旅馆业、娱乐业提供了市场机会。在中国，党和政府一再强调，要“发展银发经济，推动人口高质量发展”①。Intuition Robotics 公司自主研发的 ElliQ 机器人，深度集成了生成式人工智能技术，为老年用户提供个性化、贴心的陪伴服务，在满足老年人情感需求、提升生活质量方面具有显著优势，有望在银发经济市场中占据重要地位。

（四）家庭结构发生变化

一些国家离婚率高，许多人婚后少生或不生孩子，女性婚后参加工作的人数也在增加。家庭结构的这种变化引起了市场需求的相应变化。由于人们普遍晚婚，市场对结婚用品的需求减少；由于离婚率很高，很多人离婚后不愿再婚，市场对住房、汽车、日托服务等产品或服务的需求增加。

（五）非家庭住户迅速增加

非家庭住户通常有以下几种：（1）单身成年人住户。包括未婚、分居、丧偶、离婚等情况。这种住户需要较小的公寓房间、较小的食品包装，以及较便宜的家具、日用品、陈设品等。（2）两人同居者住户。这种住户是暂时同居，需要较便宜的租赁家具和陈设品。（3）集体住户。如几个刚毕业的大学生租房住在一起共同生活。在我国，尤其是在北京、上海、广州等经济发达城市，非家庭住户正在迅速增加，企业应关注和考虑这种住户的特殊需要和购买习惯。

（六）许多国家的人口流动性大

许多国家的人口流动都具有两个主要特点：一是人口从农村流向城市。这对零售商

---

① 中央经济工作会议在北京举行．人民日报，2023－12－13．

业结构影响很大。人口集中在城市使得居民需要和城市市场不断增长和扩大。二是人口从城市流向郊区。随着城市交通日益拥挤，污染日益严重，同时交通运输大大发展，人们纷纷从城市迁往郊区，在大城市周围出现了郊区住宅区，而且在郊区住宅区周围出现了郊区的郊区。越来越多的人在个人电脑、智能手机、宽带接入设备等现代通信设备的辅助下，采用在家办公的方式。城市商业中心区百货商店为了生存和发展，纷纷在郊区购物中心开设分店。

习近平说："一个流动的中国，充满了繁荣发展的活力。"① 流动是一个充满动感的词语，更表达了一种蕴含张力的状态。"流动的中国"这一表述，会让人想到"车轮上的中国人"。持续多年的中国春运，被称为"人类最大规模的周期性迁徙"，是"流动的中国"的鲜活表征。

二、经济环境

企业必须密切注意经济环境方面的动向。进行经济环境分析时，要着重分析以下因素。

（一）消费者收入的变化

消费者收入包括消费者个人工资、红利、租金、退休金、馈赠等收入。消费者的购买力来自消费者收入，所以消费者收入是影响社会购买力、市场规模大小以及支出多少和支出模式的一个重要因素。

消费者并不是将全部收入都用来购买商品（包括产品和服务）。消费者的购买力只是其收入的一部分。因此，要区别可支配个人收入和可随意支配个人收入。可支配个人收入是指扣除消费者个人缴纳的各种税款和交给政府的非商业性开支后可用于个人消费和储蓄的那部分个人收入。可支配个人收入是影响消费者购买力和消费者支出的决定性因素。可随意支配个人收入是指可支配个人收入减去消费者用于购买生活必需品的固定支出（如房租、保险费、分期付款、抵押借款）所剩下的那部分个人收入。可随意支配个人收入一般都用来购买奢侈品、汽车、大型器具及度假等，所以这种消费者个人收入是影响奢侈品、汽车、旅游等商品销售的主要因素。

进行经济环境分析时，还要区分货币收入和实际收入，因为实际收入会影响实际购买力。企业不仅要分析研究消费者的平均收入，而且要分析研究各个阶层的消费者收入。此外，由于各地区的工资水平、就业情况有所不同，不同地区消费者的收入水平和增长率也有所不同。

（二）消费者支出模式的变化

消费者支出模式主要受消费者收入影响。随着消费者收入的变化，消费者支出模式会发生相应变化。这个问题涉及恩格尔定律。

德国统计学家恩斯特·恩格尔（Ernest Engel，1821—1896）1857 年根据他对英国、法国、德国、比利时许多工人家庭收支预算的调查研究，发现了关于工人家庭收入变化与各方面支出变化之间比例关系的规律性，这一规律性称为恩格尔定律。后来，恩格尔的追随者们对恩格尔定律的表述加以修改。目前西方经济学中对恩格尔定律的表述一般如下：

---

① 习近平主席十年新年贺词金句．人民日报，2023-01-01.

（1）随着家庭收入增加，用于购买食品的支出占家庭收入的比重（恩格尔系数）会下降。

（2）随着家庭收入增加，用于住宅建筑和家务经营的支出占家庭收入的比重大体不变（其中燃料、照明、冷藏等支出占家庭收入的比重会下降）。

（3）随着家庭收入增加，用于其他方面的支出（如服装、交通、娱乐、医疗保健、教育）和储蓄占家庭收入的比重会上升。

消费者支出模式除了主要受消费者收入影响外，还受以下两个因素影响：

（1）家庭生命周期的阶段。有孩子与没有孩子的年轻人家庭的支出情况有所不同。没有孩子的年轻人家庭负担较轻，往往把更多的收入用于购买电冰箱、家具、陈设品等耐用消费品。而有孩子的家庭收支预算会发生变化。十几岁的孩子不仅吃得多，而且爱漂亮，用于娱乐、运动、教育方面的支出也较多，所以在家庭生命周期的这个阶段，家庭用于购买耐用消费品的支出会减少，而用于食品、服装、文娱、教育等方面的支出会增加。等到孩子独立生活以后，父母就有大量可随意支配收入，有可能把更多的收入用于医疗保健、旅游、购置奢侈品或储蓄，因此这个阶段的家庭收支预算又会发生变化。

（2）消费者家庭所在地点。所在地点不同的家庭用于住宅、交通、食品等方面的支出情况也有所不同。例如，住在中心城市的消费者和住在农村的消费者相比，前者在日常交通和住宅方面的支出较多，后者在食品方面的支出较多。

（三）消费者储蓄和信贷情况的变化

进行经济环境分析时还应看到，社会购买力、消费者支出不仅直接受消费者收入的影响，而且直接受消费者储蓄和信贷情况的影响。

大多数家庭都有一些“流动资产”，即货币及其他能迅速变现的资产，包括银行储蓄存款、债券、股票等。储蓄来源于消费者的货币收入，其最终目的还是消费。但是在一定时期内储蓄多少会影响消费者的购买力和消费支出。在一定时期内货币收入不变的情况下，如果储蓄增加，购买力和消费支出便减少；相反，如果储蓄减少，购买力和消费支出便增加。

消费者不仅可以用其货币收入购买他们需要的商品，而且可以用贷款来购买商品。所谓消费者信贷就是消费者凭借信用先取得商品使用权，然后按期归还贷款。消费者信贷由来已久。数据显示，我国居民的贷款规模不断增加。2024 年 6 月末，我国住户贷款增加 1.46 万亿元。①

（四）共享经济带来的变化

共享经济是利用互联网平台将分散资源进行优化配置，通过推动资产权属、组织形态、就业模式和消费方式的创新，提高资源利用效率、便利群众生活的新业态新模式。共享经济强调所有权与使用权的相对分离，倡导共享利

例 4－3　中国的共享出行

① 上半年我国人民币贷款增加 13.27 万亿元．(2024－07－12)．https：//www.gov.cn/lianbo/bumen/202407/content_6962741.htm.

用、集约发展、灵活创新的先进理念；强调供给侧与需求侧的弹性匹配，促进消费使用与生产服务的深度融合，实现动态及时、精准高效的供需对接。共享经济的本质是整合线下的闲散物品、劳动力、教育和医疗资源等。这种共享是通过互联网媒介实现的。共享经济和随经济的蓬勃发展，导致“所有权”意义下降，而随时随地的“使用权”意义上升。使用不必拥有，凡事皆可出租。“随经济”是台湾科技大学信息管理系特聘教授卢希鹏首创的术语，指运用智能科技，让消费者随时、随地、随处、随支付、随渠道、随心所欲消费的商业趋势。①

三、自然环境

自然环境（或物质环境）的发展变化也会给企业带来一些环境威胁和市场机会，所以，企业还要分析研究自然环境方面的动向。

值得关注的自然环境方面的主要动向如下。

（一）某些自然资源短缺或即将短缺

自然资源是全人类赖以生存和发展的物质基础。人类赖以生存和栖息的地球资源有限。许多自然资源不可再生，如许多矿产在经过人类大规模挖掘和开采之后，面临枯竭。而自然资源的短缺，又进一步加剧了国与国之间的竞争，垄断资本对自然资源的争夺甚至引发战争。因此，必须要“完善自然资源资产管理制度体系，健全国土空间用途管制制度”②。目前，地球上三大类自然资源都不同程度地存在短缺或趋于短缺。

1. 取之不尽、用之不竭的资源，如空气、水等。近几十年，一方面，世界各国尤其是现代化城市用水量增长很快（估计世界用水量每 20 年增加 1 倍）；另一方面，世界各地水资源分布不均，而且每年和各个季节的情况各不相同，目前世界上许多国家面临缺水境况。这种情况不仅会影响人民生活，而且对相关企业也是一种威胁。

2. 有限但可以更新的资源，如森林、粮食等。

3. 有限但不能更新的资源，如石油和煤、铀、锡、锌等矿物。十几年来，由于这类资源供不应求或在一段时期内供不应求，有些国家需要这类资源的企业曾面临或正面临威胁，必须寻找代用品。在这种情况下，就需要研究与开发新的资源和原料，这又给某些企业带来了新的市场机会。

（二）环境污染日益严重

在许多国家，随着工业化和城市化的发展，环境污染程度日益增加，公众对这个问题越来越关心，纷纷指责环境污染的危害性。一方面，这种动向对那些造成污染的行业和企业是一种环境威胁，它们在社会舆论的压力和政府的干预下，不得不采取措施控制污染；另一方面，这种动向也给防治污染、保护环境的包装企业及相关产业带来了新的市场机会。

（三）政府对自然资源管理的干预日益加强

随着经济发展和科学进步，许多国家的政府都对自然资源管理加强干预。习近平精

---

① Philip Kotler，Hermawan Kartajaya，Hooi Den Huan. Marketing for Competitiveness：Asia to the World in the Age of Digital Consumers. Singapore：World Scientific Publishing Co. Pte. Ltd.，2017：7－17.

② 习近平．以美丽中国建设全面推进人与自然和谐共生的现代化．求是，2024（1）.

辟地指出："尊重自然、顺应自然、保护自然，促进人与自然和谐共生，是中国式现代化的鲜明特点。"① 党的二十大报告提出，"必须牢固树立和践行绿水青山就是金山银山的理念，站在人与自然和谐共生的高度谋划发展"②。党的二十届三中全会指出，"加快完善落实绿水青山就是金山银山理念的体制机制"③。坚持节约资源和保护环境成为新时代中国特色社会主义生态文明建设的思想和基本方略。

进入新时代以来，中国政府坚定推进绿色发展，推动自然资本大量增值，让良好生态环境成为人民生活的增长点和展现我国良好形象的发力点，让老百姓呼吸上新鲜的空气、喝上干净的水、吃上放心的食物、生活在宜居的环境中，切实感受到经济发展带来的实实在在的环境效益，让中华大地天更蓝、山更绿、水更清、环境更优美，走向生态文明新时代。

（四）对新能源的开发和利用正在兴起

例 4－4　中通快递的绿色发展战略

近年来，随着传统能源供需失衡矛盾的日益加剧，世界各国纷纷加大对新能源的开发与利用，这些新能源包括核能、太阳能、生物质能、海洋能、地热能、氢能和风能等。

我国能源发展和改革的战略导向，主要集中在能源消费总量控制、煤炭清洁高效利用、大力发展清洁能源以及能源体制改革方面，通过加快建设水电、核电项目，推进风能、太阳能、生物质能等可再生能源的转化利用来推进能源结构的优化调整。我国"十四五"期间将加快建设安全、清洁、高效、低碳的现代能源体系，首要任务是控制煤炭消费，加强煤炭清洁利用，适度发展现代煤化工产业。国家能源局表示，煤炭作为控制能源消费总量的重点，我国煤炭消费比重将下降到 56%以下。保障能源安全、提高能源利用效率将是"十四五"能源规划的核心内容，而环境资源问题和节能减排压力将迫使传统能源产业加快转型升级。

四、技术环境

党的二十届三中全会通过的《中共中央关于进一步全面深化改革 推进中国式现代化的决定》指出，要"加强关键共性技术、前沿引领技术、现代工程技术、颠覆性技术创新，加强新领域新赛道制度供给，建立未来产业投入增长机制，完善推动新一代信息技术、人工智能、航空航天、新能源、新材料、高端装备、生物医药、量子科技等战略性产业发展政策和治理体系，引导新兴产业健康有序发展。以国家标准提升引领传统产业优化升级，支持企业用数智技术、绿色技术改造提升传统产业"④。战略性新兴产业涵盖新一代信息技术、高端装备制造、新材料、新能源汽车、节能环保、航空航天、海洋装备、人工智能、智能网联、新型储能、氢能、生物制造、商业航天、低空经济等领域。未来产业涉及元宇宙、脑机接口、量子科技、人形机器人、生成式人工智能、生物制造、

---

① 习近平．中国式现代化是强国建设、民族复兴的康庄大道．求是，2023（16）．

② 习近平．高举中国特色社会主义伟大旗帜 为全面建设社会主义现代化国家而团结奋斗：在中国共产党第二十次全国代表大会上的报告．人民日报，2022－10－26．

③ 中国共产党第二十届中央委员会第三次全体会议公报．（2024－07－18）．新华社．

④ 中共中央关于进一步全面深化改革 推进中国式现代化的决定．（2024－07－21）．新华社．

未来显示、未来网络、6G、原子级制造、深海空天开发等领域。企业必须密切关注技术环境的发展变化，了解技术环境和知识经济的发展变化对企业营销管理的影响，以便及时采取适当的对策。

（一）新技术是“创造性的毁灭力量”

随着高新技术的不断发展，科技力量对产业结构升级和创新的影响日趋明显。一方面，新技术的产生给某些创新性企业带来了新的市场机会，促进新行业的诞生和发展；另一方面，新技术作为一种“创造性的毁灭力量”，给某些行业的企业造成严重的冲击，不断威胁其生存和发展。例如新能源汽车性能的不断完善，对传统汽车构成了巨大威胁。在中国，美团每天有 2 000 万份订单，要靠 60 万个外卖员配送，高峰期 1 小时要进行 29 亿次路径规划。美团所依靠的就是自己开发的一套叫作“超脑”的人工智能管理系统。

（二）新技术革命有利于企业改善经营管理

世界经济发展史表明，每一次新技术革命都会极大地推动经济的增长。近年来，互联网和移动网络的普及推动了以云计算、物联网、大数据为代表的新一代信息技术的飞跃发展，促进了电子商务与实体经济的融合。在这样一个传统产业与虚拟经济、网络经济全面结合的时代，一些领先企业已经在经营管理中使用云计算、大数据等新一代信息技术，这对优化企业资源配置、提升企业经营管理水平具有很大的促进作用。①

（三）新技术革命将影响零售商业结构和消费者购物习惯

数字经济催生零售业变革，网络零售发展迅速，不断挤压传统零售企业的市场份额。网络零售在我国快速发展，呈现出以下特点：

1. 移动网上零售快速普及。在一些消费新业态、新模式中，直播带货、即时零售等电商新模式的快速发展对线上消费的增长起到了明显的拉动作用。随着电商的逐步成熟、智慧零售、拼购电商概念的提出、农村网民规模的增大，移动电商市场仍存在较大的发展空间。

2. 网络购物比重不断攀升。数字经济改变了传统的零售方式，网络零售成为新的消费增长点。随着互联网技术和设备的提升和普及，网络购物规模持续增加，用户人群不断增多。2024 年 1—6 月，我国网上零售额 7.1 万亿元，同比增长 9.8%。其中，实物商品网上零售额 5.96 万亿元，同比增长 8.8%，占社会消费品零售总额的比重为 25.3%。

3. 方便快捷的网购模式越来越受到消费者的认同。对于工作生活节奏较快的人群来说，网上购物具有独特的吸引力。足不出户，点击鼠标，消费者就可以在网上将众多商品一览无余，节约时间，节省精力，免去逛街购物之累，还能享受送货上门的便捷服务。不仅如此，相比传统零售企业，网络商家具有库存压力小、经营成本低、经营规模不受场地限制等优势，因而具有非常明显的价格优势，折扣幅度大于实体店。

---

① Philip Kotler，Hermawan Kartajaya，Iwan Setiawan. Marketing 4.0：Moving from Traditional to Digital. New York：Wiley，2016：33 - 35.

（四）数字经济时代的机会和挑战

1. 网上购物影响零售商业结构和消费者购物习惯。网上购物已成为消费者日常购物的基本方式，并且一直保持较高的增长速度，同时，网络购物交易额在社会消费品零售额中所占的比重越来越高，对传统的线下业态销售模式构成巨大的冲击。物流系统的不断成熟也让消费者愈加青睐线上交易模式，有的消费者甚至选择先去实体店获取所需产品的信息，进行“试穿”或“试用”，然后通过网上下单购买选中的产品。由于网购模式能够在很大范围内以更高的效率实现资源配置，因此越来越多的企业开始试水电商平台，以此提高企业的经营效益。

2. 移动支付下的新型消费模式。所谓移动支付，也称手机支付，就是消费者使用移动终端（通常是手机），通过移动通信网络实现对所消费产品或服务支付的一种服务方式。移动支付方式是电子支付技术、移动通信技术、无线射频识别技术等相互融合的产物，具有移动性、及时性、定制化等特点，消费者可以通过更人性化的手机操作界面，随时定制自己偏好的消费方式和个性化服务，获取所需的产品、服务、信息或娱乐方式。

3. 互联网造就新的基础设施。互联网与大数据、云计算和区块链的结合，引导了第二次信息革命即 DT（数据技术）时代的到来，形成了新的基础设施。在此环境下，信息可以得到及时处理，不受空间限制。

4. 移动互联时代的营销管理。在移动互联时代，企业如果不能有效运用各种媒体信息工具就很难形成一定的竞争力。在这种信息化、网络化、数字化的背景下，企业在营销管理过程中，一方面要能够对市场需求形成敏锐的洞察力，利用所掌握的各种信息资源准确预测市场需求的发展趋势，更好地满足市场需要；另一方面，必须借助各种新技术载体把自身整体的优势信息以最快的速度传递给客户群，积极获取营销管理的主动权。

五、政治法律环境

企业营销管理还要受政治法律环境的强制和影响。政治法律环境是那些强制和影响社会上各种组织和个人的法律、政府机构和压力集团。这里只着重阐述以下三个方面。

（一）与企业营销管理有关的立法

企业必须了解本国和有关国家的法律和法规，这样才能做好国内和国际营销管理工作，否则就会受到法律制裁。多年来，为了健全法制、加强法治、适应经济体制改革和对外开放的需要，我国陆续制定和颁布了一系列法律和法规，如《中华人民共和国产品质量法》《中华人民共和国食品卫生法》《中华人民共和国商标法》《中华人民共和国价格法》《中华人民共和国反不正当竞争法》《中华人民共和国广告法》《中华人民共和国消费者权益保护法》《中华人民共和国专利法》《中华人民共和国中小企业促进法》《中华人民共和国电子签名法》《商业特许经营管理条例》《中华人民共和国反倾销条例》《零售商供应商公平交易管理办法》《禁止价格欺诈行为的规定》《网络交易管理办法》《非金融机构支付服务管理办法》《电子认证服务密码管理办法》《网上交易平台服务自律规范》《关于加快流通领域电子商务发展的意见》《网络商品交易及有关服务行为管理暂行办法》《中华人民共和国电子商务法》等。

（二）公众利益团体发展情况

公众利益团体是一种压力集团。在美国等发达国家，影响企业营销决策的公众利益团体主要是保护消费者利益的群众团体以及保护环境的公众利益团体等。这些公众利益团体游说政府官员，给企业施加压力，使消费者利益和社会利益等得到保护。因此，这些国家的许多公司都设立法律和公共关系部门来负责研究和处理与这些公众利益团体的关系问题。

世界各国陆续成立了消费者联盟，它们监视企业的活动，发动消费者与企业主的欺骗行为做斗争，给企业施加压力，以保护消费者利益。目前消费者运动已经成为一种强大的社会力量，企业制定营销决策时必须认真考虑这种动向。

（三）完善市场经济基础制度

党的二十届三中全会审议通过的《中共中央关于进一步全面深化改革 推进中国式现代化的决定》提出，加强公平竞争审查刚性约束，强化反垄断和反不正当竞争，清理和废除妨碍全国统一市场和公平竞争的各种规定和做法。完善要素市场制度和规则，推动生产要素畅通流动、各类资源高效配置、市场潜力充分释放。培育全国一体化技术和数据市场。完善主要由市场供求关系决定要素价格机制，防止政府对价格形成的不当干预。健全劳动、资本、土地、知识、技术、管理、数据等生产要素由市场评价贡献、按贡献决定报酬的机制。完善流通体制，加快发展物联网，健全一体衔接的流通规则和标准，降低全社会物流成本。① 这就为市场营销创新发展提供了有力的法律制度保障。

六、社会文化环境

社会文化是指一个社会的民族特征、价值观念、生活方式、风俗习惯、伦理道德、教育水平、语言文字、社会结构等的总和。它主要由两部分组成：一是全体社会成员所共有的基本核心文化；二是随时间变化和外界因素影响而容易改变的社会次文化或亚文化。不同国家、不同地区的人民，不同的社会与文化，代表着不同的生活方式，对同一产品可能持有不同的态度，直接或间接地影响产品的设计、包装，信息的传递方法，产品被接受的程度，以及分销和促销措施等。因此，企业在从事营销活动时，应重视对社会文化的调查研究，做出适宜的营销决策。

（一）教育水平

教育水平是指消费者受教育的程度。一个国家或地区的教育水平与经济发展水平往往是一致的。语言文字是人类交流的工具，它是文化的核心组成部分之一。习近平指出："教育兴则国家兴，教育强则国家强。高等教育是一个国家发展水平和发展潜力的重要标志。"② 不同的文化修养表现出不同的审美观，购买商品的选择原则和方式也不同。一般来讲，教育水平高的地区，消费者对商品的鉴别力强，容易接受广告宣传和接受新产品，购买的理性程度高。因此，教育水平高低影响着消费者心理、消费结构，影响着企业营

---

① 中共中央关于进一步全面深化改革 推进中国式现代化的决定．(2024－07－21)．新华社．

② 习近平在北京大学师生座谈会上的讲话．(2018－05－03)．https://news.youth.cn/zt/t18/wzsp/wztt/201806/t20180610_11640673.htm.

销组织策略的选取，以及销售推广方式方法的采用。

（二）语言文字

不同国家、不同民族往往有自己独特的语言文字，即使同一国家，也可能有多种不同的语言文字，即使语言文字相同，表达和交流的方式也可能不同。

语言文字的不同对企业的营销活动有重大的影响。一些企业由于其产品命名与产品销售地区的语言含义等相悖，产生了巨大损失。例如，美国汽车公司的马塔多（Matador）牌汽车，通常是刚强、有力的象征，但在波多黎各，这个名字意为“杀手”，在交通事故死亡率较高的地区，名称带有这种含义的汽车肯定不受欢迎。因此，企业在开展营销时，应尽量了解所在国家的文化背景，掌握语言文字的差异，这样才能使营销活动顺利进行。

（三）价值观念

价值观念是人们对社会生活中各种事物的态度、评价和看法。习近平指出：“价值观是人类在认识、改造自然和社会的过程中产生与发挥作用的。”① 不同的文化背景下，人们的价值观念差别很大，而消费者对商品的需求和购买行为深受其价值观念的影响。对于不同的价值观念，企业营销人员应采取不同的策略。对于乐于变化、喜欢猎奇、富有冒险精神、较激进的消费者，应重点强调产品的新颖和奇特；而对于一些注重传统、喜欢沿袭传统消费习惯的消费者，企业在制定促销策略时应把产品与目标市场的文化传统联系起来。

（四）宗教信仰

不同的宗教信仰有不同的文化倾向和戒律，会影响人们认识事物的方式、价值观念和行为准则，影响人们的消费行为，并带来特殊的市场需求。企业应充分了解不同地区、不同民族、不同消费者的宗教信仰，提供适合其要求的产品，制定适合其特点的营销策略。

（五）审美观

审美观通常指人们对事物的好坏、美丑、善恶的评价。习近平指出，要发扬中国文艺追求向上向善的优良传统，“用思想深刻、清新质朴、刚健有力的优秀作品滋养人民的审美观价值观，使人民在精神生活上更加充盈起来”②。值得注意的是，不同的国家、民族和个人，往往因社会文化背景不同，审美标准也不尽一致。例如，缅甸的巴洞人以妇女脖子长为美，而非洲的一些民族则以文身为美，等等。因审美观的不同而形成的消费差异更是多种多样。因此，企业应针对不同的审美观所引起的不同消费需求，开展自己的营销活动，特别要把握不同文化背景下的消费者审美观及其变化趋势，制定有效的营销策略以适应市场需求的变化。

（六）风俗习惯

风俗习惯是人们根据自己的生活内容、生活方式和自然环境，在一定的社会物质生

---

① 坚守我们的核心价值观：学习习近平总书记关于核心价值观的重要论述．(2016-04-16)．http：//theory.people.com.cn/n1/2016/0416/c40531-28280853.html?from=singlemessage&isappinstalled=0.

② 习近平．在中国文联十一大、中国作协十大开幕式上的讲话．人民日报，2021-12-15.

产条件下长期形成并世代相袭的风尚和由于重复、练习而巩固下来并变成需要的行为方式等的总称。它在饮食、服饰、居住、婚丧、信仰、节日、人际关系等方面，都表现出独特的心理特征、伦理道德、行为方式和生活习惯。不同国家、不同民族有不同的风俗习惯，它对消费者的消费偏好、消费模式、消费行为等具有重要的影响。例如，不同的国家、民族对图案、颜色、数字、动植物等有不同的喜好和不同的使用习惯，如中东地区严禁带六角形的包装，英国忌用大象、山羊做商品装潢图案。企业应了解和注意不同国家、民族的消费习惯和爱好，做到入境问俗。可以说，这是企业做好营销尤其是全球营销的重要条件，如果不重视各个国家、民族之间文化和风俗习惯的差异，就很可能造成难以挽回的损失。

小　结

企业处在复杂的环境中，环境对企业生存和发展有着重要影响。学者们提出了一系列理论来讨论、解释企业与环境之间的关系，这些理论包括：开放系统理论、权变理论、种群生态学、组织生态学、资源依附理论、合作竞争理论、商业生态系统理论。

营销环境是指影响企业营销活动及其目标实现的各种因素和动向，可分为营销宏观环境和营销微观环境。营销环境发展趋势基本上分为两大类：一类是环境威胁；另一类是市场机会。营销微观环境是指对企业服务其顾客的能力构成直接影响的各种力量，包括企业本身、供应商、营销中介、市场、竞争者和公众，这些都会影响企业为其目标市场服务的能力。微观环境中所有的因子都要受宏观环境中各种力量的影响。

企业本身包括营销管理部门、其他职能部门和最高管理层；营销中介包括经销商、代理商和辅助商；市场可以划分为消费者市场、生产者市场、中间商市场、政府市场和国际市场；竞争者包括愿望竞争者、一般竞争者、产品形式竞争者和品牌竞争者；公众包括金融公众、媒体公众、政府公众、社会组织公众、地方公众、一般公众和企业内部公众。

营销宏观环境是指那些给企业造成市场机会和环境威胁的主要社会力量，包括人口环境、经济环境、自然环境、技术环境、政治法律环境以及社会文化环境。这些主要社会力量代表企业不可控制的变量。

基本概念

营销环境	开放系统理论	权变理论
种群生态学	组织生态学	资源依附理论
合作竞争理论	共享经济	供应链
供应商	经销商	代理商
营商环境	营销洞见	价值传递网络
营销中介	市场机会	环境威胁
营销微观环境	消费者收入	可支配个人收入
可持续发展	亚文化	恩格尔定律
可随意支配个人收入	移动支付	

复习题

1. 怎样理解营销环境？营销环境对企业的重要性体现在什么地方？

2. 面对营销环境提供的机会和威胁，企业可以采取哪些有针对性的策略？
3. 营销微观环境分析应包含的内容有哪些？
4. 影响消费者支出模式的因素有哪些？它们是怎样影响消费者支出的？
5. 移动互联网时代企业面临哪些机会与挑战？

案例分析

华为出售荣耀

华为创立于 1987 年，是全球领先的 ICT（信息与通信技术）基础设施和智能终端提供商，致力于把数字世界带入每个人、每个家庭、每个组织，构建万物互联的智能世界。荣耀品牌创立于 2013 年，是华为旗下手机双品牌之一。2020 年，华为对外声明，在产业技术要素不可持续获得、消费者业务受到巨大压力的艰难时刻，为让荣耀渠道和供应商得以延续，华为决定整体出售荣耀业务资产，收购方为深圳市智信新信息技术有限公司。交割后，华为不占有任何股份，也不参与经营管理与决策。

做出这一决策的原因主要有以下几点：

第一，应对制裁，走出困境。华为是国人的骄傲，但被一些国家持续打压。华为芯片供应链吃紧，荣耀的供应商、生产工厂、渠道和分销商都面临困难。出售荣耀不仅可以让华为自身的手机芯片供应链压力有所缓解，而且通过出售荣耀股权，荣耀不再属于华为，也将帮助荣耀突破限制，摆脱一些国家的制裁。

第二，充盈现金流。一些国家的打压给华为现金流带来了巨大的压力。虽说华为自身有接近千亿元的现金流，但荣耀的元器件供应商和渠道商仍需要大量资金，华为已经不堪重负，出售荣耀使其获得了充盈现金流，为将来摆脱芯片和操作系统制约增强资金实力，同时也让荣耀平稳地发展下去。

第三，舍车保帅，专注科技创新。华为主营运营商业务，手机业务只是华为业务的一部分，而荣耀只是手机业务的一部分，华为品牌是手机业务的核心，荣耀品牌作为手机业务的一部分可以舍去，以求保持核心华为手机品牌的稳定。另外，2021 年鸿蒙系统 2.0 也会应用到手机，华为自主研发的鸿蒙系统在 5G 智慧物联时代的地位，就像 4G 时代的谷歌安卓和苹果 iOS，意义重大。如果将来华为将大部分手机业务剥离出去，专注于平台和连接服务，并吸引其他友商加入鸿蒙生态，鸿蒙系统主导全球 5G 万物智联时代就有了更大的把握，这是一件多方共赢的好事。

荣耀留在华为手中，很可能会因为缺芯而倒下，当时华为自己都没有芯片，荣耀作为子品牌，缺芯是必然的。而一旦卖掉了，荣耀和华为没有关系之后，能够获得芯片，从而重新发展起来。事实证明，华为当初的决定是英明的，离开华为的怀抱后，2023 年，荣耀以 17.1％的市场份额，登顶国内手机出货量第一名。2024 年第二季度荣耀智能手机出货量超过 1 000 万台，国内市场份额约 15％，位列第四，几乎与华为平起平坐。

华为也在此后稳步发展。2024 年 8 月 29 日华为发布：2024 年上半年，公司实现销售收入 4 175 亿元，同比增长 34.3％。ICT 基础设施业务保持稳健，终端业务表现符合预期，云计算和数字能源业务实现了良好增长，智能汽车解决方案业务开始进入规模交付阶段。

资料来源：华为出售荣耀 产业链集体自救．(2020－11－18)．http：//www.xinhuanet.com/2020－11/18/c_

1126752518. htm；获中国移动注资，荣耀上市进入倒计时？.（2024－08－28）. 环球老虎财经；2024 年半年报点评：华为数据库业务快速增长，生态持续完善.（2024－08－28）. https：//news. 10jqka. com. cn/field/sr/20240828/49017825. shtml.

思考题

1. 请分析华为出售荣耀的外部环境因素。
2. 试阐述华为如今面对的机会和挑战。

第2篇
市场分析和目标营销

第 5 章

营销调研与需求预测

| 本章要点 |

- 营销调研的含义与内容。
- 营销数据分析的主要方法。
- 市场需求的含义及相关概念。
- 估计当前市场需求的主要方法。
- 市场需求预测的主要方法。

营销的目的是通过比竞争者更好地满足市场需求，赢得竞争优势，进而取得合理的利润收入。要做到这一点，就必须从研究市场出发，了解市场需求及竞争者的最新动态，开展营销调研，广泛收集营销信息，据此制定营销战略决策。习近平指出："调查研究是谋事之基、成事之道，没有调查就没有发言权，没有调查就没有决策权。调查研究是我们做好工作的基本功。"① 营销调研既包括定性研究又包括定量研究。需求测量与预测就是从量的角度将定性分析准确地转换成以产品、区域、顾客等分类来表示的特定需求的定量估计，这是制定营销决策的重要依据。

第 1 节　营销调研与数据收集

一、营销调研

（一）营销调研的含义与内容

为了提升企业营销的效果和效率，必须注重营销调研，以获得尽可能详细准确的数据作为营销决策的依据。所谓营销调研，是指系统地设计、收集、分析并报告与企业有关的数据和研究结果。现代市场经济条件下，各企业的营销调研部门都在扩充研究活动和研究技术。其中，最主要的研究活动有：市场特性的确定、市场潜量的开发、市场份

① 习近平在党的十九届一中全会上的讲话．求是，2018（1）.

额分析、销售分析与竞争。

（二）营销调研技术

调研技术的日益进步为营销调研活动的开展创造了有利条件。在这些研究技术中，凝结着诸如经济学、统计学、社会心理学、计算机科学等学科的研究成果，营销调研人员只需要善于学习这些研究技术，并努力将之创造性地应用到营销调研实践中去。

营销调研是一个包括认识收集信息的必要性，明确调查目的和信息需求，决定数据来源和取得数据的方法，设计调查表格和数据收集形式，设计样本，进行数据收集与核算、统计与分析，报告研究结果等在内的复杂过程。在此过程中，既有定量研究又有定性研究。

定量研究一般是为了对特定研究对象的总体得出统计结果而进行的。300 多年前，牛顿的《自然哲学的数学原理》和配第的《政治算术》开辟了自然科学和社会科学数量化的时代。马克思在谈到配第时说："他不是把一连串比较级和最高级词汇同空论拼凑在一起，而是立志要用 terms of number，weight or measure［数字、重量和尺度］来说话，只利用从感观的经验中得出的论据，只研究 as have visible foundations in nature［在自然界中具有可见的根据的原因］。"① 马克思认为，一种科学只有在成功地运用数学时，才算达到了真正完善的地步。② 将数学运用于营销学，可以深入揭示仅靠定性分析难以表达的现代经济错综复杂的相互关系及其变动趋势（特别是动态的、非线性的、不确定性的关系），可以提出营销决策的性质、方向、力度和边界，并预测其直接效果和间接效果。在营销调研中，必须高度重视定量研究，以使收集到的信息和调研得出的结论能够充分反映市场需求与营销环境的客观现实。

定性研究具有探索性、诊断性和预测性等特点，它并不追求精确的结论，只是了解问题所在，摸清情况，得出感性认识。定性研究的主要方法包括焦点小组访谈、深度访谈和各种投影技术等。

营销调研的真正价值是获得顾客洞察（customer insights）。顾客洞察是由营销信息生成的对顾客和市场的全新理解，企业以此为基础创造顾客价值，建立和维系顾客关系。

例 5-1 全球领先的营销调研公司——尼尔森 IQ

（三）营销分析

营销分析（marketing analytics）是一门借助数学、统计学、数据科学、预测建模和机器学习等相关知识来深刻理解企业营销影响力，预测营销趋势和用户行为，优化用户体验（UX），发掘营销数据模式，将可操作知识运用于营销战略，从而提高营销绩效，确保营销目标实现的一门新兴学科。它借助分析工具、分析技术和分析程序，收集跟踪来自网络、移动媒体、社交媒体、客户交易的大数据，用于改善营销决策和营销绩效。③

---

① 马克思，恩格斯．马克思恩格斯全集：第 13 卷．北京：人民出版社，1962：42.

② 回忆马克思恩格斯．北京：人民出版社，1957：73.

③ Philip Kotler，Gary Armstrong，Sridhar Balasubramanian. Principles of Marketing. 19th ed. Harlow：Pearson Education Limited，2024：145.

二、二手数据的收集和评价

营销调研部门将大量的时间与精力用在收集数据上，因为只有收集到充足的原始数据，才有可能得出正确的营销调研结果。所以，企业营销管理人员必须对收集数据的主要方法有所了解。

解决某一问题所需要的信息，也许目前已经存在，也许尚不存在。经过编排、加工处理的数据，称为二手数据；企业必须首次亲自收集的数据，称为一手数据或原始数据。很多时候，营销调研中所需要用到的数据都是二手数据，因此如何对二手数据进行收集和评价，是每一个营销人员都必须准确回答的问题。

（一）二手数据的主要来源

营销调研人员应首先注意利用现有信息来源收集解决问题所需的数据。这些数据可能存在于企业信息系统中，可能存在于经销商、广告代理商、行业协会信息系统中，也可能出现于政府或商业、贸易出版物上，还可能需从提供营销信息的企业购进。假如研究人员所需的数据能从现有来源找到，则可省去大量时间与费用。但是，研究人员无论如何也要认真评估二手数据的质量，因为这种数据是在过去出于不同目的或在不同条件下收集来的，其实用性自然会受到限制。某些营销调研人员每当发现自己长期寻找的数据有现成资料时，往往欣喜若狂、乐不可支，不加严格审查、评估就直接引用。这是相当危险的，往往招致不可挽回的损失。所以，营销调研人员及管理人员对业已存在的二手数据必须进行严格审查与评估。

（二）评估二手数据的标准

审查与评估二手数据的标准有三个：

1. 公正性。公正性是指提供该项数据的人员或组织不怀有偏见或恶意。一般来讲，研究人员会认为政府提供的统计数字或商业组织提供的数据没有歪曲或偏见。但在某些情况下，个别民间组织（如行业协会等）提供的某些数据可能故意被用来显示某行业好的一面。

2. 有效性。有效性是指研究人员是否利用了科学的测量方法来收集数据。例如，利用不同历史时期的钢铁价格来测量钢铁的实际价格，就不具备有效性。因为钢铁的价格在不同的历史时期势必有所不同。

3. 可靠性。可靠性是指从某一群体中抽出的样本数据是否能准确反映整个群体的实际情况。例如，从随机抽出的 5 000 个样本得到的数据，可能要比从随机抽出的 50 个样本得到的数据更能准确地反映实际情况。

三、收集原始数据的主要方法

收集原始数据的主要方法有四种，即观察研究、实验研究、调查研究和专家估计。

（一）观察研究

当现有数据来源不能提供解决营销问题所需的数据时，企业必须进行原始数据的收集。所谓观察研究（observational research）是指通过观察相关的人、行为和环境以及正在进行的某一特定营销过程，来收集原始数据的方法。例如，有些企业在超级市场的天花板上安装监视器，追踪顾客在店内的购物过程，据此来考虑重新陈列产品，以便顾客选购；还有些企业在商店内某些产品货架上安装监视器，记录顾客目光的运动过程，以弄清顾客如何浏览各种品牌。此外，观察研究还可借助大数据、物联网、云计算、人工智能、脑科学等新兴技术来研究售货技术、顾客行为、顾客反应等营销问题。

观察研究的主要优点在于客观实在，能如实反映问题。不足之处是运用这种方法很难捕捉到被观察者的内在信息，譬如他们的收入水平、受教育程度、心理状态、购买动机以及对产品的印象等。

（二）实验研究

为了了解特定营销刺激对顾客行为的影响，必须引进若干控制方法。实验研究（experimental research）就是这样一种方法。

1. 实验研究与实验过程。所谓实验研究，是指将选定的刺激措施引入被控制的环境中，进而系统地改变刺激程度，以测定顾客的行为反应的研究方法。由于排除或控制了许多没有研究意义的因素，研究人员所观察到的影响可以被认为是采取的某些刺激措施所致。控制环境的目的是将那些有可能解释被观察现象的竞争性假设排除掉。如果我们把实验本身视为一个由许多投入影响主体并导致产出的系统，就能对实验研究有一个更清楚的认识。

（1）实验主体，是指可被施以行动刺激，以观测其反应的单位。在营销实验里，主体可能是消费者、商店及销售区域等。由于人是营销实验的最终主体，因此必须注意处理好如下问题：测量仪器问题，即如何找到一个能十分准确地测量知觉、偏好或购买行为的工具；对照组问题，即在实验开始之前如何找到一组可供比较的主体；一致性问题，即在实验中对相同的环境投入因素如何确保其可比性的展露度；反应偏差问题，即如何从参与实验的群体中获得可信赖的行为。

（2）实验投入，是指研究人员将研究其影响力的措施变量。在营销实验里，实验投入可能是价格、包装、陈列、销售奖励计划或营销变量。

（3）环境投入，是指影响实验投入及其主体的所有因素。在营销实验里，环境投入包括竞争者行为、天气变化、不合作的经销商等。一般来讲，许多环境投入因素对于实验结果并无太大影响，而那些对结果有影响的环境投入则得到了某种程度的控制或至少可加以测量。比较难办的是那些尚未觉察或虽已觉察但其对结果的影响不能控制或测量的环境投入。解决这一难题的办法有两种：一是扩大样本数，把例外环境因素造成的影响冲淡；二是设立一个相当于实验组大小但不接受实验投入因素的控制组，这是因为该控制组能掌握所有非控制投入因素的影响，以利于调整被混淆的实验组产出。

（4）实验产出，也就是实验结果。在营销实验里，这种结果主要包括销售额的变化、顾客态度与行为的变化等。在评估营销刺激的影响时，销售额既是最后的产出也是最有利的产出。为便于对实验结果进行评估，在实验前就应预先制定决策准则，例如，如果两种包装所导致的销售差异等于或大于某数值，则企业应选择那种较受欢迎的包装投入生产；如果两种包装的销售差异小于某一数值，则任何一种包装都可投入生产。在这里，选择销售差异的数值是关键。管理人员必须认真考虑现行决策准则的误差特征、各种可能性误差的经济损失以及决策前的判断等问题。

2. 实验设计的主要类型。所谓实验设计，是指决定主体数目的多少、实验时间的长短以及控制的类型等。例如，一项关于经销商开办展销会是否会提高其销售额的实验设计，可以有以下五种类型：

（1）简单时间序列实验。首先，选择若干经销商并检查其每周销售情况；然后，举办展销会并测量其可能的销售额；最后，将该销售额与以前的销售额相比较，做出最后决策。

（2）重复时间序列实验。将展销会时间延长数周，然后在一段时间内停止展销，再展销一段时间后又停止，如此进行几个循环，在每一个循环时间内都要注意销售变化并求出其平均值。在这一过程中，要注意剔除特殊事件的影响。

（3）前后控制组分析。在展销前首先选定两组经销商，并分别检查其销售状况；然后，只让其中一组举办展销会，并同时检查两组的销售状况；最后，比较控制组与实验组的销售状况，并对销售差异进行统计显著性分析。

（4）阶乘设计。除了举办展销会，营销调研人员还可对其他营销投入措施的影响力量进行实验。这样，实验结果对管理人员会更具说服力。例如，制造商试图对三种展销会、三种价格水平、三种保证措施进行实验。在这里，有 27 种（3×3×3）实验投入组合，我们可以找到 $27n$ 个（n 为正整数）厂家同时进行实验，以估计不同的展销会、不同的价格水平以及不同的保证措施的个别影响力量。

（5）拉丁方格设计。上面谈到，阶乘设计法涉及 27 种不同的实验投入组合。如果实验投入因素之间不存在相互联系、相互影响的关系，则可用拉丁方格设计法，仅实验 9 种（3＋3＋3）组合，简单估计投入的个别影响。这样，就可以减少多因素实验设计的成本费用。

从本质上说，营销调研的实验活动与自然科学的实验活动是相同的。但是，市场测试、新产品试销等并不是在周密控制的实验室里进行的，而是在现实市场上以鲜活的人群为对象进行的。因此，在进行实验设计时必须注意那些在实验室实验中无须考虑的因素。

（三）调查研究

企业借助调查研究（survey research）可以获得较为广泛的数据，并且调查研究对许多问题的研究都较具实用性。习近平指出："大兴调查研究，就是要推动各级领导干部树牢唯物史观，强化群众观点和宗旨意识，坚持目标导向和问题导向，走出机关沉到基层一线，广泛倾听人民群众的声音，自觉问计于民、问需于民，运用党的创新理论研究解决好发展所需、改革所急、基层所盼、民心所向的突出问题，同时从人民群众的真知灼见中获取理论创新和实践创新灵感。要尊重人民首创精神，注重从人民的创造性实践中总结新鲜经验，上升为理性认识，提炼出新的理论成果，着力让党的创新理论深入亿万人民心中，成为接地气、聚民智、顺民意、得民心的理论。"① 调查研究是指通过对消费者的知识、态度、偏好和购买行为等提问，来收集原始数据的研究方法。通过调查可以收集的信息包括社会经济特征，消费者态度、意见、动机以及公开行为等。在营销调研中，调查研究是收集有关产品特征、广告文稿、广告媒体、促销及分销渠道等信息的有效方法。整个调查研究过程由四个主要步骤组成，即确定研究目的、制定研究战略、原

① 习近平．必须坚持人民至上．求是，2024（7）.

始数据的实地收集、分析数据。

1. 确定研究目的。研究目的可能是进一步了解市场，也可能是寻求增加销售额的实际构想，还可能是寻找数据证实或推翻原有的见解。确定研究目的可以使问题进一步简化。

2. 制定研究战略。为实现业已确定的研究目的，研究人员必须确定调查方法、研究工具与抽样计划。这三方面的内容构成了一套研究战略。

（1）调查方法。调查方法主要有四种，即人员访问、电话调查、邮寄调查和网络调查，其中人员访问包括入户访问和街头拦截访问两种形式，电话调查包括传统电话调查、计算机辅助电话调查和全自动电话调查三种形式。

（2）研究工具。研究工具的选择主要取决于所要收集的信息类型与收集方法。如果只需少量答案，最好用电话访问或邮寄问卷。拟定一份完善的问卷需要有相当的技巧与学问，并特别注意所提问题的类型、措辞、形式以及次序。在问题类型上易发生的错误主要是问一些无法回答的问题、不愿回答的问题、不必回答的问题，而忽略了必须回答的问题。当问题类型确定后，问题形式的不同也会导致不同的调查结果。问题形式有开放式和封闭式两种。开放式问题是指反应者（被访者）可自由回答的问题。例如，"你为什么选用这种品牌的电动汽车?""你对小米 SU7 有何看法?"等等。封闭式问题是指在问题后面给出几种可能的答案，由反应者选出最合适的答案。反应者的回答方式可能是二选一（称为二元化问题），也可能是多选一（称为多重选择问题），还可能是选择一个数量指标（称为量表化问题）等。开放式或封闭式问题的选择，会影响反应者的思路、访问成本以及将来的分析质量。在问题形式确定后，问题措辞也必须慎重处理。问卷设计人员必须力求使所提问题的措辞简明扼要、没有偏见、不引人误答。"是否""曾否"等措辞与提问的次序有关。一般来讲，开始的提问必须能引起回答者的兴趣，所以开放式问题适宜放在前面提问。凡是困难问题或私人问题都应留在最后，以免回答者因产生厌烦情绪而中断回答。

（3）抽样计划。抽样调查是一种非全面调查，它是从研究对象中抽取部分单位进行调查，并用调查结果来推断总体的一种调查方法。根据抽取样本单位的方式不同，抽样调查大致可以分为两类：一类是概率抽样，或称随机抽样；另一类是非概率抽样。我国一般只把概率抽样称作抽样调查，非概率抽样则称为典型调查、重点调查等。抽样计划涉及三个问题：抽样单位、抽样方式及样本数目。抽样单位是指总体中所有被调查的对象或范围。例如对消费者调查的抽样单位可能是某市（或省、县、乡等）的所有消费者家庭等。抽样方式随研究目的不同而有所不同，探索性研究仅用非概率抽样程序就可以了，但是，为了对总体进行正确的定量估计，必须使用随机抽样，使总体中的每一成员被抽中的机会均等，并使总体中的次数分布与样本分布相适应。通常从两个方面评价某种抽样方式的优劣：一是精确度标准；二是调查费用的多少。

3. 原始数据的实地收集。在确定了研究战略之后，营销调研人员还需进行数据的实地调查、收集工作。这一阶段所花费的成本最高，可能出现的错误也最多。例如，为了防止回答偏差，访问人员必须鼓励对方正确思考和回答问题。对方有时为了尽早结束访问或由于其他原因，常常随意应付所问问题，对此，访问人员应心中有数。再如，访问人员在面谈过程中可能无意识地带有偏差，这往往是性别、年龄、态度、语言等原因所致。这些偏差都应注意事先预防。从总体来看，营销测定比自然科学测定所带来的问题大得多。

营销调研人员在开展研究调查的过程中，必须为能满足可靠性和有效性两种要求而努力。可靠性与测定的随机误差有关，随机误差越小，可靠性越大。可靠性关系到数据的首尾一致性。有效性则与实际测定程度有关，它关系到系统误差和随机误差两个方面。检查数据可靠性的方法有：如果是访问调查，可以比较研究人员调查结果的差异程度；对同一调查对象另派研究人员进行一次复查，从中发现两次调查结果的分歧所在；用变换提问的方式来核实是否会得到同样的结果。在检查数据有效性时，可用如下方法：依靠经验丰富的人来判断；与同类调查结果进行比较；验证其是否和理论上的推理相矛盾；与相关性高的测定值相比较。

4. 分析数据。调查研究的最后一项工作，是从大量数据中抽象出重要的证据，来证实研究的结果。分析数据是指对数据进行整理、编码、分类、制表、交叉分析及其他统计分析，并提出研究报告的工作过程。报告的开始部分要有摘要，把主要发现和建议写出来，而将详细的技术性问题留在报告正文内，待管理人员有时间或有兴趣时再仔细阅读。

（四）专家估计

当企业没有充足的时间来进行一项严谨的科学抽样调查，或即使用科学研究方法也不能收集到适当的数据时，采取专家主观估计的数据也不失为一种好办法。营销调研人员需要从专家那里收集如下判断性信息：点估计（如市场规模的估计等）、销售反应函数（即销售额随营销因素的变化而变化的关系）、某一事件的不确定性、对某些变数的评分或赋予的权数。

营销调研人员在询问上述估计值时，既应清楚地表达出自己需要哪些数据，又要使回答的人感到容易回答。例如，下面的三个问题乍看好像问的是同一件事情，但事实上意义不同：

（1）你估计最可能达到的销售量是多少（指众数）？

（2）假如你有相同机会推销的话，你估计能销售多少（指中位数）？

（3）根据以往的经验，你估计能销售多少（指算术平均数）？

在向推销人员、产品经理、经销商或其他人员询问估计数据时，必须注意，不要采纳那些主观臆造的数据，而应要求他们提出符合实情的数据。例如，当价格提高时，如果要求推销人员估计销售额，则他们常做悲观的估计，因为他们认为价格一提高，推销工作就更难进行。又如，当企业打算削减广告预算并征求广告经理意见时，他必定说这样做会给企业带来损失，尽管他有时明知短期内销售不会下降。这是由于广告预算一经削减就很难恢复，同时他在企业里的相对影响力也和广告预算的大小成正比。为了应对这些可能的偏差估计值，企业可采取两种措施：一是奖励那些估计正确的人员；二是保存好每年每月的估计记录，以了解偏差估计的趋势。

在收到各专家的估计值后，有时还会遇到一个如何平均的问题。如果各估计值很相近，则研究人员可用算术平均数法或中位数法算得综合估计值。如果各估计值相差太大，则研究人员要另找办法，他可以邀请专家一起讨论差异原因，也可以运用某种加权平均法来综合各专家的估计值。权数的确定有四种选择：（1）对各专家的估计值给予相同的权数；（2）对研究人员认为比较高明的专家给予较高的权数；（3）根据专家自己认为的高明程度给予相应的权数；（4）对过去估计较准的专家给予较高的权数。

四、在线营销调研

数字经济时代，借助互联网开展营销调研也是一种可行的方法。在线营销调研是指通过互联网调查、在线焦点小组、基于网络的实验或者追踪消费者在线行为来收集原始数据的营销调研过程。其主要方式有：

（1）以互联网作为媒介开展营销调研。企业可以把调查问卷放到网站或社交平台上，也可发送电子邮件邀请人们回答提问。

（2）创建在线面板，提供定期反馈，组织现场讨论，或安排在线焦点小组讨论，借以收集营销信息。

（3）网上实验调研。企业可以在不同的网站、不同的时间进行实验，以不同的价格、头条新闻或产品特征，来调研、测试、了解消费者的反应，比较各种营销决策的相对优势。

（4）建立虚拟购物环境。利用虚拟购物环境来测试顾客对新产品的反应，调研相应营销计划的可行性。当顾客访问虚拟网站或转向其他网站时，企业可以根据点击率了解其购买行为特征。

在线营销调研相比传统的调研方式收到调研结果的回复率高、速度快，而花费的成本低，尤其是省去了邮寄、电话、采访和数据处理的成本。样本规模对成本的影响微乎其微。一旦调查问卷设置完毕，10 个受访者和 10 万个受访者的在线成本差别不大。调研人员借助电子邮件或在特定网站上发布信息等方式，可以轻松快速地同时对数以千计的受访者进行调查。由于是受访者自己输入信息，回复可以瞬间完成。一收到信息，调研人员就可以汇总、审核、共享调研数据。由于基于互联网的调查往往更具趣味性、互动性和吸引力，更容易得到受访者的配合与支持，因而回复率更高，受访者的覆盖面更广。构建一支适应未来、能够熟练与机器学习和 AI 协同合作的营销调研队伍，将成为企业可持续发展的关键竞争优势。

在线营销调研既可以基于互联网开展定量调查和收集数据，又可以通过在线焦点小组、微信、博客和社交网络开展定性研究。利用网络会议在世界任何地方、任何时间都可以和偏远地区的参与者进行焦点小组访谈。

所谓在线焦点小组，就是指在网络上聚集一组人，与训练有素的主持人讨论产品、服务或组织，以便获得有关消费者态度和行为的定性洞察。在线焦点小组的参与者可以使用自己的网络摄像头，在家里或办公室里登录焦点小组会议，观看和收听访谈内容，进行实时互动和面对面的讨论。在线焦点小组可以在任何语言环境中进行，并实现同声传译，将来自不同国家和地区的人们有效地联结在一起。调研人员几乎可以在任何地方实时查看访谈现场，省却了旅行、住宿和设备成本。

在线营销调研的不足之处是无法控制样本。如果看不到受访者，调研人员很难知道受访者是些什么样的人。为解决这一问题，不少企业使用选定社区和受访者面板的方法进行在线调研，也有些企业致力于开发自己的社交网络，用以获取顾客信息和顾客洞察。

五、问卷星的应用

问卷星是一个专业的在线问卷调查、测评、投票平台，专注于为用户提供功能强大、人性化的在线设计问卷、采集数据、自定义报表、调查结果分析系列服务。与传统调查方式和其他调查网站或调查系统相比，问卷星具有快捷、易用、低成本的明显优势，大量企业和个人广泛使用。

问卷星使用流程分为下面几个步骤：

1. 在线设计问卷：问卷星提供了所见即所得的设计问卷界面，支持多种题型以及信息栏和分页栏，并可以给选项设置分数（可用于量表题或者测试问卷），可以设置跳转逻辑，同时还提供了数十种专业问卷模板供选择。

2. 发布问卷并设置属性：问卷设计好后可以直接发布并设置相关属性，例如问卷分类、说明、公开级别、访问密码等。

3. 发送问卷：通过发送邀请邮件，或者用 Flash 等方式嵌入公司网站或者通过 QQ、微博、邮件等方式将问卷链接发给相关人员填写。

4. 查看调查结果：可以通过柱状图和饼状图查看统计图表，卡片式查看答卷详情，分析答卷来源的时间段、地区和网站。

5. 创建自定义报表：自定义报表中可以设置一系列筛选条件，不仅可以根据答案来做交叉分析和分类统计（例如统计年龄在 20～30 岁之间女性受访者的统计数据），还可以根据填写问卷所用时间、来源地区和网站等筛选出符合条件的答卷集合。

6. 下载调查数据：调查完成后，可以下载统计图表到 Word 文件保存、打印，或者下载原始数据到 Excel、导入 SPSS 等软件做进一步的分析。

第 2 节　营销数据分析

在收集了大量数据之后，营销调研人员还必须借助统计分析技术将数据中潜在的各种关系揭示出来。

一、测定尺度

在定量研究中，信息都是用某种数字来表示的。按照对客观事物测度的程度和精确水平的不同，可以将所采用的计量尺度由低级到高级、由粗略到精确分为四个层次，即定类尺度、定序尺度、定距尺度和定比尺度。

（一）定类尺度

定类尺度（nominal scale）也称列名尺度、类别尺度、名目尺度、名义尺度，是测量尺度中层次最低的计量尺度，遵循互斥和穷尽两个原则。定类尺度是指按照某种属性对事物进行分类，且各类是并列平行关系的一种测量尺度，是判断“属于/不属于”的基准。它用于测量定类变量，如性别分为男和女两类，可以用编号 1 表示男，编号 2 表示女。但这里的数字（如 1 和 2）并不能区分大小或进行加减乘除数学运算，只能计算各类别的频数或频率。在市场调查中，定类尺度常被用来度量被访问者、品牌、商店、属性等对象。

（二）定序尺度

定序尺度（ordinal scale）也称顺序尺度、次序尺度、序列尺度、等级尺度，比定类尺度高级，不仅能将事物分成不同的类别，还可以确定这些类别的优劣或顺序，是判断“A 比 B……”的基准。它是对事物之间等级差别和顺序差别的一种测量尺度。它不仅可以测量类别差，还可以测度次序差。如文化程度分为大专及以上、高中、初中、小学及以下四类，编号分别为 4，3，2，1。这里的数字除了可以计算各类别的频数或频率外，还可以比较大小，但不能进行加减乘除数学运算。在市场调查中，定序尺度常被用来度量相对态度、意见、感觉、偏好等。

（三）定距尺度

定距尺度（interval scale）也称间隔尺度、间距尺度、区间尺度、等距尺度，度量层次高于定序尺度，不仅能将事物分成不同类别进行排序，还可以准确地计量它们之间的差距。定距尺度是测量事物之间等级差别和顺序差别的一种尺度。例如考试成绩，90 分比 80 分高 10 分。这里的数据除了可以分类或比较大小外，还可以进行加减运算。由于没有“绝对零点”，因此不能进行乘除运算。在市场调查中，等级量表中的态度经常被作为定距变量处理。

（四）定比尺度

定比尺度（ratio scale）也称比率尺度、等比尺度、比例尺度，是最高层次的度量尺度，除具有以上三种尺度的所有特性外，还具有“绝对零点”。因此，定比尺度除了可以分类、比较大小以及进行加减运算以外，还可以进行乘除运算，计算测度值间的比值。总之，定比尺度是一种具备定类、定序和定距尺度的所有特性，而且可以进行加减乘除运算的测量尺度。例如收入，0 表示“没有收入”，这样的 0 称为“绝对零点”，这时不仅可以说 1 000 元比 800 元多 200 元，还可以说 1 000 元是 500 元的 2 倍。而对于定距变量，如温度是 0℃就不能说是“没有温度”，也不能说温度为 30℃是 15℃的 2 倍。一般来说，定比尺度的数据不可能取负值。在营销调研中，销售额、成本、市场份额、消费者数量等都是定比变量。

以上四种尺度对事物的度量层次是由低级到高级、由粗略到精确逐步递进的。高层次计量尺度的数据可以转化成低层次计量尺度的数据，而低层次计量尺度的数据不能转化成高层次计量尺度的数据。低层次计量尺度的数据使用的统计方法高层次计量尺度的数据也可使用；反之却不行。定类尺度和定序尺度的数据统称为定性数据，定距尺度和定比尺度的数据统称为定量数据。

二、统计分析方法

随着统计学的发展以及电子计算机的广泛应用，统计分析方法也在不断发展。根据研究目的的不同，现代统计分析方法可以分为描述性统计分析和推断性统计分析两大类。描述性统计分析是市场调查分析中最常用的分析方法，即将数据以表格、图形或数值形式表现出来，着重于对数量水平或其他特征的描述，包括频数分析、趋势分析等。在市场调查中，经常需要根据样本的信息，对总体的分布以及分布的数字特征进行统计推断，这就是推断性统计分析。推断性统计分析的前提要求是，样本是随机抽样而来的，对总体有一定的代表性。t 检验分析、回归分析、方差分析和因子分析均属于常用的推断性统计分析方法。

（一）t 检验分析

在市场调研的数据分析过程中，通过观测变量，很容易获得一些分组输出的描述性统计量，比如均值。我们将获得的统计量均值进行比较，即 t 检验分析（t test）。t 检验分析按照比较的样本个数可以分为单一样本 t 检验和多样本 t 检验。多样本 t 检验可以分为独立样本 t 检验和配对样本 t 检验。单一样本 t 检验是检验单个变量的均值是否与给定的常数之间存在差异。独立样本 t 检验是检验两个彼此独立的样本是否来自具有相同均值的总体，也就是在某个显著水平下比较两个样本获得的均值是否存在差异。比如，某家餐厅的市场调研部门对男性和女性顾客的用餐满意度进行了调查，获得了通过将顾客按照性别分组，可以求得不同性别的顾客满意度均值，通过独立样本 t 检验，就可以研究男性和女性顾客的用餐满意度是否存在差异。配对样本 t 检验就是检验两个有联系的正态总体的均值是否有显著差异。例如在市场调查中，餐厅的食物味道评分比食物温度的评分明显要高，而食物的温度会影响到食物的味道，所以可以采用配对样本 t 检验研究二者是否在统计学上有显著差异。

（二）回归分析

回归分析（regression analysis）是处理自变量与因变量之间的相关关系的方法，它从定量的角度寻找变量之间的因果关系，从而判断某些因素的变化对其他因素的影响。例如通过建立销售量与价格、广告费、推销人员数量等的数学模型，判断价格、广告费等的变化对销售量的影响程度。应当指出的是，经济变量之间的相关关系并不像物理、化学中所遇到的问题那样可以用精确的数量关系来解释、分析、推算，经济变量之间的关系往往是一种统计关系，更多的是描述它们的相关方向和关联程度。

回归分析的主要步骤是从一组原始数据出发，确定变量之间的定量关系，即确定模型的具体形式和模型参数的估计值，然后对这些定量关系式的可信度进行统计检验，最后从影响因变量变化的众多自变量中判断和选择影响因素，并利用模型进行预测。如果在回归分析中，统计方程只涉及一个自变量，称该方程为简单回归；如果涉及两个或两个以上自变量，称该统计方程为多元回归。

（三）方差分析

方差分析（analysis of variance，ANOVA），又称变异数分析或 F 检验，是由费希尔（R. A. Fisher）提出的用于两个及两个以上样本均值差异的显著性检验。方差分析研究对因变量有显著影响的自变量是哪些，一般从因变量的方差入手，通过数据分析找出对研究对象有显著影响的因素以及各影响因素之间的交互作用。

单因素方差分析考察因变量在单一自变量或因子的各种状态下均值的差异。例如，各个细分市场的产品消费量是否有差异，企业不同价格的广告投入是否给销售量带来显著影响，消费者购买某品牌的目的如何随价格水平变化，顾客对商店的熟悉程度对商店的偏好有什么影响，等等。多因素方差分析用来研究两个及两个以上控制变量是否对观测变量产生显著影响。多因素方差分析不仅能够分析多个因素对因变量的独立影响，而且能够分析多个自变量的交互作用能否对因变量的分布产生显著影响。例如，分析不同地区、不同广告投入对销售量的影响时，可将销售量作为因变量，地区和广告投入作为自变量，研究不同地区、不同广告投入是如何影响销售量的，进一步研究哪个地区与哪种水平的广告投入是提高销售量的最优组合。

（四）因子分析

因子分析（factor analysis）是一种运用降维思想的数据简化技术，目的是使数据简单化，它将具有错综复杂关系的变量综合为数量较少的几个因子，以再现原始变量与因子之间的相互关系，同时根据不同因子对变量进行分类。因子分析既适用于不可观测的潜变量，也适用于可观测的显变量。在做市场调研时，因子分析可以应用于对消费者使用习惯和态度研究、产品研究、价格研究及满意度研究等调查活动中。

因子分析可以分为探索性因子分析和验证性因子分析。因子分析的基本思想是寻找公共因子以达到降维的目的。在寻找公共因子的过程中，是否利用先验信息，产生了探索性因子分析和验证性因子分析的区别。探索性因子分析是在事先不知道影响因素的基础上，结合理论分析与调查资料，以一定的原则展开因子分析，最后得出各因子及其测量项的过程。而验证性因子分析充分利用了先验信息，是在已知因子结构的情况下检验所收集的数据资料是否按事先预定的结构方式产生作用。

第 3 节　市场需求测量

习近平指出：“供给和需求是市场经济内在关系的两个基本方面，是既对立又统一的辩证关系，二者你离不开我、我离不开你，相互依存、互为条件。没有需求，供给就无从实现，新的需求可以催生新的供给；没有供给，需求就无法满足，新的供给可以创造新的需求。”① 市场需求测量是企业营销管理的重要环节之一，通常涉及市场需求和企业需求两个方面的测量和预测。市场需求和企业需求的测量都包括需求函数、市场预测和市场潜量等重要概念。

一、市场需求

估计市场需求是评价市场机会的重要步骤。某个产品的市场需求是指一定的顾客在一定的地理区域、一定的时间、一定的营销环境和一定的营销方案下购买的总量。

（一）营销力量与市场需求

市场需求对产品价格、产品改进、促销和分销等一般都表现出某种程度的弹性。因此，预测市场需求必须掌握产品价格、产品特征以及营销预算等的假设。我们可用营销力量来描述企业所有刺激市场需求的活动。其影响力可分为四个层次：（1）营销支出水平，即所有花费在营销上的支出；（2）营销组合，即在特定期间内企业所用营销工具的类型与数量；（3）营销配置，即企业营销力量在不同顾客群体及销售区域的配置；（4）营销效率，即企业运用营销资金的效率。

（二）市场反应函数

认识市场需求概念的关键在于市场需求不是一个固定的数值，而是一个函数。因此，

---

① 习近平在省部级主要领导干部学习贯彻党的十八届五中全会精神专题研讨班上的讲话．（2016－05－10）. http：//www. xinhuanet. com //politics/2016－05/10/c _ 128972667. htm.

市场需求也被称为市场需求函数或市场反应函数（如图 5－1 所示）。图 5－1 中，横轴表示在一定时间内的行业营销费用，纵轴表示受营销费用影响的市场需求的大小，曲线表示行业营销费用与市场需求之间估计的对应关系。

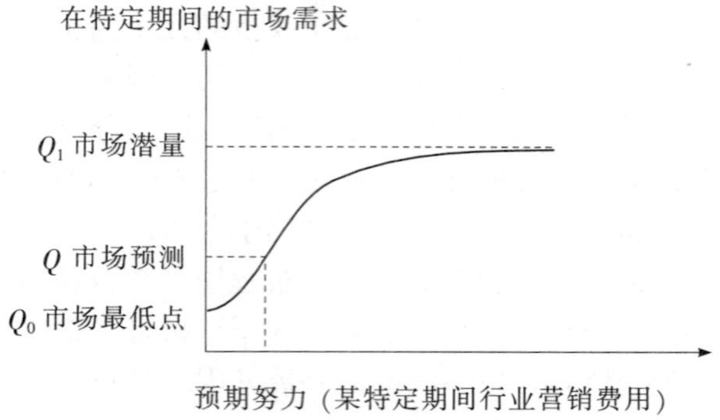

图 5－1　行业营销费用

可以想象，即使没有任何需求刺激，不开展任何营销活动，市场对某种产品的需求仍会存在，我们把这种情形下的销售额称为基本销售量（亦称市场最小量）。随着行业营销费用增加，市场需求一般亦随之增加，且先以逐渐增加的比率后以逐渐降低的比率增加。在营销费用超过一定数量后，即使营销费用进一步增加，市场需求也不再随之增长，一般把市场需求的最高界限称为市场潜量（也可称为市场潜力，market potential）。至于中国市场的潜力，“中国人口众多，市场潜力巨大，中国经济增长动力源很多，发展后劲很足”①。据分析，中国尚有 10 亿人没有坐过飞机，而且至少 5 亿人尚未用上马桶。② 由此也反映了中国市场的潜在需求非常大。

市场最小量与市场潜量之间的距离表示需求的营销灵敏度，即行业营销对市场需求的影响力。市场有可扩张的市场和不可扩张的市场之分。可扩张的市场，如服装市场、家用电器市场等，其需求规模受营销费用水平的影响很大。不可扩张的市场，如食盐市场等，几乎不受营销水平影响，其需求不会因营销费用增长而大幅度增长。需要指出的是，市场需求函数并不是随时间变化而变化的需求曲线，即它并不直接反映时间与市场需求的关系。市场需求曲线只表示当前营销力量与当前需求的关系。

二、市场预测与市场潜量

行业营销费用可以有不同的水平，但是在一定的营销环境下，考虑到企业资源及发展目标，行业营销的费用水平必须是有计划的。与计划的营销费用相对应的市场需求称为市场预测。这就是说，市场预测表示在一定的营销环境和营销费用下估计的市场需求。

市场预测是估计的市场需求，但它不是最大的市场需求。最大的市场需求是指对应于最高营销费用的市场需求，这时，进一步扩大营销力量不会刺激产生更大的需求。市场潜量是指在一定的营销环境条件下，当行业营销费用逐渐增加时，市场需求达到的极

---

① 习近平在美国侨界欢迎招待会上的讲话．（2015－09－25）．https：//finance. huanqiu. com/article/9CaKrnJ－Q4Lk.

② 李迅雷．中国有多少人没有坐过飞机：探讨扩内需的途径．（2019－01－09）．https：//www. qianzhan. com/analyst/detail/329/190109－50764a4f. html.

限值。这里，有必要强调“在一定的营销环境条件下”这个限定语的作用。我们知道，营销环境变化深刻地影响着市场需求的规模、结构以及时间等，也深刻地影响着市场潜量。例如，对于某种产品来说，市场潜量在经济繁荣时期要比在衰退时期高。这种关系可以表示成图 5－2。企业一般无法改变市场需求曲线的位置，因为这是由营销环境决定的，企业只能根据营销费用水平，确定市场预测在函数曲线上的位置。

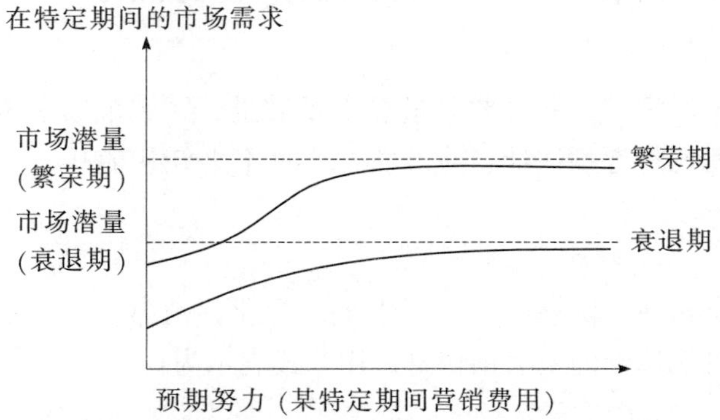

图 5－2　市场环境对市场潜量的影响

三、企业需求

习近平指出：“在有效供给不能适应需求总量和结构变化的情况下，稳增长必须在适度扩大总需求和调整需求结构的同时，着力加强供给侧结构性改革，实现由低水平供需平衡向高水平供需平衡的跃升。”[①] 企业需求就是在市场总需求中企业所占的需求份额，表示成数学公式为：

$$Q_i = S_i Q$$

式中，Q_i 为企业 i 的需求；S_i 为企业 i 的市场份额，即企业在特定时间内，在特定市场上某产品销售额占总销售额的比例；Q 为市场总需求。

同市场需求一样，企业需求也是一个函数，称为企业需求函数或销售反应函数。根据上式，我们可以看出，企业需求不仅受市场需求决定因素的影响，还受任何影响企业市场份额因素的影响。营销理论认为，各个竞争者的市场份额同其营销力量成正比。

人工智能（AI）热潮带动了手机销售，原因是大型手机制造商在新机型上加入生成式 AI 工具，促使包括中国和美国在内的主要经济体消费者换机热情升温。IDC 估计，2024 年 AI 手机交付量将增长逾 3.4％，市场占有率为 18％。

四、企业预测与企业潜量

与计划水平的营销力量相对应的一定水平的销售额，称为企业销售预测。因此，企业销售预测就是根据企业确定的营销计划和假定的营销环境所确定的企业销售额的估计水平。

企业潜量是当企业的营销力量相对于竞争者不断增强时，企业需求所达到的极限。很明显，企业需求的绝对极限是市场潜量。如果企业的市场占有率为 100％，即企业成

① 习近平．习近平谈治国理政：第二卷．北京：外文出版社，2017：242.

为独占者时，企业潜量就等于市场潜量。但这只是一种极端状况。在大多数情况下，企业销售量小于市场潜量。这是因为每个企业都有自己的忠诚购买者，他们一般不会转而购买其他企业的产品。

第4节　估计当前市场需求

企业估计当前市场需求，就是要测量总市场潜量、区域市场潜量、实际销售额和市场份额。在本节，我们将考察估计当前市场需求的各种实用方法。

一、总市场潜量

总市场潜量就是指在一定期间、一定水平的行业营销力量和一定的环境条件下，一个行业中所有企业可能达到的最大销售量。用公式表示为：

$$Q = nqp$$

式中，Q为总市场潜量；n为既定条件下特定产品的购买者数量；q为平均每个购买者的购买数量；p为产品价格。

由此，我们可推导出另一种计算总市场潜量的方法，即连锁比率法。当估计一个量的各个组成部分比直接估计该量更容易时，可以考虑采用这种方法。

假定某啤酒厂开发出了一种新啤酒，在估计其市场潜量时，可以借助下式：

新啤酒需求量＝人口×人均个人可随意支配收入×个人可随意支配收入中用于购买食物的百分比×食物花费中用于饮料的平均百分比×饮料花费中用于酒类的平均百分比×酒类花费中用于啤酒的平均百分比

企业在应用连锁比率法时，应从一般有关要素移向一般产品大类，再移向特定产品，如此层层往下推算。

企业计算出总市场潜量后，还应把它同现有市场规模进行比较。现有市场规模是指目前实际购买的数量或金额。显然，它总是小于总市场潜量。估计现有市场规模占总市场潜量的比例对于制定正确的营销决策十分重要。在图5－3中，A，B表明现有市场规模占总市场潜量的很大比例，也就是说，可能购买该产品的顾客大部分都已经购买了。C，D表明现有市场规模只占总市场潜量的一半左右，这是典型的新产品进入市场的情形。

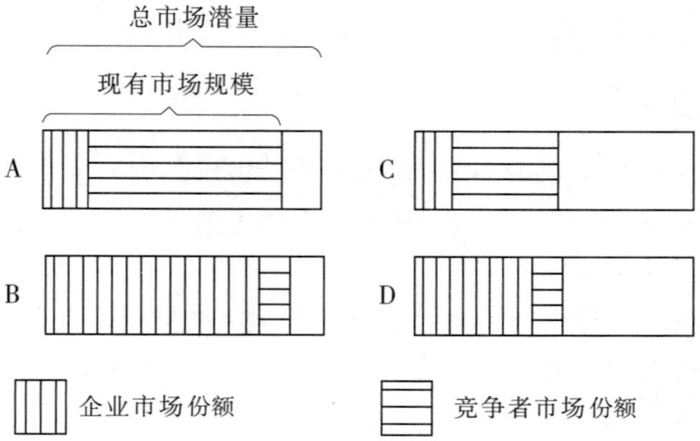

图5－3　总市场潜量、现有市场规模和企业市场份额

从市场份额来看，A，C 表示企业的市场份额很小，B，D 表示企业的市场份额较大。无论企业的市场份额是大还是小都有两种选择：一是争取竞争者的顾客；二是争取尚未开发的市场潜量。在 D 的情况下，企业的市场份额已经很大，所以，它的最佳选择是争取尚未开发的市场潜量。而在 C 的情况下，企业可以采取上述二者之一。

另外，还有一个重要概念，即可达市场（served market）。可达市场是指企业产品可达并可吸引到的所有购买者。在图 5－3 中 C 的情况下，由于企业的价格对其他竞争者的顾客没有吸引力，所以，它无法渗透到其他竞争者的市场。然而，由于企业产品只销售到全国某一区域，尽管其现有市场份额极低，但其可达市场份额却很高。因此，企业的最佳选择是争取其可达市场中尚未开发的部分，而不是去争取竞争者的顾客。

二、区域市场潜量

企业不仅要计算总的市场潜量，还要选择欲进入的最佳区域，并在这些区域内最佳地分配营销费用，评估在各个区域的营销效果。为此，企业有必要估计各个不同区域的市场潜量。目前普遍使用的有两种方法：市场累加法和购买力指数法。生产产业用品的企业一般使用前者，而生产消费品的企业多采用后者。

1. 市场累加法。所谓市场累加法，是指先确认某产品在每一个市场的可能购买者，之后将每一个市场的估计购买潜量加总合计。当企业掌握所有潜在买主的名单以及每个人可能购买产品的估计量时，可直接应用市场累加法。

2. 购买力指数法。所谓购买力指数法，是指借助与区域购买力有关的各种指数（如区域购买力占全国总购买力的百分比、该区域个人可支配收入占全国的百分比、该区域零售额占全国的百分比以及居住在该区域的人口占全国的百分比等）来估计其市场潜量的方法。

需要说明的是，区域市场潜量的估计只能反映相对的行业机会，而不是相对的企业机会。各企业可以用公式中未考虑的因素来修正所估计的市场潜量。这些因素包括品牌占有率、竞争者类型与数目、销售力量的大小、物流系统、区域性促销成本、当地市场的特点等。

三、估计实际销售额和市场份额

企业不仅要估计总市场潜量和区域潜量，还要了解本行业的实际销售额。也就是说，企业还要识别竞争者并估计它们的销售额。根据国家统计部门公布的统计数字，企业可以了解到本行业的总的销售状况，并将企业销售状况与整个行业发展相比较，以评价企业发展状况。例如，如果企业的销售额年增长率为 6%，而整个行业的增长率为 10%，这就意味着企业的市场份额在下降，企业在行业中的地位已被削弱，而竞争者却发展迅速。

第 5 节　市场需求预测方法

企业进行市场需求预测一般要经过三个阶段，即环境预测、行业预测和企业销售预测。环境预测就是分析通货膨胀、失业、利率、消费者支出和储蓄、企业投资、政府开支、净出口以及其他一些重要因素，最后做出对国民生产总值的预测。以环境预测为基础，结合其他环境特征进行行业销售预测。最后，根据对企业未来市场份额的估计，预测企业销售额。

一、市场需求预测的基础

由于产品种类不同，情报资料来源、可靠性和类型多样，加上预测目标不同，因而有许多不同的预测方法。但实际上预测的情报基础只有三种。

（一）人们所说的

这是指购买者及其亲友、推销人员、企业以外的专家的意见。在此基础上的预测方法有购买者意向调查法、销售人员综合意见法和专家意见法。

（二）人们要做的

建立在“人们要做的”基础上的预测方法是市场试销法，即把产品投入市场进行测试，观察销售情况及消费者对产品的反应。

（三）人们已做的

建立在“人们已做的”基础上的方法，是用数理统计等工具分析反映过去销售情况和购买行为的数据，包括两种方法，即时间序列分析法和统计需求分析法。

二、市场需求预测的主要方法

（一）购买者意向调查法

购买者意向调查法是指通过一定的调查方式选择一部分潜在购买者，直接向他们征询未来某一时期购买商品的意向，并以此为基础对市场需求做出预测的方法。市场总是由潜在购买者构成的，预测就是预估在给定条件下潜在购买者的可能行为，即要调查购买者。这种调查的结果比较准确可靠，因为只有购买者自己才知道将来会购买什么和购买多少。在满足下面三个条件的情况下，购买者意向调查法比较有效：（1）购买者的购买意向是明确清晰的；（2）这种意向会转化为购买行动；（3）购买者愿意把其意向告诉调查者。

对于耐用消费品，如汽车、房屋、家具、家用电器等的购买者，调查者一般要定期进行抽样调查。另外，还要调查消费者目前和未来个人财力情况以及他对未来经济发展的看法。对于产业用品，企业可以自行从事顾客购买意向调查。通过统计抽样选取一定数量的潜在购买者，访问这些购买者的有关部门负责人。根据访问获得的资料以及其他补充资料，企业可以对其产品的市场需求做出估计。

尽管这样费时费钱，但企业可从中间接地获得某些好处。首先，通过这些访问，企业分析人员可以了解到在没有公开出版资料的情况下考虑各种问题的新途径。其次，可以树立或巩固企业关心购买者需要的形象。最后，在进行总市场需求的预测过程中，也可以同时获得各行业、各地区的市场需求估计值。

因为消费者的购买动机或计划常因某些因素（如竞争者的营销活动等）的变化而变化，如果完全根据消费动机做预测，准确性往往不是很高。一般说来，用购买者意向调查法预测非耐用消费品需要的可靠性较低，预测耐用消费品需要的可靠性稍高，预测产业用品需要的可靠性则更高。

（二）销售人员综合意见法

销售人员综合意见法是指将具有丰富的销售经验的人员组织起来，先由预测者向其介绍预测目标、内容和预期的市场形势等背景情况，要求其利用平时掌握的信息再结合提供的背景，对市场需求前景提出自己的预测意见，最后由预测者进行综合分析，得出预测结论的方法。在不能直接与顾客见面时，企业可以通过听取销售人员的意见估计市场需求。销售人员综合意见法的主要优点是：（1）销售人员经常接近购买者，对购买者意向有较全面的深刻了解，比其他人有更充分的知识和更敏锐的洞察力，尤其是对受技术发展变化影响较大的产品；（2）由于销售人员参与企业预测，因而他们对上级下达的销售配额有较大的信心完成；（3）通过这种方法，也可以获得按产品、区域、顾客或销售人员划分的各种销售预测。

一般情况下，销售人员所做的需求预测必须经过进一步修正才能使用，这是因为：

1. 销售人员的判断总会有某些偏差，受其最近销售成败的影响，他们的判断可能会过于乐观或过于悲观，即常常走极端。

2. 销售人员可能对经济发展形势或企业的营销总体规划不了解。

3. 为使其下一年度的销售大大超过配额指标，以获得升迁或奖励的机会，销售人员可能故意压低预测数字。

4. 销售人员也可能对这种预测没有足够的知识、能力或兴趣。

尽管有诸多不足之处，但是这种方法仍为人们所利用。因为各销售人员过高或过低的预测可能会相互抵消，这使得总预测值仍比较理想。有时，有些销售人员预测的偏差可以预先识别并及时得到修正。

（三）专家意见法

专家意见法是指集合有关领域的专家意见、经验、知识和判断能力进行市场预测的一种方法。在实践中，企业可以利用诸如经销商、分销商、供应商及其他一些专家的意见进行预测。由于这种方法是以专家为索取信息的对象，用这种方法进行预测的准确性主要取决于专家的专业知识和与此相关的科学知识基础，以及专家对市场变化情况的洞悉程度，因此依靠的专家必须具备较高的水平。

利用专家意见有多种方式。如组织一个专家小组进行某项预测，这些专家提出各自的估计，然后交换意见，最后经过综合，提出小组的预测。这种方式的缺点是，小组成员容易屈从于某个权威或者大多数人的意见（即使这些意见并不正确），不愿提出不同的看法；或者虽认识到自己的意见错了，但碍于情面不愿意当众承认。

现在应用较普遍的方法是德尔菲法。其基本过程是：先由各个专家针对所预测事物的未来发展趋势独立提出自己的估计和假设，经企业分析人员（调查主持者）审查、修改、提出意见，再发回到各位专家手中，这时专家根据综合的预测结果，参考他人意见修改自己的预测，即开始下一轮估计。如此往复，直到各专家对未来的预测基本一致为止。

专家意见法的主要优点是：（1）预测过程迅速，成本较低；（2）在预测过程中，各种不同的观点都可以得到表达并加以调和；（3）如果缺乏基本的数据，可以运用这种方法加以弥补。

专家意见法也存在一些缺点：专家意见未必能反映客观现实；责任较为分散，估计值的权数相同；一般仅适用于总额的预测，而用于区域、顾客群、产品大类等的预测时，可靠性较差。

近年来，自动辅助导航驾驶（Navigate on Autopilot，NOA）正在快速演进，从基础辅助驾驶（自适应巡航、车道保持）、增强辅助驾驶（自动变道、自主超车）向高阶智能驾驶（点到点）跨越。专家预测，2025年城市高阶智能驾驶市场规模有望接近550亿元，2026年成为量产增速提高的拐点，2027年破千亿元，年复合增长率达到37%。①

（四）市场试销法

市场试销法是指在小范围内进行产品销售试验，调查消费者对试销产品的反应和购买态度，测试其对企业营销计划的反应，收集其购买、重复购买的相关数据，并以此为基础进行市场预测的方法。企业收集到的各种意见的价值，不管是购买者、销售人员的意见，还是专家的意见，都取决于获得各种意见的成本、意见可得性和可靠性。如果购买者对其购买并没有认真细致的计划，或其意向变化不定，或专家的意见并不十分可靠，在这些情况下，就需要利用市场试销这种预测方法。特别是在预测一种新产品的销售情况和现有产品在新的地区或通过新的分销渠道的销售情况时，利用这种方法效果最好。

（五）时间序列分析法

时间序列分析法是指将经济发展的趋势、企业销售额的周期变动和时间变动以及不确定事件等观察值，按照时间序列加以统计，并运用数理方法进行时间推移研究，以此为基础来预测未来市场需求的方法。很多企业以过去的资料为基础，利用统计分析和数学分析预测未来需求。这种方法的根据是：（1）过去的统计数据之间存在一定的关系，而且这种关系利用统计方法可以揭示出来；（2）过去的销售状况对未来的销售趋势有决定性影响，销售额只是时间的函数。因此，企业可以利用这种方法预测未来的销售趋势。

时间序列分析法的主要特点是，以时间推移研究和预测市场需求趋势，不受其他外界因素的影响。不过，在遇到外界发生较大变化，如国家政策发生变化时，根据过去的数据进行预测往往会有比较大的偏差。

产品销售的时间序列，可以分成四个组成部分：

1. 趋势。它是人口、资本积累、技术发展等方面共同作用的结果。利用过去有关的销售资料描绘出销售曲线可以看出某种趋势。

2. 周期。企业销售额往往呈现出某种波状运动，因为企业销售一般都受到宏观经济活动的影响，而宏观经济活动总呈现出某种周期性波动的特点。周期因素在中期预测中尤其重要。

3. 季节。它是指一年内销售量变动的形式。“季节”一词在这里可以指任何按小时、月份或季度周期发生的销售量变动形式。这个组成部分一般同气候条件、节假日、商业习惯等有关。季节形式为预测短期销售提供了基础。

4. 不确定事件。包括自然灾害、突发疫情、战争恐慌、流行风尚、恐怖袭击和其他

---

① 泰伯智库预测2025年城市高阶智能驾驶（NOA）市场规模有望接近550亿元．（2024－08－26）．新浪财经．

一些干扰因素。这些因素属不正常因素，一般无法预测。应当从过去的数据中剔除这些因素的影响，考察较为正常的销售活动。

时间序列分析就是把过去的销售序列 Y 分解成趋势（T）、周期（C）、季节（S）和不确定事件（E）等部分，通过对未来这几个因素综合考虑，进行销售预测。这些因素可构成线性模型，即

$$Y=T+C+S+E$$

也可构成乘数模型，即

$$Y=T\times C\times S\times E$$

还可以是混合模型，如

$$Y=T\times(C+S+E)$$

（六）移动平均法

移动平均法是通过对时间序列按一定的项数（间隔长度）逐期移动平均，从而修匀时间序列的周期变动和不规则变动，显示出现象的发展趋势，然后根据趋势变动进行外推预测的一种方法。

1. 简单移动平均法。简单移动平均法就是对原时间序列按一定的项数逐期平均，分别计算出一系列移动平均数，这些移动平均数构成的新的时间序列对原时间序列的波动起到一定的修匀作用，如果原时间序列没有明显的不规则变动，则可以用最近一期的移动平均值作为下一期的预测值。简单移动平均法的步骤如下：

设时间序列为：Y_1，Y_2，…，Y_t，…，移动平均项数为 K。

第 $t-1$ 期简单移动平均数 M_{t-1} 的计算公式为：

$$M_{t-1}=\frac{Y_{t-1}+Y_{t-2}+\cdots+Y_{t-K}}{K}$$

例 5-2　简单移动平均法举例

第 t 期简单移动平均数 M_t 的计算公式为：

$$M_t=\frac{Y_t+Y_{t-1}+Y_{t-2}+\cdots+Y_{t-K+1}}{K}$$

预测中使用 M 作为 Y 的预测值，即

$$\hat{Y}_{t+1}=M_t=\frac{Y_t+Y_{t-1}+Y_{t-2}+\cdots+Y_{t-K+1}}{K},\quad t=K,K+1,\cdots$$

2. 加权移动平均法。在采用移动平均法时，应对近期数据赋予较大的权重，对远期数据赋予较小的权重，这种方法称为加权移动平均法。加权移动平均法的步骤如下：

第 t 期加权移动平均数 M_{tw}：

$$M_{tw}=\frac{a_0Y_t+a_1Y_{t-1}+a_2Y_{t-2}+\cdots+a_{k-1}Y_{t-(k-1)}}{a_0+a_1+a_2+\cdots+a_{k-1}}$$

式中，a_i（$i=0$，1，…，$k-1$）为参加移动平均数据的相应权重。

根据预测方法使用 M 作为 Y 的预测值，即

$$\hat{Y}_{t+1}=M_{tw}=\frac{a_0Y_t+a_1Y_{t-1}+a_2Y_{t-2}+\cdots+a_{k-1}Y_{t-(k-1)}}{a_0+a_1+a_2+\cdots+a_{k-1}}$$

加权移动平均法的关键在于权重的确定。实践中，应根据具体情况来确定权重。一般地，可根据经验选取几组权重试算，比较预测的相对误差，从中选择与实际数据拟合

较好的权重用于预测。

3. 指数平滑法。指数平滑法是一种特殊的加权移动平均法，对近期观察值赋予较大的权重，这样可以使预测值更好地反映市场变化。设 X_t，S_t 分别为第 t 期的实际销售量和预测销售量，则第 $t+1$ 期预测的销售量 S_{t+1} 为：

$$S_{t+1}=\alpha X_t+\alpha(1-\alpha)X_{t-1}+\alpha(1-\alpha)^2X_{t-2}+\cdots=\alpha X_t+(1-\alpha)S_t$$

权重 α 的设立取决于具体情况，一般需要根据预测结果的拟合情况，选择最佳的 α 值。进一步地，可以将预测结果作为观察值，再次采用指数平滑法预测。根据平滑的次数，指数平滑法可分为一次、二次、三次指数平滑法。一般而言，一次指数平滑法适用于历史数据呈水平发展趋势的预测；二次指数平滑法适用于历史数据呈线性增（减）趋势的预测；三次指数平滑法建立的预测模型是一个二次多项式，它反映了带有曲线变化的发展趋势。

（七）直线趋势法

直线趋势法又称线性趋势法，是指运用最小平方法，以直线斜率表示增长趋势的外推预测方法。直线趋势法假设所要预测的变量与时间之间成线性函数关系，并以此为基础预测未来。因此，使用这种方法时，应先计算相关系数，以判别变量与时间之间是否存在线性联系。只有存在线性联系时，才能采用这种方法进行预测。公式为：

$$Y=a+bX$$

式中，a 为直线在 Y 轴上的截距；b 为直线斜率，反映年平均增长率；Y 为销售预测趋势值；X 为时间。

根据最小平方法原理，先计算 $Y=a+bX$ 的总和，即

$$\sum Y=na+b\sum X\text{（}n\text{ 为年份数）}$$

再计算 XY 的总和，即

$$\sum XY=a\sum X+b\sum X^2$$

上述两个公式的共同因子是 $\sum X$ 。为简化计算，将 $\sum X$ 取 0。其方法是：若 n 为奇数，则取 X 的间隔为 1，将 $X=0$ 置于资料的中央；若 n 为偶数，则取 X 的间隔为 2，将 $X=-1$ 与 $X=1$ 置于资料中央的前后两期。

当 $\sum X=0$ 时，上述两式分别变为：

$$\sum Y=na$$

$$\sum XY=b\sum X^2$$

由此推算出 a，b 值：

$$a=\frac{\sum Y}{n}$$

$$b=\frac{\sum XY}{\sum X^2}$$

所以

$$Y=\frac{\sum Y}{n}+\frac{\sum XY}{\sum X^2}X$$

（八）统计需求分析法

时间序列分析法把过去和未来的销售都看作时间的函数，即仅随时间的推移而变化，不受其他任何现实因素的影响。然而，任何产品的销售都要受到很多现实因素的影响。统计需求分析法就是运用统计学方法发现影响企业销售的最重要的因素，研究这些因素与产品销售之间的关系，将产品销售量看作一系列独立的需求变量的函数，运用多元回归分析建立反映需求变量与销售量之间关系的预测模型，进行市场需求预测的一种方法。2024 年 8 月，市场调研和咨询公司 Astute Analytica 借助统计需求分析法得出预测结论：智慧机场是一个充满活力且快速发展的行业。物联网、人工智能和自动化等技术的融合正在改变机场，以提高运营效率、改善乘客体验并增强安全性。不断增长的空中交通和对无缝、安全旅行的需求是这一转变的主要驱动力。预计到 2032 年，全球智慧机场市场价值将达到 924.6 亿美元，2024—2032 年预测期内的复合年增长率为 10.9%。在营销实践中，企业借助统计需求分析法预测市场需求，一般考虑的因素有价格、收入、人口和促销等。

统计需求分析将销售量 Q 视为一系列独立需求变量 X_1，X_2，…，X_n 的函数，即

$$Q=f(X_1,X_2,\cdots,X_n)$$

但是，这些变量同销售量之间的关系一般并不能用严格的数学公式表示出来，而只能用统计分析来揭示和说明，即这些变量同销售量之间的关系是统计相关。多元回归技术就是这样一种数理统计方法。它在运用数理统计工具寻找最佳预测因素和方程的过程中，可以找到多个方程，这些方程均在统计学意义上符合已知数据。

在运用统计需求分析法时，应充分注意影响其有效性的问题：（1）观察值过少；（2）各变量之间高度相关；（3）变量与销售量之间的因果关系不清；（4）未考虑到新变量的出现。

需要说明的是，需求预测是一项十分复杂的工作。实际上只有特殊情况下的少数几种产品的预测较为简单，如未来需求趋势相当稳定，或没有竞争者存在（如公用事业），或竞争条件比较稳定（如纯粹垄断的产品生产）等。在大多数情形下，企业经营的市场环境是在不断变化的，由于这种变化，总市场需求和企业需求都是变化的、不稳定的。需求越不稳定，越需要精确的预测。这时准确地预测市场需求和企业需求就成为企业成功的关键，因为任何错误的预测都可能导致库存积压或存货不足，从而使销售额下降以至中断等不良后果。

在预测需求的过程中，所涉及的许多技术问题需要由专业技术人员解决，但是营销经理应熟悉主要的预测方法以及每种方法的主要长处和不足。

小　结

营销调研是一个包括认识收集信息的必要性，明确调查目的和信息需求，决定数据来源和取得数据的方法，设计调查表格和数据收集形式，设计样本，进行数据收集与核算、统计与分析，报告研究结果等在内的复杂过程。在此过程中，既有定量研究又有定性研究。

审查与评估二手数据的标准有三个：公正性、有效性和可靠性。收集原始数据的主要方法有四种，即观察研究、实验研究、调查研究和专家估计。整个调查研究过程由四个主要步骤组成，即确定研究目的、制定研究战略、原始数据的实地收集、分析数据。对数据进行测定、加工时所依据的尺度有：定类尺度、定序尺度、定距尺度和定比尺度。统计分析方法包括描述性分析和推断性分析两大类，市场调研中常见的推断性统计分析方法包括：t 检验分析、回归分析、方差分析和因子分析。

估计市场需求是评价市场机会的重要步骤。认识市场需求概念的关键在于认识市场需求不是一个固定的数值，而是一个函数。市场预测表示在一定的营销环境和营销费用下估计的市场需求。企业需求就是在市场总需求中企业所占的需求份额。企业需求表示不同水平的企业营销力量刺激产生的企业的估计销售额。与计划水平的营销力量相对应的一定水平的销售额，称为企业销售预测。

企业估计当前市场需求，就是要测量总市场潜量、区域市场潜量、实际销售额和市场份额。市场需求预测的主要方法有：购买者意向调查法、销售人员综合意见法、专家意见法、市场试销法、时间序列分析法、移动平均法、直线趋势法和统计需求分析法。

基本概念

营销调研	营销分析	观察研究
实验研究	调查研究	实验主体
实验投入	实验设计	描述性统计分析
推断性统计分析	定类尺度	定序尺度
定距尺度	定比尺度	企业潜量
市场预测	市场潜量	环境投入
实验产出	市场需求	企业销售预测
营销力量	市场反应函数	企业需求

复习题

1. 什么是营销调研？营销调研的技术有哪些？
2. 企业可以采用哪些方法来收集原始数据？
3. 什么是营销分析？
4. 什么是市场需求？它与营销力量之间存在什么关系？
5. 估计区域市场潜量的方法有哪几种？分别怎样使用？

案例分析

AI眼镜的市场需求预测

随着人工智能（AI）技术的迅速发展，智能穿戴设备作为连接现实与数字世界的桥梁，正以前所未有的速度改变着人们的生活方式，引发了一场智能穿戴设备领域的革命。其中，AI眼镜作为智能穿戴领域的后起之秀，正逐步从概念走向现实。

根据艾瑞开展的中国眼镜佩戴用户调研的数据，60.2%的消费者在购买镜片时的主要考虑因素是镜片防蓝光、防紫外线等功能，远超过对其他增值服务如美观、品牌等需求因素的考量。市场需求的增长推动了 AI 眼镜的快速发展。消费者对智能穿戴设备的需求日益增加，而 AI 眼镜作为一种新型的智能设备以其独特的形态和广泛的应用场景，满足了人们对便捷、高效生活的追求。尤其是在教育、医疗、工业制造等领域，AI 眼镜展现出广阔的应用前景，进一步推动了市场的扩张。

2024 年 8 月，Meta 宣布将在 Connect 大会上发布新款 AI 眼镜，这一消息迅速引发了市场的广泛关注。同时，苹果、谷歌、三星和亚马逊等科技巨头也纷纷传出布局 AI 眼镜的消息。随着人工智能、机器视觉、自然语言处理等技术的不断突破，AI 眼镜得以集成更强大的计算和识别能力，实现更智能化的交互和识别功能。这些技术的进步极大提升了 AI 眼镜的用户体验，使其能够满足更多元化的需求。从人脸识别到语音识别，从环境感知到情感交互，AI 眼镜正逐步成为用户日常生活的得力助手。

随着 AI 眼镜技术的逐步成熟和大规模生产的实现，生产成本的降低将使更多消费者能够负担得起这类产品，进而推动 AI 眼镜的广泛应用。成本的下降不仅使得 AI 眼镜在价格上更具竞争力，也将进一步扩大其市场覆盖面。

AI 眼镜的应用场景将不断拓展，带来广泛的市场机遇。除了当前的娱乐、教育和医疗等领域，AI 眼镜还可以在旅游、社交、零售等多个行业中找到新的应用场景。例如，在旅游业中，AI 眼镜可以为游客提供实时的景点介绍和导航服务；在零售业中，AI 眼镜可以帮助消费者快速获取商品信息并进行虚拟试穿。这些新兴的应用场景不仅拓展了 AI 眼镜的市场空间，也为相关企业带来了更多的商业机会。随着 AI 眼镜市场的迅速扩张，市场竞争也将日益加剧。

资料来源：恒荣汇彬：AI 眼镜引领未来智能生活．(2024－08－21)．新浪财经；AI 眼镜概念股大幅反弹 博士眼镜涨超 10%．(2024－08－30)．每经网；互联网大厂加速布局 AI 眼镜概念大涨．(2024－08－16)．金台资讯；AI 眼镜的崛起：智能穿戴市场的新风口．(2024－08－30)．第一财经．

思考题

你如何看待 AI 眼镜的未来市场需求？

第 6 章

市场购买行为分析

｜本章要点｜

- 消费者市场的含义及特点。
- 影响消费者购买行为的因素。
- 消费者购买行为的主要类型。
- 消费者购买决策过程的主要步骤。
- 产业市场与消费者市场的差异。
- 影响产业购买决策的主要因素。
- 中间商购买行为的类型。

在人工智能技术迅速发展的背景下，一些零售巨头 AI 平台整合了先进的机器学习和自然语言处理（NLP）技术，旨在为客户提供更个性化的购物体验。通过分析消费者的行为数据和偏好，平台能够实时推荐商品，从而加速购买决策过程。这一技术不仅限于商品推荐，还包括智能客服系统，通过 AI 助手解决消费者的问题，使购物体验更加顺畅。消费者在面对海量选择时能感受到前所未有的便利，仿佛有一个私人购物顾问随时在身边。成功的营销者是那些能够有效地开发对消费者有价值的产品，并运用富有吸引力和说服力的方法将产品有效地呈现给消费者的企业和个人。因而，研究和洞察影响市场购买行为的主要因素，深入分析消费者购买决策过程，有利于提高营销管理活动的效率和效果，更有利于提高供给体系的质量和效率，使供给体系有效适应需求结构变化，实现由低水平供需平衡向高水平供需平衡的跃升。

第 1 节　消费者市场

一、消费者市场的含义

按顾客购买产品和服务的目的或用途的不同，市场可分为组织市场和消费者市场。消费者市场作为市场的重要组成部分，有着自身的特点。消费者市场是指所有为了满足个人消费而购买产品和服务的个人和家庭所构成的市场。习近平指出：“中国不断拓展的

例6-1　在线教育的消费主力

内需和消费市场，将释放巨大需求和消费动力。”[①] 生活消费是产品和服务流通的终点，故消费者市场也称为最终产品市场。“乡村既是巨大的消费市场，又是巨大的要素市场，是国内大循环的重要组成部分。要充分发挥乡村作为消费市场和要素市场的重要作用，全面推进乡村振兴。”[②] 一般而言，组织市场虽然购买数量庞大，但最终服务对象还是消费者，仍要以满足消费者的需要为中心。因而，消费者市场是市场体系的基础，是起决定作用的市场，是现代营销理论的主要研究对象。

二、消费者市场的特点

1. 分散性。从交易的规模和方式看，消费者市场购买者众多，市场分散，成交次数频繁，但交易数量零星，绝大部分产品和服务都通过中间商销售，以方便消费者购买。因此，面向消费者市场的企业应特别注意分销渠道的选择、设计及管理。

2. 差异性。消费者市场提供生活消费用产品，购买者是受众多因素影响的个人或家庭，因而市场需求呈现较大的差异性、多样性。随着消费购买力的不断提高，人们更加注重个性选择、个性消费，新的细分市场不断涌现，需求差异呈不断扩大的趋势。企业应在市场细分的基础上准确选择目标市场，开展有效的营销活动，满足目标顾客的消费需求。

3. 多变性。消费者市场产品的专业技术性不强，同种产品较多，消费者选择余地大，需求多变。自20世纪后半叶起，科学技术迅速发展，这些新技术应用到消费品生产领域，使得新产品层出不穷，连同市场竞争的加剧，导致消费需求愈加多样化。企业要密切关注市场变化，通过增加产品花色、品种等满足消费者不断变化的需求。

4. 替代性。消费者市场产品种类繁多，不同产品之间往往可以互相替代，这与组织市场情况差异较大。譬如，近年来各种新国货品牌饮料陆续亮相，彼此之间具有很强的替代性，如奈雪的茶、三顿半咖啡和元气森林等可以互相替代。因此，消费者经常在替代品之间做出购买选择，导致购买力在不同产品、品牌和企业之间流动。

5. 非专业性。从购买行为看，消费者的购买行为具有很大程度的可诱导性。一是因为消费者在决定实施购买行为时，不像组织市场的购买决策那样要经历一整套的审批手续或审批程序，而是出于自发性、感情冲动性；二是消费者市场的购买者大多缺乏相应的产品知识和市场知识，其购买行为属非专业性购买，他们对产品的选购受广告宣传的影响较大。因此，企业应做好广告宣传，明晰产品定位和产品特征，强化其在消费者头脑中的形象，这样既可以当好消费者的参谋，也能有效地引导消费者的购买行为。

近年来，一些企业的AI驱动购物平台基于深度学习的算法，不仅能够处理文本和语音输入，还能够识别图像，从而为用户提供更准确的搜索结果。计算机视觉技术的应用，使得用户可以通过拍照识别商品，系统即刻提供相关产品信息及购买链接。这样的创新应用，标志着零售行业在智能化发展中的又一重大突破，展现了人工智能在实际应用中

① 消费成为中国经济增长主引擎．(2020-10-08). http://www.xinhuanet.com/fortune/2020-10/08/c_1126580908.htm.

② 习近平．加快构建新发展格局 把握未来发展主动权．求是，2023 (8).

的巨大潜力。随着线上购物的普及，消费者对于购物的要求也在不断提高。超过70%的消费者表示，他们更倾向于使用能提供个性化推荐的购物平台。①

三、消费者市场的购买对象

消费者进入市场，其购买对象是多种多样的。如果以消费者的购买习惯为划分标准，消费者的购买对象一般分为四类，即便利品、选购品、特殊品、非渴求品。

（一）便利品

便利品又称日用品，是指消费者日常生活所需、需重复购买的商品，诸如食品、饮料、肥皂、洗衣粉等。消费者在购买这类商品时，一般不愿花很多的时间比较价格和质量，愿意接受其他替代品，多选择就近购买。因此，便利品的生产者应注意分销的广泛性和经销网点的合理分布，以便消费者能及时就近购买。

（二）选购品

选购品是指价格比便利品要贵、消费者购买时愿花较多时间对许多同类产品进行比较之后才决定购买的商品，如服装、家电等。消费者在购买前，对不同品牌、厂家的商品的差异了解不多（这一点是区分特殊品和选购品的主要界限），因而在决定购买前总是要对同一类型的产品从价格、款式、质量等方面进行比较。生产经营选购品的企业应将销售网点设在商业网点较多的商业区，并让同类产品的销售网点相对集中，以便消费者进行比较和选择。

（三）特殊品

特殊品指消费者对其有特殊偏好并愿意花较多时间和精力去购买的消费品，如珠宝、古玩、高档家具等。由于特殊品价格高或者具有特殊意义，因此消费者在购买时卷入程度高。消费者购买前往往对这些商品已经有了一定的认识，偏爱特定的品牌，在特定品牌之间比较选择，不愿接受替代品。为此，企业应注意争创名牌产品，扩大本企业产品的知名度。

（四）非渴求品

非渴求品是指消费者不了解或即使了解也没有购买意愿的消费品。如人寿保险、创新产品等。

如按商品的耐用程度和使用频率分类，消费者的购买对象可分为耐用品和非耐用品。非耐用品是指使用次数较少、消费者需经常购买的商品，如食品、化妆品等。生产这类产品的企业，要特别注意销售网点的设置，方便消费者购买。

耐用品指能多次使用、寿命较长的商品，如电视机、电冰箱以及电脑等。消费者购买这类商品时，决策较为慎重。生产这类商品的企业，要注重技术创新，提高产品质量，同时要做好售后服务，满足消费者的购后需求。

实用品与享乐品也是划分购买对象的一种视角，更多涉及消费者理性决策与感性决策的权衡。实用品是用于完成实际任务的工具性产品，比如基本住房、教育、基本食物

---

① 全球零售巨无霸借助人工智能重塑购物体验！.（2024-08-27）. https://www.sohu.com/a/803986652_121924584.

和衣物等；享乐品是能让人在情感和感官体验上获得愉悦感的产品，比如珠宝、高级时装、巧克力等。消费者虽然总是希望获得享乐性的产品，但又意识到功能性的实用品更重要，所以总是把有限的收入首先用于满足实用性需求。享乐品和实用品的本质区别在于，人们购买享乐品时更难找到有力的购买理由，因此时常会感到内疚、付钱的痛苦以及负面的自我形象。此时，人们的认知过程聚焦于为自己的选择寻找理由。

四、消费者市场的选择标准

顾客选择一种产品而不是另一种的原因可能很简单，需要区别两类主要选择标准：理性和公开；情感和隐蔽（如图 6-1 所示）。

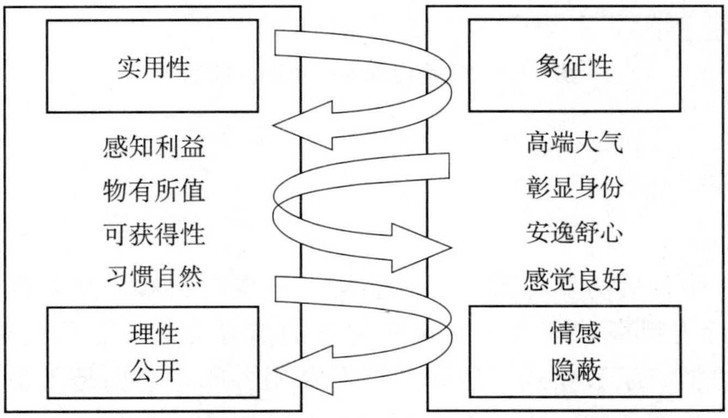

图 6-1 产品选择标准

在营销调研中，当问及购买决策时，大多数顾客会为自己的选择辩解。他们会为自认为具有逻辑和符合理性的行动找出各种理由，包括产品的价格、实际效用、可获得性，或者是购买习惯。这些因素往往是公开的、理性的，以维护自尊的方式解释了消费者对购买情境的反应。

但是，对许多产品而言，隐蔽的情感因素发挥的作用同等重要，甚至更加重要。例如，品牌商品往往因为让消费者感到安心而受到追捧。有形产品彼此相仿，“理性”的比较得不出什么差别，但是顾客愿意为使自己放心的品牌支付更多。类似地，消费者选择某种产品，往往因为他们认为它更符合自己的生活方式，或者更好地彰显了自己的身份，这就解释了为什么即使有便宜手表能够同样精准地实现计时功能，仍有消费者甘愿为劳力士等名表一掷千金。

第 2 节 影响消费者购买行为的因素

在数字经济迅速发展的时代背景下，企业借助智能推荐系统，可以分析消费者的历史购买记录、浏览行为和个人喜好，AI 算法可以预测消费者可能感兴趣的商品，并进行个性化推荐。这种推荐不仅提高了商品的曝光率，还大大增加了销售的可能性。例如，电商平台通过智能推荐系统向用户推荐相似或相关的商品，提高用户的购物体验和满意度。消费者的消费行为和购买决策在很大程度上受到文化、社会、个人、心理和情境等因素的影响，如图 6-2 所示。

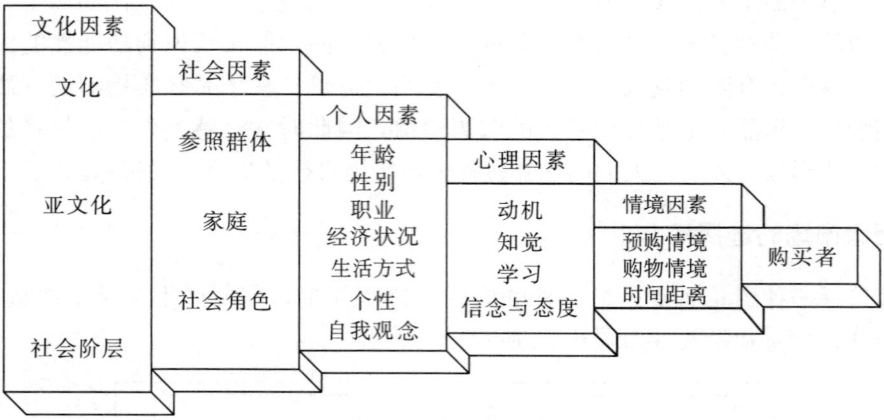

图 6-2　消费者购买行为的影响因素

一、文化因素

（一）文化

文化是区分一个社会群体与另一个社会群体的主要因素，是人们通过学习获得的区别于其他群体行为特征的集合。文化所包含的潜在元素有：价值观、文字、语言、伦理道德、风俗习惯、宗教仪式、法律及产品和服务等，它们是人类欲望和行为最基本的决定因素，对消费者的行为具有广泛和深远的影响。文化不仅影响人们对特定商品的购买，还作用于消费者信息收集和价值判断，即文化以多种方式作用于个人购买决策。虽然商家可以通过广告、促销等策略来影响购买决策，但文化的力量是难以克服的，至少在短期内如此。譬如，一种文化强调人与人之间的自由、平等、独立，而另一种文化则认为集体的重要性胜过个人的重要性。

（二）亚文化

亚文化是在较大文化内与其他群体共存的一个群体，其成员具有的共同信仰、特征或经历等能提供更为具体的认同感，如民族文化、宗教文化、种族文化和区域文化等。对企业开展营销活动而言，最重要的亚文化包括民族与种族文化，因为许多消费者都强烈认同自己身上所具有的遗传特质，并受到体现这些特质的产品的影响。

1. 民族文化。民族文化在预测消费者购买习惯、消费偏好时是非常重要的参考依据，它就像一个标签，标识出自己和其他人。同一个民族的人拥有相似的思想、认知和消费行为，而不同的民族之间会有较大差异。譬如，有的民族对于某些动物、花鸟、图案敬若神明，视为高贵，而有的民族则可能相反，视其为禁忌。这种差异对市场分析、细分市场等企业营销活动很有帮助。

2. 宗教文化。世界上存在许多种宗教，每种宗教都有其独特的信仰与教义，从而影响其信仰者对商品的偏好和禁忌，信仰不同宗教的消费者在购买行为和消费习惯上表现出各自的特征。企业应充分了解现实及潜在消费者的宗教信仰，制定适合其特点的营销策略，满足其消费需求。

3. 种族文化。世界上有白种人、黑种人、黄种人、棕种人四大人种。各个种族都有自己独特的生活习惯和文化传统，购买行为也有差异。譬如向亚裔美国人提供产品时，文化敏感度是营销效果的重要影响因素之一，需要注意不同数字、颜色所代表的不同含义。

4. 区域文化。不同的区域具有不同的地理特征、气候特点，生活在不同区域的人们相对拥有不同的体质和性格。譬如，我国北方人一般体格魁梧、性格豪爽，而南方人相对来说身材没那么高、性格细腻。这种差异自然会在商品购买过程中表现为不同的消费决策模式。

（三）社会阶层

社会阶层是指一个社会中具有相对同质性和持久性的群体，它们是按等级排列的，每一阶层的成员具有类似的价值观、兴趣爱好和行为规范。社会各阶层具有特定的作用和特定的社会地位，不同等级的成员被培养成不同的角色。在某些社会，社会阶层的界限并非固定不变，人们可能升到上一层或降到下一层。营销人员关注社会阶层是因为同一阶层的人具有类似的购买行为。

消费者往往会把产品的品牌和服务与特定的社会阶层联系起来，许多产品也是针对特定社会阶层设计的。普通收入群体的消费者通常从实用角度评价产品，而高收入群体则更看重产品的风格和时尚。因此，社会阶层观点可以用于市场细分和产品定位。企业在制定产品定位策略时，需要全面了解目标市场的特征，以便在消费者心目中塑造对产品形象的看法，而社会阶层就是其中一个很重要的概念。有研究表明，社会中想进入高社会阶层的人总比实际处于这一阶层的人多。

二、社会因素

人们在做出购买决策时，一般乐于听取所依赖之人的意见以降低购买决策中的潜在风险，并从了解他们的想法和行为中获取慰藉。因此，消费者购买行为也受到诸如参照群体、家庭、社会角色等一系列社会因素的影响。

（一）参照群体

参照群体是指个人在形成其购买或消费决策时用以作为参照、比较的个人或群体。①参照群体可分为直接参照群体和间接参照群体，如表6-1所示。

表6-1 参照群体的划分

参照群体	直接参照群体	首要群体
		次要群体
	间接参照群体	向往群体
		厌恶群体

直接参照群体又称成员群体，即某人所属的群体或与其有直接关系的群体。成员群体分为首要群体和次要群体两种。首要群体是指与某人直接、经常接触的一群人，一般是非正式群体，如家庭成员、亲戚朋友、同事、邻居等。次要群体是对其成员影响不频繁但一般较为正式的群体，如宗教组织、职业协会等。间接参照群体是指某人的非成员群体，即此人不属于其中的成员，但受其影响的群体。这种参照群体分为向往群体和厌恶群体。向往群体是指某人推崇的一些人或希望加入的群体，例如体育明星就是其崇拜

① 符国群．消费者行为学．北京：高等教育出版社，2001：313.

者的向往群体。厌恶群体是指某人讨厌或反对的一群人。一个人通常不愿意与厌恶群体发生任何联系，在各方面都希望与其保持一定距离，甚至经常反其道而行之。随着信息与网络技术的发展，社会生活中诞生了一个新的群体——虚拟群体，它主要基于虚拟社区而非地域性社区。网络从时间和空间上根本改变了传统的社会交往和人际沟通的方式，形成了许多独特的观念、准则。① 在线社交网络就是供人们社会交往或者交换信息和意见的博客、微信群、社交网络平台和其他在线交流社区，例如，百度贴吧、58 同城、赶集网、人人网等。

参照群体对消费者的影响表现在三个方面：（1）信息影响。面对不确定的消费选择时，消费者通常会搜寻信息以降低风险。为了获取更多信息，消费者会积极地从他们认为具备相应知识的人那里收集相关的消费信息，包括观察和询问。通常，来自参照群体的信息能够增加消费者对特定产品或在特定情境下的消费知识。（2）功利影响。消费者总是处在一定的社会关系之中，因此会感受到来自周围群体的压力，可能被迫在消费选择中放弃个体态度和意愿而遵从群体规范。为了与群体成员的消费行为保持一致以赢得参照群体的认可或避免惩罚，消费者在选择产品或品牌时，会迎合参照群体的偏好、期望或标准，由此缓解不安情绪。（3）价值表达影响。倘若个体对参照群体具有强烈的归属感，或者非常向往某参照群体，消费者就会通过与参照群体成员的消费行为保持一致来给别人留下自己属于该群体的印象，或是借此与参照群体建立联系，从而通过参照群体的形象来表达自我，体现自我价值，使个体实际的自我观念更加接近其理想中的自我观念。表 6－2 描述了这些影响。

表 6－2　参照群体的三种影响表现

信息影响	• 个人向专业协会或独立的专家群体寻求关于各种品牌的信息 • 个人向专业生产或销售产品的人寻求信息 • 个人向拥有可靠的品牌信息的朋友、邻居、亲戚或同事寻求相关品牌知识和经验（如 A 品牌和 B 品牌哪个更好） • 独立测试机构的认同与否会影响个人对品牌的选择 • 个人对专家行为的观察（如维修人员购买的电视机品牌）会影响其对品牌的选择
功利影响	• 为了迎合同事的希望，个人购买某一特定品牌的决策受到同事偏好的影响 • 个人购买某一特定品牌的决策受到与其有社会交往的人的影响 • 个人购买某一特定品牌的决策受到家庭成员偏好的影响 • 为满足他人对自己的期望，个人的品牌选择会受到影响
价值表达影响	• 个人认为购买某一特定品牌会提高自己在他人心目中的形象 • 个人认为购买或使用某一特定品牌的人拥有他所希望拥有的品质 • 个人有时会觉得像广告中使用某一特定品牌的人那样也不错 • 个人认为购买某一特定品牌的人会受到他人的羡慕与尊重 • 个人认为购买某一特定品牌有助于向别人展示他希望成为什么样的人

相比于广告或推销员等商业渠道的推荐，信任的朋友、同事或他人的评价和推荐可能更令人信服，更能影响消费者的购买行为，这就是口碑效应。

① Philip Kotler，Gary Armstrong，Sridhar Balasubramanian. Principles of Marketing. 19th ed. Harlow：Pearson Education Limited，2024：169－170.

（二）家庭

家庭是指居住在一起，由拥有血缘、婚姻或者领养关系的两个人或更多人组成的群体。家庭是社会的基本单位，也是社会中最重要的消费者购买组织，它强烈地影响着人们的价值观、人生态度和购买行为。一个人在其一生中一般要经历两个家庭。第一个是父母的家庭，在父母的养育下逐渐长大成人，然后组建自己的家庭，即第二个家庭。当消费者做购买决策时，必然要受到这两个家庭的影响，其中，受原生家庭的影响比较间接，受现有家庭的影响比较直接。相应地，购买决策行为存在代际影响和反向代际影响。中国家庭受传统孝道影响，代际关系要比西方国家密切得多，强烈的家族认同感使得消费意愿和行为表现出更多的趋同和依赖，这体现为代际影响。当子女长大成人，其专门知识、资源控制能力明显提高，导致家庭权力和权威角色发生转移，一旦子女成为消费方面的“权威”，父母就会对他们产生权威依赖和逆向顺从，促进了父母在消费认知上趋同于子女的意见，即为反向代际影响。

家庭购买决策大致可分为三种类型：一人独自做主；全家参与提意见，一人做主；全家共同决定。这里的“全家”虽然包括子女，但主要还是夫妻二人。夫妻二人购买决策权的大小取决于多种因素，如各地的生活习惯、妇女就业状况、双方工资及受教育水平、家庭内部的劳动分工以及产品种类等。孩子在家庭购买决策中的影响力也不容忽视。随着孩子的成长、知识的增加和经济上的独立，他们在家庭购买决策中的影响力逐渐变大。

（三）社会角色

社会角色是指个人在群体、组织及社会中的地位和作用。一个人在其一生中会参加许多群体，如家庭、俱乐部及其他各种组织。每个人在各个群体中的位置可用角色和地位来确定，其地位随着不同阶层和地理区域而变化。

在集体中人们更容易侥幸逃脱。一个简单的原因是：群体人数越多，任何一个成员被瞩目的可能性就会随之降低。这解释了处于较大群体中的人，或处于不太可能被人识别情况下的人，会较少注意自己，因而对行为的常规约束也会减少。例如，人们在化装舞会上的表现比平时要疯狂得多。这种现象称为去个性化（deindividuation），它是指在一个群体中，个体参与群体行为时其原有的个性特征完全消隐在群体之中的过程。社会惰化（social loafing）是一种类似的效应，它指的是当个体置身于群体之中时，会对完成任务不太尽责，因为个体的贡献只是集体努力的一部分，他人的存在降低了个体能力和责任感。美国餐厅服务员对这一点深有感触：几个人一起吃饭，平均下来每个人所给的小费比他们单独就餐时要少。因此，很多餐厅都对六个人以上就餐的顾客自动附加固定小费。

此外，群体决策与个体单独决策有所差别。风险转移（risky shift）是指这样的情况：与没有群体讨论的个体决策相比，群体成员在群体讨论之后更愿意考虑有风险的方案。心理学家对这种增加的风险提出两种解释。一是发生了某种类似于社会惰化的情况。随着决策人数的增加，个人对结果应负的责任变小了，这导致责任分散（diffusion of responsibility）。二是价值假定（value hypothesis），即认为冒险行为是文化上被重视的属性，因此，当人们在群体中决策时，他们就遵循这一期待。

三、个人因素

消费者购买决策也受其个人因素的影响，特别是受其年龄、性别、职业、经济状况、生活方式、个性及自我观念的影响。

（一）年龄与性别

消费者的年龄与性别会对消费者行为产生明显的影响。消费者的年龄通常是决定其需求的重要因素。人从出生到死亡要经历婴儿期、儿童期、青年期、成年期、中年期和老年期六个阶段，处于不同年龄段的消费者有着不同的需求心理和行为，而产品和服务通常只吸引某个特定年龄段的人。需要注意的是，现代社会信息扩散范围与影响力惊人，使不同年龄段的人在信息获取、心态和行为上趋同，年龄界限逐渐模糊。因此，营销人员不仅应注意消费者的生理年龄，还应关注其心理年龄。

男性和女性在生理上的先天差别导致了不同的心理和行为，使两性的消费产品及购买决策过程差异显著。男性消费者购物目的明确，决策比较理性，接受稳定可靠的商品，追求快捷简单的购物过程；而女性消费者往往购物目的不够明确，通常有更多的计划外购物，喜欢时尚可爱的商品，决策偏于感性，常常乐于货比三家，在商场里流连忘返。不过，随着社会经济的发展，性别间的消费差异正逐步变小，许多企业已经开始研究如何把与性别有关的产品转变为对两性均适用，从而扩大市场容量。

在中国市场上，作为市场消费主力的 00 后总人口约有 1.63 亿。研究表明，他们更看重社会安全、人际遵从、友善、自主，具有坚定的文化自信和强烈的民族自豪感，高度认可本土品牌。在他们看来，国货具有更高的性价比，国货包装越来越符合年轻人的审美。该群体的消费行为也深刻影响了国民的消费行为，相对简约、谨慎与直截了当的消费意识正逐步普及，国货崛起已成为不可抗拒的时代潮流。社交电商深入人心，助推消费行为呈现出超前化的新趋势。越来越多的消费者倾向于“在愿意花钱的地方拼命花钱，在不愿意花钱的地方拼命省钱”，购买行为日趋理性、科学、实用。随着 00 后主导的个性化消费浪潮的到来，市场消费诉求已经从单纯的商品购买提升至体验式消费、全业态服务、全渠道分销，其注意力正从品牌认可转为互动参与，希望借助消费品牌的市场定位和购物场景来表达“我是谁”。他们更重视购物过程体验，希望与品牌商、零售商建立信任感和亲密感，乐于参与、分享、学习和推荐。为了满足精神追求，他们愿意为自己感兴趣的漫展、周边、手游等虚拟产品和服务付费。事实上，他们在家庭购买决策中的角色、地位和影响力日趋重要。例如，在选购科技产品时，越来越多的父母会听取 00 后的意见和建议。

（二）职业与经济状况

不同职业的消费者扮演着不同的社会角色，承担并履行着各异的责任和义务，有着不同的价值观和行为准则，对商品的需求和兴趣也各不相同。一个人在职场上的着装，不仅代表个人品位，也彰显了自我定位。譬如，对于即将走上公务员岗位的人来说，了解公务员着装规则十分必要，不宜过于花哨、随意或裸露等。

例 6-2　消费主力城市“下移”

经济状况的好坏、收入水平的高低对消费者的购买行为有更为直接的影响，人们的消费心理和购买模式往往随其经济状况的变化而变化。不同的收入水平，决定了不同的购买能力，决定了需求的不同层次和倾向。比如现实社会中存在两种人：一种是众多为了省钱而不惜花费大量时间的人，譬如退休之后的老年消费者；另一种是少数为了节省时间而不惜花费大量金钱的人，譬如惜时如金的高端商务人士。他们的消费需求和购买过程差别很大。

（三）生活方式、个性及自我观念

生活方式是理解消费者行为的通俗概念，它比个性及自我观念更综合，是指人们生活、花费时间和金钱的方式的统称，它反映了人们的个人活动、兴趣和态度。不同生活方式显然有着不同的购买需求。目前，较为完善的细分生活方式的方法有两种：AIO（activity，interest，opinion）模型和VALS（values and lifestyles）分类方法。AIO模型通过描述消费者的活动、兴趣和意见来度量生活方式的实际形式，而VALS分类方法按照自我导向和资源丰缺两个标准定义了八个类别的生活方式，将消费者细分为实现者、满足者、信念者、成就者、奋斗者、经历者、工作者和挣扎者，这种细分有助于企业选择目标顾客，进行营销沟通，明确产品定位策略。

个性是一个人所特有的心理特征，它导致一个人对其所处环境的相对一致和持续的反应。消费者行为学主要从心理分析、社会心理和品质因素这三个方面对个性进行分析、解释。

自我观念是指人们由于自身特性而进行自我认知的一种方法。不同的人对自己有不同的认识，从而形成自己属于哪类人的观点。自我观念包括理想自我观念和现实自我观念。理想自我观念指个人期望的自己的形象，现实自我观念指个人实际如何看待自己，人们总是不断努力，试图实现理想自我观念。现实自我观念与理想自我观念哪一个更能影响消费者的购买行为呢？在这一问题上，目前的研究仍有分歧，但较为一致的观点是：现实自我观念与理想自我观念都与购买注意力存在很强的相关性。这表明，二者都是影响消费者选择过程的重要因素。

四、心理因素

消费者购买行为受动机、知觉、学习以及信念与态度等心理因素的影响。

（一）动机

动机是一种驱使人满足需要、达到目的的内在动力，是一种升华到足够强度的需要，它能够及时引导人们去探求满足需要的目标。美国心理学家亚伯拉罕·马斯洛认为，人是有欲望的动物，需要什么取决于已经有了什么，只有尚未满足的需要才影响人的行为，已满足的需要不再是一种动因。人的需要是以层次的形式出现的，按其重要程度的大小，由低级需要逐级向上发展到高级需要，依次为生理需要、安全需要、社会（归属与爱）需要、尊重需要和自我实现需要。只有低层次需要被满足后，较高层次的需要才会出现并要求得到满足。

人们也会有满足功利性需要与享乐性需要的动机。功利性需要强调的是产品的客观的有形的属性，比如汽车每升汽油的行驶里程数、牛仔裤的耐穿性等。享乐性需要是主观的、经验性的，消费者寻找一种产品来满足对刺激、自信或幻想的需要，有许多产品用于满足人们的享乐性需要，譬如电影、网络游戏等。当然，消费者购买一件产品的动机也可能是因为它同时提供了这两种利益。

（二）知觉

处于相同的激励状态和目标情况下的两个人，其行为可能大不一样，这是由于他们对情况的知觉各异。知觉是指感觉器官与大脑对刺激做出解释、分析和整合的创造性过程，它不仅取决于刺激物的特征，而且依赖于刺激物同周围环境的关系以及个人所处的状况。知觉包括选择性注意、选择性曲解和选择性记忆。

1. 选择性注意。人们在日常生活中接受众多的刺激，不可能全部加以注意，而只关注那些自己感兴趣或者对自己有意义的事物和信息。研究表明，人们更多地关注那些与当前需要有关的刺激物、期待的刺激物以及与一般相比有较大差别的刺激物。

2. 选择性曲解。选择性曲解指人们将接收到的信息加以扭曲，使之合乎自己的认知或意愿的倾向。选择性曲解使顾客对信息的理解不一定符合信息的原貌，营销人员对此往往无能为力。

3. 选择性记忆。选择性记忆指人们倾向于保留那些能够支持其态度和信念的信息，而忘记所有与自己的信念不一致的信息。

人们对于刺激物的理解是通过感觉进行的。感觉是指通过视觉、听觉、嗅觉、味觉、触觉五种感官对刺激物的反应。随着感觉的深入，将感觉到的材料通过大脑进行分析综合，从而得到知觉。

研究发现，参与者只要触摸一件物品 30 秒或更短时间，就能对产品产生更高的依赖感；这种感觉提高了他们想购买该产品的意愿。

（三）学习

人们要行动就得学习。学习是指由于经验而引起的个人行为或行为潜能的持续性改变。①人类行为大都来源于学习。一个人的学习是通过驱使力、刺激物、诱因、反应和强化的相互影响而产生的。由于营销环境不断变化，新产品、新品牌不断涌现，消费者必须经过多方收集有关信息之后，才能做出购买决策，这本身就是一个学习过程。

学习自身文化所认可的信念与行为的过程称为文化赋予，学习另一种文化的价值体系与行为的过程则称为文化适应，后者对于希望了解国际消费者与市场的营销者来说尤为重要。这些信念是由社会化中介传授给消费者的，包括父母、朋友、老师以及媒体。通过观察广告所传达的价值观，人们学习了一种文化所重视的事物。例如，美国企业和我国企业的广告策略就有较大差别，美国企业的广告更可能提出有关产品的事实或权威人士的建议，而我国企业的广告则往往更集中于情感诉求，并不厌其烦地证明自己的主张；美国企业的广告往往是年轻导向的，而我国企业的广告则更可能应用老年人的智慧。

（四）信念与态度

通过学习，人们获得了自己的信念和态度，而信念和态度又反过来影响人们的购买行为。信念是指一个人对事物所持有的确定性看法。企业应关注人们头脑中对其产品或服务所持有的信念，即本企业产品和品牌的形象。人们根据自己的信念采取行动，如果一些信念妨碍了购买行为，企业就要运用促销手段去影响或修正这些信念。

态度是指一个人对某些事物或观念长期持有的好与坏的评价、感受和由此导致的行

① 符国群．消费者行为学．北京：高等教育出版社，2001：171.

动倾向。态度能使人们对相似的事物产生相当一致的行为。

五、情境因素

需要指出，在有些情况下，情境因素会改变其他四个因素对消费者购买行为决策的影响。通常，情境因素与预购情境、购物情境以及时间距离密切相关。

预购情境是指由于潜在的心理特质和社会因素，消费者也许会预先决定购买某些产品或服务。例如，某位 30 多岁的女性认为自己是一个谨慎的购物者，喜欢买便宜的产品。她最好的朋友要结婚了，她想送一套陶瓷餐具作为礼物。倘若是买给自己，她很可能去小商品批发市场或一般的超市。因为要送给最好的朋友，她去了大百货商场或购物中心。

购物情境是指消费者发生购买行为时所遇到的情境因素。消费者也许早已做好了购买某产品或服务的准备。但一旦进了商店，他们的想法可能就完全改变了。这些购物情境包括商店氛围、拥挤程度、店内示范以及促销活动等。譬如一些零售商和服务商为自己的店铺营造独特的氛围，从而影响消费者的购买行为。研究表明，消费者所处购买环境中的音乐、气味、灯光甚至色彩等因素都能对消费者决策过程产生积极的影响。在不同的时间状态下，人们的心理和生理状态会有所差异，会影响到购买行为。比如，某人在进入商店购物前收到了一张停车罚单，他的坏心情会让他产生一种较不积极的购买行为。时间是消费者最珍贵的资源之一，只有当时间宽松允许从容行事时，消费者才会对信息仔细地搜索、思考和比较。

时间距离是一种心理距离，消费者做出购买决策时与目标之间不同的时间距离导致不同的购买行为。解释水平理论指出，当距决策目标较远时，个体具有较远的心理距离，倾向于采用高解释水平表征，即抽象化内容，如道德、责任等；而当个体处于较近心理距离时则采用低解释水平表征，即具体化内容，如质量、价格等。这表明，不同时间距离的情境对消费者的购买行为有很深的影响。以具有高环保-低流行特征的绿色消费为例，研究表明，相对于远期购买情境，近期购买情境下个体对绿色产品购买意愿较低。

第 3 节　消费者购买行为与决策

营销者在分析了影响购买者行为的主要因素之后，还需了解消费者如何真正做出购买决策，即了解谁做出购买决策以及购买决策的类型等。

一、参与决策的角色

（一）五种角色

人们在购买决策过程中可能扮演不同的角色，包括：

1. 发起者，即首先提出或有意向购买某一产品或服务的人。

2. 影响者，即其看法或建议对最终决策具有一定影响的人。

3. 决策者，即对是否买、为何买、如何买、何处买等有关决策做出完全或部分最后决定的人。

4. 购买者，即实际采购人。

5. 使用者，即实际消费或使用产品或服务的人。

（二）个人购物与家庭购物

消费者的购买行为按照购物目的的不同可分为个人购物和家庭购物两种模式。个人购物是为了个人消费而购买产品，而家庭购物则是为了家庭成员共同使用而购买产品。当消费者进行个人购物时，可能同时扮演上述五种角色，而在进行家庭购物时，往往是由家庭成员承担不同的决策参与角色，而且随着购买环境和产品的不同，家庭成员在购买决策过程中的角色往往也会发生变化。一般而言，以下四个因素决定了家庭决策是由夫妻双方共同做出，还是由其中一方做出：（1）性别角色印象，坚持传统的性别角色印象的夫妇往往会按照产品的性别类型来做出决策，即产品被分为“男性化的”和“女性化的”；（2）配偶资源，向家庭贡献更多资源的配偶拥有更大的影响力；（3）经验，夫妻中拥有更多购买经验的一方更经常地做出决策；（4）社会经济地位，中产家庭要比高收入和低收入家庭做更多共同决策。

（三）家庭购买决策冲突

当家庭成员认为自己很重要或很有新意，或对备选方案有强烈的看法时，决策容易增加成员之间的冲突。冲突的程度决定了家庭决策的类型。决定家庭购买决策冲突程度的一些特定因素包括：（1）投入程度，在家居住的青少年比住在集体宿舍的大学生更关心家庭所购买的物品。（2）产品效用，一位喜欢喝咖啡的妈妈与她特别爱喝可口可乐的儿子相比，显然对于购买新的咖啡机更感兴趣。（3）责任，人们更可能在有长期影响和约束的购买决策上产生意见分歧，例如对于是否养一只狗的家庭决策，家庭成员很可能在谁负责遛狗和喂食等问题上发生冲突。（4）权力，在传统家庭中，丈夫比妻子拥有更多的决策权，而妻子则比最年长的孩子拥有更多的决策权。在家庭决策中，如果一个成员总是利用其拥有的权力优先考虑自身的需求，便很容易产生冲突。

二、消费者购买行为

一般来讲，消费者购买决策会随其购买行为类型的不同而变化。较为复杂和花钱多的决策往往凝结着购买者的反复权衡和众多人的参与决策。根据购买参与程度和品牌差异程度，可将消费者购买行为分为四种类型。

1. 习惯型购买行为，指对于价格低廉、经常购买、品牌差异小的产品，消费者不需要花时间选择，也不需要经过收集信息、评价产品特点等复杂过程的最简单的购买行为类型。消费者只是被动地接收信息，出于熟悉而购买，也不一定进行购后评价。企业可以用价格优惠、电视广告、独特包装、销售促进等方式鼓励消费者试用、购买和续购其产品。

2. 变换型购买行为，指对于品牌差异明显的产品，消费者不愿多花时间来选择和估价，而是不断变换所购产品的品牌的购买行为类型。这样做并不是因为对产品不满意，而是为了寻求多样化。针对这种购买行为类型，企业可采用销售促进和占据有利货架位置等办法保障供应，鼓励消费者购买。

3. 复杂型购买行为，指消费者面对品牌差异大的产品，广泛收集相关信息，慎重选择，仔细比较后才购买，以求降低风险的购买行为类型。当消费者购买一件贵重的、不常买的、有风险的而且又非常有意义的产品时，由于产品品牌差异大，消费者对产品缺乏了解，因而需要一个学习过程，以广泛了解产品性能、特点，从而对产品产生某种评价，最后决定购买。对于这种复杂型购买行为，企业应采取有效措施帮助消费者了解产品性能及其相对重要性，并介绍产品优势及其给购买者带来的利益，从而影响其最终选择。

4. 模仿型购买行为。模仿他人的从众购买选择也是一种常见的消费行为。导致从众购买的因素有：(1) 文化压力。不同的文化对服从有或大或小的推动作用。美国社会强调独立、冒险、探索等精神，注重个人利益的追求，反映了脱离服从而推崇个人主义的特点。相反，日本社会则具有集体福利和团队忠诚支配个人需要的特点。(2) 限制异类。个体有理由相信群体将会运用相应的手段来惩罚与群体行为有所出入的行为。往往可以看到青年躲避“另类”的同龄人，或者是公司或大学对不具备“团队精神”的人不予升迁。(3) 承诺义务。人们对群体的奉献越多，对成员身份越重视，就越有遵循群体规定的动机。摇滚乐迷和影视粉丝可以做任何被要求去做的事。根据最小兴趣原则 (principle of least interest)，对某种关系承诺最少的个人最有力量。(4) 乐群从众。随着群体力量的积累，成员会更加依从。对抗多数人的要求往往比对抗少数人更为困难，特别是在从众心理占上风的时候。(5) 彰显特质。那些具有资深、富有或高度自信等特征的个体，总是力图树立或提高自己在大多数人心目中的形象。没有这种特质的消费者是随和角色。

针对消费者模仿购买行为，越来越多的中国企业致力于为购买者创造无缝购物体验，创造线上和线下的融合体验的购物场景。例如，通过实体店内的虚拟试衣间和线上的 AR 产品展示，或者提供综合化消费门店，让消费者直观体验品牌文化，感受产品在不同场景的应用，从而将模仿他人转换为体验感受，由体验感受转换成流量认知，进而再转化成购买需求和消费行为。

值得注意的是，高房价、高物价、高生活成本都使消费者感受到了比较大的经济压力，迫使他们从根本上调整消费态度和购买行为。尤其是年轻消费者开始更加理性地购物，更加注重产品的性价比和实用性，而不再盲目跟风模仿购买。他们开始做出明智的消费决策，不再为了追求虚荣和短暂的满足而过度消费。他们更注重生活质量和幸福感，更重视未来的稳定和发展。

三、消费者购买决策过程

企业可以通过多种途径收集消费者数据，如在线购物记录、浏览行为、社交媒体互动和线下消费习惯等。利用大数据分析技术，企业可以从海量数据中挖掘出有价值的信息，了解消费者的偏好和需求。例如，通过分析消费者的购买历史和浏览行为，企业可以识别出哪些商品最受欢迎，哪些促销活动最有效，从而制定更加精准的市场策略。在复杂型购买行为中，消费者购买决策过程由引起需要、收集信息、评价方案、决定购买、购后感觉和行为五个阶段构成（如图 6-3 所示）。

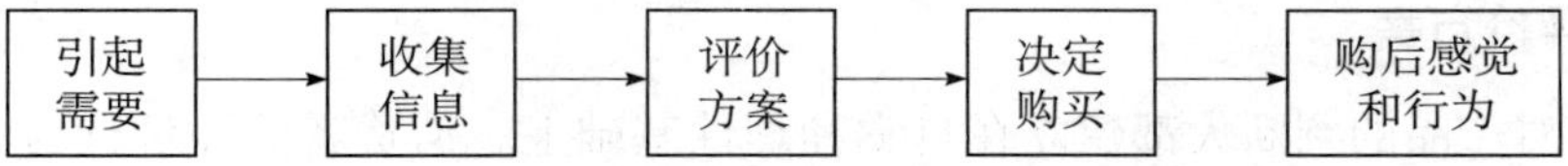

图 6-3　消费者购买决策过程

（一）引起需要

消费者的需要往往由两种刺激引起，即内部刺激和外部刺激。营销人员应注意识别引起消费者某种需要和兴趣的环境，并充分注意到两方面的问题：一是注意了解那些与本企业的产品实际上或潜在地有关联的驱使力；二是消费者对某种产品的需求强度会随着时间的推移而变动，并且被一些诱因所触发。在此基础上，企业还要善于安排诱因，促使消费者对企业产品产生强烈的需求，并立即采取购买行动。

（二）收集信息

一般来讲，引起的需要不是马上就能满足的，消费者需要寻找某些信息。消费者信息来源主要有个人来源（家庭、朋友、邻居、熟人）、商业来源（广告、推销员、经销商、包装、展览）、公共来源（大众传播媒体、消费者评审组织等）、经验来源（处理、检查和使用产品）等。

营销人员应对消费者使用的信息来源认真识别，评价各自的重要程度，并询问消费者最初接收到品牌信息时有何感受等。

顾客专业度（expertise）是顾客积累的有关产品使用的知识、经验和技巧、产品绩效认知等信息，是个体解决产品相关问题能力的象征和标志。研究表明，进行最多信息搜寻的往往是那些对产品有适度了解的消费者。如图6-4所示，产品知识与信息搜寻数量之间存在倒U形关系。产品知识极为有限的消费者可能会觉得自己没有能力进行广泛的信息搜寻。实际上，他们可能连从何下手都不知道。

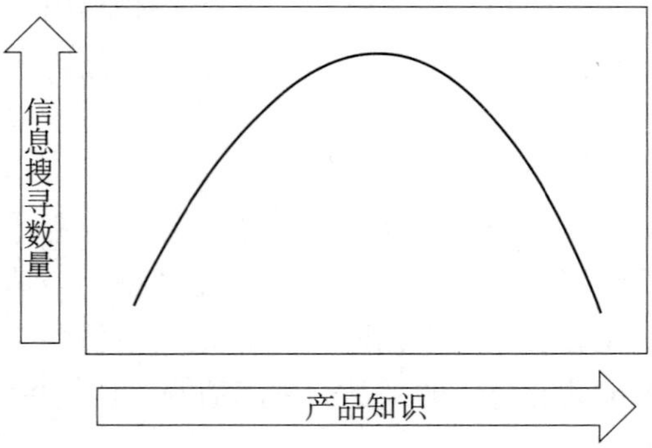

图6-4　信息搜寻数量与产品知识之间的关系

由于行家能更好地判断哪些信息与决策有关，因而他们进行的往往是选择性搜寻（selective search），也就是说，他们的搜寻会更有重点也更有效率。

在数字经济条件下，聊天机器人和虚拟客服利用自然语言处理技术，为消费者提供实时在线咨询和服务。这些AI驱动的客服系统可以回答常见问题、处理订单查询、解决售后问题等，从而减轻人工客服的负担，提升服务效率。例如，消费者在购物过程中遇到问题时，可以通过聊天机器人快速获得帮助，而无须等待人工客服的回复。这种即时响应不仅提升了消费者的满意度，还节省了企业的人力成本。

（三）评价方案

消费者对产品的判断大都建立在自觉和理性基础上。消费者的评价行为一般涉及以下几个问题：

1. 产品属性，即产品能够满足消费者需要的特性，如计算机的存储能力、图像显示能力、软件的适用性等。但消费者不一定将产品的所有属性都视为同等重要。营销人员应分析本企业产品应具备哪些属性，以及不同类型的消费者分别对哪些属性感兴趣，以便进行市场细分，对不同需求的消费者提供具有不同属性的产品。

2. 属性权重，即消费者对产品有关属性所赋予的不同的重要性权数。消费者被问及如何考虑某一产品属性时立刻想到的属性，叫作产品的特色属性。但特色属性不一定是最重要的属性。在非特色属性中，有些可能被消费者遗忘，而一旦被提及，消费者就会认识到它的重要性。营销人员应更多地关心属性权重，而不是属性特色。

3. 品牌信念，即消费者对某品牌优劣程度的总的看法。由于消费者个人经验、选择性注意、选择性曲解以及选择性记忆的影响，其品牌信念可能与产品的真实属性并不一致。

4. 效用函数，即描述消费者所期望的产品满足感随产品属性的不同而有所变化的函数关系。它与品牌信念的联系是，品牌信念指消费者对某品牌的某一属性已达到何种水平的评价，而效用函数则表明消费者要求该属性达到何种水平他才会接受。

5. 评价模型，即消费者对不同品牌进行评价和选择的程序和方法。多属性态度模型（multiattribute attitude models）在营销调研中颇为流行。这种类型的模型假设消费者对品牌的态度取决于其对该品牌的多个属性的评价。多属性态度模型的运用意味着，可以通过得到这些特定的信念并将其综合起来，推导出一种测量消费者总体态度的方法，用来预测消费者对一种产品或品牌的态度。最有影响力的多属性态度模型是费舍宾模型（Fishbein model），该模型是以最初的提出者费舍宾（Fishbein）来命名的。这个模型量化了态度的三个要素：产品属性、属性权重和品牌信念。综合这三个要素，就可以计算出消费者对某一品牌的总体态度，基本公式是：

$$A_O = \sum_{i=1}^{n} B_i E_i$$

式中，B_i 表示消费者对待品牌拥有的第 i 个属性的信念强度；E_i 表示消费者对第 i 个属性的偏好程度；n 代表品牌具有属性的数量；A_O 代表消费者对待品牌的总体态度。通过将消费者对所考虑的所有品牌中每个属性的评价与这一属性的权重相乘，就可以得出消费者总体的态度分数。为了理解这个多属性态度模型如何起作用，我们来预测杰西卡最有可能上哪一所大学。经过几个月的等待，杰西卡收到了四所大学的通知，她必须在其中做出选择。我们首先要知道，哪种属性在杰西卡形成对大学的态度时是首要考虑的。可以让杰西卡在大学的每个属性上做出评价，并且确定这些属性对她的相对重要程度。

通过加权每个属性的分值，即将属性的得分乘以该属性的权重再求和，我们可以得到她对每个学校的态度总体分值。这些假设的评价如表 6-3 所示。根据这些分析，看起来杰西卡对 A 大学的态度最好。她显然是想到一所具有良好学术声誉的女子大学去上学，而不是去一所提供很多运动项目或社交氛围很浓的大学。

表 6-3　多属性态度模型的应用

属性	信念				
	重要程度	A 大学	B 大学	C 大学	D 大学
学术声誉	6	8	9	6	3

续表

属性	信念				
	重要程度	A大学	B大学	C大学	D大学
女校	7	9	3	3	3
费用	4	2	2	6	9
离家距离	3	2	2	6	9
运动项目	1	1	2	5	1
社交氛围	2	1	3	7	9
图书馆设施	5	7	9	7	2
态度分数		163	142	153	131

（四）决定购买

评价行为会使消费者对可供选择的品牌形成某种偏好，从而形成购买意图，进而购买所偏好的品牌。在购买意图和决定购买之间有两种因素会起作用：一是别人的态度；二是意外情况。也就是说，偏好和购买意图并不总是导致实际购买，尽管二者对购买行为有直接影响。消费者修正、推迟或者回避做出某一购买决定，往往是受到了可觉察风险的影响。可觉察风险的大小随着冒这一风险所支付的价格高低、不确定属性的比例以及消费者的自信程度而变化。营销人员必须了解引起消费者有风险感的那些因素，进而采取措施来减少消费者的可觉察风险。

（五）购后感觉和行为

人工智能在营销实践的应用广泛而深刻，通过智能推荐系统、聊天机器人、库存管理等技术，企业能够大大提升消费者的购物体验。通过消费者数据分析，企业可以实现个性化营销、优化服务流程，进一步提升消费者的满意度和忠诚度。消费者在购买产品后会产生某种程度的满意感和不满意感，进而采取一些使营销人员感兴趣的购后行为。产品在被购买之后，就进入了购后阶段，此时，营销人员的工作并没有结束。购买者对其购买活动的满意感（S）是其产品期望（E）和该产品可觉察性能（P）的函数，即$S=f(E, P)$。若$E=P$，则消费者会满意；若$E>P$，则消费者不满意；若$E<P$，则消费者会非常满意。消费者根据自己从卖主、朋友以及其他来源所获得的信息来形成产品期望。如果卖主夸大其产品的优点，消费者将会感受到不能证实的期望。这种不能证实的期望会导致消费者的不满意感。E与P之间的差距越大，消费者的不满意感就越强烈。所以，卖主应使产品真正体现出其可觉察性能，以使购买者感到满意。事实上，那些有保留地宣传产品优点的企业，反倒使消费者产生了高于期望的满意感，并树立起良好的产品形象和企业形象。正因为如此，企业管理者应牢记，“要更加注重满足人民群众需要，更加注重市场和消费心理分析，更加注重引导社会预期”①。

消费者对其购买的产品是否满意，将影响到以后的购买行为。如果对产品满意，则在下一次购买中可能继续采购该产品，并向其他人宣传该产品的优点。如果对产品不满

① 习近平．习近平著作选读：第一卷．北京：人民出版社，2023：330.

意，则会尽量减少不和谐感，因为人都有一种在自己的意见、知识和价值观之间建立协调性、一致性或和谐性的驱使力。具有不和谐感的消费者可以通过放弃或退货来减少不和谐感，也可以通过寻求证实产品价值比其价格高的有关信息来减少不和谐感。营销人员应采取有效措施尽量减少购买者购后不满意的程度，因为过去的品牌选择对于未来品牌偏好起强化作用。

例6－3　网络平台的消费者投诉

当消费者对产品或服务不满意时，有三种可能采取的行动：(1) 消费者可以直接要求厂商或零售商赔偿，譬如退款。(2) 私下向朋友表达对产品或服务的不满，并且抵制其生产厂商。(3) 消费者可以向第三方反映，采取合法行动来反对企业，如投诉或给报社写信。在一项研究中，一些商学院的学生给某公司写信抱怨，那些从该公司反馈中得到免费样品的学生对这家公司的印象有了明显改善，但那些只收到一封道歉信的人对公司的评价没有改变。没有得到反馈的学生则表示，他们对这家公司的印象甚至比以前更糟。这表明有反馈总会比毫无反馈好。很多因素会影响消费者最终选择的处理方式。当消费者不满意的对象是贵重商品，如家庭耐用品、汽车和高档服装时，与非贵重物品相比，他们采取行动的可能性更大。如果购买者的问题能够得到解决，他们对厂商或商店的感觉甚至会比没出问题前更好。

四、新产品采用过程

所谓新产品采用过程，是指消费者个人由接受创新产品到成为重复购买者的各个心理阶段。迄今为止，有关采用过程的研究当首推美国著名学者埃弗雷特·罗杰斯（Everett M. Rogers）。他在1962年出版的《创新的扩散》一书中，把采用过程看作创新决策过程，并据此建立了创新决策过程模型。他认为，创新决策过程包括五个阶段，即认识阶段、说服阶段、决策阶段、实施阶段和证实阶段。这五个阶段又受到一系列变量的影响，它们不同程度地促进或延缓了创新决策过程。

（一）认识阶段

在认识阶段，消费者要受个人因素（如个人的性格特征、社会地位、经济收入、性别、年龄、文化水平等）、社会因素（如文化、经济、社会、政治、科技等）和沟通行为因素的影响。他们逐步认识到创新产品，并学会使用这种产品，掌握其新的功能。研究表明，较早意识到创新的消费者同较晚意识到创新的消费者有着明显的区别。一般地，前者较后者有着较高的文化水平和社会地位，更广泛地参与社交活动，能及时、迅速地收集到有关新产品的信息资料。

（二）说服阶段

有时，消费者尽管认识到了创新产品并知道如何使用，但一直没有产生喜爱和占有该产品的愿望。一旦产生这种愿望，决策行为就进入了说服阶段。在认识阶段，消费者的心理活动尚停留在感性认识上，而在说服阶段，其心理活动就具备影响力了。消费者常常要亲自实践新产品，以避免购买风险。不过，即使如此也并不能促使消费者立即购买，除非营销部门能让消费者充分认识到新产品的特性。这包括：

1. 相对优势，即创新产品被认为比原有产品好。应该着重指出的是，相对优势是指消费者个人对创新产品的认识程度，而不是产品的实际状况。在某些情况下，一个确实属于创新的产品若不被消费者所认识，便失去了其相对优势。

2. 适用性，即创新产品与消费者行为及观念的吻合程度。当创新产品与消费者的需求结构、价值观、信仰和经验相适应或较为接近时，也较容易被迅速采用。

3. 复杂性，即认识创新产品的困难程度。创新产品越是难以理解和使用，其采用率就越低。

4. 可试性，即创新产品在一定条件下可以试用。汽车的试驾、免费赠送样品等都是为了方便消费者对新产品的试用，减少购买风险，提高采用率。

5. 明确性，即创新产品在使用时，是否容易被人们观察和描述，是否容易被说明和示范。创新产品的消费行为越容易被感知，其明确性就越强，采用率也就越高。

总之，在说服阶段，消费者对创新产品有确定性认识，他会多次在脑海里“尝试”使用创新产品，看它究竟是否适合自己。企业的广告宣传和人员推销将提高消费者对产品的认知程度。

（三）决策阶段

通过对产品特性的分析和认识，消费者开始决策，即决定采用还是拒绝采用该创新产品。他可能决定拒绝采用，此时又有两种可能：（1）以后改变态度接受了这种创新产品；（2）继续拒绝采用这种创新产品。

他也可能决定采用创新产品，此时也有两种可能：（1）使用之后觉得效果不错，继续使用；（2）使用之后发现令人失望，中断使用，可能改用别的品牌，也可能干脆不使用这类产品。

（四）实施阶段

当消费者开始使用创新产品时，就进入了实施阶段。在决策阶段，消费者只是在心里盘算究竟是使用该产品还是仅仅试用一下，并没有完全确定。到了实施阶段，消费者会考虑以下问题：“我怎样使用该产品？”“我如何解决操作难题？”这时，营销人员就要积极主动地向消费者进行介绍和示范，并提出自己的建议。

（五）证实阶段

人类行为的一个显著特征是，人们在做出某项重要决策之后总是要寻找额外的信息来证明自己决策的英明和果断，消费者购买决策也不例外。为了说明问题，这里借用一下不和谐理论中的“认识不和谐”概念。

认识不和谐是指两种或两种以上的认识互不一致或者其中某种认识与一个人的行为相抵触所产生的紧张不安的心理状态。不和谐是一种心理不平衡状态，它会造成心理紧张，而心理紧张又促使人们去努力消除这种紧张，从而使心理状态由不平衡（或不和谐）转向平衡（或和谐）。由于消费者面临多种选择方案，而每一种方案又都有其优点和缺点，因此只要消费者选择其中的一个方案，不和谐就会发生。在决策后的最初一段时间内，消费者常常觉得有些后悔，发现所选方案存在很多缺陷，认为未选方案有不少优点。事实上，如果再给一次机会，他就会选择其他方案。不过，后悔阶段持续时间不长便被不和谐减弱阶段所代替。此时，消费者认为已选方案仍然较为适宜。

在整个新产品采用过程中，证实阶段包括了决策后不和谐、后悔和不和谐减弱三种情况。消费者往往会告诉朋友们自己采用创新产品的明智之处，倘若他无法说明采用决策是正确的，就可能中断采用。

五、新产品采用者的类型与意见领袖

在新产品的市场扩散过程中，由于个人性格、文化背景、受教育程度和社会地位等因素的影响，不同的消费者对新产品的接受快慢程度不同。罗杰斯根据这种接受快慢的差异，把采用者划分成五种类型，即创新采用者（简称“创用者”）、早期采用者、早期大众、晚期大众和落后采用者，如图6-5所示。

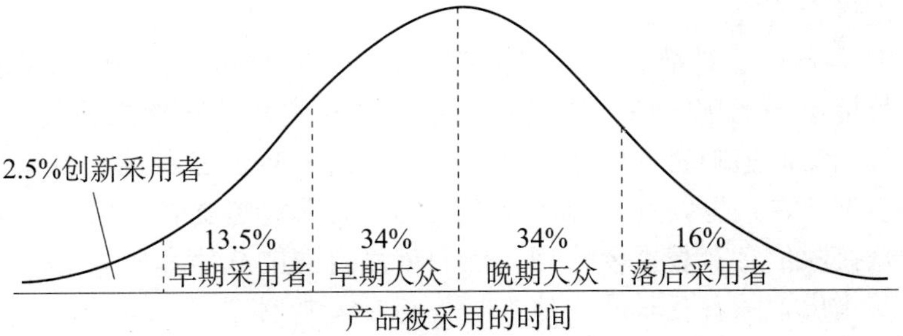

图6-5 新产品采用者的类型

（一）新产品采用者的类型

从新产品上市算起，采用者的采用时间大体服从统计学中的正态分布，约有68%的采用者（早期大众和晚期大众）落入平均采用时间加减1个标准差的区域内，其他采用者的情况类推。尽管这种划分并不精确，但它对于研究扩散过程有着重要意义。

1. 创新采用者。该类采用者处于距离平均采用时间2个标准差以左的区域内，占全部潜在采用者的2.5%。任何新产品都是由少数创新采用者率先使用，因此，他们具备如下特征：(1) 极富冒险精神；(2) 收入水平、社会地位和受教育程度较高；(3) 一般是年轻人，交际广泛且信息灵通。营销人员在向市场推出新产品时，应把促销手段和传播工具集中于创新采用者身上。如果他们采用效果较好，就会大肆宣传，影响到后面的使用者。

2. 早期采用者。早期采用者是第二类采用新产品的群体，占全部潜在采用者的13.5%。他们大多是某个群体中具有很高威信的人，受到周围朋友的拥护和爱戴。正因为如此，他们常常去收集有关新产品的各种信息资料，成为某些领域的意见领袖。这类采用者多在产品的介绍期和成长期采用新产品，并对后面的采用者影响较大。

3. 早期大众。这类采用者的采用时间较平均采用时间要早，占全部潜在采用者的34%。其特征是：(1) 深思熟虑，态度谨慎；(2) 决策时间较长；(3) 受过一定教育；(4) 有较好的工作环境和固定收入；(5) 对意见领袖的消费行为有较强的模仿心理。他们虽然也希望在一般人之前接受新产品，却是在经过早期采用者认可后才购买，从而成为赶时髦者。

4. 晚期大众。这类采用者的采用时间较平均采用时间稍晚，占全部潜在采用者的34%，其基本特征是多疑。他们的信息多来自周围的同事或朋友，很少借助宣传媒体收集所需要的信息，其受教育程度和收入状况相对较差，所以，他们从不主动采用或接受新产品，直到多数人都采用且反映良好时才行动。

5. 落后采用者。这类采用者是采用新产品的落伍者，占全部潜在采用者的16%。他们思想保守，拘泥于传统的消费行为模式。他们与其他落后采用者关系密切，极少接触宣传媒体，其社会地位和收入水平最低。因此，他们在产品进入成熟期后期乃至衰退期时才会采用。与一般人相比，在社会经济地位、个人因素和沟通行为等三个方面存在差异。

（二）信息沟通与意见领袖

对于企业而言，它总是希望产品扩散越快越好，消费者接受得越快越好。因此，缩短消费者由不熟悉新产品到采用新产品所花费的时间就成为企业营销目标之一，这里从信息沟通的角度进行研究。

1. 信息沟通与新产品扩散。在新产品扩散过程中，有关信息和影响是怎样从营销人员那里传递到目标市场的呢？研究者发现，新产品常常是从宣传媒体传递到意见领袖，然后再从意见领袖流向追随者，追随者受意见领袖的影响远远超过宣传媒体的影响。这叫作两级流动模型。在这里，宣传媒体是主要的信息源，追随者是信息受众，而意见领袖则对信息受众接收信息有着重要作用，他们依靠自身的威信和所处的地位加速信息的流动。习近平曾指出，随着互联网快速发展，包括新媒体从业人员和网络“意见领袖”在内的网络人士大量涌现。①

2. 意见领袖的作用。在新产品扩散过程中，意见领袖具有以下作用：（1）告知他人（追随者）有关新产品的信息；（2）提供建议以减少别人的购买风险；（3）向购买者提供积极的反馈或证实其决策。所以，意见领袖是一个告知者、说服者和证实者。不过，意见领袖只是一个或几个消费领域的领袖，他们仅仅在一个或几个领域施加自身的影响，离开这些领域，他们就不再是领袖，也就没有影响了。

3. 意见领袖与其追随者。每一个社会阶层都有意见领袖。大多数情况下，信息是在每一个阶层内水平流动而不是在阶层之间垂直流动。意见领袖同其追随者有着显著不同的特征：（1）意见领袖交际广泛，同宣传媒体和各种交易中间商联系紧密；（2）意见领袖容易接触，并有机会、有能力影响他人；（3）具有高于其追随者的社会经济地位，但不能高出太多，否则，二者就难以沟通；（4）乐于创新，尤其当整个社会倡导革新时。

4. 网络中的意见领袖。互联网让意见领袖更有力量，他们足不出户，但影响力可以涉及成千上万的人，甚至全世界。在网络群体中，意见领袖有时也称为权力用户（power users），他们拥有强大的社交网络，从而有能力直接或间接地影响许多消费者的购买决策。与线下意见领袖类似，权力用户在他们的工作和沟通中是积极的参与者，他们的社交网络不仅庞大，而且发展良好。人数众多的追随者崇拜他们，并把他们当作可以信赖的信息源。在美国，品牌印象主要由权力用户传播，仅6.2%的社交媒体用户传递了大约80%的品牌信息。

第4节　组织市场

组织市场是指所有为满足其各种需求而购买产品和服务的组织机构所构成的市场。

---

① 习近平谈统战工作：本质要求是大团结大联合.（2017-11-22）. 人民网.

它可分为三种类型：产业市场、中间商市场和政府市场。

一、组织市场的构成

（一）产业市场

所谓产业市场，又叫生产者市场或组织市场，是指一切购买产品和服务并将之用于生产其他产品或服务，以供销售、出租或供应给他人的个人和组织。通常由以下产业组成：农业、林业、水产业；制造业；建筑业；通信业；公用事业；银行业、金融业和保险业；服务业等。产业购买者所购买的用于加工、生产、经营的产品或服务，叫作产业用品（industrial products）。

（二）中间商市场

所谓中间商市场，是指那些通过购买产品和服务以转售或出租给他人获取利润为目的的个人和组织。中间商不提供形式效用，而是提供时间效用、地点效用和占有效用。中间商市场由各种批发商和零售商组成。批发商是指购买产品和服务并将之转卖给零售商和其他商人以及产业用户、公共机关用户和商业用户等，但不把商品大量卖给最终消费者的商业单位。零售商的主要业务则是把产品或服务直接卖给消费者。

（三）政府市场

所谓政府市场，是指那些为执行政府的主要职能而采购或租用商品的各级政府单位，也就是说，一个国家政府市场上的购买者是该国各级政府的采购机构。由于各国政府通过税收、财政预算等掌握了相当大一部分国民收入，为了开展日常政务，政府机构要经常采购物资和服务，因而形成了一个很大的市场。确切地讲，政府机构是市场活动的最大买主，占有 20％～30％的份额。

二、组织市场的特点

组织市场购买行为（简称组织购买行为）是指各类正规组织机构确定其对产品和服务的需要，并在可供选择的品牌与供应商之间进行识别、评价和挑选的决策过程。与消费者市场购买行为相比，组织市场购买行为具有以下特点。

（一）派生需求

组织需求是一种派生需求，即组织机构购买产品是为了满足顾客的需要。显然，皮鞋制造商之所以购买皮革，是因为消费者要到鞋店去买鞋。

（二）多人决策

购买决策过程的参与者往往不是一个人，而是由很多人组成。甚至连采购经理也很少独立决策而不受他人影响。

（三）过程复杂

由于购买金额较大，参与者较多，而且产品技术性能较为复杂，因此，组织购买行为过程将持续较长一段时间，几个月甚至几年都有可能。这就使企业难以判断营销努力会给购买者带来的影响。

（四）提供服务

一般来讲，物质产品本身并不能满足组织购买者的全部需求，企业还必须为之提供技术支持、人员培训、及时交货、信贷优惠等条件与服务。

三、产业市场与消费者市场的差异

在组织市场中，产业市场的购买行为与购买决策具有典型的代表意义。在某些方面，产业市场与消费者市场具有相似性，二者都有人为满足某种需要而担当购买者角色，制定购买决策等。然而，产业市场在市场结构与需求、购买单位性质、决策类型与决策过程及其他各方面，又与消费者市场有着明显差异。

（一）产业市场上购买者的数量较少，购买者的规模较大

在消费者市场上，购买者是消费者个人或家庭，购买者必然为数众多，规模很小。在产业市场上，购买者绝大多数是企业单位，其数目必然比消费者市场少得多，购买者的规模则大得多。而且，由于资本和生产集中，许多行业的产业市场都由少数几家或一家大公司的大买主垄断。

（二）产业市场的需求是派生的需求

产业购买者对产业用品的需求，归根结底是从消费者对消费品的需求引申、派生出来的。譬如制鞋厂商对皮革的需求，是由于消费者对皮鞋的需求而产生。

（三）产业市场的需求是缺乏弹性的需求

在产业市场上，产业购买者对产业用品和服务的需求受价格变动的影响不大，产业市场的需求在短期内尤其缺乏弹性，因为生产者不能在短期内使其生产方法、目标市场的需求等有很大的改变。此外，如果原材料的价值很小，而且这种原材料成本在制成品的整个成本中所占的比重很小，那么这种原材料的需求也缺乏弹性。

（四）产业市场的需求是波动的需求

产业购买者对于产业用品和服务的需求比消费者的需求更容易发生变化。在现代市场经济条件下，工厂设备等资本物品的行情波动会加速原料的行情波动。如上所述，产业市场的需求是引申需求。消费者需求的少量增加能导致产业购买者需求的极大增加，此即西方经济学者所称的加速理论。有时消费者需求只增减 10%，就能使产业购买者需求出现 200%的增减。因为产业市场的需求变化很大，所以生产产业用品的企业往往实行多元化经营，尽可能增加产品品种，扩大企业经营范围，以减少风险。

（五）专业人员购买

由于产业用品特别是主要设备的技术性强，企业通常雇用经过训练的专业人员负责采购工作。企业采购主要设备的工作较复杂，参与决策的人员也比消费者市场多，决策过程更为规范，通常由若干技术专家和最高管理层组成采购委员会领导采购工作。

（六）直接购买

产业购买者往往向生产者直接采购所需产业用品（特别是那些单价高、有高度技术性的机器设备），而不经过中间商。

（七）互惠

产业购买者往往这样选择供应商："你买我的产品，我就买你的产品。"互惠有时表现为三角形或多角形。例如，假设有 A，B，C 三家公司，C 是 A 的顾客，A 就可能提出这种互惠条件：如果 B 购买 C 的产品，A 就购买 B 的产品。

（八）产业购买者往往通过租赁方式取得产业用品

机器设备、车辆、飞机等产业用品单价高，通常用户需要融资才能购买，而且技术设备更新快，因此企业所需要的机器设备等有越来越大的部分不采取完全购买方式，而是通过租赁方式取得。

理解组织做出的购买决策时，要考虑以上这些重要的特征。但是，组织购买者和一般消费者之间的相似之处仍然比人们认为的多。组织购买决策确实比个人消费者决策包含更多的经济或功能因素，但是也有情感因素在其中发挥作用。例如，尽管局外人会认为组织购买者是理智的榜样，但是它们的决策也常常是在品牌忠诚、与某一供应商或销售人员之间的长期关系，有时甚至是在个人审美的考虑下完成的。

随着互联网的发展普及，B2B 电子商务（business-to-business e-commerce）成为组织购买的重要形式，它是指两个或两个以上的公司或组织之间利用互联网进行贸易的过程，包括信息、产品、服务的交换。互联网改变了公司之间的沟通方式，也改变了这些公司与员工共享信息的方式。大约有一半的 B2B 电子商务交易在许多供应商和采购商互动过程中采用拍卖、投标和交换的方式。这就为合作的有关各方在产品开发、生产计划以及补充库存等方面协同工作提供了便利。

第 5 节 组织市场购买行为

借助人工智能技术，企业可以实现 B2B 销售和营销效率的自动化。人工智能技术比人工检索数据更快，并能减少人为错误，从而加快流程并提高整体生产力。这种效率延伸到企业的 B2B 销售团队和营销之间的跨职能协作，确保在所有接触点上保持一致、及时和相关的沟通。B2B 销售和营销自动化可以识别潜在客户在购买过程中的位置，并在客户旅程的每个阶段自动提供定制内容。这种协同作用确保了从潜在客户生成到成交的顺利过渡，确保每个潜在客户都能在正确的时间收到正确的信息，使得销售团队可以更加专注于直接客户参与，进而提升营销绩效。

一、产业市场购买行为与决策

（一）产业用品及其分类

产业用品是指产业购买者购买以后用于加工、生产、经营的产品或服务。消费品和产业用品的主要区别在于购买目的不同。一台割草机，如果有人买去用于自家草坪的定期割草，这台割草机就是消费品；如果有人买去是为了给客户除草，用于做环境整理维护的生意，这台割草机就是产业用品。

根据产品用途的不同，产业用品可以分为两大类：第一类是中间型产业用品（如原材料、零部件等），如阀门、管件、仪表、工具等，主要服务于下游产业用品企业；第二类是最终产业用品，主要服务于工业或工程。

根据参与生产过程和价值转移的情况，可将产业用品划分为材料和部件、资本项目、供应品和服务三大类：

1. 材料和部件。材料和部件是指完全参与生产过程，其价值全部转移到最终产品的那些物品，又可分为原材料以及半制成品和部件两大类。原材料包括农产品（小麦、棉花、家畜家禽、水果和蔬菜）和天然产品（鱼类、水产品、木材、原油、铁矿石）。半制成品和部件则由铁、纱线、水泥、电线等材料和小型电机、轮胎、铸件等零部件组成。

2. 资本项目。资本项目是指辅助生产进行，其实体不形成最终产品，价值通过折旧、摊销的方式部分转移到最终产品之中的那些物品。资本项目包括设施装备和配套设备。设施装备是指工厂、车间、办公室等建筑物以及发电机、钻床、电梯、大型计算机系统等重型设备。重型设备通常是为特殊用户的需要而特别设计和制造的产业用品。建筑物和重型设备这些固定资产需要使用一定年限，有一定的折旧期限，购买整套设施和主要设备所需资金通常是借入的。配套设备是指市场价格低、使用寿命短的小型设备，包括轻便的工程设备、手动工具、升降机、装卸车以及办公设备等。

3. 供应品和服务。供应品和服务是指维持企业正常生产经营所消耗的不形成最终产品而且价值较低、消耗较快、购买批量较小、可替代性较强的产业用品。供应品包括磨具、润滑剂、燃料、清洁用具、纸张等生产补给品和油漆、钉子、扫帚等维修保养品。服务包括维修保养服务（玻璃清洗、环境保洁、物流快递、电脑维修等）以及商业咨询服务（法律咨询、管理诊断、营销调研、数据处理、广告策划、银行保险和投资咨询等）。

（二）产业购买决策的参与者

各企业的采购组织有所不同。小企业只有几个采购人员，大公司有很大的采购部门，由一位副总裁主管。有些采购经理有权决定采购什么规格的产品、由谁供应；有些采购经理只负责把订货单交给供应商。通常，采购经理只对某些次要产业用品有决策权，至于主要设备的采购，采购经理只能按照决策者的意图办事。

在任何一个企业中，除了专职的采购人员之外，还有一些其他人员参与购买决策过程。所有参与购买决策过程的人员构成采购组织的决策单位，营销学称之为采购中心。企业采购中心通常包括五种成员：

1. 使用者，即具体使用欲购买的某种产业用品的人员。使用者往往是最初提出购买某种产业用品意见的人，他们在计划购买产品的品种、规格中起着重要作用。

2. 影响者，即在企业外部和内部直接或间接影响购买决策的人员。他们通常协助企业的决策者决定购买产品的品种、规格等。企业的技术人员是最主要的影响者。

3. 采购者，即在企业中有组织采购工作（如选择供应商、与供应商谈判等）的正式职权人员。在较复杂的采购工作中，采购者还包括参加谈判的公司高层人员。

4. 决定者，即在企业中有批准购买产品权力的人。在标准品的例行采购中，采购者常常是决定者；而在较复杂的采购中，公司领导人常常是决定者。

5. 信息控制者，即在企业外部和内部能控制市场信息流到决定者、使用者的人员，如企业的购买代理商、技术人员等。

当然，并不是任何企业采购任何产品都必须有上述五种成员参加购买决策过程。企业采购中心规模的大小和成员多少会随欲采购产品的不同而有所不同。如果一个企业的采购中心的成员较多，供货企业的营销人员就不可能接触所有的成员，而只能接触其中少数几位成员。在此情况下，供货企业的营销人员必须了解谁是主要的决策参与者，以便影响最有影响力的重要人物。

（三）产业购买者的行为类型

产业购买者不是只做单一的购买决策，而是要做一系列的购买决策。产业购买者所做购买决策的数量、其购买决策结构的复杂性，取决于产业购买者行为类型的复杂性。

产业购买者的行为类型大体有三种。其中，第一种情况是直接重购，基本上属惯例化采购；第二种情况是全新采购，需要做大量的调查研究；第三种情况是介于前两者之间的修正重购，也需要做一定的调查研究。

1. 直接重构，即企业的采购部门根据过去和许多供应商打交道的经验，从供应商名单中选择供货企业，并直接重新订购过去采购的同类产业用品。此时，组织购买者的购买行为是惯例化的。在这种情况下，列入供应商名单的供应商将尽力保持产品质量和服务质量，并采取其他有效措施来提高采购者的满意程度。未列入名单的供应商要试图提供新产品或开展某种满意的服务，以便采购者考虑从它们那里购买产品，同时设法先取得一部分订货，以后逐步争取更多的订货份额。

2. 修正重购，即企业的采购经理为了更好地完成采购工作任务，适当改变要采购的某些产业用品的规格、价格等条件或供应商。这种行为类型较复杂，因而参与购买决策过程的人较多。这种情况给“门外的供货企业”提供了市场机会，并给“已入门的供货企业”造成了威胁，这些供货企业要设法拉拢其现有顾客，保护既得市场。

3. 全新采购，即企业第一次采购某种产业用品。全新采购的成本费用越高、风险越大，那么需要参与购买决策过程的人数和需要掌握的市场信息就越多。这种行为类型最为复杂。因此，供货企业要派出特殊的推销小组，向顾客提供市场信息，帮助顾客解决疑难问题。

在直接重购情况下，产业购买者要做出的购买决策最少；而在全新采购情况下，产业购买者要做出的购买决策最多，通常要做出以下主要决策，即决定产品规格、价格幅度、交货条件和时间、服务条件、支付条件、订购数量、可接受的供应商和挑选出来的供应商等。

不少产业购买者更喜欢从一个卖主那里购买一整套问题解决方案，而不是从多家供货商那里分别购进零散的产品或服务，之后再整合到一起。产业购买者愿意与能够提供最完备的系统方案、最能满足自己需求、最能解决问题的供应商签约。供应商往往就是通过这种系统销售（system selling）策略来赢得客户，控制市场。

（四）影响产业购买者决策的主要因素

产业购买者做购买决策时受一系列因素的影响：

1. 环境因素，即一个企业外部环境的因素。如一个国家的经济前景、市场需求、技术变化、市场竞争、政治与法律情况等。

2. 组织因素，即企业本身的因素。如企业的目标、政策、程序、组织结构、制度等。

3. 人际因素。如前所述，企业的采购中心通常包括使用者、影响者、采购者、决定者和信息控制者，这五种成员都参与购买决策过程。这些参与者在企业中的地位、职权、说服力以及他们之间的关系有所不同。这种人事关系也会影响产业购买者的购买决策和购买行为。

4. 个人因素，即各个参与者的年龄、受教育程度、个性等。这些个人因素会影响各个参与者对要采购的产业用品和供应商的感觉、看法，进而影响购买决策和购买行动。

（五）产业购买者决策过程

供货企业还要了解其顾客的购买过程各个阶段的情况，并采取适当措施，满足顾客在各个阶段的需要，才能使其成为现实的买主。产业购买者购买过程的阶段多少，取决于产业购买者行为类型的复杂程度。

在直接重购这种最简单的行为类型下，产业购买者购买过程的阶段最少；在修正重购情况下，购买过程的阶段多一些；而在全新采购这种最复杂的情况下，购买过程的阶段最多，要经过八个阶段。

1. 认识需要。在全新采购和修正重购情况下，购买过程是从企业的某些人员认识到要购买某种产品以满足企业的某种需要开始的。认识需要是由两种刺激引起的：一是内部刺激，如企业决定推出某种新产品，需要采购生产这种新产品的新设备和原料等；二是外部刺激，如采购人员看广告或参加展销会时，发现了更物美价廉的产业用品。

2. 确定需要，即明确所需品种的特征和数量。确定标准品的特征和数量比较简单易行，至于复杂品，采购人员要和使用者、工程师等共同研究，确定所需品种的特征和数量。供货企业的营销人员在此阶段要帮助采购单位的采购人员确定所需品种的特征和数量。

3. 说明需要。企业的采购组织确定需要以后，要指定专家小组，对所需品种进行价值分析，做出详细的技术说明，作为采购人员取舍的标准。价值分析中所说的“价值”，是指某种产品的功能与这种产品所耗费的资源（成本或费用）之间的比例关系，也就是经营效益（或经营效果）。其公式为：

$$V(\text{价值}) = \frac{F}{C}$$

式中，F（功能）是指产品的用途、效用、作用，也就是产品的使用价值；C 为成本或费用。

人们购买某种产品，实际上要购买的是这种产品的功能。价值分析的目的是：耗费最少的资源，生产出或获得最大的功能，以提高经营效益。

4. 物色供应商。在全新采购情况下，采购复杂的、价值高的品种，需要花较多时间物色供应商。供货企业要加强广告宣传，千方百计提高知名度。

5. 征求建议。企业的采购经理邀请合格的供应商提出建议。如果采购复杂的、价值高的品种，采购经理应要求每个潜在的供应商都提交详细的书面建议。因此，供货企业的营销人员必须善于提出与众不同的建议书，以获得顾客的信任，争取成交。

6. 选择供应商。采购中心根据供应商产品质量、产品价格、信誉、及时交货能力、技术服务等来评价供应商，选择最有吸引力的供应商。许多精明的采购经理一般都希望有多条供应来源，以免受制于人，而且这样能够对各个供应商进行比较。如向第一家供应商采购所需原料的 60%，分别向其他两家供应商采购所需原料的 30%和 10%，这样就可以使这三家供应商展开竞争。越来越多的企业已开始倾向于把供应商看作合作伙伴，设法帮助它们提高供货质量、供货及时性，搞好经营管理，开展供应商营销。供应商营销主要包括两方面的内容：一是确定严格的资格标准以选择优秀的供应商；二是积极争取使那些成绩卓著的供应商成为自己的合作者。

7. 签订合约。采购经理开订货单给选定的供应商，在订货单上列出技术说明、需要数量、期望交货期等。现代企业日趋采取“一揽子合同”，而不采取“定期采购交货”。这是因为，如果采购次数较少，每次采购批量较大，库存就会增加；相反，如果采购次数较少，库存就会减少。采购经理通过和某一供应商签订“一揽子合同”，与这个供应商建立长期供货关系，这个供应商承诺当采购经理需要时即按照原来约定的价格条件随时供货。这样，库存就放在供货企业（卖方）那里，采购单位（买方）如果需要进货，采购经理的电脑就会自动打印出订货单，或者用传真机发送订货单给供应商。因而“一揽子合同”又叫“无库存采购计划”。

8. 绩效评价。采购经理最后还要向使用者征求意见，了解他们对购进的产品是否满意，检查和评价各个供应商履行合同的情况，并根据这种检查和评价，决定以后是否继续向某个供应商采购产品。

现代网络信息技术改变了 B2B 营销的过程，在线购买已成为众多产业购买者的一个标准化采购流程。电子商务为产业购买者提供了新的供应商、低廉的价格，加速了订单处理和配送。企业可以向采购人员在线发送营销信息，提供产品和服务，提供各方面支持，并与顾客保持良好的合作关系。产业购买者可以逆向竞卖（reverse auction）实现电子采购，即将采购需求信息发布到互联网上，吸引供应商竞标。产业购买者也可以建立自己的采购网站，在网站上发布需求、进行招标、商议条款、下订单等。

二、中间商购买行为与决策

中间商的购买行为与购买决策同样受到环境因素、组织因素、人际因素和个人因素的影响，产业市场的大部分特征中间商也具备。尽管如此，中间商购买行为与决策仍有一些独特之处。

（一）中间商购买行为的主要类型

中间商购买行为可分为如下三种主要类型。

1. 购买全新品种，即中间商第一次购买某种从未采购过的新品种。在这种购买行为情况下，可根据市场前景的好坏、买主需求强度、产品获利的可能性等多方面因素决定是否购买。购买决策过程的主要步骤与产业购买者的大致相同，由认识需要、确定需要、说明需要、物色供应商、征求建议、选择供应商、选择订货程序和检查合同履行情况等八个阶段构成。

2. 选择最佳卖主，即中间商对将要购买的品种已经确定，但需考虑选择最佳的供应商，确定从哪家卖主进货。当中间商拟用中间商品牌销售产品时，或由于自身条件限制不能经营所有供应商（而只能是其中一部分供应商）的产品时，就需要从众多的供应商中选择最优者。

3. 寻求最佳条件，即中间商并不想更换供应商，但试图从原有供应商那里获得更为有利的供货条件，如更及时的供货、更合适的价格、更积极的促销合作等。

（二）中间商的主要购买决策

中间商的主要购买决策包括配货决策、供应商组合决策和供货条件决策。配货决策是指决定拟经营的花色品种，即中间商的产品组合。供应商组合决策是指决定拟与之从事交换活动的各有关供应商。供货条件决策是指决定具体采购时所要求的价格、交货期、相关服务及其他交易条件。

在以上所有决策中，最基本、最重要的购买决策是配货决策。因为中间商经营的货品会影响从哪家供应商进货（中间商的供应商组合），也会影响中间商的营销组合和顾客组合。中间商的配货策略主要有四种：

1. 独家配货，即中间商决定只经营某一家制造商的产品。

2. 专深配货，即中间商决定经营许多家制造商生产的同类产品的各种型号规格。

3. 广泛配货，即中间商决定经营种类繁多、范围广泛但尚未超出行业界限的产品。

4. 杂乱配货，即中间商决定经营范围广泛且没有关联的多种产品。

三、政府采购

研究政府采购行为，对于满足政府市场需求、扩大企业销售范围、增加企业销售收入具有重要意义。

（一）政府采购的基本概念

为了解政府采购的行为特征，需要明确区分采购人、政府采购机构、招标代理机构、供应人等基本概念。

1. 采购人。采购人是指使用财政性资金采购物资或者服务的国家机关、事业单位或者其他社会组织。集中采购中的政府采购机构是采购人。政府财政部门是政府采购的主管部门，负责管理和监督政府采购活动。

2. 政府采购机构。政府采购机构是指政府设立的负责本级财政性资金的集中采购和招标组织工作的专门机构。

3. 招标代理机构。招标代理机构是指依法取得招标代理资格，从事招标代理业务的社会中介组织。

4. 供应人。供应人是指与采购人可能或者已经签订采购合同的供应商或者承包商。

（二）政府采购的基本原则

政府采购应遵循如下基本原则：

1. 公开透明、公平竞争、公正和诚实信用原则。政府采购应遵循公开透明、公平竞争、公正和诚实信用原则，维护社会公共利益，促进和保障国家有关法律、法规和社会经济政策的贯彻执行。

2. 勤俭节约原则。政府采购应遵循勤俭节约的原则，制定采购物资和服务的标准，并严格执行标准，不得超标准采购。

3. 计划原则。政府采购应遵循计划原则，按计划进行。采购主管部门应当根据经批准的预算和其他财政性资金的使用计划编制和公布采购计划。

（三）政府采购方式

政府采购可以采用公开招标、邀请招标、竞争性谈判、单一来源采购和询价等国务院政府采购监督管理部门认定的采购方式。其中公开招标应作为政府采购的主要方式。

1. 公开招标。公开招标应当按照采购主管部门规定的方式向社会发布招标公告，并有至少三家符合投标资格的供应人参加投标。采购主管部门应当就集中采购的项目编制采购目录，并根据实际需要逐步扩大集中采购的范围。采购人不得将应当以公开招标方式采购的货物或者服务化整为零或者以其他任何方式规避公开招标采购。

2. 邀请招标。采购项目具有特殊性，只能从有限范围的供应商处采购的，或者采用公开招标方式的费用占政府采购项目总价值的比例过大的，可采取邀请招标的方式。邀请招标应当从符合相应资格条件的供应商中，通过随机方式选择三家以上的供应商，并向其发出投标邀请书。

3. 竞争性谈判。出现以下情况之一的货物或服务，可以采用竞争性谈判方式采购：招标后没有供应商投标、没有合格标的或者重新招标没有成立的；技术复杂或者性质特殊，不能确定详细规格或者具体要求的；采用招标所需时间不能满足用户紧急需要的；不能事先计算出价格总额的。竞争性谈判方式采购的程序是：成立谈判小组；制定谈判文件；确定邀请参加谈判的供应商名单；谈判；确定成交供应商。

4. 单一来源采购。出现以下情况之一的货物或服务，可以采用单一来源方式采购：只能从唯一供应商处采购的；发生了不可预见的紧急情况，不能从其他供应商处采购的；必须保证原有采购项目一致性或者服务配套的要求，需要继续从原供应商处添购，且添购资金总额不超过原合同采购金额 10%的。采取单一来源方式采购的，采购人与供应商应当遵循法律规定的原则，在保证采购项目质量和双方商定合理价格的基础上进行采购。

5. 询价。采购的货物规格、标准统一，现货货源充足且价格变化幅度小的政府采购项目，可以采用询价方式采购。采用询价方式采购的程序是：成立询价小组；确定被询价的供应商名单；询价；确定成交供应商。

小　结

消费者市场是指所有为了个人消费而购买产品或服务的个人和家庭所构成的市场，它具有分散性、差异性、多变性、替代性和非专业性等特点。消费者市场的购买对象主要是便利品、选购品和特殊品。消费者购买决策在很大程度上受到文化、社会、个人、心理和情境等因素的影响，在某些情况下，情境因素会改变其他四个因素对消费者购买行为决策的影响。消费者购买行为包括习惯型、变换型、协调型、复杂型四种类型。在复杂型购买行为中，消费者购买决策过程由引起需要、收集信息、评价方案、决定购买以及购后感觉和行为五个阶段构成。新产品采用过程一般要经历认识、说服、决策、实施和证实五个阶段，而新产品采用者由创新采用者、早期采用者、早期大众、晚期大众和落后采用者构成。意见领袖在新产品扩散过程中发挥着重要作用。

组织市场是指所有为满足其各种需求而购买产品和服务的组织机构所构成的市场。它可分为三种类型，即产业市场、中间商市场和政府市场。企业采购中心通常包括五种成员：使用者、影响者、采购者、决定者和信息控制者。产业购买者的行为类型大体有三种：直接重购、修正重购和全新采购。产业购买者做购买决策时受到环境因素、组织因素、人际因素和个人因素影响。全新采购的购买过程的阶段最多，要经过认识需要、确定需要、说明需要、物色供应商、征求建议、选择供应商、签订合约和绩效评价等八个阶段。中间商的主要购买决策包括配货决策、供应商组合决策和供货条件决策。政府采购应遵循如下基本原则：公开透明、公平竞争、公正和诚实信用原则；勤俭节约原则；计划原则。

基本概念

消费者市场	参照群体	生活方式
便利品	选购品	特殊品
实用品	享乐品	系统销售
生活方式	社会阶层	社会角色
电子商务	在线购买	逆向竞卖
产业用品	习惯型购买行为	变换型购买行为
协调型购买行为	复杂型购买行为	新产品采用过程
意见领袖	产业市场	直接重购
修正重购	供应商营销	价值分析

复习题

1. 影响消费者购买行为的因素有哪些？它们怎样影响消费者购买行为？
2. 什么是参照群体？参照群体在消费者购买行为中的作用是什么？
3. 消费者购买行为的类型有哪些？分别具有什么特点？在什么样的条件下适用？
4. 为了说服消费者，企业应该从哪些方面来介绍自己新产品的特性？新产品的采用与扩散有何不同？
5. 产业购买决策的参与者主要有哪些？采购中心对营销管理的启示是什么？

案例分析

蘑菇街如何激发消费者购买热情

在行业竞争日益激烈的背景下，蘑菇街正着力从内容创造者向专业服务提供商转变，以应对直播电商领域KOL的更迭现象，通过提高服务质量和多样性，为合作企业、领导者及平台用户创造更高效、更具价值的电商环境。蘑菇街通过精准的市场定位和丰富多样的商品选择，满足了不同消费者的个性化需求。

以2024年“6·18”电商大促为例，数据显示，蘑菇街平台每2个用户直播间即产生1单成交，同时客单价和客件数同比增长20.1%和6.69%，不仅有效提升了蘑菇街的用户黏性，也刺激了消费者的购买欲望，有效提升了交易转化率。活动期间，核心类目女装依旧保持38%的稳定增长，而箱包、男装、户外等品类也有了倍数增长。这恰恰证明了蘑菇街在趋势洞察与品类拓展方面的成功——在时尚作为基本风行的基础上，保持高黏性用户关系，同时敏锐捕捉用户的消费需求，完成消费供给。

由于短视频与直播电商行业的蓬勃发展，市场竞争已趋白热化，主播获取流量的难度显著增加，其运营压力与成本负担显著增加。基于自身平台生态内玩家们的赋能，在过去一年里，蘑菇街在源头供应链持续发力，从基础的产品定制迭代为围绕趋势洞察、选品、推广、助播等全方位的专业服务，为KOL和商家提供采购、推广及营销等一站式解决方案，以此降低传统产业供应链商家数字化转型的门槛与成本，并由此提升平台内达人/主播的产品竞争力。

蘑菇街以其独具匠心的策略，为消费者和商家带来了一个互动性强、效率高的购物体验。2024 年“6·18”，蘑菇街通过“真 5 折”促销活动，吸引了广大消费者的目光，为他们提供了实实在在的优惠，多款百万单品受到消费者的喜爱和好评。蘑菇街还简化了消费者的购物流程，为商家和消费者构建了一个高效互动的平台，实现了销售与体验的双重升级。消费者在了解热门商品的同时，也能掌握最大力度的补贴商品。此外，平台发放了大量优惠券，如“满 200—20”的通用券，及一系列满减活动，更有机会抽取高价值爆款商品的五折优惠，激发了消费者的购买热情。

蘑菇街在“6·18”超前嗨购期间已放出超多品类爆款好物，例如美妆、家电、百货、鞋子、男装、女装等。女装作为蘑菇街的核心品类，在“6·18”大促中保持了稳定增长。尤其在初夏至盛夏过渡期，度假风连衣裙、时尚光芒裙、复古套装和国风裙等清新优雅的女装单品备受青睐。防晒薄荷曼波两件套，凭借其时尚与防晒双重功能，销售额高达 277 万元。

在“6·18”首日，蘑菇街美妆销售额在短短两小时内便突破千万元。其中百万爆品前十榜单中，8 个为新品牌，部分品牌销售数据相比去年增长了 20%～30%。这一成绩彰显了蘑菇街对市场定位的精准把握和丰富的商品选择，满足了消费者多元化需求，推动了销量的强劲增长。

蘑菇街通过创新营销手段与精细化运营，在细分市场中开辟了新的增长点，进一步丰富了蘑菇街的商品生态，满足了消费者日益多元化的购物需求。通过精准的市场定位和丰富多样的商品选择，蘑菇街满足了不同消费者的个性化需求，为他们带来了愉快的购物体验。同时，蘑菇街也为商户提供了一个高效、互动的平台，助力他们实现销售目标。这种创新的营销模式不仅提升了蘑菇街的用户黏性，也为商户带来了实实在在的价值，实现了平台与商户的共赢。

资料来源：蘑菇街“6·18”精细化运营成差异化优势，实现销售与品牌双赢．中国商报，2024-07-22；蘑菇街创新营销策略揭秘：个性化需求驱动电商新增长，实现平台差异化竞争优势．(2024-07-19). 国际在线；市场细分需求迎来大爆发，蘑菇街在电商大促中多品类单品上榜百万爆款．中国商报，2024-07-18.

思考题

1. 蘑菇街影响了消费者购买行为的哪些因素从而在营销中脱颖而出？
2. 蘑菇街的营销策略对其他企业有何启示？

第 7 章

市场竞争战略

| 本章要点 |

- 识别竞争者的主要方法。
- 竞争战略的基本类型。
- 市场主导者、挑战者等的主要竞争战略。
- 战略联盟的主要形式。

市场竞争是市场经济的基本特征之一，它是指同类经济行为主体出于自身利益的考虑，为增强自己的经济实力，排斥同类经济行为主体而采取的符合市场规律的各种活动。正确的市场竞争战略是企业成功实现其营销目标的关键。在加快构建以国内大循环为主体、国内国际双循环相互促进的新发展格局背景下，企业要想在激烈的市场竞争中立于不败之地，就必须树立营销观念，强化服务意识，制定正确的市场竞争战略，努力取得竞争的主动权。习近平指出："增强企业对市场需求变化的反应和调整能力，提高企业资源要素配置效率和竞争力。"① 所谓市场竞争战略，就是企业基于自身在市场上的地位，为了生存和发展，在竞争中保持或提高其市场地位和竞争实力而采取的具体行动方式。

第 1 节　竞争者分析

企业在开展营销活动的进程中，仅了解顾客是远远不够的，还必须了解竞争者。知彼知己，才能取得竞争优势，在商战中获胜，进而不断增强企业的生存力、竞争力、发展力、持续力。

一、识别企业的竞争者

竞争者一般是指那些提供的产品或服务与本企业类似，并且所服务的目标顾客也相

① 习近平谈市场经济：不能忘了"社会主义"这个定语．(2019－01－28)．人民网．

似的其他企业。习近平指出："企业发展当然要竞争，没有人会把市场拱手让给竞争对手。我们希望这种竞争是良性的、符合市场规律的。"① "任何时候世界都有竞争，但竞争应该是相互借鉴、你追我赶，共同进步，而不是你输我赢、你死我活。""我们所做的一切，说到底就是要让人民过上幸福生活。但是，有的国家不甘心失去其霸权地位，对新兴市场国家和发展中国家肆意围堵打压。谁发展得好，就要遏制谁；谁赶上来了，就要使绊子。我曾多次讲，吹灭别人的灯，并不会让自己更加光明。"② 这些重要论述对于指导我国企业制定正确的市场竞争战略具有重要的意义。

识别竞争者看起来是简单易行的事，其实并不尽然。企业的现实竞争者和潜在竞争者的范围很广。通常可从产业和市场两个方面来识别企业的竞争者。

1. 产业竞争观念。从产业方面来看，提供同一类产品或可相互替代产品的企业构成一种产业，如汽车产业、医药产业等。如果一种产品价格上涨，就会引起另一种替代产品的需求增加。例如，咖啡涨价会促使消费者转而购买茶叶或其他软饮料，因为这些是可相互替代的产品，尽管它们的自然形态不同。企业要想在整个产业中处于有利地位，就必须全面了解本产业的竞争模式，以确定自己的竞争者。党中央提出，要强化行业自律，防止"内卷式"恶性竞争。③

例 7-1　咖啡市场的供应链竞争

2. 市场竞争观念。从市场方面来看，竞争者是那些满足相同市场需要或服务于同一目标市场的企业。以市场观点分析竞争者，可使企业拓宽眼界，更广泛地看清自己的现实竞争者和潜在竞争者，从而有利于企业制订长期的发展规划。习近平指出："当今世界，最稀缺的资源是市场。市场资源是我国的巨大优势，必须充分利用和发挥这个优势，不断巩固和增强这个优势，形成构建新发展格局的雄厚支撑。"④

在人工智能技术迅速发展的背景下，百度、京东和淘宝开展了卓有成效的市场竞争。作为国内最早入局大模型的人工智能公司，百度在 AI 电商领域持续投入并在 GMV 等方面有了积极反馈。百度电商于 2023 年 5 月上线百度优选后，同年"双 11"推出了百度优选智能导购，致力于为用户解决在商品选购、商品决策过程中的体验和效率问题。京东侧重发力数字人形象，其开发的言犀数字人平台融合了京东言犀大模型及多模态人机交互技术，具备零幻觉、零样本、高可控等特性，为企业和个人用户提供个性化、风格化、小时级的数字人定制解决方案。淘宝 AI Agent-Quick 管家能为中小卖家提供包括 AI 数科、AI 运营、AI 设计、AI 小编和 AI 助理在内的 5 名电商虚拟员工，为商家提供日常经营操作的智能代理，降低电商经营复杂度。5 名电商虚拟员工掌握电商经营的 129 项技能，可代理 80%左右的人工工作。通过智能化的数据分析和优化的店铺运营策略，AI 生

---

① 习近平接受路透社采访时强调 共同开启中英全面战略伙伴关系的"黄金时代"为中欧关系全面推进注入新动力．(2015-10-18)．http：//news. cntv. cn/2015/10/18/ARTI1445166713688919. shtml.

② 习近平在 2023 年金砖国家工商论坛闭幕式上的致辞．(2023-08-23)．新华网.

③ 中共中央政治局召开会议 分析研究当前经济形势和经济工作 审议《整治形式主义为基层减负若干规定》中共中央总书记习近平主持会议．(2024-7-30)．新华网.

④ 习近平．论把握新发展阶段、贯彻新发展理念、构建新发展格局．北京：中央文献出版社，2021：485-486.

意管家可有效应对电商平台的日常挑战，人力成本可降低约 70%。

二、确定竞争者的目标与战略

确定了谁是企业的竞争者之后，还要进一步搞清每个竞争者在市场上追求的目标和实施的战略是什么，每个竞争者行为的动力是什么。“知己知彼，才能百战不殆。没有意识到风险是最大的风险。”[1] 可以假设，所有竞争者努力追求的都是利润的极大化，并据此采取行动。但是，各个企业对短期利润或长期利润的侧重点不同。有些企业追求的是“满意”的利润而不是“最大”的利润，只要达到既定的利润目标就满意了，即使其他策略能获得更多的利润它们也不予考虑。

（一）竞争者的目标

每个竞争者都有侧重点不同的目标组合，如获利能力、市场份额、现金流量、技术领先和服务领先等。企业要了解每个竞争者的重点目标是什么，才能正确估计对不同的竞争行为将如何反应。例如，一个以“成本领先”为主要目标的竞争者，对其他企业在降低成本方面技术突破的反应，要比对增加广告预算的反应强烈得多。企业还必须注意监视和分析竞争者的行为，如果发现竞争者开拓了一个新的细分市场，那么，这可能是一个市场机会；或者发觉竞争者正试图打入属于自己的细分市场，那么应抢先下手，予以回击。

竞争者目标的差异会影响其经营模式。美国企业一般以追求短期利润最大化模式来经营，因为其当期业绩是由股东评价的。如果短期利润下降，股东就可能失去信心，抛售股票，以致企业资金成本上升。日本企业一般按市场份额最大化模式经营。它们需要在一个资源贫乏的国家为 1 亿多人提供就业，因而对利润的要求较低，大部分资金来源于寻求稳定的利息而不是高额风险收益的银行。日本企业的资金成本要远远低于美国企业，所以能够把价格定得较低，并在市场渗透方面显示出更大的耐心。

（二）竞争者的战略

各企业采取的战略越相似，它们之间的竞争就越激烈。在多数行业中，根据所采取的主要战略的不同，可将竞争者划分为不同的战略群体。例如，在家电行业，美的、格力、海尔等公司都提供高端家电，因此可将它们划归同一战略群体。

根据战略群体的划分，可以归纳出两点：一是进入各个战略群体的难易程度不同。一般小型企业适于进入投资和声誉都较低的群体，因为这类群体较易打入；而实力雄厚的大型企业则可考虑进入竞争性强的群体。二是当企业决定进入某一战略群体时，首先要明确谁是主要的竞争对手，然后决定自己的竞争战略。假如某公司要进入上述家电公司的战略群体，就必须有战略上的优势，否则很难吸引相同的目标顾客。

例 7-2　AI 企业的三大阵营

除了在同一战略群体内存在激烈竞争外，在不同战略群体之间也存在竞争。原因是：第一，某些战略群体可能具有相同的目标顾客；第二，顾客可能分不清不同战略群体的产品的区别，如分不清高档货与中档货的区别；第

① 习近平：在网络安全和信息化工作座谈会上的讲话．(2016-04-25)．新华社．

三，属于某个战略群体的企业可能改变战略，进入另一个战略群体，如提供中档货的企业可能转产高档货。

（三）竞争者的能力分析

党中央提出，要“强化市场优胜劣汰机制”①。对竞争者的优劣势分析应集中在五种关键的能力上。

1. 创新能力。它是指企业在掌握现代科技的基础上，利用从研究和实践经验中获得的知识或从外部引进技术，为生产新的产品和装置、建立新的工艺和系统而进行实质性改进工作的能力。对竞争者创新能力的评价有助于预测新产品面市的可能性，或使用新技术避开现有产品的可能性。这种能力的标志有：技术资源，譬如持有的专利和版权数量；人力资源，譬如员工的技术和创新素质；资金能力，表现为相对全行业平均水平而言，全部可用资金以及用于研发的比例。

2. 生产能力。它是指企业在一定时期为市场提供产品或服务的能力。在制造行业中，生产能力包括产能及其利用情况；而在服务行业中，指提供服务的能力。能力充裕的公司明显更有机会应对增长的需求。与此相类似，能通过吸引娴熟、主动性强的业余员工来灵活管理自身资源的服务公司，比雇用具有特定技能的固定员工的公司有更多的灵活性。物质资源和人力资源（前者包括厂房、设备等，后者包括员工的技能和灵活性等）都可以反映生产能力。

3. 营销能力。它是指企业统筹利用内外部资源，满足目标市场需要，实现营销目标，确保企业持续发展的能力。一个拥有很强创新能力和生产能力的竞争者，可能在向顾客营销产品或服务方面相对较弱。考察竞争者的营销组合是评价其营销能力的最佳方法。此时，分析的重点是评价销售、营销、广告和分销等领域中的人员技能。可用资金和投入营销活动的资金也是重要内容。

4. 融资能力。它是指企业从自身生产经营、资金拥有和使用的实际出发，充分考虑未来企业发展需要，通过科学预测和决策，采用一定的方式，从一定的渠道向投资者和债权人筹集资金，组织资金供应，以保证企业正常生产经营需要的能力。

5. 管理能力。它是指企业管理队伍的规模、素质和结构，管理手段的科学化、现代化程度，以及管理研究与教育的水平等方面的综合实力。

图7-1中的表格表明了公司自身（“我方”）如何评价自己和三个竞争者A，B，C的相对能力。这里，“我方”选取了六个重要方面，分别给自己和三个竞争者打分，分数值在−2（很糟）～2（很好）之间。结果显示，“我方”和竞争者A，B在整体能力和平均分数上十分相似，显然，它们在整体实力上相近。然而，不要因为总分而忽略了市场中主要因素的不同。它们各自不同的相对实力清楚地表明：在相同的机会下，它们可能朝不同的方向发展。例如，A公司可以依靠其在欧洲营销应用技术的优势，而B公司可能不得不通过其在技术广度和研发方面的优势来实现差异化，以保持市场地位。然而，如果技术或市场的变动方向是需要大笔支出，B公司可能就比A公司或“我方”要弱一些。对竞争能力的考察还显示，C公司整体看起来较弱，可以是“我方”的最佳收购目

① 中共中央政治局召开会议 分析研究当前经济形势和经济工作 审议《整治形式主义为基层减负若干规定》中共中央总书记习近平主持会议．人民日报，2024-07-31.

标。虽然 C 公司在研发和技术领域比较薄弱，但它在欧洲市场有很好的营销表现，收购 C 公司也许可以使“我方”快速进入欧洲市场。

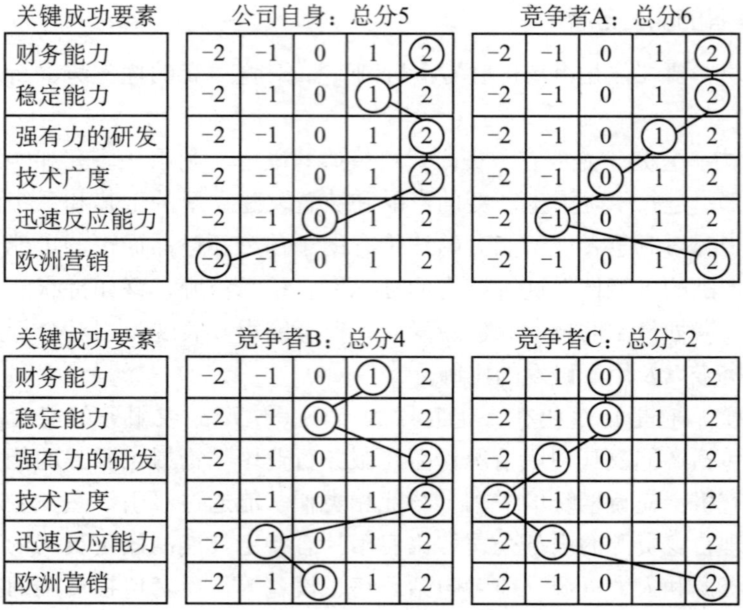

图 7－1　竞争者的能力

三、判断竞争者的市场反应

竞争者的目标、战略、优势和劣势决定了它对降价、促销、推出新产品等市场竞争战略的反应。此外，每个竞争者都有一定的经营哲学和指导思想。因此，为了估计竞争者的反应及可能采取的行动，企业的营销管理者要深入了解竞争者的思想和信念。当企业采取某些措施和行动之后，竞争者会有不同的反应。

（一）从容不迫型竞争者

一些竞争者反应不强烈，行动迟缓，原因可能是认为顾客忠于自己的产品，也可能是重视不够，没有发现对手的新措施，还可能是缺乏资金无法做出适当的反应。

（二）选择型竞争者

一些竞争者可能会在某些方面反应强烈，如对降价促销总是强烈反击，但对其他方面（如增加广告预算、加强促销活动等）却不予理会，因为它们认为这对自己威胁不大。

（三）凶猛型竞争者

一些竞争者对任何方面的进攻都迅速强烈地做出反应，如宝洁公司就是一个强劲的竞争者，一旦受到挑战就会立即发起猛烈的全面反击。因此，同行企业都避免与它直接交锋。

（四）随机型竞争者

有些企业的反应模式难以捉摸，它们在特定场合可能采取也可能不采取行动，并且无法预料它们将会采取什么行动。

四、选择企业应采取的对策

企业明确了谁是主要竞争者并分析了竞争者的优势、劣势和反应模式之后，就要决定自己的对策：进攻谁、回避谁，可根据以下几种情况做出决定。

（一）竞争者的强弱

多数企业以较弱的竞争者为进攻目标，认为这可以节省时间和资源，事半功倍，但实际上获利较少。相反，有些企业以较强的竞争者为进攻目标，认为这可以提高自己的竞争能力并且获利较大，而且即使是强者也总会有劣势。

（二）竞争者与本企业的相似程度

多数企业主张与相近的竞争者展开竞争，但同时又认为应避免摧毁相近的竞争者，因为其结果很可能对自己不利。例如，博士伦眼镜公司在与其他同样生产隐形眼镜的公司的竞争中大获全胜，导致竞争者完全失败而将企业卖给了竞争力更强的大公司，结果博士伦眼镜公司要面对更强大的竞争者，处境更艰难。

（三）竞争者表现的好坏

有时竞争者的存在对企业是必要的和有益的，具有战略意义。竞争者可能有助于增加市场总需求，可分担市场开发和产品开发的成本，并有助于使新技术合法化；竞争者为吸引力较小的细分市场提供产品，可导致产品差异性的增加；最后，竞争者还可以增强企业同政府管理者或员工的谈判力量。但是，企业并不是把所有的竞争者都看成是有益的。因为每个行业中的竞争者通常都有表现良好和具有破坏性两种类型。表现良好的竞争者按行业规则行动，按合理的成本定价，有利于行业的稳定和健康发展；它们激励其他企业降低成本定价；它们激励其他企业降低成本或增加产品差异性；它们接受合理的市场份额与利润水平。而具有破坏性的竞争者则不遵守行业规则，常常不顾一切地冒险，或用不正当手段（如收买贿赂买方采购人员等）扩大市场份额等，从而扰乱了行业的正常发展。

那些表现好的竞争者试图组成一个只有好的竞争者的行业。它们通过颁发许可证，选择相互关系（攻击或结盟）及其他手段，试图使本行业竞争者的营销活动限于协调合理的范围之内，遵守行业规则，凭自己的努力扩大市场份额，彼此在营销因素组合上保持一定的差异性，从而减少直接的冲突。

企业在进行市场分析之后，还必须明确自己在同行业竞争中所处的位置，进而结合自己的目标、资源和环境，以及在目标市场上的地位等来制定市场竞争战略。现代营销理论根据企业在市场上的竞争地位，把企业分为四种类型：市场主导者、市场挑战者、市场跟随者和市场补缺者。

第 2 节　基本竞争战略

党的二十届三中全会指出，要“保证各种所有制经济依法平等使用生产要素、公平参与市场竞争、同等受到法律保护”[①]。制定竞争战略的实质就是将一个企业与其所处环境建立联系。环境中的关键部分主要由企业所在的相关行业、行业结构及行业竞争状态构成。迈克尔·波特（Michael Porter）提出对企业战略具有深远影响的五种力量模型，认为行业内部的竞争状态取决于如下基本的竞争情况：供应商和购买者讨价还价的能力，潜在进入者的威胁，替代品的威胁，以及现有厂商之间的竞争。波特进一步提出，有三种基本的竞争战略可以使企业成为行业中的佼佼者，即成本领先战略、差异化战略和聚焦战略。

一、成本领先战略

成本领先战略主要依靠追求规模经济、专有技术和优惠的原材料等因素，以低于竞争对手或行业平均水平的成本提供产品和服务，来获得较高的利润和较大的市场份额。习近平指出，要引导企业突出主业、降低成本、提高效率，形成自己独有的比较优势，发扬“工匠精神”，加强品牌建设，培育更多“百年老店”，增强产品竞争力。[②] 成本领先战略要求企业建立达到有效规模的生产设施，在经验基础上全力以赴降低成本，抓紧成本与管理费用的控制，最大限度地减少研究与开发、服务、推销、广告等方面的成本费用。尽管质量、服务以及其他方面也不容忽视，但贯穿这一战略的主题是使企业的成本低于竞争对手。专家预测指出，AI 炒菜机器人在我国餐饮业的应用潜力巨大，应加大 AI 机器人等新质生产力在餐饮、养老行业的应用。AI 炒菜机器人在养老场景中的应用，能做到“新鲜现炒”“营养健康”“价格实惠”等，并且有效地解决一些养老机构成本高且要持续实现盈利等的问题。[③]

（一）成本领先战略的优势及潜在风险

1. 成本领先战略的优势。即便处于竞争激烈的市场环境中，处于低成本地位的企业仍可获得高于行业平均水平的收益。成本优势可以使企业在与竞争对手的竞争中受到保护，低成本意味着当别的企业在竞争过程中已失去利润时，这个企业仍然可以获取利润。低成本地位有利于企业在强大的买方压力中保护自己，考虑到需有多种选择及降低购买风险的要求，购买方最多只能将价格压到效率居于其次的竞争对手的水平。低成本也有利于企业抵御来自供应商的威胁，使企业应对供应商产品涨价时具有较高的灵活性。带来低成本地位的各种因素通常也以规模经济或成本优势的形式产生进入障碍，提高了进入壁垒，削弱了新进入者的竞争力。低成本企业可以采取降低价格的办法保持、维护现有消费者，提高消费者转向替代品的转换成本，降低替代品对企业的冲击，为企业赢得反应时间。因此，成本领先战略可以使企业在面临竞争者的威胁时处于相对主动的地位，有效地保护企业。

2. 成本领先战略的潜在风险。企业实施成本领先战略时，为了占据较高的市场份额，通常会产生高昂的购买先进设备的前期投资和初始亏损。一旦出现具有破坏性的变革技术并在生产中得到应用，就会使企业成本方面的高效率优势不复存在，前期高额投

---

① 中共二十届三中全会在京举行 中央政治局主持全会 中央委员会总书记习近平作重要讲话．人民日报，2024-07-19.

② 习近平：推进供给侧结构性改革是一场硬仗．(2017-06-21)．人民网.

③ AI 炒菜机器人公司再获京东近 2 亿元战略投资．广州日报，2024-07-22.

资的收益率急剧下降，同时给竞争对手带来以更低成本进入市场的机会。因此，采用成本领先战略的企业必须对这种潜在风险加以注意，加强对企业外部环境，尤其是技术环境方面的认识和了解，降低因技术发展而产生的投资风险。

值得注意的是，AI可能催生大量此前因人力成本过高或需求不稳定而无法实现的“AI岗位”。当商品价格上涨时，更多厂商会进入市场增加供给，最终推动价格回落。然而，熟练劳动力市场的供给弹性往往较低。试想，如果明天护士的工资增加5倍，短期内很难显著增加护士供给，但可能促使更多人进入护士学校，三年后陆续毕业。倘若明天就迫切需要大量新护士，三年的培养周期无疑是巨大挑战，而AI可以快速“上岗”填补市场空缺。此外，有些低成本企业将注意力过多地放在成本上，忽视了消费者需求的变化，在产品技术开发方面投入不足，难以生产出符合消费者需求的产品，无法让顾客满意，这对企业发展是非常不利的。如果低成本企业的产品被认为与其对手不能相比或不被顾客接受，那么低成本企业为了增加销售量而被迫削价以至于采用远低于竞争者的价格，将抵消掉其理想的成本地位所带来的收益，甚至会使企业自身在激烈的市场竞争中被淘汰出局。

成本领先战略有一定的适用范围，当产品的市场需求具有较高的价格弹性，产生差异化的途径很少，价格构成市场竞争的主要因素，而且购买转换成本较低时，企业可以考虑这一战略。阿里研究院统计显示，已使用AI的商家中，约50%的商家认为生成式AI技术在开店、发品、内容直播、广告营销、客服等方面均产生作用，尤其是“一键生成”功能对减轻经营负担发挥了积极作用。AI技术帮助商家降低了运营成本、提高了工作效率，并带来了可观的利润增长。特别是在内容创作和智能推荐方面，AI的加入让商家能够更加专注于核心业务的发展和创新。①

（二）成本领先战略的实现途径

面对激烈的市场竞争，企业实施成本领先战略必须“按照高端化、智能化、绿色化要求，加大科技创新力度，延伸产业链、提高附加值，不断提质、降本、增效，推动高质量发展”②。

1. 实现规模经济。它是指通过扩大生产规模而引起经济效益提升的现象。根据经济学原理，在超过一定规模之前，产量越大，单位平均成本越低。因而，实现成本领先，通常应选择那些同质化程度高、技术成熟、标准化的产品进行规模化生产。

2. 做好供应商营销。供应商营销就是与上游供应商如原材料厂家、能源厂家、零配件厂家等建立起良好的协作关系，以便获得低廉、稳定的上游资源供应，并在一定程度上影响和控制供应商，对竞争者建立起资源性壁垒。企业在获取供应成本优势的同时应与供应商建立互助互利、平等的长期战略合作伙伴关系。

3. 塑造企业成本文化。一般来说，追求成本领先的企业应着力塑造一种注重细节、精打细算、讲究节俭、严格管理、以成本为中心的企业文化。企业在关注外部成本的同时，也要重视内部成本；不仅应把握好战略性成本，也要控制好生产成本；更要兼顾短期成本与长期成本。

---

① 岳悬．AI如何赋能电商高质量发展？．人民邮电报，2024-08-23.

② 习近平在广西考察时强调 解放思想创新求变向海图强开放发展 奋力谱写中国式现代化广西篇章．人民日报，2023-12-16.

4. 生产技术创新。降低成本最有效的办法是生产技术创新，加强生产技术和管理能力培训，促进管理现代化。技术革新或技术革命会大幅降低成本，生产组织效率的提高也会带来成本的降低。在新能源汽车领域，北汽新能源深知绿色、低碳出行方式的重要性，因此，不遗余力地投入研发资源，努力提升电池的能量密度、优化整车设计和动力系统，力求在新能源汽车技术上实现重大突破。经过不懈的努力和深入的探索，北汽新能源成功实现了新能源汽车续航里程的显著增长。这一成果不仅极大地提升了车辆的实用性，满足了消费者日益增长的需求，也有效降低了能耗，提高了能源使用效率，为绿色出行贡献了一份力量。①

二、差异化战略

例 7－3　AI 企业的差异化战略

差异化是指企业就消费者广泛重视的某些方面在行业内独树一帜，使企业产品、服务或形象与众不同，以一种独特的定位满足客户的需求。企业往往因其产品独特性而获得溢价的报酬。实现差异性可以有许多方式，如产品特色、性能质量、产品风格、可维修性、产品设计、品牌形象等。理想的情况是企业在产品、服务、人员、营销渠道和形象等几个方面都实现差异化，以便享有品牌溢价能力所带来的利润。应当强调的是，差异化战略并不意味着企业可以忽略成本，只是此时成本不是企业的首要战略目标。习近平考察宁夏时指出："宁夏地理环境和资源禀赋独特，要走特色化、差异化的产业发展路子，构建体现宁夏优势、具有较强竞争力的现代化产业体系。宁夏的现代煤化工和新型材料产业，风电、光伏、氢能等清洁能源产业，葡萄酒、枸杞等特色产业，要精耕细作、持续发展。加强文化与旅游深度融合，积极发展特色旅游、全域旅游。"②

（一）差异化战略的优势及潜在风险

1. 差异化战略的优势。差异化战略利用顾客对产品特色的偏爱和忠诚，降低了产品价格的敏感性，从而使企业可以避开价格竞争，在相关领域获得持续经营优势，使利润增加却不必追求低成本。顾客的偏爱和忠诚构成了较高的进入壁垒，竞争对手要战胜这种"独特性"需付出很大的代价。产品差异给企业带来较高的边际收益，企业可以用来应对供方威胁；顾客缺乏选择余地使其价格敏感度下降；差异化也缓解了来自买方的压力。采取差异化战略而赢得顾客忠诚的企业，在面对替代品威胁时，其所处地位比其他竞争对手更为有利。

2. 差异化战略的潜在风险。实现产品差异化有时会与争取占领更大的市场份额相矛盾，它往往要求企业对这一战略的排他性有思想准备，即这一战略通常与提高市场份额不可兼顾。较为普遍的情况是，企业实现产品差异化意味着以高成本为代价，譬如广泛的研究、高质量的材料和周密的顾客服务等，因此实行差异化战略的企业其产品价格一般高于行业平均价格水平。但是，并非所有顾客都愿意或有能力支付企业因其独特性而

---

① 北汽新能源积极响应绿色可持续发展，为健康出行贡献一份力量．聊城日报，2024－07－22.

② 习近平在宁夏考察时强调 建设黄河流域生态保护和高质量发展先行区 在中国式现代化建设中谱写好宁夏篇章．人民日报，2024－06－22.

要求的较高价格，导致目标市场较为狭窄，无形中扩大了竞争对手的市场空间和价格优势。此外，如果公司的差异化并不是建立在独具特色的营销资产之上，就极有可能被竞争者模仿。要把这一风险降到最低，只能将差异化建立在公司特有的技术或者营销资产的基础之上，使竞争者无法模仿。风险还有可能源自公司的某个差异化因素对消费者而言变得不重要了，或者市场上出现了消费者更加推崇的差异化因素，以及形成差异化的成本可能超过它所带来的价值。

（二）差异化战略的实现途径

差异化战略是指企业创造一系列有意义的差异，以使本企业的产品或服务等与竞争者的产品和服务相区别的战略行为。它一般包括产品差异化、服务差异化、人员差异化、营销渠道差异化和形象差异化。

1. 产品差异化。产品差异化主要体现在以下几方面。

（1）形式。考虑到人们的审美观及实际需要，许多产品在形式上是有差异的，包括产品的尺寸、形状或者结构。实践表明，人们偏爱流线型外观包装的饮料，而旅行者更喜欢小瓶装矿泉水。

（2）性能质量。大多数产品处于以下四种性能水平之中：低、平均、高和超级。性能质量是指产品的主要特点在运用中的水平。研究发现，在产品质量和投资回报之间存在很强的正相关性。

（3）耐用性。耐用性是衡量一个产品在自然或重压条件下的预期使用寿命的指标。购买者一般愿意为产品的耐用性支付溢价。不过，技术更新较快的产品不在此列。

（4）设计。在快速变化的市场中，仅有价格和技术是不够的。设计成为企业竞争的突破口。设计是从顾客要求出发，影响一个产品外观和性能的全部特征的组合。随着竞争日趋激烈，设计将提供一种最有效的方法使公司的产品和服务实现差异化。

事实上，企业在选择产品差异化的时候往往并不拘泥于一种形式，而是根据产品特征和消费者市场需求等因素综合运用。

2. 服务差异化。当产品差异化已不明显时，企业可以通过服务差异化来增加产品价值。2024年8月，我国发布了《国务院关于促进服务消费高质量发展的意见》，提出：要通过创新服务消费场景、加强服务消费品牌培育、扩大服务业对外开放、加强服务消费监管、引导诚信合规经营、完善服务消费标准等支持举措进一步优化服务供给，为服务消费发展增添新动力。[①] 企业可以借助如下途径实现服务差异化：

（1）物流。指如何将产品和服务送达顾客。无论是线上还是线下服务，物流的准时性、速度和对产品的保护程度等都是顾客关注的因素。

（2）客户咨询。指卖方向买方无偿或有偿地提供有关资料、信息和建议等服务。

（3）维修保养。指建立服务计划以帮助购买企业产品的顾客正常使用。许多软件公司设立的客户在线支持系统就是很好的例子。

（4）其他服务。企业还可以选择其他途径为顾客提供各种服务以增加价值，例如客户培训、产品更新担保等。

3. 人员差异化。雇用及培训优秀的员工可使企业获得明显的竞争优势。优秀的员工

---

① 荆文娜．优化服务供给 激发服务消费内生动能．中国发展改革报，2024-08-06.

具备以下几个特征。

（1）礼貌。员工对顾客态度友善、充满敬意并细心周到。

（2）胜任。员工具有良好的专业知识和技能。

（3）诚实可靠。员工自始至终能提供准确、可靠的服务并值得信任。

（4）沟通能力强，反应迅速。员工能够很好地理解顾客，并对顾客的要求和问题做出迅速反应。

4. 营销渠道差异化。企业可以通过营销渠道的差异化来提高其竞争力。在此过程中，尤其要关注中间商的覆盖面、专业水平和营销绩效。

5. 形象差异化。消费者往往因为企业或品牌形象的不同而做出不同的购买决策，形象能形成不同的“个性”，便于消费者识别。例如，企业可以借助便于识别的各种标志或各种公关活动来塑造企业个性和形象。

三、聚焦战略

聚焦战略是指企业在详细分析外部环境和内部条件的基础上，针对某个特定的顾客群、产业内一种或一组细分市场开展生产经营活动，充分发挥企业资源效力，为这个市场的消费者提供量体裁衣式的服务，赢得竞争优势。聚焦战略有两种形式：一种是企业寻求目标市场上的成本领先优势，称为成本聚焦战略；另一种是企业寻求目标市场上的差异化优势，称为差异化聚焦战略。虽然成本领先战略与差异化战略都是要在行业范围内实现其目标，聚焦战略的整体却是围绕着为行业内某一特定目标服务而建立的，并以这一目标为中心。

实施聚焦战略，企业能够划分并控制一定的产品势力范围。在此范围内其他竞争者不易与其竞争，所以市场份额比较稳定。通过目标细分市场的战略优化，企业围绕一个特定的目标进行密集性的生产经营活动，可以更好地了解不断变化的市场需求，能够比竞争对手提供更为有效的产品和服务，提供更高的顾客价值和获得更高的顾客满意度，从而获得那些以更广泛市场为经营目标的企业所不具备的竞争优势。尽管从整个市场的角度看，聚焦战略未必能使企业取得低成本和差异优势，但它的确能使企业在其细分的目标市场中获得优势地位。这一战略尤其有利于中小企业利用较小的市场空隙谋求生存和发展，使之能够以小搏大，在小市场做成大生意。2024 年 7 月，新能源车企赛力斯斥资 25 亿元受让华为出售的汽车品牌“问界”相关商标和外观知识产权等内容，就是华为实施聚焦战略的体现。华为的聚焦战略是：在原本就不擅长的造车领域做减法，以超过主要竞争对手的强度配置资源，集中人力、物力、财力实现重点突破，向产业链的前端投资，如智能驾驶、车联网、芯片、雷达以及智能汽车解决方案等。

企业在实施聚焦战略时，常常需要放弃规模较大的目标市场，否则竞争对手可以从企业目标市场中划分出更为细分的市场，并以此为目标市场来实施聚焦战略，使企业在该市场的竞争优势丧失殆尽。倘若企业所聚焦的细分市场非常具有吸引力，以致多数竞争对手蜂拥而入瓜分这一市场的利润，则会使企业付出很高的代价，甚至导致企业聚焦战略的失败。而细分市场之间差异性的减弱，会降低该目标市场的进入壁垒，从而削弱聚焦企业的竞争优势，使之不得不面对更为激烈的竞争。

三种基本竞争战略都是可选择的、抗衡竞争力的可行方案。这些方案的选取必须基于行业特点、企业的能力、限制条件及竞争状况。需要指出，成本领先与差异化两种战略并非相互排斥，而是可以同时运用。研究表明，差异化高质量产品，往往能通过高市场份额及随之而来的规模经济和/或经验效应获得较低的单位成本。成本领先战略在高度差异化的市场中无疑是一种高风险战略，差异化战略能够说明顾客为什么想要购买某种产品，而成本领先战略却不能，但在特殊的细分市场中聚焦战略能够取得更低的生产成本，或者拥有价值更高的独特性。

成功地贯彻每一类基本战略意味着投入不同的资源、力量、组织安排以及管理风格，只有选择适合本企业的最佳战略才能成功。习近平精辟地指出："现在，竞争正逐步转向质量型、差异化为主的竞争，消费者更加注重品质和个性化，竞争必须把握市场潜在需求，通过供给创新满足需求。"① 这为我们正确理解市场、有效满足购买者需求、应对市场竞争挑战指明了方向。

第3节　市场地位与竞争战略

一、市场主导者战略

市场主导者是指在相关产品的市场上份额最高的企业。一般说来，大多数行业都有一家企业被认为是市场主导者，它在价格变动、新产品开发、分销渠道的宽度和促销力量等方面处于主宰地位，为同业者所公认。它是市场竞争的先导者，也是其他企业挑战、效仿或回避的对象，如电脑软件市场的微软、软饮料市场的可口可乐、食用油市场的金龙鱼、酱油市场的海天、洗手液市场的蓝月亮、快餐市场的麦当劳、家电市场的格力、手机市场的华为等。这种主导者几乎各行各业都有，它们的地位是在竞争中自然形成的，但不是固定不变的。市场主导者所具备的优势包括：消费者对品牌的忠诚度高，营销渠道的建立及高效运行，以及营销经验的迅速积累等。

市场主导者也会面临竞争者的无情挑战。因此，必须保持高度的警惕并采取适当的战略，否则就很可能丧失领先地位。为此，市场主导者通常可采取三种战略：一是扩大市场需求总量；二是保持市场份额；三是提高市场份额。

（一）扩大市场需求总量

当一种产品的市场需求总量扩大时，受益最大的是处于领先地位的企业。一般说来，市场主导者可从三个方面扩大市场需求量：

1. 发现新用户。每种产品都有吸引新用户、增加用户数量的潜力。因为可能有些消费者对某种产品还不甚了解，或产品定价不合理，或产品性能还有缺陷等。一个制造商可从三个方面找到新的用户。如香水企业可设法说服不用香水的女性使用香水（市场渗透战略）；说服男性使用香水（市场开发战略）；向其他国家的市场推销香水（地理扩展战略）。

2. 开辟新用途。为产品开辟新的用途，可扩大需求量并使产品销售久畅不衰。例如，汪氏蜜蜂园的蜂四宝膏除了具有口服延缓衰老的用途，还开辟了外用作为面膜美容

---

① 习近平：新常态将给中国带来新的发展机遇．(2016－11－17). http://cpc.people.com.cn/xuexi/n1/2016/1117/c385476－28875583.html.

护肤的用途。

3. 增加使用量。促使用户增加使用量是扩大需求的一种重要手段。例如，很多生产牙膏的企业将牙膏管口的直径扩大，使消费者在每次挤出同样长度膏体的情况下增加使用量。

（二）保持市场份额

处于市场领先地位的企业，必须时刻防备竞争者的挑战，保卫自己的市场阵地。例如，维维要警惕豆本豆；益达要小心绿箭；三只松鼠要戒备良品铺子；等等。这些挑战者都是很有实力的，主导者稍不注意就可能被取而代之。因此，市场主导者任何时候都不能满足于现状，必须在产品创新、服务创新、分销渠道的优化和成本降低等方面真正处于该行业的领先地位，时刻做好防御工作。有时，主导者应该在巩固自身优势的同时，针对对手的弱点主动出击，军事上有一条原则："进攻是最好的防御。"

（三）提高市场份额

市场主导者设法提高市场份额，也是增加收益、保持领先地位的一个重要途径。研究表明，市场份额是与投资收益率有关的最重要的变量之一。市场份额越高，投资收益率越大。因此，许多企业要求产品在市场上占据第一位或第二位，否则便撤出该市场。

但是，也有些研究者对上述观点提出不同意见。对某些行业的研究发现，除了市场主导者以外，有些市场份额低的企业依靠物美价廉和专业化经营也能获得很高的收益，只有那些规模不大不小的企业收益最低，因为它们既不能获得规模经济效益，也不能获得专业化竞争的优势。一项研究显示，投资收益率的增长不仅取决于市场份额的提高，还取决于为提高市场份额所采取的营销策略。所以，企业提高市场份额时应考虑以下三个因素：

1. 引起反垄断活动的可能性。许多国家有反垄断法，当企业的市场份额超过一定限度时，就有可能受到指控和制裁。

2. 为提高市场份额所付出的成本。当市场份额已达到一定水平时，再要求进一步的提高就要付出很大代价，结果可能得不偿失。研究表明，企业的最佳市场份额是 50%。因此，为了保持市场领先地位，有时甚至要在较疲软的市场上主动放弃一些份额。

3. 争夺市场份额时所采用的营销组合战略。有些营销手段对提高市场份额很有效，却不一定能增加收益。在以下两种情况下市场份额同投资收益率成正比：一是单位成本随市场份额的提高而下降；二是在提供优质产品时，销售价格的提高大大超过为提高质量所投入的成本。

例 7-4 从市场跟随者到市场主导者

总之，市场主导者必须善于扩大市场需求总量，保卫自己的市场阵地，防御挑战者的进攻，并在保证收益增加的前提下，提高市场份额。这样才能持久地占据市场领先地位。

二、市场挑战者战略

市场挑战者是指那些为了扩大市场份额而对市场主导者积极发动进攻的企业。如酸奶市场的伊利、果汁市场的汇源、方便面市场的统一、瓶装水市场的康师傅等。这些处于次要地位的企业可采取两种战略：一是争取市场领先地位，向比自己强大的竞争者发起挑战，即做市场挑战者；二是安于次要地位，在共处的状态下求得尽可能多的收益，即做市场跟随者。每个处于市场次要地位的企业，都要根据自己的实力和环境提供的机会与风险决定自己的竞争战略是挑战还是跟随。

市场挑战者如果要向市场主导者和其他竞争者挑战，首先必须确定自己的战略目标和挑战对象，然后选择适当的进攻战略。

战略目标同进攻对象密切相关，对不同的对象有不同的目标和战略。一般说来，挑战者可从下列三种情况中进行选择。

1. 攻击市场主导者。这种进攻方式风险很大，然而吸引力也很大。挑战者需仔细调查研究市场主导者的弱点和失误：有哪些未满足的需要，有哪些令顾客不满意的地方，市场领导者内部存在哪些劣势或不足。主导者的弱点和失误可作为自己进攻的突破口。此外，市场挑战者还可以开发出超越市场主导者的新产品，以更好的产品来夺取市场的主导地位。

2. 攻击与自己实力相当者。对那些与自己势均力敌的企业，挑战者可选择其中经营不善发生亏损者作为进攻对象，设法夺取它们的市场阵地。

3. 攻击地方性小企业。对一些地方性小企业中经营不善、财务困难者，可夺取它们的顾客，甚至这些小企业本身。例如，青岛啤酒能成长到目前的规模，就是靠夺取一些地方啤酒企业的顾客实现的。

总之，战略目标取决于进攻对象，如果以主导者为进攻对象，其目标可能是夺取某些市场；如果以小企业为对象，其目标可能是将它们逐出市场。但无论在何种情况下，要发动攻势、进行挑战，都必须遵守一条军事原则：每一项军事行动都必须指向一个明确的、肯定的和可能达到的目标。

三、市场跟随者战略

（一）市场跟随与模仿

产品模仿有时像产品创新一样有利。一种新产品的开发者要花费大量投资才能取得成功，并获得市场领先地位，而其他企业（市场跟随者）仿造或改良这种产品，虽然不能取代市场主导者，但因不需大量投资，也可获得很高的利润，其盈利率甚至可超过全行业的平均水平。

快速模仿要求企业密切关注市场发展，同时要求企业全体员工团结奋进，针对领先进入者的产品研发改进技术等。研究发现，日本模仿者的跟进速度和效率都很高。日本企业渐进改善战略的灵活性和专有技术的迅速扩散都起到了促进作用。

（二）市场跟随者的特点

市场跟随者是指以模仿竞争对手创新产品或经营模式为立足点，力求占领并维持其市场地盘，实现可持续发展的企业。这类企业与挑战者不同，它不是向市场主导者发动进攻并图谋取而代之，而是跟随在主导者之后自觉地维持共处局面。这种共处状态在资本密集且产品同质的行业（钢铁、化工等）是很普遍的现象。

但是，这不等于说市场跟随者就无所谓战略。每个市场跟随者都必须懂得如何保持现有顾客，并争取一定数量的新顾客；必须给自己的目标市场带来某些特有的利益，如地点、服务、融资等；还必须尽力降低成本并保持较高的产品质量和服务质量。

（三）市场跟随者战略

市场跟随者也不是被动地单纯追随主导者，它必须找到一条不致引起竞争性报复的发展道路。以下是三种可供选择的市场跟随者战略：

1. 紧密跟随。这种战略是在各个细分市场和营销组合方面尽可能仿效主导者。这种跟随者有时好像是挑战者，但只要它不从根本上侵犯到主导者的地位，就不会发生直接冲突，有些甚至被看成是靠拾取主导者的残余谋生的寄生者。

2. 距离跟随。这种跟随者是在主要方面，如目标市场、产品创新、价格水平和分销渠道等方面追随主导者，但仍与主导者保持若干差异。这种跟随者可通过兼并小企业使自己发展壮大。

3. 选择跟随。这种跟随者在某些方面紧跟主导者，而在另一些方面自行其是。也就是说，它不是盲目跟随，而是择优跟随，在跟随的同时还要发挥自己的独创性，但不进行直接的竞争。这类跟随者之中有些可能发展成为挑战者。

四、市场补缺者战略

在市场竞争环境下，每个行业几乎都有小企业，它们专注于市场上被大企业忽略的某些细小部分，在大企业的夹缝中求得生存和发展。诚如习近平所指出的，“互联网技术加快发展，创新方式层出不穷，新兴产业、服务业、小微企业作用更加凸显，生产小型化、智能化、专业化将成为产业组织新特征”①。

（一）市场补缺者的含义

1. 市场补缺者的含义。所谓市场补缺者，就是指精心服务于市场的某些细小部分，而不与主要的企业竞争，只是通过专业化经营来占据有利的市场位置的企业。这种市场位置（即补缺基点）不仅对小企业有意义，对某些大企业中的较小部门也有意义，它们也常设法寻找一个或几个既安全又有利的补缺基点。

2. 补缺基点的特征。一个良好的补缺基点应具有以下特征：

（1）有足够的市场潜量和购买力。

（2）利润有增长的潜力。

（3）对主要竞争者不具有吸引力。

（4）企业具备占有此补缺基点所必要的资金和能力。

（5）企业既有的信誉足以对抗竞争者。

（二）市场补缺者战略

1. 补缺基点的选择。选择市场补缺基点时，多重补缺基点比单一补缺基点更能减少风险，提高保险系数。因此，企业通常选择两个或两个以上的补缺基点，以确保生存和发展。

2. 专业化营销。取得补缺基点的主要战略是专业化营销。具体来讲，就是在市场、

---

① 习近平．习近平著作选读：第一卷．北京：人民出版社，2023：326.

顾客、产品或渠道等方面实行专业化。[①] 下面是几种可供选择的专业化方案：

（1）最终用户专业化。专门致力于为某类最终用户服务，如计算机行业有些小企业专门针对某一类用户（如诊所、银行等）进行营销。

（2）垂直层面专业化。专门致力于分销渠道中的某些层面，如制铝厂专门生产铝锭、铝制品或铝质零部件。

（3）顾客规模专业化。专门为某种规模（大、中、小）的客户服务，如有些小企业专门为那些被大企业忽略的小客户服务。

（4）特定顾客专业化。只对一个或几个主要客户服务，如美国有些企业专门为西尔斯公司或通用汽车公司供货。

（5）地理区域专业化。专为国内外某一地区或地点服务。

（6）产品或产品线专业化。只生产一大类产品，如绿箭公司只生产口香糖一种产品，现已发展成为一家世界著名的跨国公司。

（7）客户订单专业化。专门按客户订单生产预订的产品。

（8）质量和价格专业化。专门生产经营某种质量和价格的产品，如专门生产高质高价产品或低质低价产品。

（9）服务项目专业化。专门提供某一种或几种其他企业没有的服务项目，如美国有一家银行专门承办电话贷款业务，并为客户送款上门。

（10）分销渠道专业化。专门服务于某一类分销渠道，如专门生产适合在超级市场销售的产品，或专门为航空公司的旅客提供食品。

（三）市场补缺者的任务

市场补缺者要完成三项任务：

1. 创造补缺市场。市场补缺者要积极适应特定的市场环境和市场需要，努力开发专业化程度很高的新产品，从而创造出更多需要这种专业化产品的市场需求者。

2. 扩大补缺市场。市场补缺者在开发出特定的专业化产品、赢得特定市场的竞争优势之后，要进一步延展产品组合的深度，努力增加新的产品项目，以迎合更多具有特殊需要的市场购买者的偏好，提高市场忠诚度和市场份额。

3. 保护补缺市场。市场补缺者还要注意竞争者的动向，如果有新的竞争者闻声而至，仿制企业产品，争夺市场阵地，市场补缺者就必须及时采取相应对策，未雨绸缪，防患于未然，全力以赴保住在特定市场的领先地位。

第 4 节　市场竞争新模式——战略联盟

在竞争日益激烈的市场上，以往所奉行的视竞争者为仇敌、彼此互不相让的竞争原则已成为陈旧的经营观念而被人们逐渐抛弃。现代营销哲学认为，企业欲在竞争中生存并积极地开拓市场，最好的途径是寻求某种竞争的新模式，以实现共同生存、共同发展

---

① Philip Kotler，Gary Armstrong，Sridhar Balasubramanian. Principles of Marketing. 19th ed. Harlow：Pearson Education Limited，2024：566 - 567.

的目标。战略联盟正是这样一种兼有竞争与合作功能的新型的营销组织形式。

一、战略联盟的形式和特点

（一）企业发展的主要途径

在现代市场经济条件下，企业要取得竞争中的比较优势，就得谋求不断扩展。一般而言，企业发展可供选择的途径主要有三种。

1. 独立拓展。指不借助任何外力而自我发展。这需要企业有雄厚的经济和经营实力。从当今企业竞争发展的趋势看，仅依赖企业的自我实力很难应对多变的经济环境，难以在激烈的市场竞争中立足，因而这种发展方式已为大多数现代企业所摒弃。

2. 兼并收购。这种发展方式如今十分盛行，成为企业谋求发展的主要途径。但是，这种方式也有一定的缺陷。对兼并或收购方来说，成交后就要负起被兼并或被收购方的全部责任和经济法律义务。大多数情况下，这种责任和义务会成为一种包袱和企业发展的障碍，而对被兼并或被收购方而言，则需适应新的管理模式。特别是作为兼并者的大企业，其组织结构和企业文化难以为被兼并的小企业所接受。因此，在变幻莫测的竞争中，兼并方式欠缺灵活性。

3. 战略联盟。这种新型的企业联合模式，无论是在适应环境的能力方面，还是在市场渗透的能力方面，均较兼并乃至合资经营方式更胜一筹，这也是企业进入新竞争时代的必然选择。

战略联盟是指两个或两个以上的企业，为实现某一战略目标而建立起的合作性的利益共同体。建立战略联盟旨在实现企业间的优势互补，增强企业的长期竞争优势，从企业的基本任务和方向中衍生出经营目标，进而赢得长远的相对优势。习近平指出："我们同国际先进水平在核心技术上差距悬殊，一个很突出的原因，是我们的骨干企业没有像微软、英特尔、谷歌、苹果那样形成协同效应。美国有个所谓的'文泰来'联盟，微软的视窗操作系统只配对英特尔的芯片。在核心技术研发上，强强联合比单打独斗效果要好……可以组建'互联网＋'联盟、高端芯片联盟等，加强战略、技术、标准、市场等沟通协作，协同创新攻关。"① 战略联盟在本质上是与企业的长期规划相一致的，都是为了实现企业的长期目标。

（二）战略联盟的形式

企业为了达到自身的战略目标，可从外部寻找其最稀缺的资源，选择拥有该资源的企业结为战略伙伴。鉴于企业寻求外部合作时战略目标不尽相同，可分为如下几种战略联盟：

1. 技术开发联盟。这种联盟的具体形式有多种，如在大企业与（中）小企业之间形成的技术商业化协议，即由大企业提供资金与营销力量等，由小企业提供新产品研制计划，合作进行技术与新产品开发。又如合作研究小组，即各方将研究与开发的力量集中起来，以提高研发水平，加速研发的进程。与此类似的还有联合制造工程协议，即由一方设计产品，另一方设计工艺。

2. 合作生产联盟。这种联盟由各方集资购买设备以共同从事某项生产。联盟可根据

---

① 习近平：在网络安全和信息化工作座谈会上的讲话．(2016-04-25)．新华社.

不同的需要，在各参与者之间进行劳动力、制造技术、操作技巧等要素的配置。这种联盟可以使加盟各方分享到生产能力利用率提高的益处，因为各参与方既可以优化各自的产量，又可以根据供需的不同对比状况及时迅速地调整产量。

3. 市场开拓联盟。加盟方相互利用彼此的营销渠道销售自己的产品，实现资源共享，达到销售的规模效益。譬如特许经营、连锁加盟等形式的销售联盟在当今商业领域颇为流行，使得企业销售网点可以实现低成本的迅速增长，比竞争对手更积极、更迅速地占领市场。此外，加盟方也可经由这种联盟形成新市场，使竞争不致因各方力量悬殊而趋于窒息。

4. 多层次合作联盟。这种联盟实际上是上述各种联盟形式的组合，即由加盟方在若干领域内开展合作业务。企业加入这种联盟可采取渐进方式，从一项业务交流发展到多项合作。

（三）战略联盟的特点

1. 组织灵活。战略联盟只是某种意义上的无限制的“意向备忘录”，协议本身仅说明双方进行合作的目的，以及在生产和营销各环节如何为共同的战略利益而合作，因而它并不要求各方必须承担一定的法律义务和违约责任。此外，参与战略联盟的各方不组成经营实体，也不确立任何形式的组织管理，具有很大的灵活性。

2. 自主经营。战略联盟中，合作伙伴之间的关系是平等的，这种关系不受合作伙伴之间经济实力差别的影响。任何一个合作伙伴如果感觉受到了不平等待遇，或对其他合作伙伴的信任产生危机，可以选择退出该项战略联盟或选择新的联盟形式。因此，战略联盟通过平等的合作，把各方的决策都纳入自身利益与共同利益相一致的轨道上来。战略联盟对资源与能力的贡献不做任何规定，完全由合作伙伴自主决策，不设置统一的管理体系，对战略实施过程中每一个环节的控制基本上是通过市场力量完成的。

3. 风险降低。战略联盟生产的产品是通过合作伙伴之间外联型的相互衔接的附加值生产网络而逐步增值的，产品在生产-销售网络中每个环节上所产生的附加值都立即到市场上去实现，战略产品的销售情况只对终端企业的利益有直接的影响。战略联盟的合作伙伴从自己所从事的那一环节上的经营活动获取利润，当然，各合作伙伴的利润也间接地取决于整体战略的成功程度，因而也受到合作网络的协调。

二、战略联盟的优势

战略联盟的优势主要体现在以下几个方面。

（一）战略联盟有利于缩短新产品开发的时间

科学技术的突飞猛进，已经把产品生产推向高度技术化和复杂化，一项复杂的高科技新产品的完成涉及越来越多的科技领域，经过越来越多的生产环节，从设计、试制到有关设备的筹备，乃至生产的实现和市场渠道的开拓，已表现为规模越来越大的战略工程，而这种战略工程是单个企业难以在短期内独立完成的。不同的企业在产品开发上形成合作关系，就能够以市场为纽带组成灵活、协调的生产营销网络，其潜力是无限的。

（二）战略联盟有利于分摊高昂的开发投资费用

战略联盟以少量投资就能够有效地、适当地动员起所需要的各种资源，各合作伙伴在各自承担的环节上也会有更多的机会来降低投资成本和提高经营效益。

（三）战略联盟有利于提高规模经济效益

战略联盟通过协调性的合作极易取得规模效益，这主要体现在战略联盟借助同类产品生产者的联合，使各自的相对优势在生产规模扩大的条件下得到更大程度的发挥，从而降低了生产成本和投资成本，增强了企业的竞争实力。

（四）战略联盟有利于避免经营风险

采用战略联盟能够以更广泛的网络掌握更多的市场渠道，降低经营风险，实现企业间的优势互补，从而拓展经营范围，平抑市场风险。

（五）战略联盟有利于确立新的竞争原则

竞争与合作是一种新的辩证关系，竞争并不排斥合作。从某种程度上讲，合作有益于充分提高竞争效率，与竞争对手携手建立战略联盟，共同促进社会经济的发展，不失为新时代竞争的明智之举。当然，战略联盟并不否认竞争的存在，它使竞争以新的形式在新的层次上出现，即从原有的价格竞争向非价格竞争转变，从恶性竞争向塑造比较优势竞争转变。习近平指出，“只有合作共赢才能办大事、办好事、办长久之事”①。

综上所述，企业建立战略联盟的用意在于，与合作方协力加速扩大市场容量，从而提高市场份额。这也正是战略联盟创造新市场的思路，即不是去“抢”对手的市场，而是与对手共同创造并分享一个更大的市场。

三、战略联盟的建立与管理

（一）战略联盟建立

战略联盟建立是指在分析企业的外部环境和内部条件的基础上，根据企业的战略目标，确定合作对象、合作方案及其应变措施的具体行动计划的过程。战略联盟建立主要包括制定战略、评选方案、寻找盟友、设计类型和谈判签约五个阶段。

1. 制定战略。这项工作通常包括分析环境以明确来自竞争对手的威胁和本企业所具有的市场机会，核查本企业的资源和生产能力，评估本企业在现有环境下的优势与劣势，然后在考虑本企业长期与短期目标的基础上确定本企业的战略。

2. 评选方案。这项工作几乎与战略的形成同步进行。为最后确定战略，企业需对各种方案进行评选。如果企业拟采用战略联盟，则需明确如下问题：（1）联盟是否必不可少？（2）结成联盟后对公司的声誉有何影响？（3）公司的高层管理者是否拥护联盟？（4）联盟的建立是否会引起客户、供货方、目前的合伙方及金融部门的不利反应？

3. 寻找盟友。理想的合作伙伴应能对联盟起到补缺的作用，如果双方能在工艺技术、营销资源、顾客服务等诸方面互补，合作的机会就会增大。应寻找那些与本企业具有共同经营理念的伙伴，同时合作伙伴的财务状况与组织机构应是稳定的。

4. 设计类型。建立战略联盟采取什么样的形式，应当依据企业的不同情况，特别是相对的优劣势来确定，即对每个可能的伙伴，都应考虑联盟的相应类型与构成方式。

---

① 习近平．迈向命运共同体 开创亚洲新未来——在博鳌亚洲论坛2015年年会上的主旨演讲．（2015-03-29）．http：//cpc.people.com.cn/n/2015/0329/c64094-26765899.html.

5. 谈判签约。联盟类型确定以后，就将加盟各方集中起来进行谈判，合作各方就目标、期望和义务等各抒己见，然后在取得一致意见的基础上制定出联盟的细则并签约实施。

（二）战略联盟管理

战略联盟管理是指不仅要对联盟各方借以缔结合约的核心要素（如经济利益、风险划定等）进行管理，也要对其外在要素（如组织结构、知识产权、企业文化等）进行全方位的综合协调和控制。战略联盟全过程管理是对战略联盟的形成、运作以及信息反馈全过程所实施的组织、计划、监督和调节。具体而言，全方位、全过程的战略联盟管理应集中在如下几个方面。

1. 战略联盟必须基于双方的需要。企业在寻求理想的合作对象时，应首先分析本企业的资源、生产能力和市场潜力，评估企业的现有优势，在此基础上，广泛了解合作对象的战略，以便双方在短期目标与长期目标上达成一致。比如，德国奔驰公司以生产豪华汽车著称于世，具有优越的动力工程技术；日本三菱公司更擅长紧凑型汽车的生产，并在电子元件方面首屈一指，这样双方的结合就能顺利地将各方的优势集为一体，符合企业战略联盟的要求。

2. 建立合适的组织机构。组织机构是企业保持战略联盟整体性的内在联系的方式，它是将联合体的诸要素及其相互关系作为一个具有统一性的系统整体加以有机组合的组织体系，决定了整个联盟的运行效率。成功的战略联盟组织机构具有两个特征：（1）新的组织机构必须能对市场总需求和竞争条件的变化做出迅速灵活的反应；（2）新的组织机构必须具备广泛、健全的信息反馈网络。

3. 保护联盟各方的技术资产。在联盟的初创阶段，决策人员必须分析各方技术资产的性质，区分独家或专有技术，以及来自其他技术供给方的一般技术等，专有权的要素（专利、注册商标）一般可通过法律手段获得，而独特的生产技术、工程技术和材料加工诀窍等，则可采取对等交换的方法，实行部分让渡。从长远看，保持联盟内技术水平的最佳措施是坚持研究与开发活动，实行技术吸收政策。

4. 对战略联盟进行有效的协调管理。涉及的问题包括：谁来经营联合体，联合体经营的利益和损失如何分担，怎样组织和管理联合体经营所需要的人员，战略联盟经营的风险是否已确认等。以企业微信为代表的现代信息技术为战略联盟的协调管理提供了便利。

5. 发展多方位的联盟合作关系。多边联盟的形式能最大限度地减少任意两方联盟解体带来的危机，能比单一联盟更广泛、更好地运用多个企业的综合优势，从而优化技术水平，开拓更广泛的市场。

小　结

企业可从产业和市场两个方面来识别企业的竞争者。确定了谁是企业的竞争者之后，还要进一步搞清每个竞争者在市场上追求的目标和实施的战略是什么以及每个竞争者行为的动力是什么。对竞争者的优劣势分析应集中在五种关键的能力上：创新能力、生产能力、营销能力、融资能力和管理能力。

在市场竞争环境下，有成本领先、差异化和聚焦这三种基本的竞争战略可供企业选择。企业应充分认识成本领先战略的优势和潜在风险，借助规模经济、供应商营销、企业成本文化建设和生产技术创新等手段，使成本领先战略得到有效的实施。差异化战略可通过产品差异化、服务差异化、人员差异化、营销渠道差异化和形象差异化等途径来实现。

根据市场份额的不同，同行竞争者可分为市场主导者、市场挑战者、市场跟随者和市场补缺者。市场主导者是指在相关产品的市场上份额最高的企业，通常可采取三种战略：扩大市场需求总量；保持市场份额；提高市场份额。市场挑战者和市场跟随者是指那些在市场上处于次要地位（第二、第三甚至更低地位）的企业。这些处于次要地位的企业可采取两种战略：一是争取市场领先地位，向竞争者挑战，即做市场挑战者；二是安于次要地位，在共处的状态下求得尽可能多的收益，即做市场跟随者。市场补缺者就是指精心服务于市场的某些细小部分，而不与主要的企业竞争，只是通过专业化经营来占据有利的市场位置的企业。

企业欲在竞争中生存，必须学会和竞争者共同生存、共同发展，而战略联盟就是这样一种兼有竞争与合作功能的新型营销组织方式。

基本概念

市场竞争	市场竞争战略	创新能力
生产能力	营销能力	管理能力
差异化战略	竞争者	规模经济
成本领先战略	聚焦战略	战略群体
市场主导者	市场跟随者	市场挑战者
市场补缺者	补缺基点	战略联盟
战略联盟管理		

复习题

1. 竞争者对企业营销行为的反应有哪几种类型？企业应该对这些不同类型的竞争者采取什么样的行动？
2. 作为市场主导者应该通过哪些途径来扩大市场需求总量？
3. 什么是市场跟随者？它具有什么样的特点？
4. 什么是市场补缺者？它怎样进行专业化营销？
5. 战略联盟的优势体现在哪几个方面？

案例分析

泡泡玛特的市场竞争战略

随着潮玩市场的爆发性增长，中国潮玩形成了以泡泡玛特为行业龙头，多个新秀品牌快速成长的井喷式崛起局面。2024 年上半年泡泡玛特实现营收 45.6 亿元，同比增长 62%。在泡泡玛特出现之前，潮玩更多地被定性为艺术家玩具，受众往往是小众圈层的玩具收藏者和艺术爱好者，也正是受其艺术价值和稀缺性的影响，过去潮玩的售价通常在数千元到上万元不等。而泡泡玛特的出现，将潮玩这个品类的体验门槛大幅拉低，对于那些痴迷于潮流文化的年轻消费群体来说，只需 59 元便能拿到潮玩世界的入场券。泡泡玛特独特的盲盒形式充分利用了人的侥幸心理，但区别于博彩的是，泡泡玛特的每一次购买都能有所回报，同时每一次开盲盒的惊喜与如今年轻群体中盛行的享受当下、追求快乐的价值观不谋而合，正是低门槛、快刺激、侥幸心这三大要素，吸引了众多消费者反复购买。

过去潮玩的受众主要是男性，推出的产品也都是机甲、怪兽、动漫/影视人物这类偏男性向的设计。然而在独立经济能力提升的前提下，女性更愿意通过消费来取悦自己，她们的诉求不单纯是功能，更多在于精神价值的满足。从玩偶、抱枕、萌宠等受女性市场追捧的事物中可以看到，"可爱、萌、颜值、美"等要素往往是驱动女性产生购买行动的必要条件。泡泡玛特率先洞察到了女性消费者对潮玩的真实需求，众多产品均是以这些要素为基础设计的。

三年前，当泡泡玛特在港交所上市时，大部分投资人不曾想到移动互联网潮水里，一家靠实体店起势的"零售"公司可以创造出比肩"时代红利"的丰厚回报。时间来到 2024 年，更没有人想到当 Shein、Temu 这类"性价比"电商平台在海外大行其道之际，泡泡玛特作为一家生产"无用商品"的潮玩 IP 公司，在十多个月的时间内就实现了海外收入和利润的爆发式增长，甚至向全球玩家定义了"潮玩"这个曾经小众的品类。过去 12 个月，泡泡玛特股价涨幅超 100%。

今天如果你问王宁，泡泡玛特在做什么样的事情，他或许会回答："我们正与全世界最优秀的艺术家合作，借助中国制造推出产品。利用中国市场，将这些相对小众的艺术家孵化出来，再在全球市场上扩大销售和影响力。"事实上，无论王宁如何描述，泡泡玛特都是一个极难复制的存在。这个商业模式，如果在日本、韩国，市场太小，没法养活艺术家；而在美国、欧洲，制造业的"偏科"严重则会导致产品孵化成本太高，企业难以壮大。正是当代中国给予了泡泡玛特这样一个机会。它不仅是中国消费者挑剔目光下的产物，还是一种跨文化、无门槛的艺术表达。泡泡玛特的产品设计新颖、符号运用独特，无论是夸张、亲切、诙谐，还是"忧郁"，都最大限度满足了年轻一代的视觉期待感。

据泡泡玛特官方数据，其海外门店超 100 家。但是，泡泡玛特也面临诸多挑战，最大的挑战在于核心业绩区域中国市场对盲盒生意的监管愈发严格。为严格管理盲盒经营活动，切实保护消费者权益，市场监管总局印发了《盲盒经营行为规范指引（试行）》，对盲盒规则概率不透明等问题进行了规定，针对盲盒销售过程中的未成年人保护及消费者知情权等问题作了具体要求。各地陆续开展了盲盒专项检查，破除盲盒市场乱象。黑猫投诉平台上，盲盒是"重灾区"，且剑指泡泡玛特"店大欺客、诱导消费、欺骗消费者、拒绝退货、客服拒绝处理、不给退款"。这从侧面反映出，泡泡玛特大举"出海"忽视了中国市场体验。

资料来源：黎竹．泡泡玛特的"冷"与"热"．中国经营报，2024－08－31；泡泡玛特王宁：向上努力，向外看．中国新闻周刊，2024－07－23；是割韭菜还是真爱？泡泡玛特成长背后有隐痛．（2024－07－26）．蓝鲸财经．

思考题

1. 泡泡玛特市场竞争的成功要素有哪些？
2. 泡泡玛特应该如何进一步优化市场竞争战略？

第 8 章

目标营销

| 本章要点 |

- 企业进行市场细分的主要方法。
- 企业选择目标市场的主要方法及其特点。
- 企业进行市场定位的主要方法。

营销管理人员通过市场研究，发现和选择有吸引力的市场机会之后，要进一步进行市场细分、目标市场选择和市场定位。这是营销管理过程的第二个主要步骤。市场细分、目标市场选择以及市场定位，构成了目标营销的全过程，是现代营销理论体系的核心内容。

第 1 节　市场细分

市场细分是指营销者通过市场调研，依据消费者的需要和欲望、购买行为和购买习惯等方面的差异，把某一产品的市场整体划分为若干消费者群的过程。每一个消费者群都是一个细分市场，每一个细分市场都是由具有相似需求倾向的消费者构成的群体。习近平指出，“要顺应居民消费新趋势，从供需两端发力，积极培育重点消费领域细分市场”①。

市场细分的概念由温德尔·史密斯（Wendell R. Smith）于 1956 年最早提出。市场细分的好处已经被众多企业的营销实践所证实。不论是消费者市场还是产业市场，开展市场细分工作都需要依据一定的细分变量。市场细分必须满足一定的条件才能是有效的。

一、市场细分的利益

首先，市场细分有利于企业发现最好的市场机会，提高市场份额。企业通过营销调研和市场细分，可以了解不同消费者群体的需要情况和目前满足情况，在满足程度较低

① 习近平：激发制度活力激活基层经验激励干部作为 扎扎实实把全面深化改革推向深入．人民日报，2018-07-07.

的子市场上，就可能存在最好的市场机会。

其次，市场细分有利于企业用最少的经营费用取得最大的经营效益。通过市场细分和目标市场选择，企业可以根据目标市场需求变化，及时、正确地调整产品结构和营销组合，使产品适销对路，扩大销售，还可以集中使用企业资源，以最少的经营费用取得最大的经营效益。

最后，市场细分有利于企业提高竞争能力。在市场细分后，每一个子市场上竞争者的优势和劣势就明显地暴露出来。企业只有看准市场机会，利用竞争者的弱点，同时有效地开发本企业的资源优势，才能用相对较少的资源把竞争者的顾客和潜在顾客变为本企业产品的购买者，提高市场份额，增强竞争能力。①

二、消费者市场细分的依据

市场细分要依据一定的细分变量来进行。消费者市场的细分变量主要有地理变量、人口变量、心理变量和行为变量等四类。

（一）地理细分

各地区的地理环境和资源禀赋独特，要走特色化、差异化的产业发展路子。所谓地理细分，就是企业按照消费者所在的地理位置以及其他地理变量（包括城市乡村、地形气候、交通运输等）来细分消费者市场。

地理细分的主要理论根据是：处在不同地理位置的消费者，对企业的产品有不同的需要和偏好，对企业所采取的营销战略，对企业的产品价格、分销渠道、广告宣传等营销措施也有不同的反应。市场潜量和成本费用会因市场位置不同而有所不同，企业应选择那些本企业能最好地为之服务、效益较高的地理市场为目标市场。

（二）人口细分

所谓人口细分，就是企业按照人口变量（包括年龄、性别、收入、职业、受教育程度、家庭规模、家庭生命周期阶段、宗教、种族、国籍等）来细分消费者市场。人口变量一直是细分消费者市场的重要变量，这主要是因为人口变量比其他变量更容易测量。

某些行业的企业通常用某一人口变量来细分市场，比如手机、化妆品、平板电脑、金融服务、旅游服务等行业的企业一直按照性别细分市场。而更多的企业通常采取多变量细分。值得注意的是，在利用人口变量进行市场细分时，需要细致地分析、考虑，避免由于模糊性而产生的错误。例如，不少企业都把富有的高端市场作为目标市场。这种策略很有效，因为这些消费者明显有足够的资源用在昂贵的产品上，厂商往往能够获得较高的利润。然而，把所有有钱的人都划归这个细分市场是错误的。富有消费者的兴趣和消费优先次序受许多因素影响，比如获得财富的地点、方式和拥有财富的时间。

（三）心理细分

所谓心理细分，就是按照消费者的生活方式、个性等心理变量来细分消费者市场。

---

① Philip Kotler，Gary Armstrong，Sridhar Balasubramanian. Principles of Marketing. 19th ed. Harlow：Pearson Education Limited，2024：228－229.

消费者的欲望、需要和购买行为，不仅受人口变量影响，而且受心理变量影响，所以还要进行心理细分。

1. 生活方式细分。生活方式是人类与一定的社会条件相互作用而形成的活动形式和行为特征的有机体。来自相同的亚文化群、社会阶层、职业的人也可能有不同的生活方式。生活方式不同的消费者对商品有不同的需要；一个消费者的生活方式一旦发生变化，他就会产生新的需要。越来越多的企业按照消费者的不同生活方式来细分消费者市场，并且按照生活方式不同的消费者群体来设计不同的产品和安排不同的营销组合。

企业在进行生活方式细分时，可以借助AIO模型（也叫AIO尺度）来测量消费者的生活方式，即：活动（activity），如消费者的工作、业余消遣、休假、购物、体育、款待客人等活动；兴趣（interest），如消费者对服装的式样、食品、娱乐等的兴趣；意见（opinion），如消费者对社会、政治、经济、产品、文化教育、环境保护等问题的意见。企业可派出调查人员去访问消费者，详细调查消费者的各种活动、兴趣、意见。然后用电脑分析处理调查资料，发现生活方式不同的消费者，也就是说，按照生活方式来细分消费者市场。例如，根据对奢侈行为的态度可以把消费者分为三类：（1）奢侈行为是功能满足。这类消费者会购买那些有恒久价值的东西。他们购物不是情感和冲动型，而是在大量的购前研究之后做出理性决策。（2）奢侈行为是奖励。这类消费者比前一类年轻，但比后一类年长。他们渴望成功并向别人展示的欲望促使他们购买炫耀性的奢侈品，如高档汽车和高级社区里的住宅，他们购买奢侈品是为了宣告自身成功。（3）奢侈行为是沉溺。这类消费者是三类中最年轻的，他们是年轻消费者，男性占比比前两类稍高。这些消费者愿意额外花钱购买奢侈品，目的是表达自己的个性并引起别人的注意。他们在购物时比较感性，比前两类更可能进行冲动购买。

2. 个性细分。个性是指个体独有的并区别于其他个体的整体特征，即具有一定倾向性的、稳定的、本质的心理特征的总和。企业还按照消费者的不同个性来细分消费者市场。这些企业通过广告宣传，试图赋予其产品与某些消费者的个性相似的品牌个性，树立品牌形象。

（四）行为细分

所谓行为细分，就是企业按照消费者购买或使用某种产品的时机、消费者所追求的利益、使用者情况、消费者对某种产品的使用率、消费者对品牌（或商店）的忠诚程度、消费者待购阶段和消费者对产品的态度等行为变量来细分消费者市场。

1. 时机细分。指根据消费者产生购买想法、发生购买行为或使用已购物品的时间进行市场细分。消费者在不同时机所购买和使用的产品是不同的，这就为企业提供了一种根据时机来细分市场的方法。例如，某种产品或服务项目专门用于满足像春节、中秋节、圣诞节、寒暑假等节假日的需求。在现代营销实践中，许多企业往往通过时机细分，试图扩大消费者使用本企业产品的范围。

2. 利益细分。消费者往往因为所追求的利益不同而购买不同的产品和品牌。如有些消费者购买防蛀牙膏，主要是为了防治龋齿；有些消费者购买芳草牙膏，主要是为了防治口腔溃疡、牙周炎。企业可根据自己的条件，权衡利弊，选择其中一个追求某种利益的消费者群体为目标市场，设计和生产出适合目标市场需要的产品，并用适当的广告媒体和广告信息，把这种产品的信息传达到追求这种利益的消费者群体。

3. 使用者细分。许多产品的市场都可以按照使用者情况，如非使用者、曾经使用者、潜在使用者、初次使用者和经常使用者等来细分。大公司资源丰富，市场份额大，一般都对潜在使用者这类消费者群有兴趣，它们着重吸引潜在使用者，以扩大市场阵地；小企业资源薄弱，往往看重吸引经常使用者。当然，企业对潜在使用者和经常使用者要酌情运用不同营销组合，采取不同的营销措施。

4. 使用率细分。许多产品的市场还可以按照消费者对某种产品的使用率，如少量使用者、中量使用者、大量使用者来细分。这种细分战略又叫数量细分。大量使用者往往在实际和潜在购买者总数中所占比重不大，但他们所消费的商品数量在商品消费总量中所占比重却很大。研究表明，某种产品的大量使用者往往有某些共同的人格心理特征和广告媒体习惯，企业掌握了这种市场信息，就可合理定价、撰写适当的广告词和选择适当的广告媒体。

5. 忠诚度细分。企业还可以按照消费者对品牌的忠诚程度来细分消费者市场。所谓品牌忠诚，是指由于价格、质量等诸多因素的吸引力，消费者对某一品牌的产品情有独钟，形成偏爱并长期购买这一品牌产品的行为。按照消费者对品牌的忠诚度这种行为变量来细分，可以把所有的消费者细分为四类不同的消费者群体：

（1）坚定品牌忠诚者。假设有 A，B，C，D，E 五种品牌，这类消费者群体在任何时候都只购买某一种品牌，一贯忠诚于某一种品牌，如：A，A，A，A，A，A。

（2）有限品牌忠诚者。这类消费者群体忠诚于两三种品牌，如：A，A，B，B，A，B。

（3）游移的忠诚者。这类消费者群体从忠诚于某一种品牌转移到忠诚于另一种品牌，如：A，A，A，B，B，B。

（4）非忠诚者。这类消费者群体购买各种品牌，并不忠诚于某一种品牌，如：A，C，E，B，D，B。

每一个市场都包含不同程度的上述四种类型的消费者群体。坚定品牌忠诚者为数众多、比重大的市场叫作品牌忠诚市场。显然，某些企业要想进入这种市场是困难的。即使已进入，要想提高市场份额也不容易。企业通过分析研究上述四种类型的消费者群体，可以发现问题，以便采取适当措施，改进营销工作。不过，企业在分析研究上述四种类型的消费者群体时必须持慎重态度。

假设某些消费者的购买类型是品牌 B，B，B，B，B，B，从表面看，这类消费者似乎一贯忠诚于 B 品牌，是铁杆品牌忠诚者，但是如果深入分析研究就会发现他们之所以这样，是因为这个品牌的价格偏低，或者是因为没有其他替代品，这些消费者不得不购买 B 品牌，所以这种购买类型并不能说明这些消费者是铁杆品牌忠诚者。

假设某些消费者的购买类型是 B，B，B，A，A，A，从表面看，这些消费者似乎是转移的忠诚者，但是如果深入分析研究就会发现，这些消费者之所以会这样，是因为有些商店一向经营的 B 品牌暂时脱销，或者是因为 A 品牌降价促销，所以这些消费者转向购买 A 品牌。分析研究上述四种类型的消费者群体时必须持慎重态度，不要被表面现象所迷惑，要深入分析研究。

6. 待购阶段细分。在任何时候，人们都处于购买某种产品的不同阶段。在某种产品的潜在市场上，有些消费者根本不知道有这种产品；有些消费者知道有这种产品；有些消费者已得到信息；有些消费者已产生兴趣；有些消费者想购买；有些消费者正决定购买。企业之所以要按照消费者待购阶段来细分消费者市场，是因为对处在不同待购阶段的消费者，必须酌情运用适当的营销组合，采取适当的营销措施，才能促进销售，提高经营效益。

7. 态度细分。企业还可以按照消费者对产品的态度来细分消费者市场。消费者对某企业的产品的态度有五种：热爱、肯定、不感兴趣、否定和敌对。企业对这些持不同态度的消费者群体，应当酌情采取营销措施，例如，对那些不感兴趣的消费者，企业要通过适当的广告媒体，大力宣传本企业的产品，使他们转变为感兴趣的消费者。

三、产业市场细分的依据

细分产业市场的变量，有一些与消费者市场细分变量相同，如追求利益、使用者情况、使用程度、对品牌的信赖程度、购买准备阶段、使用者对产品的态度等。此外，细分产业市场的常用变量还有最终用户、顾客规模、地理位置、采购方式等。

（一）最终用户

在产业市场上，不同的最终用户对同一种产业用品的营销组合往往有不同的要求。例如，电脑制造商采购产品时最重视的是产品质量、性能和服务，价格并不是考虑的最主要因素；飞机制造商所需要的轮胎必须达到的安全标准比农用拖拉机制造商所需轮胎必须达到的安全标准高得多；豪华汽车制造商比一般汽车制造商需要更优质的轮胎。因此，企业对不同的最终用户要运用不同的营销组合，采取不同的营销策略，以投其所好，促进销售。

（二）顾客规模

顾客规模也是细分产业市场的一个重要变量。在现代营销实践中，许多公司建立适当的制度来分别与大客户和小客户打交道。例如，一家办公用品制造商按照顾客规模将其顾客细分为两类顾客群：一类是大客户，这类顾客群由该公司的全国客户经理负责联系；另一类是小客户，由外勤推销人员负责联系。

（三）地理位置

顾客的地理位置也是细分市场的有效方法。在国内，顾客的地理位置会影响销售和分销成本，如果在某些地区有特别强势的竞争对手，竞争激烈程度会大大提高。随着日益提高的对采购碳足迹的关注，一些企业尽可能地把供应商集中在当地。例如，一些领先的绿色超市制定了尽可能在当地采购新鲜食品的政策。产品的需求也会呈现多样化，例如工厂操作冷却设备时对软化水的化学品的需求会随着当地水质条件的不同而有所差异。在国际市场中，顾客的产品偏好会由于地理位置的不同而不同。

（四）采购方式

客户采用的不同采购方式也为市场细分提供了信息。例如，可以将企业客户细分为：想要租赁产品的企业和想要购买产品的企业；有积极采购行为政策的企业和受价格因素支配的企业；想要单一供应源的企业和想要双重供应源的企业；必须招标采购的公共事业部门或类似组织和倾向于通过谈判确定价格的组织；比其他企业更积极努力地缩减供应商的企业和其他企业。事实上，在以谋求供应商与客户之间建立伙伴关系为特点的组织市场中，把上述采购方式要求作为细分基础颇为有效。

（五）其他变量

许多企业实际上不是用一个变量，而是用几个变量，甚至用一系列变量来细分产业市场。

例 8－1　足力健的市场选择

四、市场细分的步骤

（一）确定范围

进行市场细分，需要市场和技术两方面的专业知识，企业可以委托专业机构展开市场细分研究。当企业委托专业机构启动市场细分项目时，双方的沟通非常重要，项目的成功取决于企业营销人员和机构研究人员能否互相体谅对方的要求。在开始阶段，最关键的是对重要问题达成共识，包括该项目的重点、要研究的产品市场，以及怎样使用研究结果。经营多种产品的企业可能会先对一种产品进行试验，试验成功，再推广到其他产品。由于存在不同的市场结构，例如市场被分成工业市场和消费者市场，企业可能需要采取两阶段细分的方法：第一阶段将市场划分为比较容易定义的一些群体，随后的第二阶段进行更加彻底的市场细分分析。对研究重点达成共识，可以尽量避免产生由于最初的误解而造成对最终结果不满意的现象，同时，有助于提高研究结果的可行性。

（二）收集数据

市场细分研究中所需要的数据可以分成两大部分：一部分是用于在聚类分析中找出关联并形成细分市场的数据；另一部分是各细分市场形成以后，用于描述细分市场的数据。理论上，进行聚类分析时可以使用任何标准，但是经验表明，最有效的标准是顾客对相关产品的态度和与行为相关的因素，包括使用率、寻求的利益、购买行为特点等。因此，在收集数据之前有必要具体地探讨所要分析的问题，可以运用小组讨论这样的定性方法来确定相关的态度特征或寻求的利益等。

定性研究之后，通常会进行定量研究。如果市场细分研究的目的是根据消费者的态度和看法来确定目标市场，那么数据收集通常会通过个人访问的方式，运用语义差异量表来衡量受访者对某个问题的赞同程度，得到的间距尺度数据可以作为聚类分析的依据。如果市场调研的目的是为市场细分收集数据，那么这些数据通常有两种主要类型。第一类数据用来细分市场，包括消费者寻求的利益、使用方式、态度等；第二类数据是传统的人口特征和社会经济因素方面的信息，这些信息可以与第一类数据联系起来更形象地对细分市场进行描述。

（三）分析数据

收集好用于市场细分的数据后，就可以对其进行分析，找到那些自然存在的群体，一般应用聚类分析来识别这些不同群体。最常用的聚类方法是分层聚类法，使用这种方法时，所有的受访者都是被个别对待的。他们被要求回答一些问题，将对这些问题给出相同或相似答案的受访者聚到一起。下一个阶段是将那些差异较小的受访者群进一步合并。整个分析进程以互动的方式逐步深入，直到所有的受访者被归到一个大群体中为止。具体的统计分析可以参考相关书籍，下文对聚类分析进行简要介绍。

聚类分析源自生命科学领域，是一组将研究对象分为相对同质的群组的统计分析技术，群组内部成员彼此相似，但与其他群组成员不同。应用到市场细分领域，聚类分析可以将消费者根据细分变量分为不同的细分市场，细分市场内的消费者彼此相似，不同细分市场的消费者彼此不同。

理想的聚类情况如图 8－1 中左侧所示，变量 1（广告驱动）和变量 2（价格驱动）将四组消费者完全区分开，任何一个消费者只属于其中的一个细分市场，细分市场之间没有任何重叠。但是，实践过程中更可能遇到图 8－1 中右侧的聚类情形，细分市场不那么显而易见，并且彼此之间的界限也没有那么清晰。

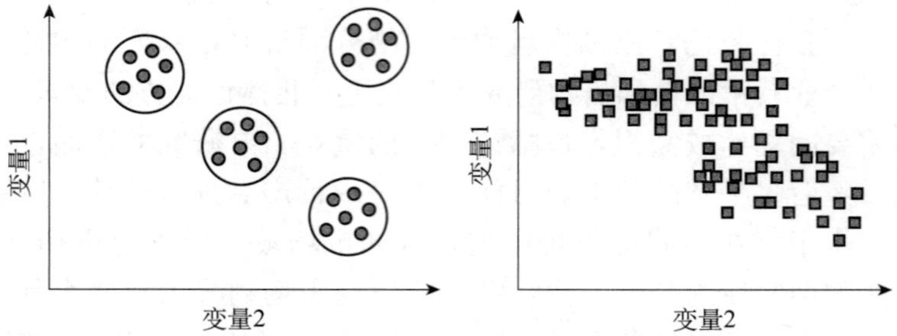

图 8－1　理想和现实的聚类情况

聚类方法包括非重叠聚类、重叠聚类和模糊聚类三种方法。非重叠聚类假设任何一个顾客属于且只属于一个细分市场，在表 8－1 的示例中，顾客 1 和顾客 3 只属于市场 3，顾客 2 只属于市场 1，顾客 4 只属于市场 2。重叠聚类和模糊聚类认为顾客有可能属于多个市场，例如顾客 2 可能同时属于市场 1 和市场 2（重叠聚类），或者属于市场 1 的概率是 60%，属于市场 2 的概率是 40%（模糊聚类）。虽然重叠聚类和模糊聚类这两种方法更符合现实情况，但由于非重叠聚类方法比较简单，结果也很直观，营销实践中多数情况下仍采用非重叠聚类方法。

表 8－1　非重叠聚类、重叠聚类和模糊聚类

	非重叠聚类			重叠聚类			模糊聚类		
	市场 1	市场 2	市场 3	市场 1	市场 2	市场 3	市场 1	市场 2	市场 3
顾客 1			1			1	0.1	0.1	0.8
顾客 2	1			1	1		0.6	0.4	0.0
顾客 3			1		1	1	0.1	0.4	0.5
顾客 4		1			1		0.2	0.7	0.1

图 8－2 展示了描述性市场细分的相关模型。

尽管有许多关于使用分类技巧方面的建议，但是在分析之后究竟把市场细分为多少子市场更为合适，主要还是依靠判断力。根据分析过程所产生的统计资料，对小组进行合并，尽量减少在合并过程中出现将两个极不相同的小组合并在一起的情况。

在大多数情况下，聚类分析会涉及三个以上的维度，以此为基础可以将总体分为 3～10 组不等的多种组合方式以供选择。在通过统计方法进行缩减之后，分析人员需要对每个方案的营销含义进行考察，主要是回答这样一个问题：如果对这两组对象予以区别对待，而不是将它们看作一个组，那么实施营销组合计划会带来什么不同的反应？如

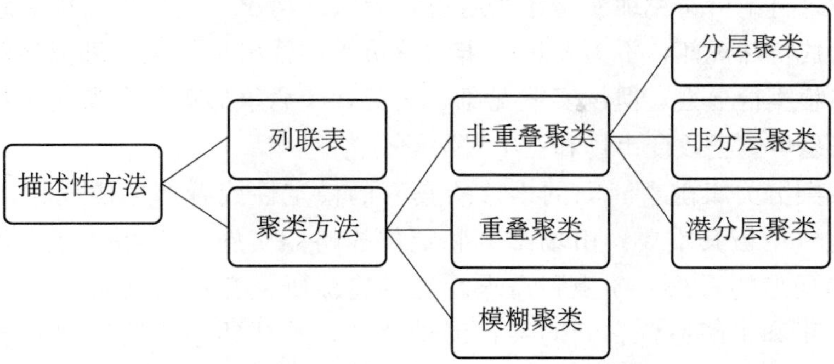

图 8-2　描述性市场细分的相关模型

果答案是"没什么不同"，那么通常这两组就应该合并到一起。这就是市场细分中的创造性因素，因为判断力在这里起到至关重要的作用。

（四）验证细分市场

聚类分析能够从看似杂乱无章的数据中得出有意义的分组，这既是该方法的精华之处，也是它的问题所在。这种方法的运算方式一直受到人们的质疑。正因为存在这些不确定性，细分市场的验证便成为市场细分研究中重要的组成部分。

如果市场细分所需要的信息是通过抽样调查来收集的，人们力图根据调查结果推断更大范围内的人口情况，就需要检验最终结果的可靠性，检验所要回答的问题是：通过样本所推断的结论是否适用于整体？最普遍的检验方法是交叉验证。这种方法是将收集到的数据任意地分成两部分，用其中一部分来形成之前已经分好的各个群体，然后再用另一部分数据对结果进行检验。一种简单的做法就是，用相同的聚类分析来对前面分好的两部分样本数据进行分析，然后比较这两个样本所得的分类群体在规模和特征方面的相似性。由于比较聚类分析的两个结果似乎是相当主观的一种验证方法，因此，有些学者为这种交叉验证推荐了判别分析法。该方法也是将原来的样本数据分成两组样本，并分别对它们进行聚类分析。然后用一组样本建立起判别模型，并用另一组样本中的数据替代该模型中前一组样本的数据。最后比较使用判别分析和聚类分析得到的结果，以此来对样本的可靠性进行衡量。应用 SPSS 软件包，能够又快又准确地进行这种关联分析。

（五）实施市场细分

最好不要把市场细分的实施视为市场细分研究的一个阶段，而应该把它看成整个研究过程的目的。成功的实施行为所依靠的并不仅仅是从模型到实际行动的正确转换，而要对整个模型构建的过程胸有成竹。特别是市场细分的研究人员，他们必须与潜在用户进行接触，以获得他们的支持，并确保研究结果符合他们的需求和期望。一个未被执行的市场细分方案只是纸上谈兵而已。细分市场选择和战略制定是紧跟在细分研究这一技术活动之后的两个很重要的阶段，是重要的管理任务，也是营销战略的核心，成功的实施行为有赖于此。

（六）追踪实施效果

市场细分实施的效果一般要在几个月之后才显现。随着时间的推移和消费者的变化，市场细分的效果将不可避免地变得越来越不符合实际情况。当成功实施导致人们相信已经发现了市场的特殊规律，不需要进一步的分析时，就出现了建模近视症。成功意味着该模型应该继续实行下去。但现实情况是，消费者和竞争形势都在变化，甚至成功实施这一行为本身也可能会改变市场和竞争对手的行为。

追踪市场细分方案随着时间的推移所具有的稳定性或者产生的变化，在如今瞬息万变的市场竞争中极其重要。市场细分和定位战略的实施，不可避免地会改变市场形势，并影响消费者的看法、期望和需求。通过追踪研究各种活动对细分市场所造成的影响，可以修正和了解适合它们的某种促销活动，并从那些比较成功的推广活动中获取一些经验教训。如果各个细分市场并不是很稳定，或逐渐变化，或激烈变化，这些变化本身就会带来重要商机。这可能预示一个新细分市场的出现，或者说明该细分市场中的消费者需求有所变化。这时，主动的企业就能够首先对此做出应对，从而获得竞争优势。

五、有效市场细分的标志

从企业营销的角度看，无论消费者市场还是产业市场，并非所有的子市场都有意义。有效的市场细分必须使细分后的市场具备如下特征。

（一）可区分性

可区分性指在不同的子市场之间，在概念上可清楚地加以区分。比如女性化妆品市场可依据年龄层次和肌肤类型等变量加以区分。

（二）可测量性

可测量性指细分后的子市场的大小及其购买力的数据资料应能够测量和推算，否则，不能作为制订营销方案的依据。比如在我国电冰箱市场上，在重视产品质量的情况下，有多少人更注重价格，有多少人更重视耗电量，有多少人更注重外观或兼顾几种特性。

（三）可进入性

可进入性指企业细分后的子市场应能够借助营销努力达到进入的目的，企业的营销组合策略等能够在该市场上发挥作用。譬如，通过适当的营销渠道，产品可以进入所选中的目标市场；通过适当的媒体可以将产品信息传达到目标市场，使有兴趣的消费者通过适当的方式购买到产品等。

（四）可盈利性

可盈利性指细分后的市场有足够的需求潜量且有一定的发展潜力，其规模足以使企业有利可图。这是因为消费者的数量与企业利润密切相关。

第 2 节　目标市场选择

市场细分的目的在于有效地选择并进入目标市场。所谓目标市场，就是企业拟投其所好，为之服务的具有相似需要的顾客群。在市场细分的基础上正确选择目标市场，是目标营销成败的关键环节。

一、目标市场战略

企业在决定为哪些子市场服务，即确定其目标市场涵盖战略时，有三种选择。

1. 无差异营销。无差异营销是指企业在市场细分之后，不考虑各子市场的特性，而只注重子市场的共性，决定只推出单一产品，运用单一的营销组合，力求满足尽可能多的顾客的需求（见图 8－3）。这种战略的优点是产品的品种、规格、款式简单统一，有利于标准化及大规模生产，有利于降低生产、存货、运输、研发、促销等成本费用。其主要缺点是单一产品要以同样的方式广泛销售并让所有购买者都满意是不可能的。特别是当同行业中有几家企业都实行无差异营销时，在较大的子市场中的竞争将会日益激烈，而在较小的子市场中的需求却得不到满足。由于较大的子市场内的竞争异常激烈，因而往往是子市场越大，利润越小。这种追求最大子市场的倾向叫作“多数谬误”。多数谬误是一种逻辑错误，指的是当一个观点或主张被多数人支持或采纳时，就认为该观点或主张是正确的或合理的假设。这种假设忽略了事实真相或逻辑推理，仅仅因为某种观点或主张被广泛接受而被视为正确。多数谬误也被称为“群体认同偏差”或“群体效应”，它反映了群体行为中的一种心理倾向，即个体倾向于随大多数人的观点或行为而行动，而不是依据独立的思考和判断。多数谬误并不意味着多数人的观点一定是错误的，但它警示人们应该谨慎地对待大多数人支持的观点，不应盲目地接受，而应进行理性思考和分析。

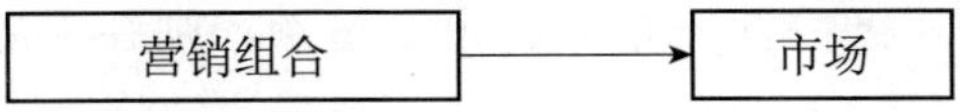

图 8－3　无差异营销

2. 差异营销。差异营销是指企业决定同时为几个子市场服务，设计不同的产品，并在渠道、促销和定价方面都加以改变，以适应各个子市场的需要（见图 8－4）。企业的产品种类如果同时在几个子市场占有优势，就会提高消费者对企业的信任感，进而提高重复购买率。此外，通过多样化的渠道和产品线进行销售，通常会使总销售额增加。差异营销的主要缺点是会使企业的生产成本和营销费用（如产品改进成本、生产成本、管理费用、存货成本、促销成本等）增加。有些企业曾实行超细分战略，即许多市场被过度地细分，导致产品价格不断上涨，影响产销数量和利润。于是，一种被称为反市场细分的战略应运而生。反市场细分战略并不是反对市场细分，而是将多个过于狭小的子市场组合起来，以便以较低的价格满足这一市场的需求。

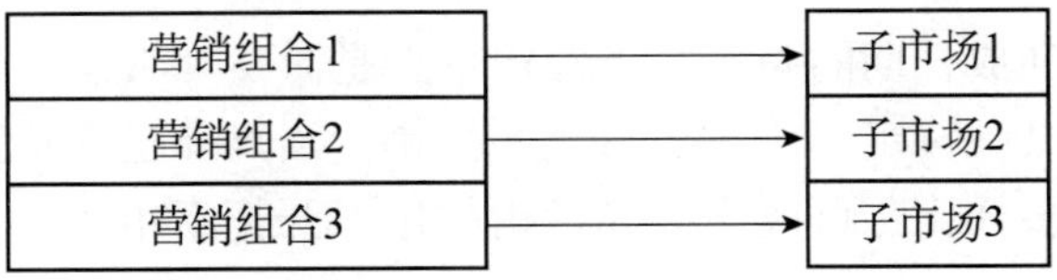

图 8－4　差异营销

3. 集中营销。集中营销是指企业集中所有力量，以一个或少数几个性质相似的子市场作为目标市场，试图在较少的子市场上实现较高的市场份额（见图 8－5）。实行集中营销的企业，一般是资源有限的中小企业，或是初次进入新市场的大企业。由于服务对象比较集中，对一个或几个特定子市场有较深入的了解，而且在生产和营销方面实行专业化，因此，可以比较容易地在这一特定市场取得有利地位。如果子市场选择得当，企业可以获得较高的投资收益率。但是，实行集中营销有较大的风险，因为目标市场范围比较狭窄，一旦市场情况突变、竞争加剧或消费偏好改变，企业可能陷入困境。

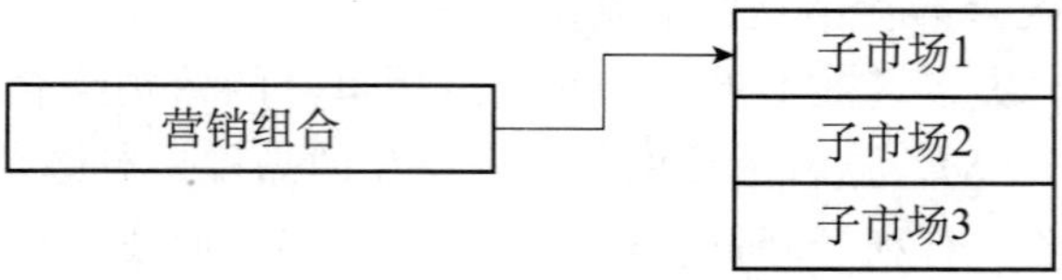

图8-5　集中营销

二、选择目标市场战略需考虑的因素

例8-2　集中营销：一个遥控看电视

上述三种目标市场战略各有利弊，企业在选择时需考虑五个方面的主要因素，即企业资源、产品同质性、市场同质性、产品所处的生命周期阶段、竞争对手的目标市场涵盖战略等。

（一）企业资源

如果企业资源雄厚，可以考虑实行差异营销；否则，最好实行无差异营销或集中营销。倘若企业试图通过单一产品获得很大的市场份额，则在资源雄厚的条件下亦应采用无差异营销。

（二）产品同质性

产品同质性是指产品在性能、特点等方面的差异性的大小。对于同质产品或需求上共性较大的产品，一般宜实行无差异营销；相反，对于异质产品，则应实行差异营销或集中营销。

（三）市场同质性

如果市场上所有顾客在同一时期偏好相同，购买的数量相同，并且对营销刺激的反应相同，则可视为同质市场，宜实行无差异营销；相反，如果市场需求的差异较大，则为异质市场，宜采用差异营销或集中营销。

（四）产品所处的生命周期阶段

对于处在导入期和成长期的新产品，营销重点是激发和巩固消费者的偏好，最好实行无差异营销或针对某一特定子市场实行集中营销；当产品进入成熟期时，市场竞争激烈，消费者需求日益多样化，可改用差异营销战略以开拓新市场、满足新需求、延长产品生命周期。

（五）竞争对手的目标市场涵盖战略

一般说来，企业的目标市场战略应与竞争者有所区别，反其道而行之。如果强大的竞争对手实行的是无差异营销，企业则应实行集中营销或更深一层的差异营销；如果企业面对的是较弱的竞争者，必要时就可采取与之相同的战略，凭借实力击败竞争对手。

三、目标市场战略实施效果的影响因素

西方学者尝试对基于细分的营销战略实施失败的问题进行归类。这些问题的提出为评价通过市场调研得到的市场细分模型的适用性提供了进一步甄别的工具。在实施目标市场战略时，需要评价的问题如下。

（一）组织结构

企业一般按照职能部门及其各种分支机构组建，具体结构取决于企业的任务分配和与外部世界打交道的方式。根据消费者利益确定目标市场的方法可能会打破组织中各部门之间的界限——它们往往不适合销售和营销组织的部门权限或区域性组织结构。对于那些处在不同部门和区域之间的目标市场，往往因为其被忽略和无人对其战略负责而导致目标市场战略失败。企业需要认真地筹划目标细分市场如何与组织内部结构相匹配。

（二）内部政策

市场细分在本质上是一种跨职能的活动，要求许多不同职能领域的专家参与其中并发挥专长。如果对权力的争夺和对自己专业知识的保守导致各职能部门无法协作或一起工作，市场细分战略就很可能会失败，因此，确保协作的实现是关键。基于市场细分的战略依赖于内部协作和支持，否则，再好的战略也注定会失败。

（三）企业文化

在某些情况下，消费者利益的市场细分方法由于与组织内部成员理解问题的方式不一致而不被接受。由专业人士群体支配的组织——诸如传统的金融服务企业和律师事务所、会计师事务所之类的专业服务企业，实现消费者利益细分往往需要经过一番努力。例如，克服银行家谨慎从业的态度偏好而建立客户导向比较困难。

（四）信息和报告系统

新的市场细分方案往往与现有的信息和报告系统不协调。这就意味着很难评估目标细分市场的价值，或者在该目标市场中从事业务活动时，很难进行责任分配和绩效监督。

（五）决策过程

如果市场细分方案所确定的新目标市场没有被纳入计划，就会在计划制订和执行时被忽略。与此相类似，如果在现有的资源分配程序中没有包括新目标市场，它们就很难获得营销预算。企业应该认真思考如何使一种新的市场细分方法与企业的计划、预算和评估系统相互融合。

（六）企业能力

发现具有吸引力的目标市场对市场研究人员和分析人员来说并不困难，但是要想在现有基础上获得竞争优势却没那么简单。一个企业可能仅仅因为缺乏为这类顾客提供服务的能力而无法取得竞争优势。

（七）操作系统

在有效执行市场细分战略时低估操作层次的问题，也可能成为市场细分战略失败的原因。这些问题包括：销售人员能够为目标市场中的消费者提供良好的服务吗？企业能

够进入所需要的分销渠道吗？企业是否拥有在细分市场中开展广告及促销所需要的专业技能？企业是否在细分市场上开展有组织的市场调研，以便确认目标市场、衡量市场机会和评估进度？如果需要，企业是否有对不同类型的消费者进行差别定价的技术和条件？企业应该认真考察自己在销售、广告、促销和分销方面的操作能力，并且大胆质疑这些能力是否适合新的基于市场细分的战略。

这里谈到的许多问题都隐藏在组织内部，一旦忽视这些问题，无异于将整个战略置于危险的境地。因此，除了对目标市场进行传统的评估之外，还要仔细考察每个潜在目标市场的内部适应性（见图8-6）。

细分市场的吸引力 \ 企业的资源优势	强	弱
大	最好的情况 有吸引力的细分市场，适合企业资源。	首先建立优势 有吸引力的细分市场，不太适合企业资源。
小	较差的情况 没有吸引力的细分市场，却能够很好地适合企业资源。	最差的情况 没有吸引力的细分市场，也不适合企业资源。

图8-6　细分市场的吸引力与企业的资源优势

这一分析表明，有些目标市场之所以没有吸引力，要么因为它们与企业的结构和操作流程不协调，要么因为企业目前还没有能力实施这种市场细分战略，或者因为必须先找出需要改进的地方才能够有效地影响目标市场。

第3节　市场定位

随着市场经济的发展，在同一市场上有许多同一品种的产品出现。企业为了使自己生产或销售的产品获得稳定的销路，要从各方面赋予产品一定的特色，树立产品鲜明的市场形象，以求在顾客心目中形成一种稳定的认知和特殊的偏爱，这就需要市场定位。

一、市场定位的含义

市场定位是指企业针对潜在顾客的心理进行营销设计，创立产品、品牌或企业在目标顾客心目中的某种形象或个性特征，保留深刻的印象和独特的位置，从而取得竞争优势。

市场定位的实质是取得目标市场的竞争优势，确定产品在顾客心目中的适当位置并留下深刻的印象，以便吸引更多的顾客。因此，市场定位是营销战略体系中的重要组成部分，它对于树立企业及产品的鲜明特色，满足顾客的需求偏好，从而提高企业的市场竞争力具有重要的意义。

在开展城市营销、打造城市品牌的过程中，也存在着城市定位的问题。在城市发展中，要“把握好战略定位、空间格局、要素配置”，“做到服务保障能力同城市战略定位相适应，人口资源环境同城市战略定位相协调，城市布局同城市战略定位相一致”。① 习近平指出：“各大中小城市在明确自我发展定位和方向时能不能立足整个城市群的发展定位和方向，找到自己错位发展的重点方向，解决好同质化发展的问题?”② 中央城市工作会议提出应“将环境容量和城市综合承载能力作为确定城市定位和规模的基本依据”③。习近平在湖南考察时强调，湖南要牢牢把握自身在构建新发展格局中的战略定位，坚持稳中求进工作总基调，坚持高质量发展不动摇。④

习近平在谈到国际市场定位问题时指出：“主要国家人口老龄化水平不断提高，劳动人口增长率持续下降，社会成本和生产成本上升较快，传统产业和增长动力不断衰减，新兴产业体量和增长动能尚未积聚。在这个大背景下，我们需要从供给侧发力，找准在世界供给市场上的定位。”⑤ 他还指出：“我们要主动适应全球产业分工调整变化，积极引领全球价值链重塑，确立新定位，构筑新优势。”⑥

可见，定位问题是一个涉及企业、城市、区域甚至国家长远发展的战略问题。

二、市场定位的步骤

市场定位的关键是企业要塑造自己的产品比竞争者更具有竞争优势的特性。竞争优势有两种基本类型：一是价格竞争优势，即在同等质量的条件下比竞争品价格更低；二是偏好竞争优势，即能提供确定的特色来满足顾客的特定偏好。因此，企业市场定位的全过程可以通过以下三大步骤来完成，即确认本企业的竞争优势，准确地选择相对竞争优势，明确显示独特的竞争优势。

（一）确认本企业的竞争优势

这一步骤的中心任务是回答以下三大问题：（1）竞争对手的产品定位如何；（2）目标市场上足够数量的顾客的欲望满足程度如何以及还需要什么；（3）针对竞争者的市场定位和潜在顾客真正需要的利益要求，企业应该和能够做些什么。要回答这三个问题，企业营销人员必须利用各种调研手段，系统地设计、搜索、分析并报告有关上述问题的资料和研究结果。通过回答上述三个问题，企业可以从中确定自己的竞争优势。

（二）准确地选择相对竞争优势

相对竞争优势表明企业能够胜过竞争者的现实和潜在能力。准确地选择相对竞争优势是将一个企业各方面实力与竞争者实力相比较的过程。通常是分析、比较企业与竞争

---

① 习近平：立足提高治理能力抓好城市规划建设 着眼精彩非凡卓越筹办好北京冬奥会．(2017-02-25). http://cpc.people.com.cn/n1/2017/0225/c64094-29106991.html.

② 习近平在深入推动长江经济带发展座谈会上的讲话．(2018-06-14). http://cpc.people.com.cn/n1/2018/0614/c64094-30056137.html.

③ 刘建伟．新中国成立后中国共产党认识和解决环境问题研究．北京：人民出版社，2017：290.

④ 习近平在湖南考察时强调 坚持改革创新求真务实 奋力谱写中国式现代化湖南篇章．人民日报，2024-03-22.

⑤ 习近平在省部级主要领导干部学习贯彻党的十八届五中全会精神专题研讨班上的讲话．(2016-05-10). http://www.xinhuanet.com//politics/2016-05/10/c_128972667.htm.

⑥ 习近平．抓住世界经济转型机遇 谋求亚太更大发展：在亚太经合组织工商领导人峰会上的主旨演讲．人民日报，2017-11-11.

者在下列七个方面的优势与劣势来准确地选择相对竞争优势。

1. 经营管理方面，主要考察领导能力、决策水平、计划能力、组织能力以及个人应变的经验等指标。

2. 技术开发方面，主要分析技术资源（如专利、技术诀窍等）、技术手段、技术人员能力和资金是否充足等指标。

3. 采购方面，主要分析采购方法、物流配送系统、供应商合作以及采购人员能力等指标。

4. 生产方面，主要分析生产能力、技术装备、生产过程控制以及员工素质等指标。

5. 营销方面，主要分析销售能力、分销网络、市场研究、服务与销售战略、广告及营销人员的能力等指标。

6. 财务方面，主要考察长期资金和短期资金的来源及资金成本、支付能力、现金流量以及财务制度与人员素质等指标。

7. 产品方面，主要考察可利用的特色、价格、质量、支付条件、包装、服务、市场份额、信誉等指标。

在确认本企业的相对竞争优势之后，企业就应着手定位描述（positioning statement），即将企业或品牌的市场定位简洁精准地予以阐述说明。定位描述的基本模式是：为了满足××群体（目标市场）的××需求，本企业（或品牌）是××样子的（表明差异性）。定位描述首先要说明产品的品类身份，然后指出与其他品类成员的差异性（独特性）。把产品归入一个具体的品类，旨在说明它与这个品类中其他产品的相似性，便于人们了解，但产品的卓越性是建立在差异性的基础之上的。市场定位重在彰显产品的独特性、差异性。

（三）明确显示独特的竞争优势

这一步骤的主要任务是企业要通过一系列的传播活动，将其独特的竞争优势准确传播给潜在顾客，并在顾客心目中留下深刻印象。为此，企业首先应使目标顾客了解、知道、熟悉、认同、喜欢和偏爱本企业的市场定位，在顾客心目中建立与该定位相一致的形象。其次，企业通过各种努力保持对目标顾客的了解，稳定目标顾客的态度并加深目标顾客的感情来巩固与市场定位相一致的形象。最后，企业应注意目标顾客对其市场定位理解出现的偏差或由于企业市场定位宣传上的失误而造成的目标顾客模糊、混乱和误会，及时纠正与市场定位不一致的形象。

三、市场定位的依据和方法

（一）市场定位的依据

在营销实践中，企业可以根据产品的属性、利益、价格、质量、用途、使用者、产品档次、竞争局势等多种因素或其组合进行市场定位。具体来讲，市场定位的主要依据包括：

1. 产品属性定位。突出具体产品特色，如某企业推出酒味浓醇、苦味适度的啤酒，用来满足那些不喜欢又苦又浓的啤酒的消费者。

2. 顾客利益定位。突出产品能给予顾客某一方面更多的利益，如一些连锁超市强调"天天平价"，吸引了很多精于计算的顾客。

3. 使用者定位。针对不同的产品使用者进行定位，从而把产品引导给某一特定顾客群。比如有的企业将性质温和的婴儿洗发露推荐给留长发而且天天洗头的年轻人。

4. 使用场合定位。一些产品可以有多种不同的使用场合，如小苏打可以作为冰箱除臭剂，也可以作为调味汁和卤肉的配料，不同的企业可以据此进行不同的定位。

5. 竞争局势定位。突出本企业产品与竞争者同档产品的不同点，通过评估选择，确定对本企业最有利的竞争优势加以开发。

（二）市场定位的信息收集

收集关于定位的定量信息，最简单的一种方法是衡量态度或属性。这种方法将受访者在区分和选择不同产品时所考虑的主要因素加入调查项目，通过对受访者进行单独访问，或者通过网络调查或电话访问的调查方式来收集信息，而且将要调查的这些因素用语义差异量表呈现给受访者进行选择。

图 8－7 中的语义差异量表是对商店形象和定位所做的一次调查。这里要求受访者对两个竞争性商店的六个重要属性进行评比，而这六个属性是在进行定量调查之前就确定下来的，包括：质量、价格、员工服务态度、产品范围、传统还是现代和停车难易。图 8－7 中只给出了一个受访者的答案，显示了该受访者对理想中的商店的描绘，即理想中的商店在上述属性上是如何表现的。从最终目的来考虑，可以对调查样本中的受访者进行平均分组，并且通过这样的分组来看在定位和要求方面的不同。需要指出，如果理想化的要求在所调查的样本中差距很大，可以首先使用聚类分析法将样本进行分组，然后再确定对细分市场的其他备选要求。

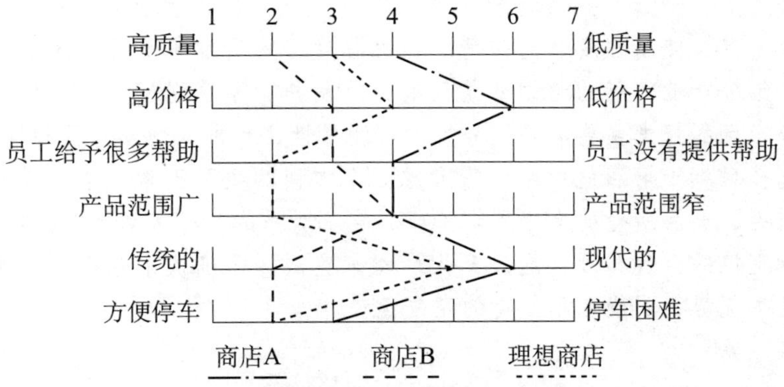

图 8－7　通过语义差异量表建立商店形象

对于某些特定的细分市场来说，有些因素与其他因素相比显得更为重要。以上面的商店定位为例，在某个细分市场上，消费者对价格因素的考虑可能会远远超过对便利性、产品范围和其他因素的考虑。因此，对相对重要的一些因素进行考察非常重要。可以通过对各因素的权衡比较找出相对重要的因素，或者在评估所有因素的同时，将更重要的因素列在前面。

（三）市场定位的方法

企业开展市场定位的主要思维方式和常用方法有以下几种：

1. 初次定位。指新企业初入市场，新产品投入市场，或产品进入新市场时，企业必须从零开始，运用所有的营销组合，使产品特色确定符合所选择的目标市场。但是，企业要进入目标市场时，往往是竞争者的产品已经上市或形成了一定的市场格局。这时，企业就应认真研究同一产品的竞争对手在目标市场的位置，从而确定本企业产品的有利位置。

2. 重新定位。指企业变更产品特色，改变目标顾客对其原有的印象，使目标顾客对其产品形象有一个重新认识的过程。市场重新定位对于企业适应市场环境、调整营销战略是必不可少的。企业产品在市场上的定位即使很恰当，但在出现下列情况时也需考虑重新定位：一是竞争者推出的市场定位处于本企业产品的附近，侵占了本企业品牌的部分市场，使本企业品牌的市场份额下降；二是消费者偏好发生变化，从喜爱本企业品牌转移到喜爱竞争对手的品牌。

企业在重新定位前需考虑两个主要因素：一是企业将自己的品牌定位从一个子市场转移到另一个子市场时的全部费用；二是企业将自己的品牌定在新位置上的收入有多少，而收入多少又取决于该子市场上的购买者和竞争者情况，以及在该子市场上销售价格能定多高等。

3. 对峙定位。指企业选择靠近现有竞争者或与现有竞争者重合的市场位置，争夺同一个顾客群体，彼此在产品、价格、分销及促销等各个方面差别不大。

4. 避强定位。指企业避开目标市场上强有力的竞争对手，将其位置确定于市场“空白点”，开发并销售目标市场上还没有的某种特色产品或服务，开拓新的市场领域。

小　结

目标营销由三个步骤组成：市场细分、目标市场选择、市场定位。市场细分要依据一定的细分变量来进行。消费者市场的细分变量主要有地理变量、人口变量、心理变量和行为变量等四类。细分产业市场的变量，有一些与消费者市场细分变量相同，如追求利益、使用者情况、使用程度、对品牌的信赖程度、购买准备阶段、使用者对产品的态度等。此外，细分产业市场的常用变量还有最终用户、顾客规模、地理位置、采购方式等。有效细分市场的标志主要有可区分性、可测量性、可进入性、可盈利性。

企业在选择目标市场涵盖战略时需考虑五个方面的主要因素：企业资源、产品同质性、市场同质性、产品所处的生命周期阶段、竞争对手的目标市场涵盖战略等。

企业市场定位的全过程可以通过三大步骤来完成，即确认本企业的竞争优势、准确地选择相对竞争优势、明确显示独特的竞争优势。

基本概念

地理细分	人口细分	品牌忠诚
心理细分	生活方式	个性
聚类分析	交叉验证	判别分析
语义差异量表	行为细分	品牌忠诚
目标市场	无差异营销	差异营销
集中营销	市场定位	定位描述
初次定位	重新定位	对峙定位
避强定位		

复习题

1. 市场细分的主要步骤有哪些？

2. 衡量消费者品牌忠诚度高低的标准是什么？
3. 产业市场细分依据的特点是什么？
4. 企业在制定目标市场涵盖战略时应该考虑哪些因素？
5. 在市场定位中如何应用语义差异量表？

案例分析

小米汽车的目标市场战略

2024 年 7 月，小米集团董事长兼 CEO 雷军正式发布了新款纯电动车——小米 SU7 Ultra Prototype（小米 SU7 Ultra 原型车）。小米 SU7 Ultra Prototype 与小米 SU7 双车同源，采用同一纯电平台架构开发。该架构既可以打造高品质的民用车型，又可以开发出承受超强耐久性与高性能考验的赛道级产品。

小米汽车的订单量比较稳定，已经超越了一些新势力车企，但是和比亚迪这种体量还是没法比，因为小米的车型比较单一。随着制造能力的提升，小米已经获得了独立的制造资质。从造车开始，小米就决定要从底层核心技术出发，十倍投入，认认真真造一辆好车。在电机、大压铸集群、智能驾驶、电池包等各个核心赛道，小米全部进行了重点投入。

小米汽车的发展前景令人看好。一是雷军造车的决心很大，他个人的投入度高，并且公司资金、技术、研发方面的投入都非常大。二是目前新能源汽车虽然竞争惨烈，但小米汽车还是很有性价比的，它的手机用户的忠诚度也比较高。所以它的用户群比较大，比较稳定，也有增长潜力。最重要的一点是，新能源汽车产业跟地方的产业政策，包括政府的大力支持有很大关系。目前很多地方都有自己的招牌企业，比如深圳的比亚迪、安徽的蔚来，所以北京市也希望在新能源行业占有一席之地。小米获得了北京市政府非常大的支持，包括小米短时间内就建立工厂，拿下造车资质等。三是小米的整体竞争实力（包括探索能力、组织能力、人才培养体系、品牌和营销能力、研发创新能力等），小米的国际化视野，小米生态圈及其供应链生态，以及在多个赛道的成功商业经验，均为其汽车业务提供了坚实的基础。

小米汽车计划在未来三年内专注于国内市场，待时机成熟后再进军国际市场。随着国内市场的不断发展和完善，小米汽车有信心在国际市场上取得成功，成为一个非常有竞争力的品牌。2024 年上半年小米汽车业务营收为 64 亿元，经调整净亏损 18 亿元。小米不缺销量，全年 10 万辆交付目标预计提前至 11 月完成。小米 SU7 在 2024 年 7 月份的销量达到了 13 120 辆，成功超越了特斯拉 Model 3，成为 20 万元以上纯电动轿车市场的销售冠军。这一成绩不仅展示了小米 SU7 在细分市场中的领先地位，而且进一步印证了小米汽车在产能提升和交付加速方面的显著进步。

资料来源：雷军：小米造车不走捷径 2024 年冲击 12 万辆销量．上海证券报，2024 - 07 - 20；胡润研究院首次发布国潮品牌百强榜 小米华为位居榜首．(2024 - 07 - 25)．中国日报网；小米汽车国内布局加速 三年内无出海计划．中国经营报，2024 - 07 - 26；两大战略助推三大增长曲线成形 小米二季度营收创历史新高．新京报，2024 - 08 - 23.

思考题

小米汽车是如何进行市场选择的？

第3篇

营销策略

第 9 章

产品与服务策略

| 本章要点 |

- 产品整体概念的主要层次。
- 产品组合的主要策略。
- 产品生命周期各阶段的营销策略。
- 商标管理的误区。
- 新产品开发策略选择及开发过程。
- 服务营销与产品营销的差异。

第 1 节　产品组合策略

我国数字经济战略力度空前，包括 5G、云计算、大数据、人工智能等新一代信息技术已经逐步渗透到经济和社会生活的各个行业和领域，软件与信息技术服务业呈现加速发展的趋势，为产品创新和新产品开发提供了强有力的技术基础。

一、产品整体概念

产品是指能提供给市场，用于满足人们某种欲望和需要的任何事物，包括实物、服务、场所、组织、思想、主意等。产品整体概念包括三个基本层次。

（一）核心产品

核心产品是指消费者购买某种产品时所追求的利益，是顾客真正要买的东西，因而在产品整体概念中也是最基本、最主要的部分。消费者购买某种产品，并不是为了占有或获得产品本身，而是为了获得能满足某种需要的效用或利益。苹果 iPad 的购买者真正想要的不仅仅是一台平板电脑，他们要买的是娱乐、自我表达、工作效率、生活便利以及与家人朋友的联系，是一个通向世界的可移动且个性化的窗口。

（二）有形产品

有形产品是指核心产品的载体，即向市场提供的实体和服务的可识别的形象表现。

如果有形产品是实体物品，则它在市场上通常表现为产品质量水平、外观特色、式样、品牌名称和包装等。产品的基本效用必须通过某些具体的形式来实现。营销者应首先着眼于顾客购买产品时所追求的利益，以求更完美地满足顾客需要，从这一点出发再去寻求利益得以实现的形式，进行产品设计。具身智能机器人已经可以达到真实场景下理解处理复杂任务的程度，其多模态感知和理解能力得到了较大的提升。未来，若人工智能、物联网和 5G 技术能够得到更加深度的融合，将赋予机器人更高水平的智能化、灵活性与效率。

（三）附加产品

附加产品是指顾客购买有形产品时所获得的全部附加服务和利益，包括提供信贷、免费送货、质保、安装、售后服务等。附加产品的概念源于对市场需要的深入认识。因为购买者的目的是满足某种需要，所以他们希望得到与满足该项需要有关的一切。西奥多·莱维特指出，新的竞争不是发生在各个公司的工厂生产什么产品，而是发生在其产品能提供何种附加利益（如包装、服务、广告、顾客咨询、融资、送货、仓储及具有其他价值的形式）。① 在具身智能大模型的加持下，机器人掌握了语音交互抓取能力。在人下达语音指令后，它们基于“开放词汇目标检测与任意物品分割多模态模型”可以完成一套抓和放的动作。未来，当人形机器人落地家庭应用场景，它们将帮助人类做更多事情，为我们带来更加智能且便利的生活。

例 9－1　苹果 iPad 的附加产品

二、产品组合与产品属性

（一）产品组合

要“优化现有供给结构，通过调整现有产品供给结构、提高产品和服务质量，从深层次上解决供给同需求错位问题，满足现有产品和服务需求”②。为了更好地满足市场需求，大多数企业都生产和销售多种产品。所谓产品组合，即企业的产品结构，是指某一企业所生产或销售的全部产品大类、产品项目的组合。产品大类（又称产品线）是指产品类别中具有密切关系（或经由同种商业网点销售，或同属一个价格幅度）的一组产品项目。产品项目（又称产品品种）是指某一品牌或产品大类内由价格、外观及其他属性来区别的具体产品。

（二）产品组合的宽度、长度、深度和关联性

产品组合有一定的宽度、长度、深度和关联性。产品组合的宽度是指一个企业有多少产品大类。产品组合的长度是指一个企业的产品组合中所包含的产品项目的总数。产品组合的深度是指产品大类中有多少种不同花色、品种、规格的产品项目。产品组合的关联性是指一个企业的各个产品大类在最终使用、生产条件、分销渠道等方面的密切相关程度。

---

① Philip Kotler，Gary Armstrong，Sridhar Balasubramanian. Principles of Marketing. 19th ed. Harlow：Pearson Education Limited，2024：251.

② 习近平：推进供给侧结构性改革是一场硬仗．(2017－06－21)．http：//jhsjk. people. cn/article/29352816.

产品组合的宽度、长度、深度和关联性在营销战略上具有重要意义。企业增加产品组合的宽度（增加产品大类，扩大经营范围，甚至跨行业经营，实行多元化经营）可以充分发挥企业的特长，使企业尤其是大企业的资源、技术得到充分利用，提高经营效益。此外，实行多元化经营还可以减少风险。企业增加产品组合的长度和深度（增加产品项目，增加产品的花色、式样、规格等）可以迎合广大消费者的不同需要和偏好，招徕吸引更多顾客。企业增强产品组合的关联性，则可以提高企业在某一地区、某一行业的市场地位，充分发挥企业的技术、生产和销售能力。

（三）产品属性

消费者购买产品是为了获取产品所提供的利益，而这些利益是通过质量、特征、款式和设计等产品属性来传递和实现的。

1. 产品质量。习近平指出，质量是人类生产生活的重要保障。人类社会发展历程中，每一次质量领域变革创新都促进了生产技术进步、增进了人民生活品质。中国致力于质量提升行动，提高质量标准，加强全面质量管理，推动质量变革、效率变革、动力变革，推动高质量发展。[①] 美国质量学会将质量定义为产品或服务满足顾客明确或潜在需求的固有特性。产品质量是企业满足顾客明确和隐含的需要，为顾客创造价值，实现顾客满意的能力和特征的总和。用西门子公司的话来说，质量就是“让我们的顾客回头，而不是产品回头”。在市场经济条件下，质量就是效益，质量就是竞争力。要坚持以提高质量和核心竞争力为中心，扩大高质量产品和服务供给，既要实现供给体系由中低端产品为主向不断适应需求变化的中高端产品为主转变，也要大力提高各种产品质量和水平。全面质量管理是一种企业全员参与持续改进产品、服务和经营质量，通过让顾客满意和社会受益来确保企业可持续发展的管理方法。全面质量管理是为了充分满足顾客需求，在最经济的水平下进行生产和提供服务，把企业各部门在研制质量、维持质量和提高质量方面的活动集成为一体的有效方法。若从使用要求和规定要求的角度来界定质量，可分为适用性质量和符合性质量。前者是指一组固有特性满足使用要求的程度，后者是指一组固有特性满足规定要求的程度。

2. 产品特征。产品特征是产品自身内在质量所形成的特色优势及其体现形式，一般指产品的外形、质量、功能、商标和包装等。它反映产品对顾客的吸引力，是影响消费者认知、情感和行为的主要刺激物，也是彰显产品特色优势、实现产品差异化、提升顾客价值的有力手段。

3. 产品款式和设计。提升顾客价值的另一手段是产品款式和设计多样化。产品款式（product style）是对产品外观、造型、颜色等要素的简单描述。好的产品款式会吸引注意力，给人带来愉悦。产品设计（product design）是一个将消费者购买目的或需要转换为一个具体的有形产品的过程，是将某种计划、规划设想、解决方案，通过一定的载体，以美好的形式呈现给目标顾客的一种创造性活动过程。好的产品设计从观察顾客开始，深刻理解顾客的需求，创造其产品使用体验。产品设计者应该少考虑产品技术规格，多考虑顾客如何使用产品，如何从产品使用中获得更多价值。深刻洞察顾客需求，进行精心设计，会让产品既美观又实用，不仅彰显产品功能的优越性，还便利产品的加工制造，

---

① 习近平向中国质量（杭州）大会致贺信．人民日报，2021-09-17.

降低生产成本，更能有效地提升产品的市场竞争力。

三、产品组合的优化和调整

习近平指出，要“减少无效供给，扩大有效供给，提高供给结构适应性和灵活性”①。产品组合的优化和调整亦应如此。企业在调整和优化产品组合时，依据不同的情况，可选择如下策略。

（一）扩大产品组合

扩大产品组合包括拓展产品组合的宽度和延伸产品组合的长度。前者是在原产品组合中增加一个或几个产品大类，扩大产品范围；后者是在原有产品大类内增加新的产品项目。当企业预测现有产品大类的销售额和利润额在未来一段时间内有可能下降时，就应考虑在现行产品组合中增加新的产品大类，或强化其中有发展潜力的产品大类。当企业打算增加产品特色，或为更多的子市场提供产品时，则可选择在原有产品大类内增加新的产品项目。一般而言，扩大产品组合可使企业充分地配置资源，分散风险，增强市场应变能力和竞争能力。

（二）缩减产品组合

当市场不景气或原料、能源供应紧张时，缩减产品组合反而可能使总利润上升。这是因为从产品组合中剔除了那些获利很小甚至亏损的产品大类或产品项目，企业可集中力量发展获利多的产品大类和产品项目。通常情况下，企业的产品大类有不断增加的趋势，其原因主要有：生产能力过剩迫使产品大类经理开发新的产品项目；中间商和销售人员要求增加产品项目，以满足顾客的需要；产品大类经理为了追求更高的销售和利润而增加产品项目。

但是，随着产品大类的增加，设计、工程、仓储、运输、促销等费用也随之增加，最终将减少企业的利润。在这种情况下，需要对产品大类的发展进行相应的遏制，剔除那些得不偿失的产品项目，使产品大类缩减，提高经济效益。

（三）产品拓展

1. 产品拓展的主要方式。每一个企业的产品都有其特定的市场定位。产品拓展策略指全部或部分地改变原有产品的市场定位，具体做法有向下拓展、向上拓展和双向拓展三种。

（1）向下拓展。指企业原来生产高档产品，后来决定增加低档产品。企业采取这种策略的主要原因在于：1）企业发现其高档产品的销售增长缓慢，不得不将其产品大类向下拓展。2）企业的高档产品受到激烈的竞争，必须用侵入低档产品市场的方式来反击竞争者。3）企业当初生产高档产品是为了建立起质量形象，然后再向下延伸。4）企业增加低档产品是为了填补空隙，不让竞争者有机可乘。

（2）向上拓展。指企业原来生产低档产品，后来决定增加高档产品。主要理由是：1）高档产品畅销，销售增长较快，利润率高。2）企业估计高档产品市场上的竞争者较

---

① 习近平主持召开中央财经领导小组第十二次会议 研究供给侧结构性改革方案、长江经济带发展规划、森林生态安全工作．（2016－01－27）．http：//cpc.people.com.cn/n1/2016/0127/c64094－28087356.html?winzoom=1.

弱，容易被击败。3）企业想使自己成为产品种类齐全的企业。

（3）双向拓展。指定位于中档产品市场的企业拥有市场优势以后，决定向产品大类的上下两个方向拓展，一方面增加高档产品，另一方面增加低档产品，扩大市场阵地。

2. 产品拓展的利益。

（1）满足更多消费者的需求。消费者市场具有差异性、替代性以及非专业性等特点，在这种情况下，产品大类拓展得越长，机会越多，因此可以更多地满足不同消费者的购买需求。

（2）迎合消费者求异求变的心理。随着市场竞争的加剧，消费者难以对某一品牌绝对忠诚，越来越多的消费者在转换品牌，尝试未曾使用过的产品。产品拓展就是通过提供同一品牌下的一系列不同产品来尽量满足顾客这种求异心理。企业希望产品拓展成为一条既满足消费者愿望，又能保持他们对本企业的品牌忠诚的两全之策。

（3）减少新产品开发的风险。产品拓展所需要的时间和成本比开发新产品更加容易控制。在美国，产品拓展所需的成本与费用仅仅是推出一个成功的新产品的1/6。

3. 产品拓展的风险。产品拓展虽然具有上述优点，但是也会带来一些负面作用：

（1）品牌忠诚度降低。品牌忠诚是对某品牌产品的重复购买行为。当企业通过产品拓展增加产品品种时，就要冒挑战顾客原来的定位认知、购买方式以及使用习惯的风险，这种风险往往会降低品牌忠诚度，使消费者重新考虑购买决定。此外，尽管产品拓展使得某一品牌能够满足消费者的各种需要，但也将促使消费者追求新变化，从而导致品牌转换。

（2）产品项目的角色难以区分。产品拓展可能会导致市场过度细分，同一产品大类中各项目的角色混乱，每个产品项目所针对的子市场过小以致难以区分，或各子市场之间的特征交叉太多。企业应该能够用一句话说明某一项目在产品大类上的角色，消费者应该能够对该产品项目是否适合自己做出快速反应，否则企业和消费者均会感觉混乱。

例9-2　中国食品有限公司的产品组合

（3）产品拓展引起成本增加。产品拓展会引起一系列的成本增加。其中，由此产生的营销调研、产品包装、生产等方面的费用是比较明显的，也便于掌握，但下列因素可能被忽视：频繁的产品大类变动使生产的复杂程度提高；研究和开发人员不能将精力集中于真正的新产品开发；产品拓展品种越多，营销投入就越大。

第2节　产品生命周期

产品生命周期是指产品从进入市场到退出市场所经历的市场生命循环过程。产品只有经过研究开发、试销，进入市场后，它的市场生命周期才算开始。产品退出市场，标志着生命周期的结束。在现代市场经济条件下，企业不能只埋头生产和销售现有产品，必须随着产品生命周期的发展变化灵活调整营销方案，并且重视新产品开发，及时用新产品代替衰退的老产品。

一、产品生命周期阶段

典型的产品生命周期可分为四个阶段，即导入期、成长期、成熟期和衰退期（如图 9-1 所示）。

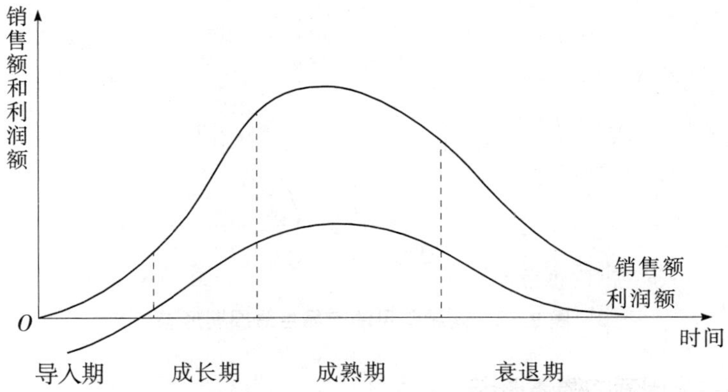

图 9-1 典型的产品生命周期

（一）导入期

新产品投入市场，便进入导入期。此时，顾客对产品还不了解，只有少数追求新奇的顾客可能购买，销售量很小。在这一阶段，由于市场及技术方面的原因，产品不能大批量生产，因而成本高，销售额增长缓慢，企业不但得不到利润，反而可能亏损。

（二）成长期

当产品在导入期的销售取得成功以后，便进入成长期。这时顾客对产品比较熟悉，大量的新顾客开始购买，市场逐步扩大。产品已具备大批量生产的条件，生产成本相对降低，企业的销售额迅速上升，利润也迅速增长。在这一阶段，竞争者看到有利可图，纷纷进入市场参与竞争，使同类产品供给量增加。而同时期需求的迅速增长，使产品价格维持不变或略有下降，市场竞争逐渐加剧。

（三）成熟期

经过成长期以后，市场需求趋向饱和，潜在的顾客已经很少，销售额增长缓慢直至转而下降，标志着产品进入了成熟期。这个阶段的持续期一般长于前两个阶段，并给营销管理层带来最难应对的挑战。大多数产品都处于生命周期的成熟阶段。成熟阶段还可分为三个时期：成长、稳定和衰退。第一个时期是成长中的成熟，此时由于分销饱和而造成销售增长率开始下降，销售额增长缓慢；第二个时期是稳定中的成熟，市场已经饱和，大多数潜在消费者已经试用过该产品，竞争空前激烈，未来的销售受到人口增长的制约；第三个时期是衰退中的成熟，此时销售的绝对水平开始下降，顾客开始转向其他产品或替代品。

（四）衰退期

随着科技的发展，新产品或新的替代品出现，这将使顾客的消费习惯发生改变，转向其他产品，从而使原来产品的销售额和利润额迅速下降。于是，产品进入了衰退期。

二、产品生命周期的非典型形态

并非所有的产品都呈现钟形产品生命周期，其中两种常见的产品生命周期形态如图9-2所示。

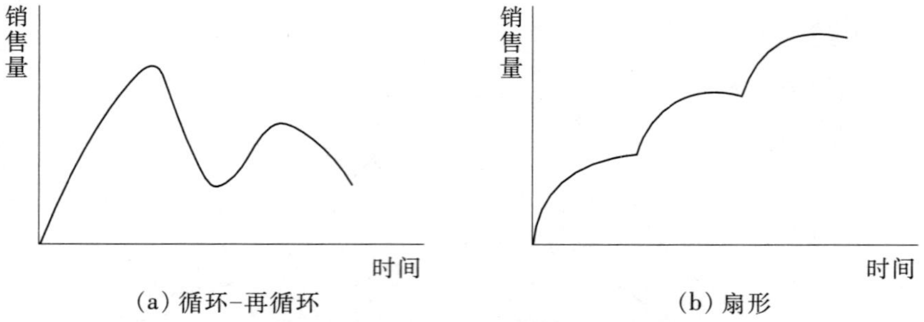

图9-2　两种常见的产品生命周期形态

（一）产品生命周期的循环形态

当一种产品进入衰退期，销售量出现大幅下滑时，企业为了延长产品的寿命，引入新技术增添产品特色或加大营销力度，采用更具吸引力的营销手段，以吸引、维护原有顾客继续使用，使产品进入一个新的循环周期（通常规模和持续期都弱于第一周期），见图9-2（a）。此形态常常可以说明一些药品、饮料等的销售。

（二）产品生命周期的扇形形态

图9-2（b）显示的是另一种常见的产品生命周期形态——扇形，它基于产品新的特征、用途或用户的不断发现，使得产品的销售量不断呈波浪式上升。例如，尼龙销售就显示了这种扇形特征，因为许多新的用途——降落伞、袜子、衬衫、地毯，一个接一个地被发现。

（三）产品生命周期的其他形态

在社会生活中，有三种互有区别的产品生命周期类型——风格型、时尚型和热潮型（见图9-3）。

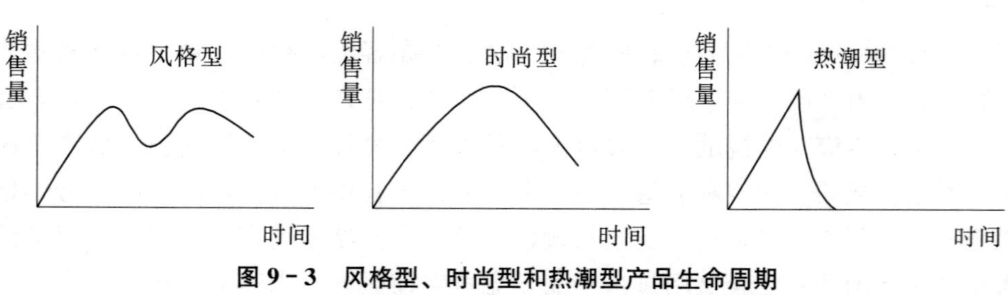

图9-3　风格型、时尚型和热潮型产品生命周期

风格是人们活动的某一领域中所出现的一种主要的和独特的表现方式，例如衣着（正装、休闲装、奇装异服）。一种风格一旦成型，会持续很长时间，在此期间时而风行，时而衰落。人们对风格兴趣的反复，使其生命周期呈现出循环形态。

时尚是在既定的领域里被广为接受的一种风格。时尚的发展要经过四个阶段，即导入阶段、模仿阶段、风行阶段和衰退阶段。由于时尚一般不能满足广泛的需求，因而生命力较弱。真正的营销赢家是那些较早地认识时尚并把它们应用到产品中去，使其发挥持久力量的人。

热潮是那些迅速进入公众视线的时尚，它们被狂热采用，很快地达到高峰然后迅速衰退。一度风行的呼啦圈就属此类产品。

三、产品生命周期策略

（一）导入期营销策略

导入期开始于新产品上市。新产品进入导入期以前，需要经历开发、研制、试销等过程。进入导入期的产品的市场特点是：产品销量少，促销费用高，制造成本高，销售利润很低甚至为负值。促销活动的主要目的是介绍产品，吸引消费者试用。

在产品的导入期，一般可由价格、促销、渠道等因素组合成各种不同的营销策略。若仅考察促销和价格两个因素，则至少有以下四种策略（如图9-4所示）。

<table>
<tr><td colspan="2" rowspan="2"></td><td colspan="2">促销水平</td></tr>
<tr><td>高</td><td>低</td></tr>
<tr><td rowspan="2">价格水平</td><td>高</td><td>快速撇脂策略</td><td>缓慢撇脂策略</td></tr>
<tr><td>低</td><td>快速渗透策略</td><td>缓慢渗透策略</td></tr>
</table>

图9-4 基于促销和价格因素的产品生命周期导入期的营销策略

1. 快速撇脂策略。借助高价格、高促销费用，迅速扩大销售量，取得较大的市场份额。其适用条件为大多数潜在消费者还不了解这种新产品，已经了解这种新产品的人急于求购，并且愿意按价购买，企业面临潜在竞争者的威胁。在这种情况下，应该迅速使消费者建立对自己产品的偏好。

2. 缓慢撇脂策略。借助高价格、低促销费用，获得更多的利润。其适用条件为市场面比较小，市场上大多数的消费者已熟悉该新产品，购买者愿意出高价，潜在竞争威胁不大。

3. 快速渗透策略。借助低价格、高促销费用，迅速打入市场，取得尽可能高的市场份额。其适用条件为市场容量很大，消费者对这种产品不熟悉，但对价格非常敏感，潜在竞争激烈，企业随着生产规模的扩大可以降低单位生产成本。

4. 缓慢渗透策略。以低价格、低促销费用来推出新产品。其适用条件为市场容量很大，消费者熟悉这种产品但对价格反应敏感，并且存在潜在竞争者。

（二）成长期营销策略

经过导入期之后，消费者对该产品已经熟悉，消费习惯也已形成，销售量迅速增长，此时产品进入了成长期。在成长期，老顾客重复购买，并且带来了新的顾客，销售量激增，企业利润迅速增长，利润达到高峰。随着销售量的增大，企业生产规模逐步扩大，产品成本逐步降低，新的竞争者会加入竞争。随着竞争的加剧，新的产品特性开始出现，分销渠道增加。企业为维持市场的继续成长，需要保持或稍微增加促销费用，但由于销量增加，平均促销费用有所下降。

企业为维持其市场增长率，延长获取最大利润的时间，可以采取如下策略：

1. 改善产品品质。如增加新的功能，改变产品款式等。对产品进行改进可以提高产品的竞争能力，满足顾客更广泛的需求，吸引更多的顾客。

2. 寻找新的子市场。通过市场细分，找到新的尚未满足的子市场，根据其需要组织生产、分销，迅速进入这一新的市场。

3. 改变广告宣传的重点。把广告宣传的重心从提高产品知名度转到建立产品形象和劝说购买上来，树立产品品牌，维系老顾客，吸引新顾客，使产品形象深入人心。

4. 在适当的时机降价，以激发价格敏感型消费者的购买动机和行为。

（三）成熟期营销策略

产品经过成长期之后，销售量和利润的增长速度会逐渐变缓，此时产品已开始走向成熟期。在成熟期，产品的销售量增长缓慢，逐步达到最高峰，然后缓慢下降；产品的销售利润也从成长期的最高点开始下降；市场竞争非常激烈，各种品牌、各种款式的同类产品不断出现。

为了使成熟期延长，或使产品生命周期实现再循环，企业可以采取以下策略：

1. 调整市场。这种策略不是调整产品本身，而是寻找新的顾客群体、发现产品的新用途或改变产品促销方式等，使产品销售量扩大。

2. 调整产品。这种策略是以改进产品的质量、功能、款式、包装或技术的方式，留住现有顾客，吸引新的顾客，满足顾客的不同需要。整体产品概念的任何一个层次的调整都可视为产品再推出。

3. 调整营销组合。指通过对产品、价格、渠道、促销四个营销组合因素加以综合调整，刺激销售量的回升。例如，在提高产品质量、改变产品性能、增加产品花色品种的同时，通过特价、早期购买折扣、补贴运费、延期付款等方法来降价让利；扩展分销渠道，广设分销网点；调整广告媒体组合，变换广告时间和频率，增加人员推销，开展公共宣传，多管齐下，进行市场渗透，扩大企业及产品的影响，争取更多的顾客。

（四）衰退期营销策略

衰退期的主要特点是：产品销售量急剧下降；企业从这种产品中获得的利润很低甚至为零；大量的竞争者退出市场；消费者的消费习惯发生改变等。进入生命周期衰退期，市场销售趋于下降的产品，可称为疲软产品。对于企业而言，经营一个疲软产品不仅影响利润收入，还要承受各种隐性成本的压力，付出的代价相当高昂。疲软产品往往需要频繁调整价格和库存，可能会占用管理者很多的时间、精力。与其把广告促销、销售队伍、分销渠道、价格调整等营销资源配置在疲软产品上，不如多支持一下健康产品，那样赚取的利润会更多。疲软产品还可能引起顾客对整个企业的担心，甚至导致对企业其他产品也缺乏信心。保留疲软产品还可能贻误开发替代品、新产品的最佳时机，导致产品组合低效率、不协调，影响利润收入，弱化企业竞争实力和市场形象。面对处于衰退期的疲软产品，企业需要认真研究分析，决定采取什么策略和在什么时间退出市场。通常有以下几种策略可供选择：

1. 继续策略。继续沿用过去的策略，仍按照原来的子市场，使用相同的分销渠道、定价及促销方式，直到这种产品完全退出市场为止。

2. 集中策略。把企业能力和资源集中在最有利的子市场和分销渠道上，从中获取利润。这不仅利于缩短产品退出市场的时间，还能为企业创造更多的利润。

3. 收缩策略。大幅度降低促销水平，尽量降低促销费用，以增加目前的利润。这可能导致产品在市场上的衰退加速，但也能从忠实于这种产品的顾客中得到利润。

4. 放弃策略。对于衰退比较迅速的产品，应该当机立断，放弃经营。可以采取完全放弃的形式，如把产品完全转移出去或立即停止生产；也可采取逐步放弃的方式，使其所占用的资源逐步转向其他产品。

第3节 产品商标与包装

一、商标的含义、命名及其作用

商标是产品文字名称、图案记号或两者相结合的一种设计，向有关部门注册登记后，经批准享有其专用权的标志。1950年，我国颁布了《保障发明权与专利权暂行条例》《商标注册暂行条例》等法规，对实施专利、商标制度作出了初步探索。党的十一届三中全会以后，我国知识产权工作逐步走上正规化轨道。党的十八大以来，党中央把知识产权保护工作摆在更加突出的位置，出台了《深入实施国家知识产权战略行动计划（2014—2020年）》《国务院关于新形势下加快知识产权强国建设的若干意见》《“十三五”国家知识产权保护和运用规划》等系列决策部署。在这次党和国家机构改革中，组建了国家市场监管总局，重新组建了国家知识产权局，实现了专利、商标、原产地地理标志等知识产权类别的集中统一管理。① 在我国，国家知识产权局商标局主管全国商标注册和管理工作，商标一经商标局核准即为注册商标，商标注册人享有商标专用权，受法律保护。假冒商标、仿冒商标、抢先注册都构成商标的侵权。

（一）注册商标与非注册商标

我国习惯上对一切品牌不论其注册与否，统称商标，而另有“注册商标”与“非注册商标”之分。注册商标是指受法律保护、所有者享有专用权的商标。非注册商标是指未办理注册手续、不受法律保护的商标。国家规定必须使用注册商标的商品，必须申请商标注册，未经核准注册的，不得在市场上销售。商标使用人应对其使用商标的商品质量负责。各级工商行政管理部门应通过商标管理，监督商品质量，制止欺骗消费者的行为。

在《中华人民共和国商标法》的保护下，卖者对使用的品牌名称享有永久性独占的权利。这和专利、版权等其他有终期的资产不同。

（二）产品命名的基本要求

一般说来，一个好的名称从形式上应具有如下特性：

---

① 习近平．全面加强知识产权保护工作 激发创新活力推动构建新发展格局．求是，2021（3）．

1. 独特性。容易辨识并能够与其他企业或商品的名称相区别。

2. 简洁性。简洁明快的名称可降低商品标记的成本，并便于写成醒目的文字做广告宣传。

3. 便利性。名称应易拼、易读、易记。

从内容上说，产品命名不但要符合销售地的法律法规要求，而且要符合当地的风俗习惯，以赢得目标市场中消费群体的喜爱。一个响亮的名字对企业参与市场竞争尤其是打开国际市场大有好处。国内一些企业，由于不注意自己的名称和商标，结果给自身参与市场竞争尤其是走向国际市场埋下了“祸根”。著名的“白象”牌电池畅销东南亚，在欧美却遭到冷遇，其原因并不在于产品本身的质量，仅仅是因为欧美人常把白象（white elephant）看作废物的化身。

（三）商标的作用

一般来讲，现代企业及其产品都拥有自己的商标。虽然这会使企业增加成本，但可以使卖主得到以下好处：便于管理订货；有助于企业细分市场；有助于树立良好的企业形象；有利于吸引更多的品牌忠诚者；注册商标可使企业的产品特色得到法律保护，防止别人模仿。由此可见，商标是现代企业市场竞争中一个强有力的工具和手段。

二、商标管理的误区

在商标管理方面存在的误区主要如下。

（一）商标设计具有随意性

商标设计本来是一项复杂的工程，通常应由专业人员来完成。但不少企业为了节省商标设计费用，自己承担商标设计工作，以致设计出的商标很不理想。

（二）商标不注册

有些企业虽然给其产品起了名字，设计了标志，并且名字比较理想，标志的规范性、技术性和视觉冲击力也比较强，甚至创出了名牌，却没有注册，因而不受法律保护（我国对商标权的保护实行的是注册制度）。另外，有些企业只在国内进行商标注册，不重视商标的国际注册，从而在进军国际市场时吃了“闭门羹”。

（三）商标注册范围过于狭窄

目前，我国商标注册采用的是国际上通用的商标分类法，商品类别 34 个，服务类别 11 个。这样，每一商标都有 45 个类别可以申请注册。但是，我国不少企业的商标注册范围过于狭窄，一个商标仅仅在某一类甚至某一种商品上注册，从而为其他企业以相同商标在其他类别的商品上注册留下了余地，制约了企业创立名牌和事业领域的扩展。

（四）商标不续展

续展本应是商标保护中的细枝末节，但我国每年都有不少商标因没有及时续展而被注销。目前我国注册商标的有效期为 10 年。注册商标有效期满后需要继续使用的，应当在期满前的 6 个月内申请续展注册。在此期间未能提出申请的，还有 6 个月的宽展期。宽展期内仍未提出申请的，期满后商标局将予以注销。

（五）商标不防御

商标是企业的无形资产，驰名商标更是企业的巨大财富。曾有一段时间，抢先注册商标、抢占他人无形资产的行为愈演愈烈，许多企业因此损失严重。然而企业在警惕商标被抢注的同时，却忽视了另一种倾向，即“类似商标注册”。为了防止被“搭便车”分享无形资产，红豆集团采取的商标防御策略是把与“红豆”中文发音相同的、含义相近的文字注册，如“虹豆”“相思豆”。

三、互联网中的域名与企业商标

（一）注册与保护

域名是企业和经营者进入互联网的“身份证”，具有在互联网上代表企业形象和商誉的功能，是顾客认知网上名牌的桥梁，并且一个具体的域名在整个互联网上只能有一个唯一的使用单位，因而域名具有重大的商业价值。也正因为如此，域名抢注屡屡发生。所谓域名抢注，是指将他人商标的文字部分、企业字号名称等注册为自己的域名，主要目的在于利用他人商标或商号在市场上已有的商誉来为自己牟取利益，实质上是对他人商誉的一种损害，被抢注者的经济利益、社会利益都将蒙受损失。

（二）网上商标保护

域名及网页内容都可能涉及使用商标名称，尤其是驰名商标及知名商标的名称。由于互联网商业应用的历史较短，法律法规不健全，互联网上的商标滥用问题十分突出。从企业来说，要重点做好三项工作。

1. 监测网上商标使用情况。企业的商标管理机构应运用有关工具和技术，随时监测企业商标在网上使用的情况。

2. 重视对商标名称进行防御性注册。在互联网上，域名虽然具有唯一性，但允许存在相似的两个或两个以上域名，这为抢注与他人商标名称近似的域名提供了方便。因此，要在网上保护商标，必须对商标进行防御性注册。

3. 运用法律手段维护商标的网上权益。企业如果发现他人的域名注册行为或网上广告、电子商务交易行为侵犯了自己的商标权，应依法向有关行政主管部门提出异议及向法院起诉。

四、产品包装的构成、作用及策略

大多数物质产品在从生产领域流转到消费领域的过程中，都需要有适当的包装。包装工作是整个商品生产的一个重要组成部分。所谓包装工作，是指设计并生产容器或包装物将产品盛放或包裹起来的一系列操作过程。

（一）产品包装的构成

产品包装一般包括以下三个部分：

1. 首要包装，即产品的直接包装，如牙膏皮、啤酒瓶等都属于这种包装。

2. 次要包装，即保护首要包装的包装物，如包装一定数量牙膏的纸盒或纸板箱。

3. 装运包装，即为了便于储运、识别某些产品的外包装。

此外，在产品包装上还有标签，这是为了说明产品而贴在产品上的招贴或印在产品包装上的文字、图案等。标签上一般都印有包装内容和产品所包含的主要成分、品牌标志、产品质量等级、生产厂家、生产日期和有效期、使用方法等，有些标签上还印有彩色图案或实物照片，以促进销售。

（二）产品包装的作用

产品包装对企业营销可起到如下作用：

1. 保护产品。良好的包装可以使产品在营销过程中，在消费者保存产品期间，不致损坏、变质、散落，保护产品的使用价值。

2. 促进销售。特别是在实行顾客自我服务的情况下，更需要利用产品包装来向广大顾客宣传介绍产品，吸引顾客注意力。

3. 增加价值。由于收入水平和生活水平的提高，消费者一般愿意为良好包装带来的方便、美感、可靠性和声望多付些钱。

第4节　新产品开发策略选择及开发过程

习近平指出：“国际经济竞争甚至综合国力竞争，说到底就是创新能力的竞争。谁能在创新上下先手棋，谁就能掌握主动。我们要大力实施创新驱动发展战略，加快完善创新机制，全方位推进科技创新、企业创新、产品创新、市场创新、品牌创新。”① 在科技日新月异、市场瞬息万变的环境下，产品的生命周期日趋缩短，新产品层出不穷，消费者也比以往更加乐于接受、使用新产品。因此，开发新产品对企业而言，是应对各种挑战与变局，维护企业生存与实现可持续发展的重要保证。

一、新产品的概念

新产品是指与旧产品相比，具有新功能、新结构和新用途，能在某方面满足顾客新需求的产品。大体包括以下三类：

（1）全新产品。全新产品是指应用新原理、新技术、新材料和新结构等研制成功的前所未有的新产品。如蒸汽机、电灯、电话、飞机、电视机、电冰箱、计算机以及抗生素、化学纤维的研制成功并投入使用，就属于全新产品。这类产品的问世往往缘于科学技术在某个方面的重大突破，它们的普及将极大地改善人们的生活。不过，这要求消费者必须进行相关知识的学习，彻底改变原有消费模式。全新产品的推出十分困难，绝大多数企业难以做到。

（2）换代产品。这种新产品是指在原有产品的基础上，采用或部分采用新技术、新材料、新结构制造出来的产品。与原有产品相比，换代产品往往在产品外观、性能或者功能等方面有较大改进，从而为顾客带来了新的利益。一般而言，这种产品要求顾客对原有消费模式有所改变。随着科技的迅猛发展，产品更新换代呈现越来越快的趋势。换代产品出现后，将逐渐取代老产品并导致其被市场淘汰。习近平指出：“实行大规模设备更新和消费品以旧换新，将有力促进投资和消费，既利当前、更利长远。要打好政策组

---

① 习近平谈创新驱动发展战略：要抓好顶层设计和任务落实．（2017－06－22）．人民网．

合拳，推动先进产能比重持续提升，高质量耐用消费品更多进入居民生活，废旧资源得到循环利用，国民经济循环质量和水平大幅提高。”①

（3）改进产品。改进产品是指在原有产品基础上适当加以改进，使得产品在质量、性能、结构、造型等方面有所改善。这类新产品与原有产品差别不大，改进的难度不高，顾客购买改进产品后，可以按原来的方式使用。

企业之所以要大力开发新产品，主要是因为：

（1）产品生命周期的客观存在要求企业不断开发新产品。企业同产品一样，也存在生命周期。如果企业不开发新产品，当产品走向衰落时，企业也同样走到了生命周期的终点。一般而言，当一种产品投放市场时，企业就应当着手设计新产品，使企业在任何时候都有不同的产品处在周期的各个阶段，从而保证企业利润的稳定增长。

（2）消费需求的变化需要不断开发新产品。随着生产的发展和人们生活水平的提高，消费需求发生了很大变化。这一方面给企业带来了威胁，使之不得不淘汰难以适应消费需求的老产品；另一方面也给企业提供了开发新产品、适应市场变化的机会。

（3）科技的发展推动企业不断开发新产品。习近平指出：“要把满足人民对美好生活的向往作为科技创新的落脚点，把惠民、利民、富民、改善民生作为科技创新的重要方向。”② 事实上，科学技术的发展导致许多高科技新型产品的出现，并加快了产品更新换代的速度，有力地满足了人民群众日益增长的美好生活需要。如光导纤维的出现对电话、互联网终端等信息处理设备的更新换代起到了巨大的推动作用。

（4）市场竞争的加剧迫使企业不断开发新产品。在市场竞争日趋激烈的今天，企业要想在市场上保持优势，必须不断创新，开发新产品。企业定期推出新产品可以提高企业在市场上的信誉和地位，并促进新产品的市场销售。例如，医疗机构引入人工智能先进技术尤其是飞速发展的 AIGC（人工智能生成内容）技术，能够重塑医疗服务流程，有效提升医疗服务的智能化水平，改善顾客的服务感受，减少顾客的等待时间，使医疗健康服务加速实现智能化、精准化和个性化，可以大幅提升服务效率和质量。

二、新产品开发策略选择

企业的新产品开发策略，依据其资源及所处市场竞争地位可以有两种选择：领先型新产品开发策略和跟随型新产品开发策略。与上述两种企业主导新产品研发的策略不同，随着互联网的普及，消费者参与的新产品开发策略以及众包（crowdsourcing）开放式创新策略得到越来越多企业的青睐与采纳。

（一）领先型新产品开发策略

领先型新产品开发策略是指企业首先研制、开发新产品，并率先将产品投入市场，从而在行业中确立技术领先和产品领先的策略。例如，美的空调率先明确主动智能概念，让空气调节智能家电有标可依。主动智能是指综合端到端的感知、决策、控制、学习能力，通过大数据 AI 算法主动获取、学习、识别环境中不同维度技术参数的变化，并结合用户场景主动做出决策，提升控制过程的便捷度和控制结果的舒适度、健康度，最终实

---

① 习近平主持召开中央财经委员会第四次会议强调 推动新一轮大规模设备更新和消费品以旧换新 有效降低全社会物流成本．人民日报，2024－02－24.

② 习近平．努力成为世界主要科学中心和创新高地．求是，2021（6）.

现系统主动性及个性化调节、无须用户干预的终极目标的一种 AI 智能控制方式。①

领先型新产品开发策略具有以下两方面的优点：

1. 成功的新产品开发使企业对新技术成果享有独占权，能够较早地建立起现实及潜在竞争对手进入市场的技术壁垒，并在新产品市场上处于主动地位。在这一阶段，企业没有竞争者威胁，一方面可凭技术领先、理念领先等优势树立企业及产品品牌形象；另一方面可以占有尽可能多的市场份额，并采取撇脂定价策略，赚取高额市场利润。

2. 企业在新产品生产、管理方面拥有的丰富经验和不断扩张的市场需求，有利于企业扩大生产规模，提高产品质量，降低生产成本，取得对后进入市场者的竞争优势。此外，企业还可以在必要时，采取出售产品生产许可证的方式，从技术转让中获利。

领先型新产品开发策略所面临的风险，主要是投入大、成本高、开发周期长，由于市场的瞬息万变和研发的高风险性，新产品开发的结果难以预料。一旦开发失败，往往会给企业造成巨大的损失，同时带来员工士气的损耗。

（二）跟随型新产品开发策略

跟随型新产品开发策略是指企业密切注视市场上刚出现的新产品，一旦发现新产品获得成功，便立即组织力量通过某种方式生产出类似产品以进入这一市场的策略。

跟随型新产品开发策略具有以下优点：

1. 风险较小。由于采用领先型新产品开发策略的企业已经解决了产品创新过程中一系列的技术难题，特别是实践证明，市场对这一新产品具有较好的反应，这样跟随企业就可以大大减少技术开发与市场开发中的失误和风险，避免可能出现的巨额损失。

2. 投资少，成本低。跟随企业在跟进新产品时，新产品概念开发方面的成本已经由领先企业承担，跟随企业可以享受领先企业开辟市场所产生的外部效应；同时，跟随企业可以通过观察领先企业的创新行为进行技术的学习和模仿，不需要进行耗费巨大的技术探索研究，因此其新产品开发比领先企业投资少，开发周期短，生产成本较低。

3. 开发的产品可能更具竞争力。领先企业开发的新产品，通过消费者的使用，一定会体现出一些有待改进之处。跟随企业可以在充分了解消费者需求和期望的基础上，对领先企业的产品在若干方面予以修正、改进，从而生产出更具竞争力的产品，获得良好的市场反应。

跟随型新产品开发策略的主要缺点是跟随企业几乎在同一时期进入市场，面临的市场竞争比较激烈，因此跟随企业的产品必须比已有产品的性能和品质更胜一筹，或者营销实力更为雄厚，否则很难获得市场份额。

（三）消费者参与新产品开发策略

在传统模式下，企业的新产品开发主要依靠内部人员实现。然而在互联网飞速发展的时代，消费者需求越来越多样化，而且在快速变化。在产品生命周期缩短、企业内部资源缺乏、难以精准收集消费者需求变化的情境下，仅仅依赖内部人员进行创新已经不能满足消费者的需求，这迫使企业更主动地寻求独特的价值主张并更高效地从事价值创造和传递。于是，消费者参与产品创新应运而生，成为解决上述问题的有效方法，从消费者参与新产品开发到服务创新设计，譬如消费者设计电影剧本。

---

① 全屋空气智能水平团体标准发布，美的空调书写智能家电新历史．(2024-08-29)．新浪科技．

消费者参与是指在新产品开发活动中，企业通过各种方式让顾客参与进来，顾客不仅提供相关的思路与信息，而且与企业联合设计、开发新产品，甚至率先测试、使用新产品。消费者参与新产品开发为企业提供了更多的创意来源，消费者参与产品创新的形式也越来越多样化，既可以是非正式的信息传递，也可以是正式参与到企业的新产品开发之中。对企业而言，通过与消费者之间的互动，寻求资源和能力的互补和提升，能够加强对消费者需求的深入理解、降低新产品开发的风险，从而创造出更高的消费者价值、获得更好的产品绩效。对消费者而言，其在参与创新过程中，通过与企业人员的交流、沟通以及体验活动，会对企业产品生产过程、产品质量等方面有更加深入的了解，这种卷入（involvement）不仅会影响企业的生产效率和服务质量，提高创新产品的成功率，促进知识交流和共享，而且会深刻影响消费者自身的心理结果（psychological outcome）和行为结果（behavior outcome），如消费者满意、信任、归属感、主人翁意识等。在消费者参与新产品开发模式下，企业决策权的转移给予消费者强烈的控制感和成就感，激发了消费者自我展示、自我强化的需要，即希望自己被看成是有才华的，从而导致更强的分享和推荐意愿，新产品由此获得积极口碑。消费者参与新产品开发是一种合作性的创新行为，在这种合作中，消费者积极地贡献，最终实现与企业的价值共创。

（四）众包开放式创新策略

众包开放式创新策略是指企业秉持开放创新的理念，邀请顾客、员工、科研人员、工程师、普通群众等有关人员参与到新产品的创新过程中。将企业内外广泛的资源用于新产品开发可以产生新想法。众包是一种新型的任务分配和执行模式，能把过去需要分配给特定个人完成的任务以自由自愿的形式外包给非特定的（而且通常是大型的）大众完成。众包能很好地利用人类的群体智能，各方协同配合，完成封闭式组织难以完成的任务，并且能以较低的成本获得更高的准确性。随着社交网络的发展，社交网络已成为重要的众包平台。众包中的参与者通常会通过社交网络进行互联、沟通和交流。具有创新精神的企业不是只依赖新产品创意的某一个来源，而是积极开发广泛的创新网络，从每一个可能的来源（如员工、顾客、外部创新者等）获取创意灵感。

三、新产品开发过程

新产品开发过程由八个阶段构成，即寻求创意、甄别创意、形成产品概念、营销战略开发、商业分析、产品开发、市场试销、批量上市。

（一）寻求创意

新产品开发过程是从寻求创意开始的。所谓创意就是开发新产品的设想。虽然并不是所有的设想或创意都可变成产品，但寻求尽可能多的创意却可为开发新产品提供更多的机会。新产品创意的主要来源有：顾客、科学家、竞争对手、推销员、经销商、企业高层、市场研究公司、广告公司等。此外，企业还可以从大学、咨询公司、同行业的团体协会、有关的报刊媒体那里寻求有用的新产品创意。

（二）甄别创意

取得足够创意之后，要对这些创意加以评估，研究其可行性，并挑选出可行性较强的创意，及时摒弃不理想的创意，这就是甄别创意。甄别创意的目的就是淘汰那些不可行或可行性较低的创意，使有限的资源集中于成功机会较大的创意上。甄别创意时，一般要考虑两个因素：一是该创意是否与企业的策略目标相适应，表现为利润目标、销售目标、销售增长目标、形象目标等几个方面；二是企业有无足够的能力开发这种创意。这些能力表现为资金能力、技术能力、人力资源、销售能力等。

（三）形成产品概念

经过甄别后保留下来的产品创意还要进一步发展成为产品概念。在这里，首先应当明确产品创意、产品概念和产品形象之间的区别。产品创意是指企业从自身的角度考虑能够向市场提供的可能产品的构想。产品概念是指企业从消费者的角度，用消费者的话语对这种创意所做的详尽的描述。产品形象则是消费者对某种现实产品或潜在产品所形成的特定形象。

企业在确定最佳产品概念、进行产品和品牌的市场定位后，就应当对产品概念进行测试。所谓产品概念测试，就是用文字、图画描述或者用实物将产品概念展示于目标顾客面前，观察他们的反应。

（四）营销战略开发

形成产品概念之后，就进入营销战略开发环节。营销战略开发（marketing strategy development）是指基于产品概念，为新产品设计初步的营销战略。为此，有关人员要拟定一个将新产品投放市场的初步的营销战略。营销战略由三个部分组成：

1. 描述目标市场的规模、结构、行为，新产品在目标市场上的价值主张和定位，头几年的销售额、市场份额、利润目标等。价值主张（value proposition）是指对顾客真实需求的深入描述和对企业产品优势、价值、利益的充分彰显。

2. 简述新产品的计划价格、分销策略以及第一年的营销预算。

3. 阐述计划长期销售额和目标利润以及不同时期的营销组合。

智能制造龙头埃夫特于2024年8月新建机器人超级工厂，依托中国和全球自动化及工业机器人的巨大市场，面向高端应用场景、特种应用场景和补全产品谱系三个方向进行新产品开发。项目建成后，能够有效提高公司机器人及智能制造的整体产能和综合实力，进一步优化公司的产能布局。①

（五）商业分析

商业分析（business analysis）是指企业对新产品未来的销售额、成本和利润的评估、审核，以确认其是否符合企业的目标。如果符合，就可以进行新产品开发。

（六）产品开发

产品开发是指将产品概念转化为实际产品，将产品创意转化为可行的市场供给物的过程。如果产品概念通过了商业分析，研究与开发部门及工程技术部门就可以把这种产品概念转化为产品，进入试制阶段。只有在这一阶段，文字、图表及模型等描述的产品设计才变为实体产品。在这一阶段应当搞清楚的问题是，产品概念能否变为技术上和商业上可行的产品。如果不能，除在全过程中取得一些有用的副产品（如数据、资料、信

---

① 埃夫特：拟18.93亿元投建机器人超级工厂暨全球总部项目．证券时报，2024－08－29.

息情报等）外，所耗费的资金将全部付之东流。

（七）市场试销

市场试销是指将开发中的产品及其营销计划导入现实的营销环境的过程。如果企业对某种新产品开发结果感到满意，就着手用品牌名称、包装和初步营销方案把这种新产品“包装”起来，把产品推上真正的消费者舞台进行试验。其目的在于了解消费者和经销商对经营、使用和再购买这种新产品的实际情况以及市场大小，然后再酌情采取适当对策。市场试销的规模取决于两个方面：一是投资费用和风险大小；二是市场试销费用和时间。投资费用和风险越高的新产品，试销的规模应越大；投资费用和风险较低的新产品，试销规模就可小一些。从市场试销费用和时间来讲，所需市场试销费用越多、时间越长的新产品，市场试销规模应越小；反之，则可大一些。不过，总的来说，市场试销费用不宜在新产品开发投资总额中占太大比例。

（八）批量上市

在这一阶段，企业高层需要做出以下决策：

1. 何时推出新产品。指企业要决定在什么时间将新产品投放市场最适宜。例如，如果某种新产品是用来替代老产品，就应等到老产品的存货被处理掉时再将这种新产品投放市场，以免冲击老产品的销售，造成损失；如果某种新产品的市场需求有较强的季节性，就应在销售季节来临时将这种新产品投放市场。

2. 何地推出新产品。指企业要决定在什么地方（某一地区、某些地区、全国市场或国际市场）推出新产品最适宜。能够把新产品在全国市场上投放的企业是不多见的。一般是先在主要地区的市场推出，以占领市场，取得立足点，然后再扩大到其他地区。因此，企业特别是中小企业需要制订一个市场投放计划。

在制订市场投放计划时，应当找出最有吸引力的市场先投放。选择市场时要考察以下几个方面：（1）市场潜力；（2）企业在该地区的声誉；（3）投放成本；（4）该地区调查资料的质量高低；（5）对其他地区的影响力以及竞争渗透能力。此外，竞争情况也十分重要，它同样可以影响新产品商业化的成败。

3. 向谁推出新产品。指企业要把它的分销和促销目标面向最优秀的顾客群。这样做的目的是利用最优秀的顾客群带动一般顾客，以最快的速度、最少的费用，扩大新产品的市场份额。企业可以根据市场试销的结果发现最优秀的顾客群。对新上市的消费品来讲，最优秀的顾客群一般应具备以下特征：（1）他们是早期采用者；（2）他们是大量使用者；（3）他们是观念倡导者或意见领袖，并能为该产品做正面宣传。当然，完全具备这几个特征的顾客很少，企业可以根据这些标准对不同的顾客群打分，从而找出最优秀的顾客群。

4. 如何推出新产品。企业管理部门要制定开始投放市场的营销策略。这里，首先要给各项营销活动分配预算，然后规定各项活动的先后顺序，从而有计划地开展营销管理。

四、影响新产品开发成败的因素

（一）新产品开发成功的必备条件

新产品开发成功的企业应具备以下三个条件：

1. 与客户保持密切联系。管理者必须了解他们的客户，懂得他们真正的需求。

2. 跨部门沟通交流。无数新产品开发成功的案例表明，创新是企业各大主要部门之间信息高效沟通的结果。

3. 跨部门的合作团队。成功的产品创新无一例外都是企业内团队成员共同努力工作的结果，而不是依靠某个人的力量。

以上三个条件看似简单，事实上，企业要做到非常困难，大型的科层组织基本上都会面临这一问题。能保持内聚力的中小企业会发现，跨部门交流和构建跨部门的合作团队比较容易实现，但是如果由过分注重产品导向的技术专家领导，通常不容易与客户保持密切联系，而且随着业务增长和机构扩张，保持创新的这三个基本要求越来越难以满足，有时还会导致管理层忽略或忘却最初确保企业成功的那些关键因素。对于成功的新产品开发，特别是持续创新来说，管理者必须不断地提升企业能力，以满足上述三个实现新产品开发成功的必备条件。

（二）导致新产品开发失败的营销因素

新产品开发结束后，在扩散过程中许多营销因素都值得特别注意，因为许多营销因素都能导致新产品开发的失败。

1. 差异点传递不明晰。新产品要想打败竞争产品，关键在于有与众不同的差异点，即能给使用者带来独特利益的卓越特性，并且企业能将该特性成功传达给消费者。

2. 市场与产品的界定不精准。在开发新产品之前，需要明确地识别出目标市场、顾客需求与新产品特性。没有明确的界定，研发就成了为虚幻的市场设计模糊的产品，就会浪费大量的资金。

3. 市场吸引力太小。每个新产品经理都在努力寻求高速增长且潜量巨大的目标市场。但是现实中，目标市场的规模往往太小或者竞争激烈，无法保障必需的投资回报。

4. 营销组合的执行不力。再好的新产品设计和扩散计划都需要强有力的实际行动和具体实施作为保证。在营销实践中，品牌名称、包装、定价、促销和分销等营销组合实施不力，往往是新产品扩散失败的重要原因。

5. 时间安排不合理。产品推出的时间过早、过迟或者正好赶上消费者需求急剧改变，都会对新产品的推广造成致命的打击。现实生活中，有些小成本制作的电影故意避开暑期、春节等大片上映时间推出，就是为了选择一个有利于自身的推广时间。

6. 渠道成本过高。在大数据、云计算、物联网、人工智能、机器人、电子商务迅速发展的新时代，渠道竞争十分激烈，因此，争取性价比较高的分销渠道对新产品推出十分重要。

新产品开发（包括服务和物质产品）对所有企业都是至关重要的。成功进行新产品开发的企业往往遵照循序渐进的过程，有效地结合组织结构和新产品管理程序。经验和学习有助于这些企业持续改善新产品计划。当然，洞察新产品失败的原因以及避免这些失败的发生对新产品管理者而言至关重要。通过了解影响新产品成功的主要因素，管理者可以检验公司是否具备有效创新的条件。如果不具备，为使市场失败的可能性最小，就应设法获得这些资源。

五、新产品市场预测模型

当实体产品开发完成，产品包装、广告文案等已准备好，并且企业已经制定了完整的营销战略，就可以进行市场测试。ASSESSOR 模型是基于企业营销战略和消费者市场测试数据的估计方法。通过 ASSESSOR 模型，企业可以预测新产品的销售量和市场份额，估计新产品的市场份额来源，并评估和改进现有的营销战略。

ASSESSOR 模型的数据输入包括两部分：一是管理者主观数据，包括新产品的定位策略及营销策略；二是消费者客观数据，包括消费者对广告的欢迎程度，对新产品的购买率、使用率、满意度及属性评分等。消费者客观数据主要通过实验法收集，实验过程中模拟新产品的定位和营销策略，进而收集消费者的反应。实验步骤如下：(1) 筛选和招募调查者，确保调查对象能够代表目标市场的人群；(2) 测量现有品牌偏好，调查消费者购买选择的品牌集合，并对各品牌偏好打分；(3) 观看新产品的广告，测量消费者对广告的反应；(4) 模拟购物过程，观看新产品和现有品牌陈列，测量消费者的购买选择；(5) 请消费者试用新产品，调查新产品的使用率、满意度、属性评分及品牌偏好等。

通过上面的步骤，研究人员将管理者的主观数据作为实验操控变量，通过对真实场景的模拟获得相应的消费者市场测试数据，这些数据是 ASSESSOR 模型分析的基础。ASSESSOR 模型包括两个模型：偏好模型和试用-重购模型。

(1) 偏好模型。偏好模型主要是将消费者的偏好转化成选择概率，即消费者购买其品牌选择集合中每种产品的可能性。用数学模型表示为：

$$P_{ij} = \frac{V_{ij}^{b}}{\sum_{k \in C_i} V_{ik}^{b}}$$

式中，P_{ij} 表示第 i 个消费者购买产品 j 的概率估计值；V_{ij} 是第 i 个消费者对产品 j 的偏好程度；C_i 表示第 i 个消费者的品牌选择集合；b 是从数据中估计出来的参数，表示产品偏好转换成产品购买概率的比率的指数。

根据消费者试用新产品一段时间后的选择偏好，可以预测新产品的购买概率：

$$P'_{ij} = \frac{V'^{b}_{ij}}{V'^{b}_{in} + \sum_{k \in C_i} V'^{b}_{ik}}$$

式中，P'_{ij} 表示消费者 i 在试用新产品后购买产品 j 的概率；n 表示新产品；V'_{ij} 表示消费者 i 试用新产品后对产品 j 的偏好评分。

(2) 试用-重购模型。试用-重购模型通过实验获得消费者的新产品试用和重复使用数据，并通过标准公式测算产品的长期市场份额 M：

$$M = zrw$$

式中，z 表示目标市场中最终会试用该新产品的消费者的累计比例；r 表示那些可能长期重复购买新产品的试用者比例；w 为相对使用率，市场的平均相对使用率 $w=1$。

试用-重购模型中对试用比例 z 的估计如下：

$$z = X + Y - (X)(Y)$$

式中，X 表示那些了解新产品、购物时会选择试用的消费者比例；Y 表示得到试用样品的消费者比例；(X) (Y) 表示既购买了该产品又得到样品的消费者比例，其作用是避免重复计算。

试用-重购模型中的 r 和 w 可以通过实验数据进行估计，r 用测试时选择购买新产品并在试用后愿意重复购买的消费者比例估计，w 用实验中消费者回答的平均相对使用率估计。

通过偏好模型和试用-重购模型，我们可以分别估计新产品的市场份额。比较两种模型的估计结果，如果估计结果比较接近，说明通过市场测试预测的市场份额比较准确；反之，需要分析预测差异的原因，并对模型进行诊断。

第 5 节　服务与服务营销

服务是指履行职务，为他人做事，不以实物形式而以提供劳动的形式满足他人需要，并使他人从中受益的一种有偿或无偿的活动。从服务营销科学的角度看，服务是指不可感知却可被区分界定并用于满足人类美好生活需要的活动。这种活动的生产与出售同其他产品既可相互独立，亦可联系在一起。在需要借助有形产品协助生产服务时，不会涉及有形产品所有权转移的问题。服务是在服务提供者与服务接受者（服务对象）互动的过程中完成的，服务行为主体的目的是让服务对象获得利益和价值，让生活更加美好。同时，服务也是企业实行差异化战略的一种重要手段，通过服务差异化，企业可以创建自己长期的竞争优势。[①]《中共中央关于进一步全面深化改革 推进中国式现代化的决定》提出，要“完善发展服务业体制机制。完善支持服务业发展政策体系”[②]。

一、服务的特征

大多数服务都具有如下共同特征。

（一）无形性

首先，与有形的消费品或产业用品相比较，服务的特质及组成服务的元素往往是无形的，不能触摸或用肉眼看见。其次，不仅服务的特质是无形的，甚至使用服务后的利益也很难察觉，或者要过一段时间享用服务的人才能感觉到利益的存在。因此，人们不可能在购买服务之前，去视、听、嗅、尝、触到服务，而是必须参考许多意见、态度以及各方面的信息。再次购买时，则依赖先前的经验。

（二）相连性

由于服务本身不是一个具体的物品，而是一系列的活动或者说是过程，因此在服务的过程中消费者和生产者必须直接发生联系，从而生产的过程也就是消费的过程。也就是说，服务人员为顾客提供服务时，也正是顾客消费服务的时刻，二者在时间上不可分离。服务的这种特性表明，顾客只有而且必须加入服务的生产过程才能最终消费服务。

但是，最新的研究表明，相连性不再是服务的一个普遍特性。因为随着服务行业的发展，出现了服务提供和消费者消费分离的情况，也就是在服务产生的时候，消费者并不在现场。例如顾客通过网络或电话委托银行购买外汇，在银行向顾客提供服务（按顾客指定价格代购外汇）时，顾客并不在场。日常生活中，顾客通过网络或者电话向中介机构订外卖，在中介机构提供服务时（中介机构向指定餐厅购买食品），显然顾客也没有

---

① 郭国庆．服务营销．6 版．北京：中国人民大学出版社，2024：4.

② 中共中央关于进一步全面深化改革 推进中国式现代化的决定．(2024 - 07 - 21). 新华社.

在现场。研究表明，服务分离使顾客感知到了更多的便利性，但顾客的感知风险也随之上升。①

（三）易变性

易变性是指服务的构成成分及其质量水平经常变化，很难统一界定。服务行业是以“人”为核心的产业，人类个性的存在使得对于服务的质量检验很难采用统一的标准。一方面，由于服务人员自身因素（如心理状态）的影响，即使由同一服务人员提供的服务也可能会有不同的水平；另一方面，由于顾客直接参与服务的生产和消费过程，顾客自身的因素，如知识水平、兴趣和爱好等，也直接影响服务的质量和效果。

（四）时间性

服务的无形性以及服务的生产与消费同时进行，使得服务不可能像有形的消费品和产业用品一样储存起来，以备将来出售，而且消费者在大多数情况下不能将服务带回家。当然，提供服务的各种设备可能会提前准备好，但生产出来的服务如不当时消费，就会造成损失，如车、船、飞机等的空位，不过，这种损失不像有形产品的损失那样明显，它仅表现为机会的丧失和折旧的发生。因此，时间性的特征要求服务企业必须解决由缺乏库存所引致的产品供求不平衡问题。

2024 年 8 月 28 日，国内首款健康管理 AI 机器人——“健康小美”数智健管师正式上线。这款由美年健康、华为云与润达医疗三方合作研发的创新产品，将为用户提供个性化、多元化、智慧化、精益化的全生命周期健康管理服务，标志着数智健康管家时代的到来。②

二、服务营销与产品营销的差异

前面已经指出，服务具有无形性、相连性、易变性、时间性等四个基本特征。这些特征决定了服务营销同产品营销有着本质的不同。具体表现为以下几个方面。

（一）产品特点不同

如果说有形产品是一个物体或一样东西，服务就表现为一种行为、绩效或努力。

（二）顾客对生产过程的参与

由于顾客直接参与生产过程，如何管理顾客成为服务营销管理的一个重要内容。

（三）人是产品的一部分

服务的过程是顾客同服务提供者广泛接触的过程，服务绩效的好坏不仅取决于服务提供者的素质，也与顾客的行为密切相关。

（四）质量控制问题

由于人是服务的一部分，服务的质量很难像有形产品那样用统一的质量标准来衡量，其缺点和不足也就不易被发现和加以改进。

---

① Hean Tat Keh，Jun Pang. Customer Reactions to Service Separation. Journal of Marketing，2010，74（2）：55－70.

② 健康管理新突破，国内首款健康管理 AI 机器人——“健康小美”正式上线．中国消费者报，2024－08－29.

（五）产品无法储存

服务的无形性以及生产与消费的同时进行，使得服务具有不可储存的特性。

（六）时间因素的重要性

在服务市场上，既然服务的生产和消费过程是由顾客同服务提供者面对面进行的，服务的供应就必须及时、快捷，以缩短顾客等候服务的时间。

（七）分销渠道不同

服务企业不像生产企业那样通过物流渠道把产品从工厂运送到顾客手里，而是借助互联网、电信等渠道，把生产、零售和消费的地点连在一起来提供产品。

三、产品服务图谱

多数情况下，利用服务的特点以及服务营销与产品营销的差异，能够成功区分产品与服务。但是，随着竞争日趋激烈，企业较以往更加强调服务，市场中的大多数产品都是有形因素和无形因素的某种组合。按照从有形到无形或者从产品为主导到服务为主导的顺序，排成一个序列，即为产品服务图谱，见图9-5。

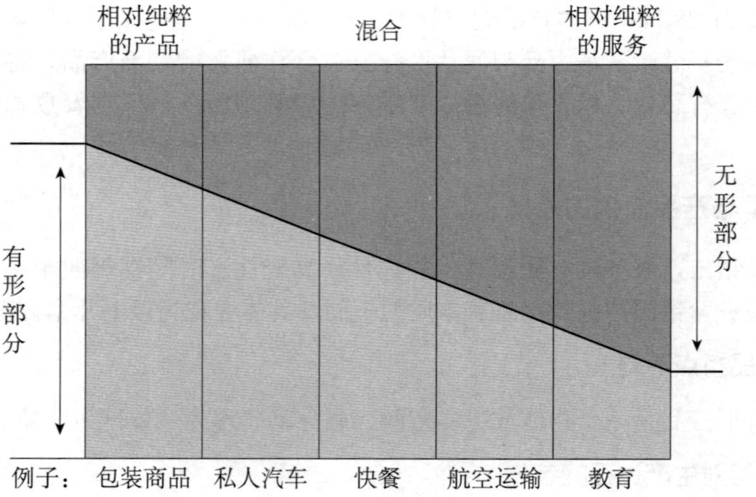

图9-5　产品服务图谱

有形因素可以看到、触到、闻到、听到或尝到，它们构成了产品的物质方面，例如产品本身和购买或消费时的环境因素。无形因素常常难以捉摸，它们包括为支持有形因素而提供的服务，以及附着于产品之上的形象和利益。

在图谱的左端，提供给顾客的基本上是物质因素，强调有形性，包括诸如饼干和电池之类的包装商品。但是，顾客购买和消费的利益都是无形的——饼干抵御饥饿，电池提供动力。消费者是通过产品的有形属性和特征获得这些利益的。当然，这些有形产品的购买也涉及一些无形因素。物质产品通过零售终端出售，在那里，销售人员提供建议和解释；借助媒体广告和其他促销活动，产品品牌会在顾客的心目中建立起能够强化其价值的形象和声誉。

在图谱的右端，无形因素相对更加重要，而有形因素却相反。例如，提到教育，“产品”是无形的，包括提供给学生的服务，学生与教师、学校以及课程资料之间互动的方式，其中涉及一定的有形和物质的因素，诸如教材、音响教辅手段和有形环境。但是，教育的核心是培养学生的综合能力，是一种无形的过程。教育过程成功与否最终取决于学生对该教育服务的反应和互动情况。

在这两个极端之间，是有形性和无形性以更加接近的比例相互混合的产品。例如，快餐店供应的产品包含食品（有形的）、气氛环境和提供服务的速度（无形的）。

随着越来越多的企业在物质产品的生产过程中重视使用质量控制和可靠的技术，产品在有形方面的差异日渐消失。为减少可变性、误差和保证降低次品量，企业在生产中广泛地推行全面质量管理。在这种情况下，位于图谱左端的公司更多地通过增加或改善产品的无形因素来寻求差异化，例如建立品牌、提升服务以丰富所提供的物质产品。位于图谱右端的公司和其他服务提供者逐渐意识到它们所提供的服务类型和质量是自己差异化的主要手段，有形与无形之间的界线日渐模糊，并向下移动。在整个图谱中，无形因素变得越来越重要。

四、服务质量的测定

良好的服务能够有效巩固企业现有的顾客，帮助企业赢得更多的新顾客，获得顾客的长期忠诚。开展服务质量管理，有助于提升企业的服务水平，不断获得顾客的重复购买机会，促进企业业绩的不断增长。习近平指出：“高质量发展应该实现产业体系比较完整，生产组织方式网络化智能化，创新力、需求捕捉力、品牌影响力、核心竞争力强，产品和服务质量高。”① 人工智能技术的发展为提高服务质量奠定了坚实基础。坐进新交付的智能汽车里，从车辆状态查询、门窗关闭、后备厢上锁到座椅加热、车厢温度调节等功能，均可在智能手机上实现。站在咖啡店内，取杯、落冰、泵水、磨豆、萃取、打奶泡、出杯，COFE＋智能咖啡机灵活地操作“手臂”，短短 50 秒就可制作出一杯咖啡。置身智慧面馆，自助点餐、扫码支付后，全自动智能熟面机自动实现面粉和水配比，完成揉搓、醒面等环节，不足 3 分钟工夫，一碗热腾腾的面条便由机械臂递了过来。

（一）服务质量的定义

服务产品的质量水平并不完全由企业决定，而同顾客感知有很大关系，即使企业认为是符合高标准的服务，也可能不为顾客所喜爱和接受。因此，可以认为服务质量是一个主观范畴，它取决于顾客对服务的预期质量同其实际感受的服务水平（体验质量）的对比。通常顾客主要是从技术和职能两个层面来感知服务质量，从而服务质量也就包括技术质量和职能质量两项内容。

技术质量是指服务过程的产出，即服务人员按照事先承诺准确完整地提供给顾客的利益和价值，也就是顾客从服务过程中所得到的东西。对于这一层面的服务质量，顾客容易感知，也便于评价。职能质量是指服务提供过程中顾客所感受到的服务人员在履行职责时的行为、态度、穿着、仪表等给顾客带来的利益和享受。显然，职能质量难以被顾客进行客观的评价，它更多地取决于顾客的主观感受。

在服务提供过程中，顾客往往能够接触到企业的资源状况、组织结构和运作方式等

---

① 习近平．开创我国高质量发展新局面．求是，2024（12）.

多个方面，企业的形象将不可避免地影响顾客对服务质量的感知和体验。如果企业在顾客心目中具有较好的形象，那么，顾客可能会原谅企业在服务过程中的个别失误。但是如果这些失误频繁发生，就必然会破坏企业形象。而倘若企业形象不佳，则企业任何微小的失误都会给顾客造成很坏的印象。所以，人们有时把企业形象称为顾客感知服务质量的过滤器。

数字经济时代，智能消费依托于5G、人工智能、大数据等新兴技术，借助深度数据分析与用户精准画像，为消费者带来更为便捷、个性化的消费体验与服务选择，其应用领域包括智能家居、可穿戴技术产品、互联网医疗服务、智能汽车以及电商平台等多个领域。各地正加快生活服务数字化赋能，构建智慧商圈、智慧街区、智慧门店等消费新场景，发展“互联网＋”医疗服务、数字教育等新模式，加快无人零售店、自提柜、云柜等新业态布局，支持电子竞技、社交电商、直播电商等发展。

（二）服务质量的测定

《中共中央关于进一步全面深化改革 推进中国式现代化的决定》指出：“聚焦重点环节分领域推进生产性服务业高质量发展，发展产业互联网平台，破除跨地区经营行政壁垒，推进生产性服务业融合发展。健全加快生活性服务业多样化发展机制。完善中介服务机构法规制度体系，促进中介服务机构诚实守信、依法履责。”① 由于服务产品具有无形性和易变性等特征，顾客的满意度受到各种无形因素的制约，企业营销人员将难以把握顾客对服务产品质量的感知，因此，服务产品的质量不像有形产品的质量那样容易测定，很难用固定的标准来衡量服务质量的高低。

美国学者贝利（L. L. Berry）、帕拉苏拉曼（A. Parasuraman）、泽斯曼尔（V. A. Zeithaml）等提出的服务质量模型解决了服务质量测量这一难题。他们通过对信用卡、零售银行、证券经纪、产品维修与保护等四个服务行业的考察和比较研究，认为顾客在评价服务质量时主要从10个标准进行考虑，即可感知性、可靠性、反应性、胜任能力、友爱、可信性、安全性、易于接触、易于沟通以及对消费者的理解程度等。在进一步的研究中，上述10个标准被归纳为5个，其中可感知性、可靠性和反应性保留不变，而把胜任能力、友爱、可信性和安全性概括为保证性，把易于接触、易于沟通以及对消费者的理解程度概括为同理心。

1. 可感知性。可感知性是指服务产品的“有形部分”，如各种设施、设备以及服务人员的外表等。由于服务产品的本质是一种行为过程而不是某种实物，具有无形的特性，因此，顾客只能借助这些有形的、可视的部分来把握服务的实质。服务的可感知性从两个方面影响顾客对服务质量的认识，一方面，它们提供了有关服务质量本身的有形线索；另一方面，它们直接影响顾客对服务质量的感知。

2. 可靠性。可靠性是指企业准确无误地完成所承诺的服务。可靠性实际上是要求企业避免在服务过程中出现差错。

3. 反应性。反应性是指企业随时准备为顾客提供快捷、有效的服务。服务传递的效率从一个侧面反映了企业的服务质量。

4. 保证性。保证性是指服务人员的友好态度与胜任能力，它能增强顾客对企业服务

---

① 中共中央关于进一步全面深化改革 推进中国式现代化的决定.(2024-07-21). 新华社.

质量的信心和安全感。当顾客同一位友好和善且知识丰富的服务人员打交道时，他会认为自己找对了企业，从而获得信心和安全感。友好态度和胜任能力都是不可或缺的。服务人员缺乏友善的态度自然会让顾客感到不快，而如果他们对专业知识懂得太少也会令顾客失望。

5. 同理心（又称移情性）。同理心是指服务人员要态度友好，真诚地关心顾客，了解他们的实际需要，甚至是私人方面的特殊要求，并予以满足，使整个服务过程富有“人情味”。①

根据上述五个标准，贝利等学者建立了服务质量模型（Servqual 模型）来测量企业的服务质量。具体的测量主要是通过问卷调查、顾客打分（利克特七分量表）的方式进行。该项问卷包括两个相互对应的部分，一部分用来测量顾客对企业服务的期望，另一部分则测量顾客对服务质量的感受，每一部分都包含上述五个标准。在问卷中，每一个标准都具体化为四五个问题，由被访者回答。显然，对于某个问题，顾客从期望的角度和从实际感受的角度所给分数往往不同，二者之间的差异就是在该方面企业服务质量的分数（Servqual 分数），即

Servqual 分数＝实际感受分数－期望分数

推而广之，评估整个企业服务质量水平实际上就是计算平均 Servqual 分数。假定有 n 个顾客参与问卷调查，根据上面的公式，单个顾客的 Servqual 分数就是其对所有问题的 Servqual 分数加总再除以问题数目，然后，把 n 个顾客的 Servqual 分数加在一起除以 n 就是企业平均的 Servqual 分数。

不少研究发现，在选购服务产品时，顾客容易听取使用过类似服务的朋友或亲人的意见。因此，善用已有顾客的口碑也能增强顾客的信心。从服务营销实践看，智能技术蕴藏着巨大的跨界融合潜力，可以与教育、医疗、娱乐等行业深度结合，提供更为智能化、个性化的服务，如定制学习方案、情感智能交互等，显著增强客户的服务满意度。同时，多技术融合将成为关键，人工智能将与物联网、大数据、云计算以及虚拟现实等技术更紧密地结合，甚至将与可穿戴设备和智能家居等产品融为一体，以进一步推动智能化服务的发展。除了日常生活，人工智能技术还将在更多场景中实现创新应用，比如深入办公自动化、生产消费融合等领域，实现场景化、智能化和多元化的拓展。

小　结

产品整体概念包含核心产品、有形产品和附加产品三个层次。产品组合的宽度、长度、深度和关联性在营销策略上具有重要意义。企业在调整和优化产品组合时，可根据具体情况选择适宜的策略。产品生命周期是指产品从进入市场到退出市场所经历的市场生命循环过程。典型的产品生命周期可分为四个阶段，即导入期、成长期、成熟期和衰退期。企业往往根据产品所处的不同生命周期阶段，制定并实施不同的营销战略。企业在商标管理上存在的误区有：商标设计具有随意性，商标不注册，商标注册范围过于狭窄，商标不续展，以及商标不防御。

企业的新产品开发策略，依据其资源及所处市场竞争地位可以有两种选择：领先型

① V. Kumar. A Theory of Customer Valuation：Concepts，Metrics，Strategy，and Implementation. Journal of Marketing，2018，82 (1)：1-19.

新产品开发策略和跟随型新产品开发策略。随着互联网的快速发展，又出现了消费者参与新产品开发策略和众包开放式创新策略。新产品开发过程由八个阶段构成，即寻求创意、甄别创意、形成产品概念、营销战略开发、商业分析、产品开发、市场试销、批量上市。新产品开发的成败要受到企业自身多种因素的影响。ASSESSOR模型是基于企业营销战略和消费者市场测试数据的估计方法，通过ASSESSOR模型，企业可以预测新产品的销售量和市场份额。

服务具有的特征包括：无形性、相连性、易变性和时间性。这些特征决定了服务营销同产品营销有着本质的不同。

基本概念

产品	核心产品	有形产品
附加产品	产品属性	产品质量
产品款式	产品设计	产品特征
产品组合	产品拓展	产品生命周期
商标	领先型新产品	跟随型新产品
众包开放式	价值主张	商业分析
市场试销	服务质量	技术质量
职能质量	消费者参与	

复习题

1. 怎样从整体上理解产品？产品整体上包含哪几个层次的内容？
2. 什么是产品组合？评价产品组合的关键因素是什么？
3. 企业为什么要缩减产品组合？
4. 新产品开发的过程是什么？
5. 什么是服务？服务具有什么特征？

案例分析

振华重工的服务创新

上海振华重工股份有限公司1992年成立，以生产港口机械起家，到今天已经发展成为全球港口机械占有率第一的知名企业，产品进入全球101个国家和地区，全球市场份额超过70%。随着全球港口自动化智能化升级，港口升级改造迎来新机遇，但国内其他港口机械企业竞相追逐，竞争日益激烈，对成本、创新提出更高要求。面对制造业产品同质化严重的情况，振华重工确定了以服务打造产品差异化的转型方向，以向服务型制造转变为目的，发展数字化制造配合一体化建设，构建了全生命周期管理、自动化码头解决方案等一体化服务，加快向高端化、智能化、绿色化转型。

振华重工一体化服务重构了产品价值链，将服务作为战略发展的重心。振华重工积极发展全流程数字化制造，将众多离散、复杂的工业板块数据进行精准标记，形成了系统性的标准数据，建立了主数据系统，并积极推动ERP、MES等信息系统的实施与应用。另外，为顺利开展服务运营，振华重工研发出设备远程监控诊断系统和海运监测系统等创新软件系统，为一体化服务奠定了技术基础。

与此同时，振华重工延伸服务价值链，构建一体化服务。通过联动上下游、整合内外资源，并拓展服务渠道、延伸服务业务，顺利构建了产品生命周期数字化管理、涵盖前期投资到后期维保的全流程自动化码头解决方案这两项一体化服务。在设计、制造阶段，能借助制造价值链的数据支撑为客户提供数据可视化服务；在维保阶段，与 ABB 公司联手建设了 20 多家海外分支机构与两大海外采购物流中心，为客户提供即时现场维保服务；在设备回收阶段，振华重工在上海自贸区的帮助下获得了回收旧设备的许可，为客户增加了设备回收服务。

振华重工注重服务价值链与产品价值链在战略、文化上的匹配，以服务引领产品的发展。产品价值链为了配合服务升级的需求，从研发内容到制造流程等均围绕服务进行了全方位的改变，为服务业务的铺设提供了发展的保障，同时一体化服务也引领了数字化产品实现价值链的竞争优势。振华重工的服务业务得到了国内外客户的广泛认可，高端制造匹配高端服务，打造了自身的竞争优势。振华重工还不断加强海外机构的全球化网络布局，在全球布局多家海外区域中心，与当地国际知名企业以及产业上下游企业建立了良好合作伙伴关系和坚实的合作基础，不断发挥属地化优势。

公司通过覆盖全球的经营服务网点，为全球客户提供快速准确、全面的一体化和精益化经营与全生命周期服务。公司在世界各地现场，拥有由超过 1 000 名高素质专业人员组成的服务队伍，可以提供高效的解决方案与完善的备件服务支持，并在最短的时间内向世界供货。

资料来源：振华重工：展望 2024 年，公司港机业务或将受益于行业“高端化、智能化、绿色化”的发展趋势．(2024 - 08 - 02)．证券之星；张旭梅，吴黛诗，江小玲，等．动态匹配视角下装备制造企业产品服务价值链构建路径：基于振华重工 1992—2019 年的纵向案例研究．软科学，2021，35 (4)：76 - 82.

思考题

1. 振华重工为什么格外注重产品与服务的匹配？

2. 制造企业服务能力的提高主要依赖技术能力，在企业技术优势不明显时，如何发展自身的产品服务价值链？

第 10 章

品牌策略

| 本章要点 |

- 品牌的概念及作用。
- 品牌定位及其策略。
- 品牌资产的含义及构成。
- 品牌策略的主要类型。

习近平总书记对品牌建设问题历来高度重视。2014 年 5 月 10 日，他在河南考察时指出，要“推动中国制造向中国创造转变、中国速度向中国质量转变、中国产品向中国品牌转变”①。2016 年 12 月，中央经济工作会议指出，要“狠抓农产品标准化生产、品牌创建、质量安全监管”②。2018 年 4 月，在庆祝海南建省办经济特区 30 周年大会上，习近平进一步指出，要“打造国家热带现代农业基地，进一步打响海南热带农产品品牌”③。2024 年 6 月在考察青海时强调，“乡村振兴要突出农牧民增收这个重点，加快推进高原特色种业振兴行动，发展绿色有机农牧业，打响高原土特产品牌”④。对于现代企业来说，品牌日益成为生存和成功的核心要素之一。强势品牌意味着市场地位和利润。从某种程度上说，未来的营销就是品牌的战争。因此，品牌策略已成为企业重要的市场营销策略。

第 1 节　品牌与品牌定位

一、品牌的概念及整体含义

（一）品牌的概念

党的二十大以来，党和国家致力于构建高水平社会主义市场经济体制，推动品牌意

① 习近平在河南考察时强调：深化改革发挥优势创新思路统筹兼顾 确保经济持续健康发展社会和谐稳定．(2014－05－11). http://cpc.people.com.cn/n/2014/0511/c64094－25001070.html.

② 中央经济工作会议在北京举行．人民日报，2016－12－17.

③ 习近平．在庆祝海南建省办经济特区 30 周年大会上的讲话．(2018－04－14). http://cpc.people.com.cn/n1/2018/0414/c64094－29925838.html.

④ 习近平在青海考察时强调 持续推进青藏高原生态保护和高质量发展 奋力谱写中国式现代化青海篇章．人民日报，2024－06－21.

识不断深入人心。对品牌的定义有多种，广告专家琼斯（J. P. Jones）对品牌的界定是：品牌指能为顾客提供其认为值得购买的功能利益及附加价值的产品。美国市场营销协会（AMA）对品牌的定义是：品牌是一种名称、术语、标记、符号或设计，或是它们的组合运用，其目的是借以辨认某个销售者或某群销售者的产品及服务，并使之与竞争对手的产品和服务区别开来。其中，我们把这些创造品牌的名称、术语、标记、符号或设计，或它们的组合称为品牌元素。

（二）品牌的整体含义

品牌实质上代表着卖者对交付给买者的产品特征、利益和服务的一贯性的承诺。最佳品牌就是质量的保证。但品牌还是一个更复杂的象征。品牌的整体含义可分成六个层次。

1. 属性。品牌首先使人们想到某种属性。例如，“奔驰”意味着昂贵、工艺精湛、马力强大、高贵、转卖价值高、速度快等。公司可以采用一种或几种属性为汽车做广告。

2. 利益。品牌不只意味着一整套属性。顾客不是在买属性，他们买的是利益。属性需要转化为功能性或情感性的利益。耐久的属性体现了功能性利益：“多年内我不需要买一辆新车。”昂贵的属性体现了情感性利益：“这辆车让我感觉到自己很重要，并受人尊重。”制作精良的属性既体现了功能性利益，又体现了情感性利益：“一旦出事故，我很安全。”

3. 价值。品牌也说明了一些生产者价值。因此，“奔驰”代表着高效、安全、声望及其他东西。品牌的营销人员必须分辨出对这些价值感兴趣的消费者群体。

4. 文化。品牌也可能代表着一种文化。习近平考察天津时指出，“天津要深入发掘历史文化资源，加强历史文化遗产和红色文化资源保护，健全现代文化产业体系、市场体系和公共文化服务体系，打造具有鲜明特色和深刻内涵的文化品牌”①。从品牌营销视角看，“奔驰”汽车代表着德国文化：组织严密、高效率和高质量。

5. 个性。品牌也反映一定的个性。如果品牌是一个人、动物或物体的名字，会使人们想到什么呢？“奔驰”可能会让人想到严谨的老板、凶猛的狮子或庄严的建筑。

6. 用户。品牌暗示着购买或使用产品的消费者类型。如果我们看到一位 20 来岁的秘书开着一辆“奔驰”会感到很吃惊，而看到开车的是一位 55 岁的高级经理就不会感到吃惊。

所有这些都说明品牌是一个复杂的符号。如果公司只把品牌当成一个名字，那就错过了品牌化的要点。品牌化的挑战在于确定一整套品牌含义。当受众可以识别品牌的六个层次时，我们称之为深度品牌；否则只是一个肤浅品牌。“奔驰”就是一个深度品牌，因为我们能从六个层次理解它；“奥迪”的品牌深度稍差一些，因为我们不太容易了解它的独特利益、个性和用户特征。

了解了六个层次的品牌含义后，营销人员必须决定品牌特性的深度层次。人们常犯的错误是只注重品牌属性，但是购买者更重视品牌利益而不是属性，而且竞争者很容易模仿这些属性。另外，现有属性会变得没有价值，品牌与特定属性联系得太紧密反而会

---

① 习近平春节前夕赴天津看望慰问基层干部群众 向全国各族人民致以美好的新春祝福 祝各族人民幸福安康 祝伟大祖国繁荣昌盛. 人民日报，2024-02-03.

伤害品牌。

但是，只强调品牌的一项或几项利益也是有风险的。假如“奔驰”汽车只强调其“性能优良”，那么竞争者可能推出性能更优良的汽车，或者顾客可能认为性能优良的重要性比其他利益要差一些，此时“奔驰”就需要调整到一种新的利益定位。

例 10－1　咖啡市场的品牌竞争

品牌最持久的含义是其价值、文化和个性，它们构成了品牌的实质。“奔驰”代表着“高技术、杰出表现和成功”等。奔驰公司必须在其品牌策略中反映出这些特征。如果奔驰公司以“奔驰”的名称推出一种新的廉价小汽车，那将是一个错误，因为这将会严重削弱奔驰公司多年来苦心经营的品牌价值和个性。

二、品牌对消费者和生产者的作用

（一）品牌对消费者的作用

1. 有助于消费者识别产品的来源或产品制造厂家，更有效地选择和购买商品。

2. 借助品牌，消费者可以得到相应的服务便利，如更换零部件、维修服务等。

3. 品牌有利于消费者权益的保护，如选购时避免上当受骗，出现问题时便于索赔和更换等。

4. 有助于消费者避免购买风险，降低购买成本，从而更有利于消费者选购商品。

5. 好的品牌对消费者具有很强的吸引力，有利于消费者形成品牌偏好，满足消费者的精神需求。

（二）品牌对生产者的作用

1. 有助于产品的销售和占领市场。品牌一旦形成一定的知名度和美誉度，企业就可利用品牌优势扩大市场，激发消费者品牌忠诚，品牌忠诚使销售者在竞争中得到某些保护，并使它们在制订营销计划时具有较强的控制能力。

2. 有助于稳定产品的价格，减少价格弹性，增强对动态市场的适应性，减少未来的经营风险。

3. 有助于市场细分，进而进行市场定位。品牌有自己的独特风格，除有助于销售外，还有利于企业进行市场细分。企业可以在不同的细分市场推出不同品牌以适应消费者个性差异，更好地满足消费者。

4. 有助于新产品开发，节约新产品市场投入成本。一个新产品进入市场，风险是相当大的，而且投入成本也相当大，但是企业可以成功地进行品牌延伸，借助已成功或成名的品牌，扩大企业的产品组合或延伸产品线，采用现有的知名品牌，利用其知名度和美誉度，推出新产品。

5. 有助于企业抵御竞争者的攻击，保持竞争优势。新产品一推出市场，如果畅销，就很容易被竞争者模仿，但品牌是企业特有的一种资产，它可通过注册得到法律保护，品牌忠诚是竞争者通过模仿无法达到的。当市场趋向成熟，市场份额相对稳定时，品牌忠诚是抵御同行竞争者进攻的最有力的武器。另外，品牌忠诚也为其他企业进入构筑了壁垒。所以，从某种程度上说，品牌可以看作企业保持竞争优势的一种强有力工具。可口可乐公司总裁罗伯特·伍德拉夫（Robert W. Woodruff）扬言：“即使我的工厂在一夜之间烧光，只要我的品牌还在，我们就能够迅速恢复生产。”可见品牌价值之大。

三、品牌定位与品牌定位策略

品牌定位是指建立一个与满足目标市场需要有关的独特品牌形象的过程。我们知道，一个企业不论规模有多大，它所拥有的资源相对于消费需求的多样性和可变性总是有限的，因此它不可能去满足市场上的所有需求，它必须针对某些自己拥有竞争优势的目标市场进行营销。品牌定位就是要在选定的目标市场上找到自己的位置，并在消费者的心里占据一个特定位置。

品牌定位和产品定位同样基于鲜明的竞争导向，但两者之间也有不同之处。品牌包含产品，又不等同于产品，品牌在产品之上附加了联想、价值。因此，品牌定位更多地偏向传播的角度。

品牌定位就是勾画品牌形象及其所提供价值的行为，以使该细分市场的消费者正确认识本品牌有别于其竞争品牌的象征，在消费者心里确立一个独一无二的位置。

品牌定位是通过积极的传播形成的。企业可以选择不同的定位策略，明确定位，结合品牌的包装、渠道、促销、公关等向市场传达定位概念。

（一）属性定位策略

根据产品的某项特色来定位，如小米新能源车 SU7 宣传它“高性能生态科技轿车”的品质特色。

（二）利益定位策略

根据产品带给消费者的某项特殊利益定位，如萝卜快跑突出“减少与陌生人接触，保护个人隐私权”的功效。广汽昊铂的利益定位是超凡科技享受：更长的续航、更快的充电、更好的奢华、更强的智能、更高的品质。

（三）用途定位策略

根据产品的某项用途定位，如“汽车要加油，我要喝红牛”的红牛饮料，把自己定位于增加体力、消除疲劳的功能性饮料。

（四）用户定位策略

把产品和特定用户群联系起来定位。它试图让消费者对产品产生一种量身打造的感觉。创新科技公司集成世界领先的人工智能和机器视觉技术，面向家庭推出一款具备多项实用功能的人形机器人，能解决家庭日常繁琐的家务事，如烤面包片、装盘、熨烫衣服等。①

（五）竞争者定位策略

以某知名度较高的竞争品牌为参考点来定位，在消费者心目中占据明确的位置，如美国汽车租赁公司安飞士（Avis）强调“我们在租车业中位居第二，但我们更加努力”，

---

① 创新科技公司发布限量预售人形机器人，解决家庭繁琐家务．(2024-06-30)．https：//www. sohu. com/a/789595765_121924584.

七喜饮料的广告语“七喜非可乐”，我国亚都公司恒温换气机的诉求点是“我不是空调”等，都在不同程度上强化了自己在消费者心目中的形象。

（六）质量价格组合定位

如海尔家电产品定位于高价格、高品质，华联超市定位于“天天平价，绝无假货”。

（七）生活方式定位

这是将品牌人格化，把品牌当作一个人，赋予其与目标消费群十分相似的个性，如百事可乐以“年轻、活泼、刺激”的个性形象，在一代又一代年轻人中产生共鸣。

四、品牌定位的实施

企业品牌定位的实施可在三个层次上展开：

1. 基于产品属性对品牌进行定位，这是品牌定位的最低层次。值得注意的是，产品属性很容易被竞争者模仿。更重要的是，顾客对产品属性本身并不感兴趣，他们关心的是这些产品属性能够为自己带来什么利益。

2. 品牌名称与某种顾客渴求的利益联系起来进行品牌定位。

3. 超越产品属性或产品利益，从信念和价值的层面上进行更强有力的品牌定位，在更高的情感层次上锁定顾客。这是最高层次的品牌定位。

成功的品牌定位应能在更深入的情感层次上吸引顾客、锁定顾客，成为顾客追求的挚爱。这种品牌定位能够产生强大的情感影响力，激发广大顾客产生超乎寻常的品牌忠诚。

品牌定位的实施，要求企业必须设定品牌使命和品牌要实现的愿景。事实上，品牌就是企业对顾客的真诚承诺。因此，企业必须始终如一地向顾客传递、交付特定的属性、利益、服务和体验。

第 2 节　品牌资产

西方学者对品牌资产（brand equity）的界定倾向于从使用某一个品牌与不使用该品牌时，消费者对某一特定产品或服务的不同反应的角度来考察。加利福尼亚大学伯克利分校的大卫·艾克（David A. Aaker）教授认为，品牌资产是这样一种资产，它能够为企业和顾客提供超越产品或服务本身利益的价值；同时品牌资产又是与某一特定的品牌紧密联系的；品牌文字、图形如发生改变，附属于品牌之上的财产将会部分或全部丧失。因此，企业应注重品牌审计（brand audit），即以顾客感知为导向，运用一系列程序来评价企业品牌的健康程度，揭示品牌资产的来源，进而提出增进品牌资产建议的活动。

一、品牌资产的含义

品牌资产给企业带来的附加利益，归根结底来源于品牌对消费者的吸引力和感召力。它实质上反映的是品牌与顾客（包括潜在顾客）之间的某种关系。这种顾客关系不是一种短期的关系（比如偶尔一次购买，并且没留下什么印象），而是一种长期的动态的关系。那些有助于增强消费者购买信心的记忆、体验和印象，以及在此基础上形成的看法与偏好，都是构成品牌资产的重要组成部分。品牌作为资产概念和金融概念，引起了当代企业的高度重视。2024 年 6 月 19 日，在世界品牌实验室（World Brand Lab）主办的第二十一届“世界品牌大会”上发布了 2024 年中国 500 个最具价值品牌。表 10－1 列举了 2024 年中国最有价值的十大品牌。

表 10－1　2024 年中国最具价值品牌（前十位）

排名	品牌	品牌拥有机构	品牌价值（亿元）
1	国家电网	国家电网有限公司	6 538.86
2	中国工商银行	中国工商银行股份有限公司	5 630.69
3	海尔	海尔集团	5 408.29
4	中国石油	中国石油天然气集团有限公司	5 145.37
5	中国人寿	中国人寿保险（集团）公司	5 019.85
6	华润	华润（集团）有限公司	4 839.27
7	中化	中国中化集团公司	4 759.06
8	腾讯	腾讯控股有限公司	4 732.32
9	中国一汽	中国第一汽车集团有限公司	4 605.49
10	华为	华为技术有限公司	4 595.46

资料来源：世界品牌实验室发布 2024 中国品牌 500 强：海尔连续 21 年上榜，蝉联前三．（2024－06－20）. https://www.rbc.cn/shangxun/2024－06/20/cms1465965article.shtml.

二、品牌资产的构成

品牌资产是一个系统概念，它由一系列因素构成，如图 10－1 所示。

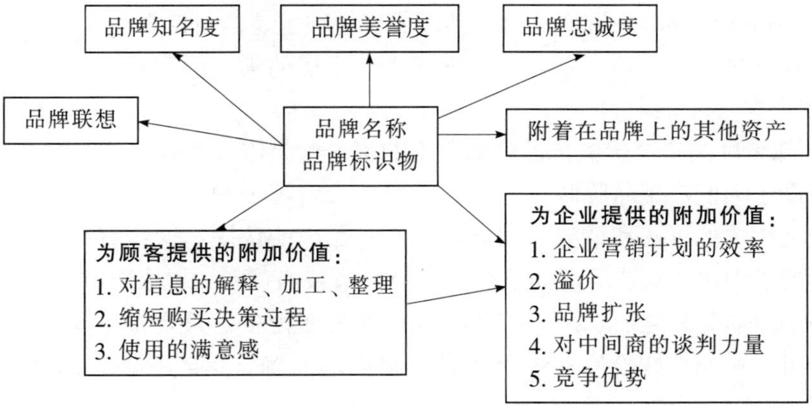

图 10－1　品牌资产系统

资料来源：David A. Aaker. Managing Brand Equity Capitalizing on the Value of a Brand Name. New York: Free Press, 1991.

品牌名称和品牌标识物是品牌资产的物质载体，品牌知名度、品牌美誉度、品牌忠诚度、品牌联想和附着在品牌上的其他资产是品牌资产的有机构成部分，为消费者和企业提供附加价值是品牌资产的实质内容。

（一）品牌知名度

品牌知名度是指某品牌被公众知晓、了解的程度，它表明品牌为多少或多大比例的消费者所知晓，反映的是顾客关系的广度。品牌知名度是评价品牌社会影响大小的指标。品牌知名度的大小是相对而言的，名牌就是相对高知名度的品牌。

1. 品牌知名度的层级。品牌知名度的范围很大，包含一个连续的变化过程。一般知名度分为四个层级：无知名度（unaware of brand）、提示知名度（aided awareness）、未提示知名度（unaided awareness）和顶端知名度（top of mind）。从品牌管理的角度，一般考虑后三个方面。它们呈金字塔形，越往上发展，越难实现。

（1）无知名度。指消费者对品牌没有任何印象，原因可能是消费者从未接触过该品牌，或者是该品牌没有任何特色，容易让消费者遗忘。消费者一般不会主动购买此品牌的产品。

（2）提示知名度。指消费者在经过提示或某种暗示后，可想起某一品牌，能够说出自己曾经听说过的品牌名称。比如，当问某人电风扇中有哪些品牌时，他可能说不出什么品牌，但经提示“美的”后给出肯定的回答，那么“美的”就具有一种提示知名度。这个层次是传播活动的第一个目标，它在顾客购买商品选择品牌时具有十分重要的地位。

（3）未提示知名度。指消费者在不需要任何提示的情况下能够想起某种品牌，即能正确区别先前所见或听到的品牌。对某类产品来说，具有未提示知名度的往往不是一个品牌，而是一串品牌。比如，对于电视品牌，你可能说出海尔、创维、康佳、松下、飞利浦等很多。虽然有的品牌没有被第一个想到，但也非常重要。

（4）顶端知名度。指消费者在没有任何提示的情况下，所想到或说出的某类产品的第一个品牌。例如，有些消费者说到家电便想到海尔，说到碳酸饮料就想到可口可乐。在每一个产品领域，都有某一个具有顶端知名度的品牌，它们是市场领导者，或者说是强势品牌（strong brand）。调研显示，顶端品牌往往也是消费者在商店指定购买的品牌。产品经理的任务之一就是让本企业的品牌进入金字塔的第二层和第三层，最好是具有顶端知名度。

2. 品牌知名度的资产价值。品牌知名度的资产价值体现在以下几方面：

（1）有助于人们产生品牌联想。名称就像是人脑海中的一个特殊文件夹，里面可以装进所有与之相关的事实和情感。因此，没有对品牌的认知，这些事实和情感就缺少了依托，在消费者做出购买决策时，这些信息就无法被消费者“提取”。当以品牌名称为基础的品牌识别建立起来之后，余下工作的开展就方便得多，只要将一些新的信息与品牌建立联系即可。例如，娃哈哈是一个知名度很高的品牌，提起它，人们就联想到快乐、健康的孩子。

（2）使人们由熟悉而引发好感。消费者总是喜欢买自己熟悉的品牌，就像人们总是喜欢跟自己熟悉的人打交道。熟悉意味着拉近距离，意味着减少不安全感。人们也只会对已经熟悉的产品产生好感，产生忠诚。

（3）暗示某种承诺。品牌承诺（brand promise）是指营销者认为特定品牌是什么，应该为消费者做什么的一种愿景。知名度可以作为企业的存在、实力、表现及其产品特点的信号。这些因素对于耐用品购买者和大宗的工业品购买者来说都是非常重要的。因为人们会做这样的推论：名扬天下必然有其道理。这些推测使得品牌知名度发挥了向消费者暗示某种承诺的效果。相反，如果一种品牌在推出之前完全不做广告，不为人所知，那么人们会怀疑其背后是否有一个具有实力的企业在支撑它。

（4）成为被选购的对象。决定要购买某类商品后，人们往往是挑选一些候选品牌，这个被消费者考虑的候选品牌集合一般只含有三四个品牌。因而，一个品牌能否进入这个候选的品牌集合，其知名度可能是至关重要的因素。知名度高的品牌，往往更容易被认为是好产品，因为有很多人选择它，这样它就更有可能被单个消费者当作可资信赖的选择对象。而且，消费者在购买产品时，一般倾向于在他熟悉的品牌范围内选择。品牌知名度越高，越容易进入消费者的选择域。对于经常购买的日常消费品，品牌知名度的作用更是至关重要，因为消费者的品牌购买决策往往在去商店之前就做出了。

（5）弱化竞争品牌的影响。消费者对信息的吸纳，一般要经过“过滤”这个环节，只有那些对消费者有用的、新鲜的、有特殊意义的信息，才有可能进入消费者的“长时记忆”被存储起来。品牌知名度越高，意味着消费者对该品牌的印象越深刻，竞争品牌进入消费者“印象领域”的难度越大。相反，知名度不高的品牌往往会遭遇品牌稀释（brand dilution）的厄运。品牌稀释是指消费者不再把某一品牌与具体的产品或高度类似的产品联系起来，或对某一品牌的好感开始下降。

3. 品牌知名度的测量。考察品牌知名度可以从三个不同方面来进行，即公众知名度、社会知名度和行业知名度。

（1）公众知名度的测量。品牌的公众知名度是指某品牌在相关公众中的影响力。从市场营销的角度来说，主要是指该品牌在顾客中的影响力。下面是对公众知名度测量的两种方法。

1）简单测量法。简单测量法是运用一两个指标从总体上反映品牌的知名度，根据有关公众（主要是顾客）对问题的回答结果，就可以计算出该品牌的公众简单知名度。公众简单知名度的测量比较容易操作，但是，由于测量的指标过于简单，得到的结果过于笼统，在进一步考察影响知名度的更深层次的因素时，无法发挥作用。

2）复合测量法。复合测量法是运用多个指标的综合结果来反映品牌公众知名度，通过加总测量法进行。另外还可在绝对数的基础上，换算品牌公众知名度的相对分数，就更容易观察出知名度的状况。换算方法是用所得的总和真实分数除以最高级别分数。使用复合测量法，可以针对不同的情况设计不同的指标，指标的数量多少依据企业的实际要求而定。

在实际工作中，两种测量法可交替使用，既要了解品牌的一般知名度，也要把握品牌的公众知名度的具体构成要素。

（2）社会知名度的测量。品牌的社会知名度是指某品牌在社会大众中的影响力，通常用该品牌在大众媒体上出现的频率来表示。大众传播对社会大众的舆论导向作用巨大，传播的广度和深度是其他方式所不能比拟的。品牌知名度的提高主要依赖于传播的力度。

考察社会知名度，可以根据企业对品牌的定位，将有关大众传播媒体分类，然后分别计算出该品牌在各类别媒体上出现的频率，就可以得到该品牌的社会知名度。

（3）行业知名度的测量。品牌的行业知名度是指某品牌在相关行业（特别是在本行业）中的影响力，通常通过问卷调查的方法来研究。

调查品牌行业知名度可以参照品牌公众知名度的方法。在每个行业中往往有若干个品牌存在，行业知名度可以反映出某品牌的行业地位、本品牌与竞争品牌在知名度上的差异。

（二）品牌美誉度

品牌美誉度是指某品牌获得公众信任、支持和赞许的程度。如果说品牌知名度是一个量的指标，那么品牌美誉度就是一个质的指标，它反映某品牌社会影响的好坏。

1. 品牌美誉度的资产价值。品牌美誉度的资产价值体现在口碑效应上，即通过人们的口头称赞，一传十，十传百，引发源源不断的销售。一些调查报告显示，由口传信息所引起的购买次数3倍于广告所引起的购买次数；口传信息的影响力是广播广告的2倍、人员推销的4倍、报纸和杂志广告的7倍。品牌美誉度越高，口碑效应就越明显，品牌的资产价值也就越高。

2. 品牌美誉度的测量。相对于品牌知名度，考察品牌美誉度也可分为公众美誉度、社会美誉度和行业美誉度三方面。因为行业内部影响因素比较复杂，所以行业美誉度只作为参考，应重点对公众美誉度和社会美誉度进行考察。

（1）公众美誉度的测量。品牌的公众美誉度也可以用简单测量法和复合测量法来考察。

（2）社会美誉度的测量。品牌的社会美誉度是通过大众传播媒体对某品牌报道的性质来考察，它以正面积极报道占总报道量的比重来表示。例如，某品牌被大众传播媒体报道的次数为255次，其中197次为正面积极的报道，那么，该品牌的社会美誉度就是77.25%（197/255）。

（三）品牌忠诚度

1. 品牌忠诚的含义。在现实生活中，可以发现一种有趣的购买现象，那就是相当一部分消费者在品牌选择上呈现高度的一致性，即在某一段时间甚至很长时间内重复选择一个或少数几个品牌，很少将其选择范围扩大到其他品牌。这种消费者在一段时间甚至很长时间内重复选择某一品牌，并形成重复购买的倾向，称为品牌忠诚。

品牌忠诚度是顾客对品牌感情的量度，反映出一个顾客转向另一个品牌的可能程度，是企业重要的竞争优势。

2. 品牌忠诚的资产价值。研究发现，吸引一个新消费者的花费是保持一个已有消费者的4～6倍；从品牌忠诚者身上获得的利润是品牌非忠诚者的9倍之多。所以，品牌忠诚是一项战略性资产，如果对它进行恰当的经营开发，它就会给企业创造更多的价值。

（1）降低营销成本。留住老顾客比争取新顾客的成本小得多，因此拥有一批品牌忠诚的顾客可降低企业的营销成本。

（2）增强渠道谈判力。对品牌强烈的忠诚会保证品牌有优先的陈列空间，因为商店知道消费者会把这些品牌列入他们的购货清单。这会在无形中对商店的进货决策产生控制作用。在企业推出新的产品规格、种类或品牌延伸的产品时，这种作用显得尤为重要。

（3）吸引新顾客。品牌忠诚还代表着一个使用者可以成为一个活广告，帮助其他消费者树立购买信心。在购买行为具有风险性时，这种作用尤为明显。

（4）减缓竞争威胁。品牌如果拥有一批忠诚的购买者，则该品牌抵御竞争产品攻击的能力会大大增强，因为忠诚的消费者一般对所选择的品牌有一种眷恋感，他们很难发生品牌转换。这就给竞争对手造成很大的市场进入阻力，并削弱了竞争者的利润潜力。

品牌忠诚还为企业争取到了对竞争做出反应的时间，或者说是喘息的余地。如果竞争者开发了一种卓越的产品，就会逼迫企业对产品进行改进，而品牌忠诚的存在给企业争取到了对产品进行改良的缓冲时间，以开发出更卓越的产品对抗竞争者。

3. 品牌忠诚度的测量。消费者对某品牌的忠诚度可用下列标准进行测量：

（1）顾客重复购买次数。在一定时期内，消费者对某一品牌产品的重复购买次数越多，说明其对这一品牌的忠诚度越高，反之则越低。由于产品的用途、性能、结构等因素会影响消费者的再购买次数，因此在确定这一指标的合理界限时，要根据不同产品的性质区别对待，不能一概而论。

（2）顾客的购买挑选时间。根据消费者心理规律，消费者购买商品都要经过挑选这一过程。但是由于依赖程度的差异，消费者对不同产品的挑选时间是不同的，因此，根据购买挑选时间的长短，可以确定顾客对品牌忠诚度的大小。通常，顾客挑选的时间越短，说明他对该品牌的忠诚度越高，反之则说明他对该品牌的忠诚度越低。当然在运用顾客购买挑选时间标准时，必须剔除产品设计、用途等方面的差异所产生的影响。

（3）顾客对价格的敏感程度。消费者对价格都是非常重视的，但这并不意味着消费者对各种产品价格的敏感程度相同。事实表明，对于喜爱和信赖的产品，消费者对其价格变动的承受能力强，即敏感度低；而对于不喜爱和不信赖的产品，消费者对其价格变动的承受能力弱，即敏感度高。所以据此可以衡量顾客对某一品牌的忠诚度。运用这一标准时，要注意识别人们受产品的需求强度、产品供求状况以及产品竞争程度三个因素的影响。产品的需求强度越高，人们对价格的敏感度越低；需求强度越低，则对价格的敏感度越高。当某种产品供不应求时，人们对其价格不敏感，价格的上涨往往不会导致需求的大幅度减少；当供过于求时，人们对价格变动非常敏感，价格稍有上涨，产品就可能滞销。产品的市场竞争程度也会影响人们对产品价格的敏感度。如果某种产品在市场上替代品种多，竞争激烈，则人们对其价格的敏感度高；如果某种产品在市场上处于垄断地位，没有竞争对手或竞争对手较少，那么，人们对它的价格敏感度就低。实际工作中，只有排除以上三个方面因素的干扰，才能通过价格敏感度标准正确评价一个品牌的忠诚度。

（四）品牌联想

1. 品牌联想的含义。联想是一种重要的心理现象和心理活动。事物之间的不同联系反映在人脑中，就会形成心理的联想。品牌联想就是消费者想到某一品牌时能记起的与品牌相连的信息，如产品特点、使用场合、品牌个性等。品牌个性（brand personality）是指某品牌所具有的类似于人的一些特性组合。品牌联想大致可分为三个层次：品牌属性联想、品牌利益联想、品牌态度。

（1）品牌属性联想。品牌属性联想是指对于产品或服务特色的联想，比如消费者认为产品或服务是什么。根据与产品或服务的关联程度，我们可把属性分为与产品或服务有关的属性和与产品或服务无关的属性。与产品或服务有关的属性联想是指产品的物理构成或服务要求，它决定着产品或服务性能的本质和等级。与产品或服务无关的特性并不直接影响产品或服务性能，但可能影响购买或消费过程，比如产品颜色和包装，产品的制造厂家或国家，产品出售场所，哪些人认同该品牌等。

（2）品牌利益联想。品牌利益联想是指消费者感知的某一品牌产品或服务属性能给他带来的价值和意义。品牌利益联想可分为功能利益联想、象征利益联想和体验利益联想。功能利益是指产品或服务内在固有的可以提供给消费者的利益，这种利益一般与产品或服务相关属性匹配，它是消费者购买该产品或服务最基本的动机，比如购买冰箱就是为防止食物腐烂、速冻食品。象征利益是指产品或服务能提供给消费者的相对外在的利益，它一般与产品或服务无关属性匹配，尤其是使用者状况。这种象征利益满足消费者的社交需要、自尊需要等一些比较高层次的需要。体验利益（experiential benefits）指消费者消费产品或服务后的感受，它既与产品或服务相关属性相配，又与产品或服务无关属性相配，这些利益能使消费者获得感观愉悦或者某种刺激。

（3）品牌态度。品牌态度是最高层次也是最抽象的品牌联想。它是指消费者对品牌的总体评价和选择。品牌态度通常建立在品牌属性和品牌利益上，比如说，消费者对旅馆的态度建立在它的位置、房间舒适度、外观设计、服务质量、娱乐设施、食品质量、安全可靠和价格上。品牌态度有一定的幅度，从厌恶到喜欢就有几个层次。值得一提的是，品牌态度是难以改变的。

此外，品牌联想还可以划分为产品功能联想和品牌功能联想两种类型。其中，产品功能联想是指消费者对产品本身的有形或实体属性所产生的联想，而品牌功能联想则指消费者对品牌的个性、独特形象等象征性功能的联想。

2. 品牌联想的资产价值。品牌联想具有丰富的价值。美好、积极的品牌联想意味着品牌的被接受、认可、喜爱、有竞争力与成功。总体来说，品牌联想的价值包括以下几个方面：

（1）帮助处理信息。品牌联想引发个人传播（individual communication），亦即自身传播。消费者在头脑中汇集了大量的信息，这可以帮助消费者总结出一系列的事实情况和数据，好比为消费者创造出一个袖珍信息库。此外，品牌联想还能影响对具体事实的解释和对信息的回忆。

（2）产生差异化。品牌联想也可以为产品的差异化提供重要的基础。有区别的联想可能成为关键的竞争优势，它为竞争者制造了一道无法逾越的障碍。品牌名称、定位、广告等沟通手段都可以创造差异化联想。

（3）提供购买理由。许多品牌联想都涉及产品特征，直接与消费者利益有关，从而能提供一个特别的理由促使消费者购买或使用这一品牌。一些联想通过在品牌中表现出信誉和自信而影响消费者的购买决策。

（4）促进品牌延伸。品牌所具有的联想可以用于其他产品上，因为它们可以共享同一种联想。比如，本田公司在小型发动机制造方面颇具经验，这种联想有利于它从摩托车生产延伸到摩托艇等产品上。

3. 品牌联想与品牌依恋。品牌联想是消费者购买决策和品牌忠诚的基础，因此企业需要建立独特、强烈、有力和深层次的品牌联想群以区别于竞争品牌。

依恋（attachment）理论研究最初源于心理学，主要用于探讨父母与子女间的亲子关系，是指个人（主要为婴儿）与特定目标（父母）的独特情感联结。舒尔茨（Schultz）认为人对品牌也会产生依恋关系并提出品牌依恋概念。品牌依恋是指品牌与个人之间所形成的一种强烈的联结或关联关系。与相似概念品牌态度相比较，品牌态度是判断品牌好坏的一种表态，具有正负两方面的反应，而品牌依恋则更加强调消费者与品牌之间感情上的联结强度，比品牌态度对品牌有更深厚的感情和自我本身的联结，因此更能驱动消费者产生实际购买行为。品牌依恋划分为两个维度，包括：品牌-自我联结（brand-self connection），指消费者与品牌情感的关联程度，对消费者复杂情感有显著影响；品牌-显著性（brand-prominence），指品牌在消费者记忆中能够呈现的难易程度和重要性，消费者对品牌有强烈的品牌-显著性，就能易于唤起自己与品牌之间的联结。

品牌联想会促使消费者强化品牌元素（brand elements）与消费者之间的关联和联结。品牌元素是指那些有助于识别和区分品牌的可申请注册商标的构成要素，包括品牌名称、品牌个性、产品属性、产品功能。当品牌个性和产品功能与消费者自我一致性形象相契合的时候，消费者对品牌就会产生强烈的品牌依恋。

三、品牌资产与品牌价值

品牌表达了顾客对某种产品及其性能的认知和感受，显示出该产品在顾客心目中的价值和意义，是维系企业与顾客关系的关键要素。隐含在品牌资产之下的基本资产是顾客资产，即品牌现有和潜在顾客的顾客终身价值之和。品牌资产是品牌对顾客影响力的体现。品牌对顾客的影响主要是指品牌所导致的顾客对企业产品及其营销策略的反应，品牌所引起的顾客偏好和顾客忠诚。企业可从四个顾客感知维度测量品牌的价值和优势：

1. 差异化。是什么因素使得该品牌独树一帜。
2. 关联度。顾客感知的产品满足其需要的程度。
3. 品牌知识。顾客对该品牌的了解程度。
4. 重视程度。顾客关心、重视、敬重该品牌的程度。

品牌价值是一个品牌所具有的财务价值，即在某一个时点，运用类似有形资产的评估方法，对品牌属性、品质、档次、品位、文化、个性等计算出来的价值金额。①

品牌价值可以从社交货币的角度进行评价。社交货币是一个与社群相关的有趣概念，它是指人们在日常工作或家庭生活中分享品牌或者其相关信息的程度。社交货币包括交谈、倡导、信息、联系、功效、认同六个维度，具体模型如表 10－2 所示。

表 10－2 社交货币-品牌价值评价模型

维度	关键问题	维度的价值
交谈	你的品牌有多少份额是顾客认可且引起讨论的	顾客主动谈论品牌
倡导	有多少人支持你的品牌	顾客愿意把品牌告诉其他人，并提出建议
信息	他们和其他人交换了多少信息	顾客了解的品牌信息越多，就越喜欢这个品牌
联系	多少顾客有社群归属感	在志趣相投的群体中，品牌价值与社群归属感密切相关
功效	顾客在与其他人互动的过程中能获得多少价值	涉及品牌与其他人的社会交流，是人们生活中不可或缺的一部分
认同	多少顾客能够与其他用户产生认同	顾客通过使用品牌来培养强烈的认同感和表达自己的能力

① Philip Kotler，Gary Armstrong，Sridhar Balasubramanian. Principles of Marketing. 19th ed. Harlow：Pearson Education Limited，2024：269.

第3节 品牌策略选择

一、品牌基本策略

品牌基本策略是指企业一般都要制定及选用的基础性品牌策略。品牌基本策略包括以下几种类型。

（一）品牌有无策略

一般来讲，现代企业都有自己的品牌和商标。虽然这会使企业增加成本费用，但也可以使卖主得到以下好处：便于管理订货；有助于企业细分市场；有助于树立良好的企业形象；有利于吸引更多的品牌忠诚者；注册商标可使企业的产品特色得到法律保护，防止别人模仿、抄袭。

例如，花王公司不是推销单一品种的洗发露，而是提供至少五种不同的洗发露。每一种配方都略有不同，分别推向特定的子市场。大多数购买者也需要品牌和商标，因为这是购买者获得商品信息的一个重要来源，即购买者通过品牌和商标可以了解各种产品质量的好坏，从而有助于购买者提高购物效率。

一些企业对某些消费品不规定品牌名称和品牌标志，也不向政府注册登记，实行非品牌化。这种产品叫无牌产品。所谓无牌产品是指在超级市场上出售的无品牌、包装简易且价格便宜的普通产品。企业推出无牌产品的主要目的是节省包装、广告等费用，降低价格，扩大销售。一般来讲，无牌产品使用质量较低的原料，而且其包装、广告、标签的费用都较低。

（二）品牌归属策略

企业有三种可供选择的策略：使用自己的品牌，这种品牌叫作企业品牌、生产者品牌或全国性品牌；将其产品大批量地卖给中间商，中间商再用自己的品牌将物品转卖出去，这种品牌叫作中间商品牌或自有品牌；有些产品用自己的品牌，有些产品用中间商品牌。

1. 使用中间商品牌的利弊。目前，中间商品牌已经变成品牌竞争的一个重要因素。中间商使用自己的品牌会带来一些问题：（1）中间商必须花很多钱做广告，大力宣传其品牌；（2）中间商必须大批量订货，将大量资金压在商品库存上，承担一定风险。但是，中间商使用自己的品牌又可带来种种利益：（1）可以更好地控制价格，并且在某种程度上控制供应商，因为中间商可以用更换供应商来威胁企业；（2）进货成本较低，因而销售价格较低，竞争力较强，可以获得较高利润。因此，越来越多的中间商特别是大批发商、大零售商都使用自己的品牌。

2. 品牌战。企业品牌和中间商品牌之间经常展开激烈竞争，这就是所谓的品牌战。在这种对抗中，中间商有许多优势：（1）零售商店的营业面积有限，因此许多企业特别是新企业和小企业难以用其品牌打入零售市场；（2）虽然消费者知道以自有品牌出售的商品通常都是由不知名企业生产的，但是由于中间商特别注意保持其自有品牌的质量，因此能赢得消费者的信任；（3）中间商品牌的价格通常定得比企业品牌低，因此，能迎合许多计较价格的顾客，在通货膨胀时期更是如此；（4）大零售商把自有品牌的商品陈列在商店中醒目的地方，而且妥善储备。由于这些原因，企业品牌昔日的优势正在削弱。有些市场营销评论家预言，中间商品牌终将击败企业品牌。

3. 合作品牌。合作品牌（也称为双重品牌）是指将两个或更多的品牌在一个产品上联合起来。每个品牌都期望另一个品牌能强化整体的形象或购买意愿。很长一段时间，“问界”品牌归属权不是很清晰，从“AITO”由赛力斯掌握、“问界”归属华为，到 2024 年 7 月“问界”由赛力斯完全拥有，消除了赛力斯一直是华为“代工厂”的质疑。华为继续支持赛力斯造好问界、卖好问界，合力打造“问界”品牌。

合作品牌的形式有多种。一种是中间产品合作品牌，如沃尔沃汽车公司的广告说，它使用米其林轮胎。另一种形式是同一企业合作品牌，如摩托罗拉公司曾发布一款手机，品牌名称是“摩托罗拉掌中宝”，而掌中宝也是公司自有的一个品牌。还有一种形式是合资合作品牌，如日立的一种灯泡使用“日立”和“GE”联合品牌。

（三）品牌统分策略

如果企业决定其大部分或全部产品都使用自己的品牌，那么还要进一步决定其产品是分别使用不同的品牌，还是统一使用一个或几个品牌。在这个问题上有四种可供选择的策略。

1. 个别品牌。个别品牌是指企业各种不同的产品分别使用不同的品牌。其好处主要是：（1）企业的整个声誉不致受其某种商品的声誉的影响，例如，如果某企业的某种产品失败了，不致给这家企业的脸上抹黑，因为这种产品使用自己的品牌名称；（2）某企业原来一向生产某种名牌高档产品，后来推出较低档的产品，如果这种新产品使用自己的品牌，就不会影响这家企业的名牌高档产品的声誉。

2. 统一品牌。统一品牌是指企业所有的产品都统一使用一个品牌名称。例如，通用电气公司（GE）的所有产品都统一使用“GE”这个品牌名称。企业采取统一品牌名称策略的好处主要是：（1）企业宣传介绍新产品的费用开支较低；（2）如果企业的名声好，其产品必然畅销。

3. 分类品牌。分类品牌是指企业的各类产品分别命名，一类产品使用一个牌子。森达集团就曾采取这种策略，将高档男鞋的品牌定为“法雷诺”，高档女鞋定为“梵诗蒂娜”，都市前卫男鞋定为“百思图”，都市前卫女鞋定为“亚布迪”，工薪族男女鞋定为“好人缘”。这主要是因为：（1）企业生产或销售许多类型的产品，如果统一使用一个品牌，这些不同类型的产品就容易互相混淆。例如，美国斯维夫特公司同时生产火腿和化肥，这是两种截然不同的产品，需要使用不同的品牌名称，以免互相混淆。（2）有些企业虽然生产或销售同一类型的产品，但是为了区别不同质量水平的产品，往往使用不同的品牌名称。

4. 企业名称加个别品牌。这种策略是指企业对不同的产品分别使用不同的品牌，而且各种产品的品牌还冠以企业名称。例如，通用汽车公司（GM）生产的各种类型的汽车就采用公司名称（GM）加上各种不同的品牌名称，如凯迪拉克、别克、雪佛兰等。用这种策略来表明这些汽车都是通用汽车公司生产的，但它们又各有特点。企业采取这种策略的好处主要是：在各种新产品的品牌名称前冠以企业名称，可以使新产品合法化，能够分享企业的信誉，而各种新产品分别使用不同的品牌名称，又可以使新产品各具特色。

二、品牌开发策略

品牌开发策略有四种选择（如图 10－2 所示），即产品线扩展策略、品牌延伸策略、多品牌策略、新品牌策略。

品牌名称 \ 产品类别	已有的	全新的
已有的	产品线扩展	品牌延伸
全新的	多品牌	新品牌

图 10－2　品牌开发策略

（一）产品线扩展策略

产品线扩展指企业现有的产品线使用同一品牌，当增加该产品线的产品时，仍沿用原有的品牌。这种新产品往往是现有产品的局部改进，如增加新的功能、包装、式样和风格等。通常厂家会在这些商品的包装上标明不同的规格、不同的功能特色或不同的使用者。产品线扩展的原因是多方面的，如可以充分利用过剩的生产能力；满足新的消费者的需要；率先成为产品线全满的公司以填补市场的空隙、与竞争者推出的新产品竞争或得到更多的货架位置。

产品线扩展的好处有：（1）扩展产品的存活率高于新产品，而通常新产品的失败率在 80%～90%；（2）满足不同细分市场的需求；（3）完整的产品线可以防御竞争者的袭击。

产品线扩展的风险有：（1）可能使品牌名称丧失其特定的意义。产品线的不断扩展会淡化品牌原有的个性和形象，增加消费者认识和选择的难度。（2）有时因为原来的品牌过于强大，致使产品线扩展造成混乱，加上销售数量不足，难以冲抵它们的开发和促销成本。（3）当消费者未能在心目中区别出各种产品时，会造成同一产品线中新老产品自相残杀的局面。

（二）品牌延伸策略

品牌延伸（brand extensions）是指将一个现有的品牌名称使用到一个新类别的产品上。品牌延伸策略就是将现有成功的品牌用于新产品或修正过的产品上的一种策略。品牌延伸是实现品牌无形资产转移和发展的有效途径。品牌也受生命周期的约束，存在导入期、成长期、成熟期和衰退期。品牌作为无形资产是企业的策略性资源，如何充分发挥企业的品牌资源潜能并延续其生命周期便成为企业的一项重大策略选择。品牌延伸一方面在新产品上实现了品牌资产的转移，另一方面又以新产品形象延续了品牌寿命，因而成为企业的现实选择。

1. 品牌延伸策略的好处。

（1）可以加快新产品的定位，保证新产品投资决策的快速准确。

（2）有助于减少新产品的市场风险。如可以大大缩短被消费者认知、认同、接受、信任的过程，极为有效地防范新产品的市场风险，并且可以有效地降低新产品推广的成本费用。与同类产品相比，它与之站在同一起点上，甚至略优于对手，具备了立于不败之地的竞争能力。

（3）有助于强化品牌效应，增加品牌这一无形资产的经济价值。

（4）能够增强核心品牌的形象，提高整体品牌组合的投资效益。

2. 品牌延伸策略的弊端。

（1）损害原有品牌形象。当某一类产品在市场上取得领导地位后，这一品牌就成为强势品牌，它在消费者心目中就有了特殊的形象定位，甚至成为该类产品的代名词。将这一强势品牌进行延伸后，由于近因效应（最近的印象对人们的认知影响具有更大的作用）的存在，有可能对强势品牌的形象起到巩固或减弱的作用。如果品牌延伸运用不当，原有强势品牌所代表的形象信息就被弱化。

（2）有悖消费心理。一个品牌取得成功的过程，就是消费者对企业所塑造的这一品牌的特定功用、质量等特性产生特定的心理定位的过程。企业把强势品牌延伸到和原市场不相容或者毫不相干的产品上时，就有悖消费者的心理定位。

（3）容易造成品牌认知的飘忽不定。当一个名称代表两种甚至更多的有差异的产品时，必然会导致消费者对产品的认知模糊。当延伸品牌的产品在市场竞争中处于绝对优势时，消费者就会把原强势品牌的心理定位转移到延伸品牌上。这样一来，就无形中削弱了原强势品牌的优势。

（4）株连效应。将强势品牌名称冠于别的产品上，如果不同产品在质量、档次上相差悬殊，就使原强势品牌产品和延伸品牌产品产生冲突，不仅损害了延伸品牌产品，还会株连原强势品牌产品。

（5）淡化品牌特性。一个品牌在市场上取得成功后，在消费者心目中就有了特殊的形象定位，消费者的注意力会集中到该产品的功用、质量等特性上。如果企业用同一品牌推出功用、质量相差无几的同类产品，使消费者晕头转向，该品牌特性就会被淡化。

3. 品牌延伸决策的步骤。品牌延伸决策应结合品牌延伸原则来考虑，着重对已有品牌资产的调查以及新产品适应性的系统分析。具体决策步骤包括：

（1）品牌资产调查。这个阶段的任务是探测存在于公众头脑中与品牌有关的所有联想。这个阶段推测哪些产品能够符合品牌意义。我们要得到的认识包括品牌的属性、个性、意图、承诺和隐藏的潜力分别是什么。

（2）测试新产品的构想。测试新产品的构想，不但要识别适合品牌延伸的相关产品，确定延伸是否与品牌保持一致，而且要确定产品是否被认为超越它的竞争对手，即延伸是否创造了一种市场欲望。

因为品牌延伸是策略选择的结果，因此还要结合生产、营销、财务和人力资源等因素综合考虑。品牌延伸通常也涉及某种风险，没有一种研究能够精确地预测品牌延伸在一段时间里的效果。因此，企业实施品牌延伸策略一定要着眼于长远利益。

例 10－2 旺旺的品牌延伸

（三）多品牌策略

在相同产品类别中引进多个品牌的策略称为多品牌策略。证券投资者往往同时投资多种股票，一个投资者所持有的所有股票集合就是所谓证券组合（portfolio），为了减少风险、增加盈利机会，投资者必须不断优化股票组合。同样，一个企业建立品牌组合、实施多品牌策略，往往也是基于同样的考虑，并且这种品牌组合的各个品牌形象相互之间是既有差别又有联系的，组合的概念蕴含着整体大于个别的意义。

（1）实施多品牌策略是培植市场的需要。没有哪一个品牌可以单独培植一个市场。尽管某一品牌起初一枝独秀，但一旦它开垦出一片肥沃的市场，其他品牌就会蜂拥而至。众多市场竞争者共同开垦一个市场，有助于该市场的快速发育与成熟。当市场分化开始出现时，众多市场贡献者的广告战往往不可避免，其效果是进一步强化了该产品门类的共同优势。有的市场开始时生机勃勃，最后却没有形成气候，原因之一在于参与者寥寥。多个品牌一同出现是支持一个整体性市场所必需的。

（2）实施多品牌策略使企业有机会最大限度地覆盖市场。没有哪一个品牌能单枪匹马地占领一个市场。随着市场的成熟，消费者的需要逐渐细化，一个品牌不可能保持其基本意义不变而同时满足几个目标。这就是有的企业要创造数个品牌来对应不同的市场细分的初衷。另外，近年来零售商自有品牌的崛起向制造商品牌发出了有力的挑战，动摇着制造商在树立和保持品牌优势上的支配和统治地位。多品牌策略有助于遏制中间商控制某个品牌进而左右制造商的能力和企图。

多品牌提供了一种灵活性，有助于限制竞争者的扩展机会，使得竞争者感到在每一个细分市场的现有品牌都是进入障碍。在价格战中捍卫主要品牌时，多品牌是不可或缺的。把那些次要品牌作为小股部队，给发动价格战的竞争者以迅速的侧翼打击，有助于使挑衅者首尾难顾。与此同时，核心品牌的领导地位则可毫发无损。领先品牌肩负着保证整个产品大类盈利能力的重任，其地位必须得到捍卫；否则，一旦其魅力下降，产品的单位利润就难以提升，该品牌最后将遭到零售商的拒绝。

（3）实施多品牌策略可以突出和保护核心品牌。当需要保护核心品牌的形象时，多品牌的存在更显得意义重大，核心品牌在没有把握的革新中不能盲目冒风险。例如，为了捍卫品牌资产，迪士尼公司在其电影制作中使用多个品牌，使得迪士尼可以出品各种类型的电影，从而避免了损害声望卓著的迪士尼的形象。在西方国家，零售系统对品牌多样化兴趣浓厚，制造商运用多品牌策略提高整体市场份额，以此增加自己与零售商较量的砝码。

所以，多品牌策略有助于企业培植、覆盖市场，降低营销成本，限制竞争对手和有力地回应零售商的挑战。

多品牌策略虽然有很多优越性，但同时也存在诸多局限性。

（1）随着新品牌的引入，其净市场贡献率将呈边际递减的趋势。经济学中的边际效用理论告诉我们，随着消费者对一种商品消费的增加，该商品的边际效用呈递减的趋势。同样，对于一个企业来说，随着品牌数量的增加，新品牌对企业的边际市场贡献率将呈递减的趋势。这一方面是由于企业的内部资源有限，支持一个新的品牌有时需要缩减原有品牌的预算费用；另一方面，企业在市场上创立新品牌会由于竞争者的反抗而达不到理想的效果，它们会针对企业的新品牌推出类似的竞争品牌，或加大对现有品牌的营销力度。还有一个重要的原因是，随着企业在同一产品线上品牌的增多，各品牌之间不可避免地会侵蚀对方的市场。在总市场难以骤然扩张时，很难想象新品牌所吸引的消费者全都是竞争对手的顾客，或是从未使用过该产品的人，特别是当产品差异化较小，或是同一产品线上不同品牌定位差别不太显著时，这种品牌间相互蚕食的现象尤为明显。

（2）品牌推广成本较大。企业实施多品牌策略，就意味着不能将有限的资源分配给获利能力强的少数品牌，各个品牌都需要长期、巨额的宣传预算。对有些企业来说，这是可望而不可即的。

（四）新品牌策略

新品牌策略是一种为新产品设计新品牌的策略。当企业在新产品类别中推出一个产品时，它可能发现原有的品牌名称不合适，或是对新产品来说有更好更合适的品牌名称，企业需要设计新品牌。例如，广汽埃安旗下品牌昊铂为了进入国际市场推出全新品牌英文名"HYPTEC"（原名为"HYPER"）。HYPTEC 由"HYP"和"TEC"组成，前者源自 Hyper、HyperCar，代表着极致、超凡、顶级，后者源自 Technology，代表着科技、技术、工艺。昊铂还推出了全新的品牌色 —— 昊柿橙。据介绍，昊柿橙寓意着生命力（旭日东升的颜色为全球用户提供温暖舒适的享受）、高科技（明亮活力的色彩以超凡科技为用户注入无尽能量）、情绪价值（谐音"好事成"赋予用户积极向上的情绪）。[①]

三、品牌更新策略

品牌更新策略主要涉及形象更新、定位修正或再定位、产品更新和管理创新等四个方面。

（一）形象更新

形象更新，顾名思义，就是品牌不断创新形象，适应消费者心理的变化，从而在消费者心目中形成新印象的过程。有以下几种情况：

1. 消费观念变化导致企业积极调整品牌策略，塑造新形象。如随着人们环保意识的增强，消费者已开始把无公害消费作为选择商品和品牌的标准，企业这时即可采用避实就虚的方法，重新塑造产品形象，避免涉及环保内容或采用迎头而上的策略，更新品牌形象为环保形象。诞生于 19 世纪末的北京稻香村是著名的糕点品牌，随着人们消费观念的升级和电商的崛起，曾经引领市场、一呼百应的热销场景难以再现了。面对新的竞争格局，北京稻香村营销部用全面、辩证、长远的眼光分析市场形势，在危机中育新机、于变局中开新局，积极创新思维，借鉴网红食品的营销理念，努力扩大品牌传播力和影响力。该企业着力加强与康师傅、王者荣耀、迪士尼以及老字号东阿阿胶等品牌的跨界合作，积极尝试线上首发、线下跟进的全渠道分销，同时不遗余力地展示稻香村也有青春、"卖萌"的一面，千方百计地拉近与消费者的距离，努力耕耘 B2B 的柔性定制和 B2C 的千人千面，使稻香村产品在社交网络上形成热门话题。

2. 档次调整。企业要开发新市场，就需要为新市场塑造新形象，如日本轿车在美国市场的形象就经历了由小巧、省油、耗能低、价廉的形象到高科技概念车形象的转变，给品牌的成长注入了新的生命力。

---

① 广汽埃安昊铂公布全新品牌英文名"HYPTEC"，布局全球化市场．(2024-08-05)．搜狐网.

（二）定位修正或再定位

从企业的角度看，不存在一劳永逸的品牌，从时代发展的角度看，要求品牌的内涵和形式不断变化。品牌从某种意义上就是从商业、经济和社会文化的角度对这种变化的认识和把握。所以，企业在建立品牌之后，会因竞争形势而修正自己的目标市场。如竞争者可能继企业品牌之后推出其品牌，并削减企业的市场份额；顾客偏好会转移，对企业品牌的需求减少；或者公司决定进入新的细分市场。因此，有时会因时代特征、社会文化的变化而引起品牌定位修正或再定位。

在做出品牌定位修正或再定位决策时，首先应考虑将品牌转移到另一个细分市场所需要的成本，包括产品品质改变费、包装费和广告费。一般来说，定位修正或再定位的跨度越大，所需成本越高。其次，要考虑品牌定位于新位置后可能产生的收益。收益大小是由以下因素决定的：某一目标市场的消费者人数；消费者的平均购买率；同一细分市场竞争者的数量和实力，以及在该细分市场中为品牌定位修正或再定位要付出的代价。

1. 竞争环境使得企业避实就虚、扬长避短、修正定位。如七喜饮料进入软饮料市场后，有研究发现可乐饮料总是和保守型的人联系在一起，而那些思想新潮者总是渴望能够找到象征自己狂放不羁思想的标志物。七喜公司于是使了一个高招，进行了一次出色的活动，标榜自己是生产非可乐饮料的，品牌的新市场定位给它带来了生机，从而获得了非可乐饮料市场的领先地位。

2. 时代变化引起定位修正或再定位。例如，创立于1908年的英国LEE COOPER牛仔裤是世界著名的服装品牌之一，也是欧洲领先的牛仔裤生产商，百年来，它的品牌形象在不断变化：就20世纪来说，40年代自由无拘束，50年代叛逆，60年代轻松时尚，70年代豪放粗犷，80年代新浪潮下的标新立异，90年代返璞归真；21世纪则崇尚自我。

（三）产品更新

企业的品牌要想在竞争中处于不败之地，就必须重视技术创新，不断地进行产品的更新换代。2024年3月国务院印发《推动大规模设备更新和消费品以旧换新行动方案》，加快实施设备更新、消费品以旧换新、回收循环利用、标准提升等四大行动。产品更新换代是“从存量中产生增量”。通过支持以旧换新，激发更大消费潜能，更好满足群众对美好生活的需要。我国冰箱、洗衣机、空调等家电保有量超过30亿台，民用汽车保有量超过3.3亿辆，在用国三及以下排放标准乘用车超过1 600万辆，其中车龄15年以上的超过700万辆，汽车、家电更新换代能够创造万亿规模的市场空间。[①]

（四）管理创新

企业与品牌是紧密结合在一起的，企业的兴盛发展必将推动品牌的成长与成熟。品牌的维系，从根本上说是企业管理的一项重要内容。管理创新是指从企业生存的核心内容来指导品牌的维系与培养，它包含多项内容，如与品牌有关的观念创新、技术创新、制度创新以及管理过程创新等。

---

① 王蕴，吴珂．产品更新换代为高质量发展持续注入动力．(2024-08-02). http://finance.people.com.cn/GB/n1/2024/0802/c1004-40291308.html.

小　结

品牌策略涉及品牌定位、品牌资产、品牌策略选择等内容。品牌的整体含义包括属性、利益、价值、文化、个性、用户等六个层次。从消费者、生产者、竞争者等不同的角度看，品牌都有其独特的作用。品牌定位就是勾画品牌形象及其所提供价值的行为，以使该细分市场的消费者正确认识本品牌有别于其竞争品牌的象征，在消费者心里确立一个独一无二的位置。品牌定位策略包括属性定位、利益定位、用途定位、用户定位、竞争者定位、质量价格组合定位和生活方式定位等策略。品牌资产包括品牌知名度、品牌美誉度、品牌联想、品牌忠诚度等。品牌策略选择涉及品牌有无策略、品牌归属策略、品牌统分策略、品牌开发策略、品牌更新策略等。其中，品牌开发策略包括产品线扩展策略、品牌延伸策略、多品牌策略、新品牌策略等。

基本概念

品牌	品牌资产	品牌价值
品牌知名度	品牌依恋	品牌元素
品牌美誉度	品牌忠诚	品牌属性联想
品牌联想	品牌态度	多品牌
合作品牌	品牌延伸	品牌审计
品牌承诺	品牌稀释	品牌个性
品牌属性联想	品牌利益联想	产品功能联想
品牌功能联想		

复习题

1. 品牌对消费者、生产者和竞争者各有什么作用？
2. 品牌定位的具体策略有哪些？
3. 品牌联想的价值体现在哪些方面？
4. 品牌开发策略有哪几种？
5. 如何理解品牌依恋？

案例分析

同仁堂零号店的品牌创新

同仁堂是中国的一个著名中医药品牌，其历史可以追溯到清朝康熙年间，由乐显扬创立。至今已有 300 多年的历史。同仁堂起初只是一家小药铺，后来逐渐发展成为中国乃至世界上最大的中药企业之一。同仁堂一直坚持“炮制虽繁必不敢省人工，品味虽贵必不敢减物力”的原则，赢得了广泛的赞誉。

同仁堂知嘛健康零号店（以下简称零号店），作为老字号品牌同仁堂的年轻化转型之作，通过一系列创新实践，成功地将传统中医药文化与现代消费趋势相结合，为年轻消费者提供了一个全新的健康生活体验。这家智慧零售超级概念店以其独特的空间布局和功能设计，展现了同仁堂在进行中医药文化传承的同时，对现代市场需求的深刻理解和积极适应。在 2024 年北京数字经济体验周暨数字消费节启动仪式上，零号店被认定为“北京市信息消费体验中心”。信息消费体验中心是集信息消费产品和服务展示、推介以及交流于一体，利用先进的技术展示丰富的信息消费新产品、新服务、新模式，融入教育、医疗健康、养老、智能家居、智慧政务、便民服务、社区安全等重要民生内容，支持消费者多方面协同参与，普及信息消费知识技能，增强信息消费体验的场所。

区别于传统零售商店，零号店融合了健康饮食＋医馆＋体检＋社交文娱等复合功能，拥有多元化的购物休闲场景，并以尖端科技与前沿思维赋能，为消费者提供个性化与精准化的服务。自成立以来，研发出的药食同源草本咖啡、千层酥煎饼等产品，收获了大批年轻群体的喜爱。同时，门店开发了包含二十四节气养生、中医运动处方、中药香囊制作等内容的一系列文明实践养生课堂，致力于弘扬传统中医药文化。

零号店的品牌创新首先体现在其空间布局上。店内三层分别承担着不同的角色：一层的精准食疗板块通过咖啡坊、茶饮坊、烘焙坊等五大功能区，将传统中药与现代生活方式相结合，为消费者提供了一个全新的健康生活体验。二层的精准塑龄中心，通过个性化的理疗服务，满足了年轻消费者对健康和美丽的追求。三层的精准医疗区则展示了同仁堂在中药领域深厚的专业实力。

科技与文化的融合是零号店创新的另一大特色。同仁堂利用AI问诊等黑科技，为消费者提供个性化的养生建议；利用AR互动屏幕，消费者只需扫描产品二维码，就能观看中药的生长环境、制作过程等虚拟现实内容，仿佛身临其境，可以深入了解中药的奥秘。同时，店内的装潢和设计巧妙地将汽车文化与健康生活场景相结合，打造出一个充满未来感的健康生活方式空间。

在产品和营销创新上，零号店开发了一系列新产品，这些产品不仅在功能上满足了年轻消费者的需求，而且在包装设计上进行了大胆的色彩和图形运用，以吸引年轻消费者的注意。通过社交媒体营销和跨界合作，零号店成功地将品牌推向了更年轻的市场，增强了品牌的潮流感和市场影响力。

体验式零售是零号店的又一大亮点。店内设置的互动体验区和健康咨询区，不仅增强了消费者的参与感，也让消费者在享受购物的同时更深入地了解中医药文化和产品知识。零号店利用智能设备，运用先进的算法为消费者提供个性化的健康建议和精准的产品推荐，满足他们的个性化需求。

零号店的创新举措取得了显著的成效。销量和利润的连续增长，社交媒体上的积极互动，以及消费者口碑的形成，都证明零号店在年轻化转型上取得了成功。然而，面对市场的不断变化，同仁堂仍需持续创新，加大在线销售渠道的建设，利用大数据提供更个性化的服务，并深化与传统文化的融合，以保持品牌的持续竞争力。全国中华老字号中，约10%的企业处于蓬勃发展状态，但近一半处于亏损状态。老字号的发展任重道远，一面要传承经典，守护赖以生存之根；一面要与时俱进，激活生命之源。

资料来源：同仁堂知嘛健康零号店获评“北京市信息消费体验中心”．(2024-07-19)．https://news.10jqka.com.cn/20240719/c659985192.shtml；知嘛健康零号店．(2023-5-28)．https://www.bjdx.gov.cn/bjsdxqrmzf/zjdx/mldx/2048927/2048955/index.html；李晓．老字号如何延续百年红．光明日报，2024-08-19.

思考题

1. 零号店在营销策略上采取了哪些措施来吸引年轻消费者？
2. 零号店品牌创新有哪些明显特色？

第 11 章

定价策略

| 本章要点 |

- 定价目标、成本、需求和竞争对企业定价的影响。
- 企业定价的主要方法。
- 企业定价策略的主要内容。
- 价格变动与企业对策。

如果说理想的产品、促销和分销为企业播下了成功的种子，那么有效的定价就是即将收获的硕果。营销组合其他因素所创造的顾客价值，需要通过定价给企业带来回报。事实上，价格是营销组合因素中十分敏感又难以控制的因素，它直接关系着市场对产品的接受程度，影响着市场需求和企业利润的多少，涉及生产者、中间商、消费者等各方面的利益。在激烈竞争和快速变化的定价环境下，追求价值的顾客给企业定价带来的压力日益增大，经济的波动和互联网比价的流行，进一步加大了定价的难度。

第 1 节　影响定价的因素

价格是顾客为获得、拥有和使用某种产品或服务的利益而支付的货币总额，是决定企业市场份额和盈利水平的最重要的因素之一。《中共中央关于进一步全面深化改革 推进中国式现代化的决定》指出："完善主要由市场供求关系决定要素价格机制，防止政府对价格形成的不当干预。健全劳动、资本、土地、知识、技术、管理、数据等生产要素由市场评价贡献、按贡献决定报酬的机制。"① 价格是营销组合中唯一与收益直接相关的要素，也是最灵活的营销要素。影响定价的因素是多方面的，包括定价目标、产品成本、市场需求、竞争者的产品和价格等。

① 中共中央关于进一步全面深化改革 推进中国式现代化的决定．(2024－07－21)．新华社.

一、定价目标

明智的管理者将定价视为创造和获取顾客价值的重要工具。很小比例的价格上升也可能带来盈利的大幅度增加。作为企业整体价值主张的一分子，价格在创造顾客价值、建立与维系顾客关系中发挥着关键作用。然而，任何企业都不能孤立地确定价格，而必须根据企业的整体营销战略、其他营销组合、目标市场战略及市场定位战略的要求来进行。此外，企业管理人员还要确定一些具体的经营目标，如利润额、销售额、市场份额等，这些都对企业定价具有重要影响。企业的每一可能价格对其利润、收入、市场份额均有不同的意义。企业定价目标主要有以下几种。

（一）维持生存

如果企业产量过剩，或面临激烈竞争，或试图改变消费者需求，就需要把维持生存作为主要目标。为了确保工厂继续开工和使存货出手，企业必须确定较低的价格，并希望市场是价格敏感型的。利润比起生存次要得多。许多企业通过大规模的价格折扣来保持活力。只要价格能弥补变动成本和一些固定成本，企业的生存便可维持。

（二）当期利润最大化

有些企业希望确定一个能使当期利润最大化的价格。它们估计需求和成本，并据此选择一种价格，使之产生最大的当期利润、现金流量或投资报酬率。假定企业对其产品的需求函数和成本函数有充分的了解，则借助需求函数和成本函数便可制定确保当期利润最大化的价格。

（三）市场份额最大化

有些企业想通过定价来取得控制市场的地位，即使市场份额最大化。因为，企业确信赢得最高的市场份额之后将享有最低的成本和最高的长期利润，所以，企业确定尽可能低的价格来追求市场份额领先地位。当具备下列条件之一时，企业就可考虑通过低价来实现市场份额的提高：

1. 市场对价格高度敏感，因此低价能刺激需求的迅速增长。
2. 生产与分销的单位成本会随着生产经验的积累而下降。
3. 低价能吓退现有的和潜在的竞争者。

（四）产品质量最优化

企业也可以考虑产品质量领先这样的目标，并在生产和营销过程中始终贯彻产品质量最优化的指导思想。这就要求用高价格来弥补高质量和研究开发的高成本。产品优质优价的同时，还应辅以优质服务。

二、产品成本

任何企业都不能随心所欲地制定价格。某种产品的最高价格取决于市场需求，最低价格取决于这种产品的成本费用。从长远看，任何产品的销售价格都必须高于成本费用，只有这样，才能以销售收入来抵偿生产成本和经营费用，否则就无法经营。因此，企业确定价格时必须估算成本。

（一）成本与成本函数

我们可借助成本函数来反映产品成本 C 与产量 Q 之间的关系。用数学公式表示为：

$$C = f(Q)$$

企业产品的成本函数取决于产品的生产函数和投入要素的价格。生产函数表明投入与产出之间的技术关系。这种技术关系与投入要素的价格相结合，就决定了产品的成本函数。成本函数可以分为两种：短期成本函数和长期成本函数。按照经济学的解释，这里所说的短期与长期具有特定的含义。短期指的是这样一个时期，在这个时期内，企业不能自由调整生产要素的投入和组合，不能选择各种可能的生产规模。因此，短期成本可以分为固定成本与变动成本。长期指的是这样一个时期，在这个时期内，企业可以自由调整生产要素的投入和组合，可以选择最有利的生产规模。在这个时期内，一切生产要素都是可以变动的。因此，长期成本中没有固定成本，一切成本都是变动成本。

（二）短期成本函数与定价

在短期成本函数中，以下几个概念十分重要：

1. 总固定成本（TFC）。总固定成本是一定时期内产品固定投入成本的总和。在一定的生产规模内，产品固定投入的总量是不变的。

2. 总变动成本（TVC）。总变动成本是一定时期内产品变动投入成本的总和。产量越大，总变动成本也越大；产量越小，总变动成本也越小。

3. 总成本（TC）。总成本是总固定成本和总变动成本之和。

4. 平均固定成本（AFC）。平均固定成本是总固定成本被产品总量均分的份额。由于短期固定成本是一个常数，产量增加，平均固定成本就会降低。

5. 平均变动成本（AVC）。平均变动成本是总变动成本被产品总量均分的份额。

6. 平均总成本（ATC）。平均总成本是产品总成本被产品总量均分的份额。不论产量大小，平均总成本始终等于平均固定成本和平均变动成本之和。

7. 边际成本（MC）。边际成本是增加一个单位产量相应增加的单位成本。一般来说，边际成本的变化取决于产量的大小。在产量增加初期，由于固定生产要素的使用效率逐渐提高，产量增加时收益递增，从而边际成本递减。而在产量达到一定程度后，由于增加的变动生产要素无法获得足够的固定生产要素的配合，即在短期内无法增加固定成本投入，产量出现逐渐递减现象，收益也递减甚至出现负的收益率，此时，边际成本将大幅递增。

在短期内，企业要实现利润最大化，必须让边际收入等于边际成本。因为，边际利润等于边际收入减去边际成本，当边际收入高于边际成本时，企业增加销售量所带来的边际利润是正值，从而带来利润的增加。于是企业会不断增加销售量，但随着销售量的增加，边际成本会提高，最后将导致边际成本大于边际收入，这时边际利润就是负值，于是企业的利润就会开始下降。这样，只有当边际收入等于边际成本，企业的利润才是最大的。

另外，在短期竞争条件下，有两种价格是非常重要的。一种是价格收入仍能弥补成本支出的最低价格，即价格等于最低总平均成本。另一种是价格等于最低平均变动成本，这种价格的总收入不能弥补总成本支出，但可以弥补企业的变动成本支出。尽管产品一旦卖出就会发生亏损，不过由于固定成本在期初已经投入，此时企业的销售收入仍可维持日常经营。任何低于最低平均变动成本的价格都会导致企业维持日常运营的困难，因此，企业制定的价格必须等于或高于平均变动成本。

（三）长期平均成本函数与定价

不论生产规模大小，利用长期平均成本函数都有助于使生产一定数量产品的平均成本最小。长期平均成本函数适合于长期内全部投入是变动成本而不是固定成本的情况，同时要考虑计划周期，并制定出企业的长期战略。如果能在很大的范围内任意确定企业的生产能力，那么应该选择使产品成本最小的生产规模。如果长期内产品需求量较小，那么应该选择小批量生产规模。中批量或大批量生产规模适合于长期内有很大产品需求量的情况。当产量越来越大时，长期平均成本趋于降低，所以，一开始就要有扩大生产能力的规划。长期平均成本函数的斜率由什么决定呢？它在很大程度上取决于生产的特征函数——规模效益。所谓规模效益，是指各种生产要素都作等比例增加时，对产量变动的影响程度。如果企业的产出增加大于投入增加，则企业支出会使规模效益增加。如果企业的产出增加小于投入增加，则企业规模效益会减少。如果产出与投入以同样的比例增加，则规模效益不变。规模效益增加、减少还是不变，取决于企业产量大小（值域），在一定的产值区间内，规模效益可能会增加；在另一个产值区间内，规模效益可能不变。

长期状况下的企业定价，必须注意两个方面：一是长期与短期边际成本必须等于产品价格，并且此时的边际成本必须处在递减状态；二是长期与短期平均成本必须等于产品价格，此时也必然是长期与短期成本的最低点。

三、市场需求

市场需求对企业定价有着重要影响，而需求又受价格和收入变动的影响。因价格与收入等因素而引起相应需求的变动率，就叫作需求弹性。需求弹性分为收入弹性、价格弹性和交叉弹性。

（一）需求的收入弹性

需求的收入弹性是指因收入变动而引起相应需求的变动率。有些产品的需求收入弹性大，这意味着消费者货币收入的增加导致该产品的需求量有更大幅度的增加，一般来说，高档食品、耐用消费品、娱乐支出的情况即是如此。有些产品的需求收入弹性较小，这意味着消费者货币收入的增加导致该产品的需求量的增加幅度较小，一般来说，生活必需品的情况即是如此。也有的产品的需求收入弹性是负值，这意味着消费者货币收入的增加将导致该产品需求量下降。例如，某些低档食品、低档服装就有负的需求收入弹性，因为消费者收入增加后，对这类产品的需求量将减少，甚至不再购买这些低档产品，而转向高档产品。

（二）需求的价格弹性

价格会影响市场需求。在正常情况下，市场需求会按照与价格相反的方向变动。价格提高，市场需求就会减少；价格降低，市场需求就会增加。所以，需求曲线是向下倾斜的。这是供求规律发挥作用的表现。但是也有例外情况。例如香水提价后，其销售量却有可能增加。当然，如果香水的价格提得太高，其需求和销售量将会减少。

需求的价格弹性反映需求量对价格的敏感程度，以需求量变动的百分比与价格变动的百分比之比值来计算，亦即价格变动百分之一会使需求量变动百分之几。在以下条件下，需求可能缺乏弹性：

1. 市场上没有替代品或者没有竞争者。
2. 购买者对较高价格不在意。
3. 购买者改变购买习惯较慢，也不积极寻找较便宜的东西。
4. 购买者认为产品质量有所提高，或者认为存在通货膨胀等，价格较高是应该的。

如果某种产品不具备上述条件，那么这种产品的需求就有弹性。在这种情况下，企业应考虑适当降价，以刺激需求，促进销售，增加销售收入。

（三）需求的交叉弹性

在为产品大类定价时还必须考虑各产品项目之间相互影响的程度。产品大类中的某一个产品项目很可能是其他产品的替代品或互补品，同时，一项产品的价格变动往往会影响其他产品项目销售量的变动，两者之间存在需求的交叉价格弹性。交叉弹性可以是正值，也可以是负值。如为正值，则此二项产品为替代品，表明一旦产品 Y 的价格上涨，则产品 X 的需求量必然增加。如果交叉弹性为负值，则此二项产品为互补品，也就是说，当产品 Y 的价格上涨时，产品 X 的需求量会下降。

四、竞争者的产品和价格

在最高价格和最低价格之间，企业能把价格定得多高，取决于竞争者同种产品的价格水平。企业必须采取适当方式，了解竞争者所提供的产品质量和价格。企业获得这方面的信息后，就可以与竞争产品比质比价，更准确地制定本企业产品价格。如果二者质量大体一致，则二者价格也应大体一样，否则本企业产品可能卖不出去；如果本企业产品质量较高，则产品价格也可以定得较高；如果本企业产品质量较低，那么，产品价格就应定得低一些。还应看到，竞争者也可能随机应变，针对企业的产品价格而调整其价格；也可能不调整价格而调整营销组合的其他变量，与企业争夺顾客。当然，对竞争者的价格变动，企业也要及时掌握有关信息，并做出明智的反应。

为便于研究市场经济条件下的企业定价，有必要对市场结构进行划分。划分依据主要有三：一是行业内企业数目；二是企业规模；三是产品是否同质。假定企业以追求最大利润为目标，并且管理人员了解本企业产品的成本费用与需求情况，这样，市场结构便可划分为完全竞争、垄断竞争、寡头竞争、纯粹垄断四种类型。我们将分别考察不同市场结构下的企业定价问题。

（一）完全竞争

完全竞争市场必须具备以下条件：

1. 市场上有许多卖主和买主，它们买卖的商品只占商品总量的一小部分。
2. 它们买卖的商品都是相同的。
3. 新卖主可以自由进入市场。
4. 卖主和买主对市场信息尤其是市场价格变动的信息完全了解。

5. 生产要素在各行业之间有完全的流动性。

6. 所有卖主出售商品的条件（如运送物品条件、包装、服务等）都相同。

如果只具备前三个条件，这种市场形式叫作纯粹竞争；只有完全具备上述六个条件，才能叫完全竞争。

在完全竞争条件下，企业只能按照市场价格出售其产品。对于任何个别企业来说，其产品的价格弹性为无穷大，只要其产品售价超过市场价格，其需求便会减少至零。如果某一个卖主的产品价格高于现行市场价格，买主就不买它的产品，因为买主对市场信息完全了解，而且其他卖主的产品也相同。再者，卖主没有必要降低产品价格，以低于市场价格的价格出售产品，因为它们按照现行市场价格就能卖掉全部产品。如果价格和利润上升，新卖主能很容易地进入市场。因此在完全竞争市场，卖主和买主只能按照由市场供求关系决定的市场价格来买卖商品。这就是说，在完全竞争条件下，卖主和买主只能是价格的接受者，而不是价格的决定者。在完全竞争市场，卖主无须花很多时间和精力去搞营销调研、产品开发、定价、广告、宣传、销售促进等营销工作。

（二）垄断竞争

垄断竞争是一种介于完全竞争和纯粹垄断之间的市场形式，既有垄断倾向，又有竞争成分，因而垄断竞争是一种不完全竞争。

在垄断竞争市场上有许多卖主和买主，但各个卖主所提供的产品有差异，有些是质量、花色、式样和产品服务的差异；有些不同品牌的产品，虽然实质上没有什么差异，但购买者因受广告、宣传、商品包装的影响，在主观或心理上认为它们有差异，因而有所偏好，愿意花不同数额的钱购买。由于各个卖主所提供的产品在实质上有差异或购买者在心理上认为它们有差异，其需求曲线不是水平的，因此各个卖主对其产品有相当的垄断性，能控制产品价格。这就是说，在垄断竞争的条件下，卖主已不是消极的价格接受者，而是强有力的价格决定者。

在不完全竞争的条件下，卖主定价时可广泛地利用心理因素。在这种条件下，产品差异是制造商控制其产品价格的一种主要战略。例如，不同企业所生产的阿司匹林实质上是一种东西，但不同品牌的药品制造商千方百计地通过广告宣传和包装等来影响广大消费者，使消费者在心理上认为它们有差异。因此，不同品牌的阿司匹林价格有所不同。

（三）寡头竞争

寡头竞争是竞争和垄断的混合物，也是一种不完全竞争。我们知道，在垄断竞争的条件下，市场上有许多卖主，它们所生产和供应的产品有所不同。而在寡头竞争的条件下，一个行业中只有少数几家大公司（大卖主），它们所生产和销售的某种产品占这种产品的总产量和市场销售总量的绝大比重，它们之间的竞争就是寡头竞争。显然，在这种情况下，它们有能力影响和控制市场价格。在寡头竞争的条件下，各个寡头企业是相互依存、相互影响的。各个寡头企业对其他企业的营销战略和定价策略非常敏感，任何一个寡头企业调整价格都会马上影响其他竞争对手的定价政策，因而任何一个寡头企业做决策时都必须密切注意其他寡头企业的反应和决策。

寡头竞争的形式有两种：

1. 完全寡头竞争。在这里，各个寡头企业的产品是同质的（如钢铁、石油、轮胎等）。用户对这些企业的产品并无偏好，不一定买哪一家企业或哪一种品牌的产品。例如，用户购买钢材时可按钢种、型号、规格等技术指标订货，而不一定是哪一家公司的钢材。因为用户认为这些寡头企业是无区别的，所以完全寡头竞争又叫作无区别的寡头竞争。在完全寡头竞争的条件下，每一个寡头资本家都时刻警惕着其竞争对手的策略和行动。如果某一家寡头企业降低产品价格，用户就会纷纷转向这家企业，这样就会使其他几家寡头企业不得不随之降价或增加服务。在这种情况下，这家寡头企业就要考虑是否降价，因为如果它降价，竞争对手必然随之降价，结果谁也得不到好处，最多只能吸引一些新顾客。相反，如果某一家寡头企业提高产品价格，其竞争对手绝不会随之提价，在这种情况下，这家寡头企业必然撤销提价，否则就会失去很多顾客。所以，在完全寡头竞争的条件下，整个行业的市场价格较稳定，但各个寡头企业在促销等方面竞争较激烈。

2. 不完全寡头竞争。在这里，各个寡头企业的产品（如汽车、电脑等）都有某些差异。因此，从顾客方面说，他们认为这些企业的产品是有区别的，对这些产品有所偏好，这些产品是不能互相代替的，所以这种寡头竞争又叫作差异性寡头竞争。从寡头企业方面来说，每一个寡头企业都千方百计地使自己变成有区别的寡头，使顾客深信任何其他寡头企业的产品都不如它的产品好，不能代替它的产品。这样可以将本企业有区别的名牌产品的价格定得较高，以增加盈利。

（四）纯粹垄断

纯粹垄断（或完全垄断）是指在一个行业中某种产品的生产和销售完全由一个卖主独家经营和控制。纯粹垄断有两种：一种是政府垄断，即政府独家经营的业务；另一种是私人垄断，即私人企业控制的业务，其中又包括私人管制垄断和私人非管制垄断。

在纯粹垄断的条件下，在一个行业中只有一个卖主（政府或私人企业），没有别家竞争，这个卖主完全控制了市场价格，它可以在国家法律允许的范围内随意定价。但是，不同类型的纯粹垄断的定价有所不同。

1. 政府垄断。由于定价目标不同，产品价格定得高低不同。例如，有些产品与一般消费者的日常生活关系密切，价格定得低于成本；有些产品的价格定得较高，以限制消费。

2. 私人管制垄断。政府对某些私人垄断企业的定价要加以调节和控制，如美国政府允许某些私人垄断企业的收费得到中等的收益。

3. 私人非管制垄断。在这种情况下，政府允许私人企业随意定价。但垄断企业因怕触犯反托拉斯法，或怕引起竞争，或想以低价加速市场渗透，往往不敢随意提价。

在纯粹垄断条件下，随着产品价格的涨落，产品销售随之减增，致使垄断企业产品的需求曲线，即整个行业产品的需求曲线，向右下方倾斜。无论从长期还是短期来考虑，垄断企业都是根据边际成本等于边际收益的法则来决定其产量。

五、企业整体营销战略及外部因素

价格只是企业众多营销战略要素之一，定价必须考虑是否与企业整体营销战略相一致。

（一）目标市场与市场定位

不同的客户群体对产品包括价格有不同的偏好和要求，所以，企业定价策略的制定必须适应目标市场的特点和需求。市场定位往往借助价格来体现产品的特色、差异和优势，因此，定价策略如同其他营销组合策略一样，必须与产品的市场定位协调一致。例如，当产品被定位为高端产品时，就必须制定相应的高价格来弥补生产、营销过程中产生的高成本。

（二）营销目标

不同的营销目标需要相应的定价策略配合才能顺利实现。定价策略在实现企业各种不同层次的目标的过程中，发挥着十分重要的作用。尤其表现在以下方面：

1. 以新颖的定价吸引新顾客，留住现有顾客。
2. 以较低价格阻止竞争者进入市场。
3. 以跟随竞争者定价，即随行就市定价，来稳定市场，避免价格战。
4. 以适当的定价获得中间商的支持和忠诚。
5. 以短暂降价赢得某品牌的热销。
6. 以灵活的定价实现企业产品线中其他产品的畅销。

（三）其他营销组合因素

企业定价策略应与产品设计开发、分销和促销策略保持协调一致，以形成统一高效的整体营销方案。实际上，营销组合中的其他因素也会影响价格决策。例如，高质量、高档次的产品必须有相应的高价格来弥补生产、营销过程中的高成本。再如，当需要激励中间商积极支持、大力分销产品时，企业必须在定价时为中间商留有足够的利润空间。

总之，企业制定定价策略时，必须考虑到整体营销战略和营销组合策略。然而，即使价格再吸引人，企业也应清醒地意识到，顾客并不是仅仅根据价格来选择品牌，实施购买。实际上，他们往往要对所付出的价格与所获得的利益进行权衡比较，寻求那些能够给他们带来价值最大化的产品。

（四）定价机构

管理层必须决定企业的定价事务由谁来负责。小企业的定价一般由最高管理层来实施，而不是由营销部、促销部或销售部负责。大企业的定价往往由区域经理、分部经理或产品经理负责。在组织市场的营销实践中，销售人员有权在一定的价格幅度内与顾客协商价格。许多企业在定价决策方面通常是自下而上和自上而下相结合，也就是说，管理高层要制定明确的定价目标和定价政策，同时，要接受基层管理人员和一线销售人员的价格建议。

在航空、航天、钢铁、铁路、石油、电力等行业，定价对于企业成长发展来说是一个非常关键的要素，企业往往设立专门的定价部（或定价委员会）来负责制定最佳价格，或者帮助其他部门制定价格。定价部要向营销部和管理高层汇报。销售经理、生产经理、财务经理和会计人员等也会对定价工作产生影响，甚至会参与定价工作。

（五）经济形势

经济形势对于企业定价策略具有重要影响，经济的繁荣或衰退、通货膨胀率和利率等经济因素既会影响到生产制造成本，又会影响到消费者对产品价格和价值的感知，因而也会影响到企业的定价策略及相关决策。在经济下行的环境下，消费者会捂紧钱袋子，紧缩开支，更加强化价值意识，关注产品价值，力求物有所值。即使经济复苏，消费者也很可能会继续节俭持家。这就要求企业的定价策略要充分彰显货真价实、物有所值的优势。①

经济下行时期，企业常用的价格策略就是打折、降价，价格实惠、价廉物美可以刺激短期销售。然而，低价格也意味着低利润。大幅度的打折降价会贬损品牌在消费者心目中的价值。而且，企业一旦降价，就算经济复苏了，也很难将价格调回到原来的水平。有鉴于此，不少企业在经济下行时期不是打折降价，而是聚焦产品组合中消费者愿意负担的更加实惠的产品项目，增加价廉物美的低价项目。

（六）其他外部因素

例 11－1　小米汽车的定价策略

企业定价还需考虑除了市场和经济之外的其他因素，了解企业的产品价格可能对其他环境力量产生的影响。例如，企业定价应为中间商留出公道、合理的利润空间，鼓励中间商支持企业产品的分销。此外，政府政策法规、社会舆论关注等对企业定价决策也有重要影响。《中共中央关于进一步全面深化改革 推进中国式现代化的决定》提出："推进水、能源、交通等领域价格改革，优化居民阶梯水价、电价、气价制度，完善成品油定价机制。"② 习近平强调："要完善重点领域价格形成机制，健全政府定价制度，加强市场价格监管和反垄断执法，实现竞争性领域和环节价格基本放开，政府定价范围主要限定在重要公用事业、公益性服务、网络型自然垄断环节，建立起科学、规范、透明的价格监管制度和反垄断执法体系。凡是能由市场形成价格的都交给市场，坚持放管结合，强化事中事后监管，提高监管效率。要统筹兼顾生产者、经营者、消费者利益，协调好经济效率和社会公平、环境保护的关系。要推进定价项目清单化，推进政府定价公开透明。"③

第 2 节　定价方法

一般来说，企业的定价工作要采取六个步骤：选择定价目标，测定需求的价格弹性，估算成本，分析竞争对手的产品与价格，选择适当的定价方法，选定最后价格。本节仅就具体的定价方法作一阐述。

企业产品价格的高低要受市场需求、成本费用和竞争情况等因素的影响和制约。企业制定价格时理应全面考虑这些因素。但是，在实际定价工作中往往只侧重某一个方面的因素。大体上，企业定价有三种导向，即成本导向、需求导向和竞争导向。

---

① Philip Kotler，Gary Armstrong，Sridhar Balasubramanian. Principles of Marketing. 19th ed. Harlow：Pearson Education Limited，2024：327－328.

② 中共中央关于进一步全面深化改革 推进中国式现代化的决定.（2024－07－21）. 新华社.

③ 习近平：坚持以扩大开放促进深化改革 坚定不移提高开放型经济水平. 人民日报，2015－09－16.

一、成本导向定价法

成本导向定价法是一种主要以成本为依据的定价方法，包括成本加成定价法和目标回报定价法，其特点是简便、易用。

（一）成本加成定价法

加成定价学说（doctrine of mark up price）起源于米哈尔·卡莱茨基（Michal Kalecki）1929—1945 年间为了研究经济周期和收入分配而提出的一系列概念和观点。无论是在他公开发表的著作还是在咖啡馆谈话中，卡莱茨基的微观经济分析都被视为加成定价学说的核心起源。成本加成定价法是指按照单位成本加上一定百分比的加成来确定产品销售价格。加成的含义就是一定比率的利润。所以，成本加成定价公式为：

$$P = C(1+R)$$

式中，P 为单位产品售价；C 为单位产品成本；R 为成本加成率。

将一个固定的、惯例化的加成加在成本上，这样定价从逻辑上是否行得通？回答是否定的。在确定价格的过程中，任何忽略现行价格弹性的定价方法都难以确保企业实现利润最大化，无论是长期利润还是短期利润。需求弹性总是处在不断变化中，最适加成也应随之调整。

最适加成与价格弹性成反比。如果某品牌的价格弹性高，最适加成就应相对低些。如果某品牌的价格弹性低，最适加成则应相对高些。而且，当价格弹性保持不变时，加成也应保持相对稳定，以确定出最适价格。

成本加成定价法之所以受到企业欢迎，主要是由于：（1）成本的不确定性一般比需求少，将价格盯住单位成本，可以大大简化企业定价程序，而不必根据需求情况的瞬息万变做调整；（2）只要行业中所有企业都采取这种定价方法，价格在成本与加成相似的情况下就大致相似，价格竞争也会因此减至最低限度；（3）许多人感到成本加成法对买方和卖方都比较公平，当买方需求强烈时，卖方不利用这一有利条件谋取额外利益仍能获得公平的投资报酬。

（二）目标回报定价法

目标回报定价法源于经济学家皮罗·斯拉法（Piero Sraffa）的生产定价理论。在斯拉法看来，目标回报率等于生产价格理论中的正常利润率，正常利润率类似劳动工资率在所有工业部门中相等，但在目标回报定价法具体实践中，利润率和工资率在不同的部门中可能相异。从市场营销学视角看，目标回报定价法（target return pricing），又称盈亏平衡定价法（break-even pricing），是指根据估计的总销售收入（销售额）和估计的产量（销售量）来制定价格的一种方法。目标回报定价法要使用损益平衡图这一工具。损益平衡图描述了在不同销售水平上预期的总成本和总收入。图 11 - 1 展示了一张假设的损益平衡图。

不论销售量多少，固定成本都是 600 万元。管理人员的任务是：

1. 估计各种不同产出水平的总成本。总成本曲线按固定的速率上升，直到最大产能为止。

2. 估计未来一期的产能水平。假设企业预期产能为 80%，即产能为 100 万件时预期

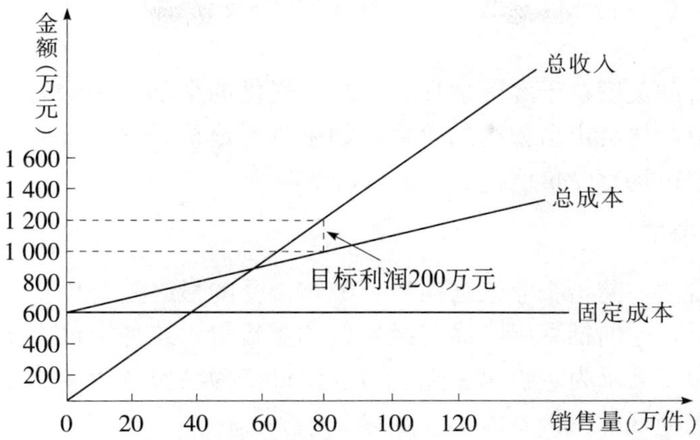

图 11-1　目标回报定价法与损益平衡图

销售 80 万件，生产这一产量的总成本为 1 000 万元。

3. 确定目标报酬率。假设企业希望利润为成本的 20%，则利润目标为 200 万元。因此，在产能为 80%时总收入必须是 1200 万元。总收入曲线上另外一点为零产能时，其对应值也为零。将点（80，1 200）与点（0，0）连成一条直线，便是总收入曲线。总收入曲线的斜率就是所要制定的价格。本例中斜率是 15。如果企业定价为每件 15 元，且售出 80 万件，则按此价格可实现 20%的报酬率，赚得 200 万元。

目标回报定价法有一个严重的缺陷，即企业以估计的销售量求出应制定的价格，殊不知价格恰恰是影响销售量的重要因素。要实现 80 万件的销售量，15 元/件的价格可能偏高或偏低。在上述分析中，忽略了需求函数，即不同价格下企业可售出的数量。借助估计的需求曲线及 20%的利润条件，企业就可以解决将价格与销售量统一起来的问题，从而确保用所定价格来实现预期销售量的目标。

二、需求导向定价法

需求导向定价法是一种以市场需求强度及消费者感受为主要依据的定价方法，包括感受价值定价法、反向定价法和差别定价法三种，其中差别定价法将在第 3 节的差别定价策略中论述。

（一）感受价值定价法

感受价值定价法（perceived value pricing），又称感知价值定价法，是指企业根据购买者对产品的感受价值来确定价格的方法。消费者的价值感知主要来源于其主观判断、以往经验和对消费体验的感知。同时，对产品效用的预期、产品的质量保证、服务承诺、分销渠道、品牌声誉和可信度等因素也会影响消费者的感知价值。企业可以通过营销活动提高消费者的感知价值，从而提高产品价格。其关键在于了解顾客感知价值的方式及其决策过程，从而向潜在顾客展现并提供高于竞争对手的价值。

感受价值定价与现代市场定位观念相一致。企业在为其目标市场开发新产品时，在质量、价格、服务等各方面都需要体现特定的市场定位观念。因此，首先要决定所提供的价值及价格；之后，企业要估计在此价格下所能销售的数量，再根据这一销售量决定所需要的产能、投资及单位成本；接着，管理人员还要计算在此价格和成本下能否获得满意的利润。如能获得满意的利润，则继续开发这一新产品，否则，就要放弃这一产品概念。

感受价值定价的关键在于准确地计算产品所提供的全部市场感受价值。企业如果过高地估计感受价值，便会定出偏高的价格；如果过低地估计感受价值，则会定出偏低的价格。为准确把握市场感受价值，必须进行营销调研。

（二）反向定价法

所谓反向定价法，是指企业依据消费者能够接受的最终销售价格，计算自己从事经营的成本和利润后，逆向推算出产品的批发价和零售价。这种定价方法不以实际成本为主要依据，而以市场需求为定价出发点，力求使价格为消费者所接受。分销渠道中的批发商和零售商多采取这种定价方法。

在营销实践中，当企业以价格来进行市场定位时，需要借助目标成本法（target costing）来支持价格定位。目标成本法是指先确定一个以顾客感受价值为基础的理想售价，再确定一个与价格相匹配的成本作为目标成本。

三、竞争导向定价法

竞争导向定价法通常有两种方法，即随行就市定价法和投标定价法。

（一）随行就市定价法

所谓随行就市定价法，是指企业按照行业的平均现行价格水平来定价。在以下情况下往往采取这种定价方法：（1）难以估算成本；（2）企业打算与同行和平共处；（3）如果另行定价，很难了解购买者和竞争者对本企业价格的反应。

不论市场结构是完全竞争市场，还是寡头竞争市场，随行就市定价法都是同质产品市场的惯用定价方法。

在完全竞争市场上，销售同类产品的各个企业在定价时实际上没有多少选择余地，只能按照行业的现行价格来定价。某企业如果把价格定得高于时价，产品就卖不出去；相反，如果把价格定得低于时价，就会遭到降低价格竞销。

在寡头竞争的条件下，企业也倾向于和竞争对手的定价相同。这是因为，在这种条件下市场上只有少数几家大公司，彼此十分了解，购买者对市场行情也很熟悉，因此，如果各大公司的价格稍有差异，顾客就会转向价格较低的企业。所以，按照现行价格水平，在寡头竞争的需求曲线上有一个转折点。如果某公司将价格定得高于这个转折点，需求就会减少，因为其他公司不会随之提价（需求有弹性）；相反，如果某公司将其价格定得低于这个转折点，需求不会相应增加，因为其他公司可能也会降价（需求缺乏弹性）。总之，当需求有弹性时，单个寡头企业不能通过提价来获利；当需求缺乏弹性时，单个寡头企业也不能通过降价来获利。

在异质产品市场上，企业有较大的自由度决定其价格。产品差异化使购买者对价格差异的存在不甚敏感。企业相对于竞争者总要确定自己的适当位置，或充当高价企业角色，或充当中价企业角色，或充当低价企业角色。总之，企业总要在定价方面有别于竞争者，其产品策略及营销方案也尽量与之相适应，以应对竞争者的价格竞争。

（二）投标定价法

所谓投标定价法，是指政府采购机构在报刊上登广告或发出函件，说明拟采购商品的品种、规格、数量等具体要求，邀请供应商在规定的期限内投标。政府采购机构在规定的日期内开标，选择报价最低、最有利的供应商成交，签订采购合同。供货企业如果想做这笔生意，就要在规定的期限内填写标单，上面填明可供应商品的名称、品种、规格、价格、数量、交货日期等，密封送给招标人（政府采购机构），这叫作投标。这种价格是供货企业根据对竞争者报价的估计来定的，而不是按照供货企业自己的成本费用或市场需求来制定的。供货企业的目的在于赢得合同，所以它的报价应低于竞争对手的报价。这种定价方法叫作投标定价法。

然而，企业不能将其报价定得低于某种水平。确切地讲，它不会将报价定得低于边际成本，以免使自己经营状况恶化。如果企业报价远远高出边际成本，虽然潜在利润增加了，但减少了获得合同的机会。

互联网使得顾客比以往更容易进行价格比较，不仅可以在制造商之间（例如，将某款宝马车的价格与梅赛德斯同类车型的价格做比较），而且可以在相同产品或型号的不同供应商之间进行比较。后者不再局限于邻近区域——可以进行全国范围乃至全球范围的比较。社交媒体的广泛应用，譬如顾客之间的各种聊天沟通工具，有助于传播关于竞争性定价的信息，以及关于产品和服务的推荐或警示，使得顾客的价格敏感度提高，因为他们能够便利地接触和搜索大量的信息，并且不受卖方控制。

第 3 节　定价策略

前述定价方法是依据成本、需求和竞争等因素决定产品基础价格（即牌价、目录价）的方法。基础价格是单位产品在生产地点或者经销地点的价格，尚未考虑折扣、运费等对价格的影响。在营销实践中，企业还需考虑或利用灵活多变的定价策略，修正或调整产品的基础价格。在此过程中，必须严格遵守政府有关政策、法规。

一、折扣与折让定价策略

企业为了鼓励顾客及早付清货款、大量购买、在淡季购买，还可以酌情降低其基础价格。这种价格调整叫作价格折扣与折让。包括现金折扣、数量折扣、功能折扣、季节折扣和让价等。值得注意的是，折扣定价策略对购买者的吸引力已远不如从前。

二、地区定价策略

一般来说，一个企业的产品不仅卖给当地客户，也卖给外地客户。而卖给外地客户，即把产品从产地运到客户所在地，需要考虑运费。地区定价策略是指企业要决定，对于卖给不同地区（包括当地和外地不同地区）客户的某种产品，是分别制定不同的价格，还是制定相同的价格。也就是说，企业要决定是否制定地区差价。

三、心理定价策略

心理定价策略是指企业在制定产品价格时，运用心理学的原理，根据不同类型消费者的消费心理来制定价格的各种策略。定价实践中，营销者不仅要考虑经济学方面的问题，还要考虑心理学方面的问题，因为价格传递着产品质量、性能、档次等各方面的信息，给客户以不同的心理感受。当客户看到某个产品时，会在心中设定一个参照价格（reference price）。参照价格是指通过考察目前现行价格、回忆过去的价格或评估当时的购买情境而设定的价格。

表 11-1 说明了末位数为 9 的打折价所带来的销售效果。面包的价格从 0.83 元下降 31%到 0.63 元，单位销量增长了 194%，下降到 0.59 元，销量增长了 406%。0.04 元的差价，销量增长率的差距为 212 个百分点。

表 11-1　末位数为 9 的打折价

	价格（元）	销量（个）
原来售价	0.83	2 817
打折降价	0.63	8 283（+194%）
末位数为 9 的降价	0.59	14 567（+406%）

四、差别定价策略

差别定价是指企业按照两种或两种以上不反映成本费用的比例差异的价格销售某种产品或服务。差别定价策略是指企业按照两种或两种以上不反映成本费用的比例差异的价格销售某种产品或服务的各种策略。例如，麦当劳早餐咖啡是可以续杯的，但有小杯 9 元和大杯 10.5 元两种价格。问题是，既然能续杯为什么还单设大杯价格呢？原来这是专为 A、B 两个客户群设计的：A 客户群时间充裕，买小杯咖啡划算，价格低廉，喝完可以再续杯；B 客户群时间急促，担心续杯太费事，但只是多花了 1.5 元竟能买到比小杯多出不少的咖啡，也觉得自己赚大发了。

五、新产品定价策略

一般来讲，新产品定价有以下两种策略可供选择。

（一）撇脂定价

撇脂定价是指在产品生命周期的最初阶段，把产品的价格定得很高，以攫取最大利润，犹如从鲜奶中撇取奶油。Fitbit 公司是全球智能运动手环的先驱，2013 年进入中国市场时，其主打产品定价为人民币 800～1 200 元，就是采取的撇脂定价。企业之所以能这样做，是因为有些购买者主观认为某些商品具有很高的价值。从营销实践看，在以下条件下企业可以采取撇脂定价策略。

1. 市场有足够的购买者，他们的需求缺乏弹性，即使把价格定得很高，市场需求也不会大量减少。

2. 高价使需求减少一些，因而产量减少一些，单位成本增加一些，但这不致抵消高价所带来的收益。

3. 在高价情况下，企业仍然独家经营，别无竞争者。有专利保护的产品即是如此。

4. 某种产品的价格定得很高，使人们产生这种产品是高档产品的印象。

（二）渗透定价

渗透定价是指企业将其创新产品的价格定得相对较低，以吸引大量顾客，提高市场份额。从营销实践看，企业采取渗透定价策略需具备以下条件。

1. 市场需求对价格极为敏感，因此，低价会刺激市场需求迅速增长。

2. 企业的生产成本和经营费用会随着生产经营经验的增加而下降。

3. 低价不会引起实际和潜在的竞争。

六、产品组合定价策略

当产品只是某一产品组合中的一部分时，企业就需要研究出一系列价格，使整个产品组合的利润实现最大化。因为各种产品之间存在需求和成本的相互联系，而且会带来不同程度的竞争，所以定价十分困难。

（一）产品大类定价

企业通常开发出来的是产品大类或产品线（product line），而不是单一产品。当企业生产的系列产品存在需求和成本的内在关联性时，为了充分发挥这种内在关联性的积极效应，可采用产品线定价策略。在定价时，首先，确定某种产品的最低价格，它在产品线中充当领袖价格，吸引消费者购买产品线中的其他产品；其次，确定产品线中某种产品的最高价格，它在产品线中充当品牌质量和收回投资的角色；最后，对产品线中的其他产品也分别依据其在产品线中角色的不同而制定不同的价格。在许多行业，营销者都为产品线中的某一种产品事先确定好价格点。例如男士服装店可能经营三种价格档次的男装：1 500 元、2 500 元和 3 500 元。顾客会从三个价格点上联系到低、中、高三种质量水平的服装。即使这三种价格同时提高，男士仍然会按照自己偏爱的价格点来购买服装。营销者的任务就是确立认知质量差别，使价格差别合理化。

（二）备选产品定价

备选产品是指企业在提供主要产品的同时所附带的与主要产品相关的可选择性产品。顾客购买电脑时，往往需要选择处理器、硬盘、内存系统、软件等。汽车用户可以订购 GPS 装置、倒车雷达、除雾器和减光器等。但是备选产品定价是一件棘手的事。汽车公司必须确定价格中应包括哪些产品，又有哪些产品可作为选择对象。饭店也面临同样的定价问题。其顾客除了订购饭菜外也买酒水。许多饭店的酒水价格很高，而食品的价格相对较低。食品收入可以弥补食品的成本和其他的饭店成本，而酒水则可以带来利润。这就是服务人员极力要求顾客买酒水的原因。也有饭店会将酒水价格定得较低，而对食品定高价，以吸引喜欢酒水的消费者。

（三）附属产品定价

附属产品是指消费者使用主要产品时必须与之配套使用的关联产品。生产主要产品（剃须刀、电子游戏机和打印机）的制造商通常为产品制定较低的价格，同时对附属产品（剃须刀片、游戏和打印墨盒）制定较高的加成。例如卡特彼勒对其部件和服务制定了高价格，以便在售后市场中获取高额利润。该公司设备的加成率为 30%，而部件的加成率有时达到 300%。这就给非法仿制者带来了机会。这样，卡特彼勒的销售额下降了很多。为了消除这种现象，卡特彼勒要求设备所有者只从特许经销商处购买部件，以保证设备的质量和性能。

（四）分部定价

分部定价是指企业先收取一笔固定费用，再加上可变的使用费的一种定价方式。例如，电话用户每月都要支付一笔固定的使用费，如果使用次数或时间超过规定，还要再交费。游乐园一般先收门票费，如果游客游玩的地方超过规定，就再交费。服务公司面临和附属产品定价同样的问题，即应收多少基本服务费和可变使用费。固定成本应较低，以推动人们购买服务，利润可以从使用费中获取。Humane 公司曾推出首款无屏幕可穿戴设备 Ai Pin，安置在服装上的微型投影，可以投屏在手掌上进行交互，目的是“替代手机”。Ai Pin 的售价为 699 美元，每月需要额外支付 24 美元订阅费。分析家认为，Humane 公司既想赚到快钱，又想日后慢慢“收割”用户钱包，这种定价策略很难取得成功。①

（五）副产品定价

副产品是指企业在生产主要产品的同时，从同一原材料中，通过同一生产过程附带生产或利用生产中的废料进一步加工生产出来的非主要产品。在生产加工肉类、石油产品和其他化工产品的过程中，经常有副产品。如果副产品价值很低，处理费用昂贵，就会影响到主产品的定价。企业确定的价格必须能够弥补副产品的处理费用。如果副产品对某一顾客群有价值，就应该按其价值定价。副产品如果能带来收入，将有助于公司在迫于竞争压力时确定较低的价格。

（六）产品捆绑定价

企业经常以某一价格出售一组产品，例如智能手机、平板电脑、旅游套餐等。这一组产品的价格低于单独购买其中每一产品的费用总和。因为顾客可能并不打算购买其中所有的产品，所以这一组合的价格必须有较大的降幅，来推动顾客购买。这种定价策略叫作产品捆绑定价（product bundle pricing）、一揽子定价或套餐定价。②

七、互联网免费定价策略

顾名思义，互联网免费定价策略就是对所提供的产品或者服务实施零定价。该定价策略在互联网上运用得最为广泛，凭借互联网无限的时空限制以及数字技术，免费定价成为一种几乎颠覆传统定价方式的崭新定价策略。

（一）依托增值服务的免费定价

这种定价策略所适用的免费产品是网络软件与服务，免费对象是普通版使用者。最早由风险投资家提出，是媒体订阅模式的基础。该策略对普通版（非增值部分）的用户免费，而对享受增值服务的用户收取一定的费用，通常付费的用户足以支撑起其他所有用户。这种定价策略的可行之处在于，服务其他用户的成本几乎为零，甚至完全可以忽略不计。例如腾讯 QQ，普通用户可以免费使用，但如果要成为高级用户则需支付一定的费用。

---

① 外媒唱衰可穿戴设备 Ai Pin：定价不合理、显示糟糕、无法取代手机．(2023-11-21). IT 之家.

② Philip Kotler，Gary Armstrong，Sridhar Balasubramanian. Principles of Marketing. 19th ed. Harlow：Pearson Education Limited，2024：336-339.

（二）交叉补助免费定价

这种定价策略所涉及的免费产品包括所有能诱使产生其他消费的产品，主要针对所有最终愿以某种方式支付的人。这种策略通过免费赠送一些产品来诱发对相关付费产品的购买。国外许多唱片公司会采取这种定价策略，它们将自己的主盘和海报派发给镇上的摊贩，允许摊贩拷贝这些主盘并出售它们，同时独得所有的收入。能够如此做是因为卖唱片并非唱片公司的主要收入来源，它们的主营业务是商业表演。由于事前超便宜的宣传造势，它们在各个城市中的演出场场爆满，获利丰厚。知名的吉列送刀架而卖刀片的营销模式采用的正是这种策略。

（三）基于零边际成本的免费定价

这种定价策略所涉及的免费产品具有单位成本极低的特征，其免费对象可以惠及所有人。比如在线音乐，在数字复制品和传输方式的推动下，音乐产品大量发行的实际成本几乎为零，由此可以实现向所有在线用户免费提供在线音乐，该策略在音乐产品进入市场的早期推广中应用最广，而且覆盖效果比传统的赠送光盘要明显得多。

（四）依托用户行为的免费定价

这种定价策略在互联网上运用比较广泛，用户对网站的使用行为本身会创造一些内容和服务，而其他用户几乎可以免费地享用内容和服务。例如在雅虎问答上的投票，大量用户的投票行为本身就形成一定的投票结果，而其他用户则可不花一分钱使用这些投票结果。此外，像大众点评之类的网站采用的也是这种策略，任何用户都可以免费使用其他用户点评的结果来帮助做出正确的消费决策。

（五）礼品经济免费定价

这种定价策略所涉及的典型产品莫过于开源软件或用户原创内容的大量资源，其免费对象可以是任何人。其提供的产品或者网站内容几乎是免费赠送给所有人，与通常的礼品有异曲同工之义。这种免费定价策略甚至包含了意义深远的营销道德：金钱并非唯一的驱动力，利他主义一直都存在。互联网为其创造了一个平台，百度百科的成功便是一个有力的证明。

八、PWYW 定价策略

PWYW 译自英文“Pay What You Want”，即消费者支付自己想支付的任意价格。PWYW 定价策略是一种以购买者定价权最大化为前提的顾客参与式定价策略。该策略有两种具体形式。

（一）有价格区间限制的 PWYW 定价

有价格区间限制的 PWYW 定价是指销售者首先规定一个定价区间，购买者只能在这个范围内选取任意价格支付。网络音乐供应商 Magnatune 为其出售的音乐专辑设定 5～18 美元的价格区间，并设置了 8 美元的推荐价格，消费者可以 5～18 美元的任意价格在互联网购买喜欢的音乐专辑。销售数据表明，顾客所支付价格的中位数和众数都是 8 美元，所支付的最低价格是 5 美元。这张音乐专辑的平均售价为 8.197 美元，不仅远高于 5 美元的最低价，而且比网站推荐的 8 美元的价格还要高。

（二）带有慈善捐助性质的 PWYW 定价

带有慈善捐助性质的 PWYW 定价是指购买者以 PWYW 定价的方式向企业进行支付，企业将购买者所支付价格的一半捐给慈善组织。格尼茨（A. Gneezy）曾在互联网上向乘坐过山车的游客兜售为他们拍摄的照片。他设计了四种定价方式供游客自由选择：（1）定价 12.95 美元；（2）定价 12.95 美元，但价款的 50%捐给慈善组织；（3）PWYW 定价；（4）PWYW 定价，但是价款的 50%捐给慈善组织。销售数据表明，第四种定价方式所产生的利润远远高于前三种。虽然游客支付的价格低于原先的定价，但是，由于绝大多数购买者具有强烈的社会责任意识和社会公益理念，在互联网上购买照片的人数显著增加了，结果，格尼茨所获得的利润毫无疑问地增加了。

九、人工智能应用的定价策略

人工智能应用的定价策略主要有两种：一是将 AI 功能捆绑到现有软件包中，让当前订阅的用户从 AI 功能中受益，这样，增加 AI 功能会带来服务价格的上涨。二是在不改变现有定价结构的情况下，加入 AI 功能，并标明具体价格。还有一些拥有大语言模型（LLM）的公司开发出独立的 AI 产品，客户可以单独购买，不受任何现有订阅的影响。总之，要么将新的人工智能功能/产品作为附加功能提供，要么将其捆绑到现有计划中并提高价格（或基于使用量的组件）。

第 4 节　价格变动与企业对策

企业处在一个不断变化的环境之中，为了生存和发展，有时候需主动降低价格或提价，有时候又需对竞争者的变价做出适当的反应。但是，从根本上讲，企业应该基于产品创新、品牌创新、渠道创新、市场创新等视角寻求行稳致远的发展道路。习近平指出：“从市场竞争特点看，过去，主要是数量扩张和价格竞争。现在，竞争正逐步转向质量型、差异化为主的竞争，消费者更加注重品质和个性化，竞争必须把握市场潜在需求，通过供给创新满足需求。”①

一、企业降价与提价

（一）企业降价

在现代市场经济条件下，企业降低价格的主要原因有：

1. 企业的生产能力过剩因而需要扩大销售，但是企业又不能通过产品改进和加强销售工作等来扩大销售。在这种情况下，企业就需考虑降低价格。

2. 在强大竞争者的压力之下，企业的市场份额下降。例如，在国内市场上，彩电行业的降价风潮就说明了类似问题。曾几何时，创维试图保持原有价格，通过提高产品质量和服务质量，加大宣传力度，扩大与竞争者的差异来应对，但因产品的价格弹性较大，未能奏效。为保持其市场份额，创维被迫采取了降价策略。

---

① 习近平．习近平著作选读：第一卷．北京：人民出版社，2023：326.

3. 企业的成本费用比竞争者低，企图通过降低价格来掌握市场或提高市场份额，从而扩大生产和销售量，降低成本费用。在这种情况下，企业往往也会降低价格。

例 11-2　宴席用酒的降价

2024 年 8 月 21 日至 8 月 25 日，2024 世界机器人大会（2024WRC）在北京召开。人们发现，在人工智能技术的加持下，机器人交互有了更大的应用空间。人形机器人方面，从厂商普遍的报价来看，成功上市的国产人形机器人已经走出了此前动辄百万元的价格区间，下探到了几十万元的价位段。在产品功能同质化、市场竞争加剧的背景下，“价格战”也一同打响，甚至有商家报出了 3.98 万元的价格，哪怕亏本也要先打出影响力。①

（二）企业提价

虽然提价会引起消费者、中间商和推销人员的不满，但是一次成功的提价可以使企业的利润大大增加。企业提价的原因多种多样，概括起来主要包括以下三个方面：

1. 由于通货膨胀，物价上涨，企业的成本费用提高，因此企业不得不提高产品价格。在通货膨胀条件下，许多企业往往采取各种方法来调整价格，应对通货膨胀，例如：

（1）采取推迟报价的策略，即企业决定暂时不规定最后价格，等到产品制成时或交货时方规定最后价格。工业建筑和重型设备制造等行业一般采取这种定价策略。

（2）在合同上规定调整条款，即企业在合同上规定在一定时期内（一般到交货时为止）可按某种价格指数来调整价格。

（3）采取不包括某些产品和服务的定价策略，即在通货膨胀、物价上涨的条件下，企业决定产品价格不变，但原来提供的某些服务要计价付费，这样一来，原来提供的产品的价格实际上提高了。

（4）减少价格折扣，即企业决定削减正常的现金和数量折扣，并限制销售人员以低于价目表的价格拉生意。

（5）取消低利产品。

（6）降低产品质量，减少产品特色和服务。企业采取这种策略可保持一定的利润，但会影响其声誉和形象，失去忠诚的顾客。

2. 企业的产品供不应求，不能满足其所有顾客的需要。在这种情况下，企业必须提价。提价方式包括：取消价格折扣，在产品大类中增加价格较高的项目，或者提高价格。为了减少顾客不满，企业在提价时应当向顾客说明提价的原因，并帮助顾客寻找节约途径。

3. 企业出于市场竞争策略的考虑，为了谋求竞争中的差异化优势，也会考虑在适当的时机采取提价策略。

二、顾客对价格变动的反应

企业无论是提高价格还是降低价格，都必然影响到购买者、竞争者、中间商和供应

① 直击 2024WRC丨暴走逛展，看机器人成了“遛娃”新项目；人形机器人打起价格战，最低不到 4 万元？.（2024-08-24）. 每日经济新闻.

商的利益，而且政府对企业变价也不能不关心。在这里，首先分析购买者对企业变价的反应。

（一）顾客对企业降价的反应

顾客对于企业的某种产品的价格降低可能会这样理解：（1）这种产品的式样过时了，将被新产品代替；（2）这种产品有某些缺点，销售不畅；（3）企业财务困难，难以继续经营下去；（4）价格还要进一步下跌；（5）这种产品的质量下降了。

（二）顾客对企业提价的反应

企业提价通常会影响销售，但是购买者对企业的某种产品提价也可能会这样理解：（1）这种产品很畅销，不赶快买就买不到了；（2）这种产品很有价值；（3）卖主想尽量取得更多利润。

一般来说，购买者对于价值高低不同的产品价格变动的反应有所不同。购买者对于那些价值高、经常购买的产品的价格变动较敏感，而对于那些价值低、不经常购买的小商品，即使单位价格较高，购买者也不大注意。此外，购买者虽然关心产品价格变动，但是通常更关心获得、使用和维修产品的总费用。因此，如果卖主能使顾客相信某种产品获得、使用和维修的总费用较低，就可以把这种产品的价格定得比竞争者高，获得更多的利润。

三、竞争者对价格变动的反应

企业在考虑改变价格时，不仅要考虑购买者的反应，还要考虑竞争对手对企业产品价格的反应。当某一行业中企业数目很少，提供同质产品，购买者颇具辨别力与相关知识时，竞争者的反应就愈显重要。

（一）了解竞争者反应的主要途径

企业如何估计竞争者的可能反应呢？首先，假设企业只有一家大的竞争者，竞争者的可能反应可从两个出发点加以理解：一是假设竞争者有一组适应价格变化的政策；二是假设竞争者把每一次价格变动都当作单一挑战。每一假设在研究上均有不同的含义。

假设竞争者有一组价格反应政策，至少有两种方法了解它们：通过内部情报和借助统计分析。内部情报的取得方法有些是可接受的，有些则近乎刺探。有一种方法是从竞争者那里挖来经理，以获得竞争者考虑程序及反应形式等重要情报。此外，还可以雇用竞争者以前的职员专门设立一个机构，其工作任务就是模仿竞争者的立场、观点、方法思考问题。关于竞争者想法的情报，可以从其他渠道如顾客、金融机构、供应商、代理商等获得。

（二）估计竞争者反应的统计分析方法

用统计分析方法来研究竞争者过去的价格反应，也可以得知其应对价格变化的对策。从营销实践看，可以用“推测价格变动”的概念（V），即竞争者的价格变动反应对本企业上次价格变动的比率来测定。用数学公式表示如下：

$$V_{A,t} = \frac{P_{B,t} - P_{B,t-1}}{P_{A,t} - P_{A,t-1}}$$

式中，$V_{A,t}$为竞争者 B 在 t 期间的价格变动与企业 A 在 t 期间的价格变动的比值；

$P_{B,t}-P_{B,t-1}$为竞争者 B 在 t 期间的价格变动；$P_{A,t}-P_{A,t-1}$为企业 A 在 t 期间的价格变动。观察值可被企业 A 用来估计竞争者的可能反应。假如 $V_{A,t}=0$，表示竞争者上次并没有反应。假如 $V_{A,t}=1$，表示竞争者完全跟进企业的价格变动。假如 $V_{A,t}=1/2$，表示竞争者只跟进企业价格变动的一半。然而，如果仅仅对上次的反应进行分析，可能会使人误入歧途，最好是将过去若干个期间的 V 值平均，但对近几期的比值赋予较大的权重，因为它更能反映竞争者目前的政策。由此，竞争者未来价格反应（$V_{A,t+1}$）的估计公式可能为：

$$V_{A,t+1}=0.5V_{A,t}+0.3V_{A,t-1}+0.2V_{A,t-2}$$

依照此公式，将过去变动的三个推测值用加权平均法结合在一起。

必须指出，只有在竞争者的价格反应政策相当一致的情况下，统计分析方法才有意义。否则，必须以不同的假设来分析，也就是假设竞争者在每次价格变动时所做的反应都不相同。

（三）预测竞争者反应的主要假设

企业可从以下两个方面来估计、预测竞争者对本企业的产品价格变动的可能反应。

1. 假设竞争者采取老一套办法来应对本企业的价格变动。在这种情况下，竞争者的反应是能够预测的。

2. 假设竞争者把每一次价格变动都看作新的挑战，并根据当时自己的利益做出相应的反应。在这种情况下，企业必须判断当时竞争者的利益是什么。企业必须调查研究竞争者目前的财务状况，以及近来的销售和生产能力情况、顾客忠诚情况和企业目标等。如果竞争者的企业目标是提高市场份额，它就可能随着本企业的产品价格变动而调整价格。如果竞争者的企业目标是取得最大利润，它就会采取其他对策，如增加广告预算、强化广告促销或者提高产品质量等。总之，企业在实施价格变动时，必须善于利用内部和外部的信息来源，预测竞争对手的思路，以采取适当的对策。

实际问题是复杂的，因为竞争者对本企业降价可能有不同理解，例如：竞争者可能认为企业想偷偷地侵占市场；或者认为企业经营不善，力图扩大销售；还可能认为企业想使整个行业的价格下降，以刺激整个市场需求。

以上假设的是企业只面对一个大的竞争者。如果企业面对若干竞争者，在变价时就必须估计每一个竞争者的可能反应。如果所有竞争者的反应都大体相同，就可以集中力量分析典型竞争者，因为典型竞争者的反应可以代表其他竞争者的反应。如果由于各个竞争者在规模、市场份额及政策等重要问题上有所不同，因此它们的反应也有所不同，在这种情况下，就必须分别对各个竞争者进行分析；如果某些竞争者随着本企业的价格变动而变价，就有理由预料其他的竞争者也会这样做。

四、企业对竞争者变价的反应

在现代市场经济条件下，企业经常会面临竞争者变价的挑战。如何对竞争者的变价做出及时、正确的反应，是企业定价策略的一项重要内容。

（一）不同市场环境下的企业反应

在同质产品市场上，如果竞争者降价，企业必须随之降价，否则顾客就会购买竞争者的产品，而不购买该企业的产品；如果某个企业提价，且提价对整个行业有利，其他企业也会随之提价；但是如果某个企业不随之提价，那么最先发动提价的企业和其他企业将不得不取消提价。

在异质产品市场上，企业对竞争者变价的反应有更多的选择余地。因为在这种市场上，顾客选择卖主时不仅考虑产品价格因素，而且考虑产品的质量、服务、性能、外观、可靠性等多方面的因素。因而在这种产品市场上，顾客对于较小的价格差异并不在意。

面对竞争者的变价，企业必须认真调查研究如下问题：（1）竞争者为什么变价？（2）竞争者打算暂时变价还是永久变价？（3）如果对竞争者的变价置之不理，将对企业的市场份额和利润有何影响？（4）其他企业是否会做出反应？（5）竞争者和其他企业对于本企业的每一个可能的反应又会有什么反应？

（二）市场主导者的反应

在市场营销实践中，市场主导者往往遭到一些小企业的进攻。这些小企业的产品可与市场主导者的产品相媲美，它们往往通过进攻性的降价来争夺市场主导者的市场阵地。在这种情况下，市场主导者有以下几种策略可供选择。

1. 维持价格不变。市场主导者认为，如果降价就会减少利润，而维持价格不变，尽管对市场份额有一定的影响，但以后还能恢复市场阵地。当然，维持价格不变的同时，还要改进产品质量、提高服务水平、加强促销沟通等，运用非价格手段来反击竞争者。许多企业的营销实践证明，采取这种策略比降价和低利经营更合算。

2. 降价。市场主导者之所以采取这种策略，主要是因为：（1）降价可以使销售量和产量增加，从而使成本费用下降。（2）市场对价格很敏感，不降价就会使市场份额下降。（3）市场份额下降之后，很难恢复。企业降价以后，仍应尽量保持产品质量和服务水平。

3. 提价。企业在提价的同时，还要致力于提高产品质量，或推出某些新品牌，以便与竞争对手争夺市场。

（三）企业应对变价需考虑的因素

受到竞争对手进攻的企业必须考虑：（1）产品在其生命周期中所处的阶段及其在企业产品投资组合中的重要程度；（2）竞争者的意图和资源；（3）市场对价格和价值的敏感性；（4）成本费用随着销量和产量的变化而变化的情况。

面对竞争者的变价，企业不可能花很多时间来分析应采取的对策。事实上，竞争者很可能花了大量的时间来准备变价，而企业又必须在数小时或几天内明确果断地做出明智反应。缩短价格反应决策时间的唯一途径是：预料竞争者的可能价格变动，并预先准备适当的对策。图11-2描述了企业用以应对竞争者降价的决策程序。

小　结

影响定价的因素是多方面的，包括定价目标、产品成本、市场需求、竞争者的产品和价格等。企业定价目标主要有：维持生存；当期利润最大化；市场份额最大化；产品质量最优化。企业在定价工作中要采取的步骤是：选择定价目标，测定需求的价格弹性，估算成本，分析竞争对手的产品与价格，选择适当的定价方法，选定最后价格。企业定价方法有三种，即成本导向定价法（包括成本加成定价法和目标回报定价法）、需求导向

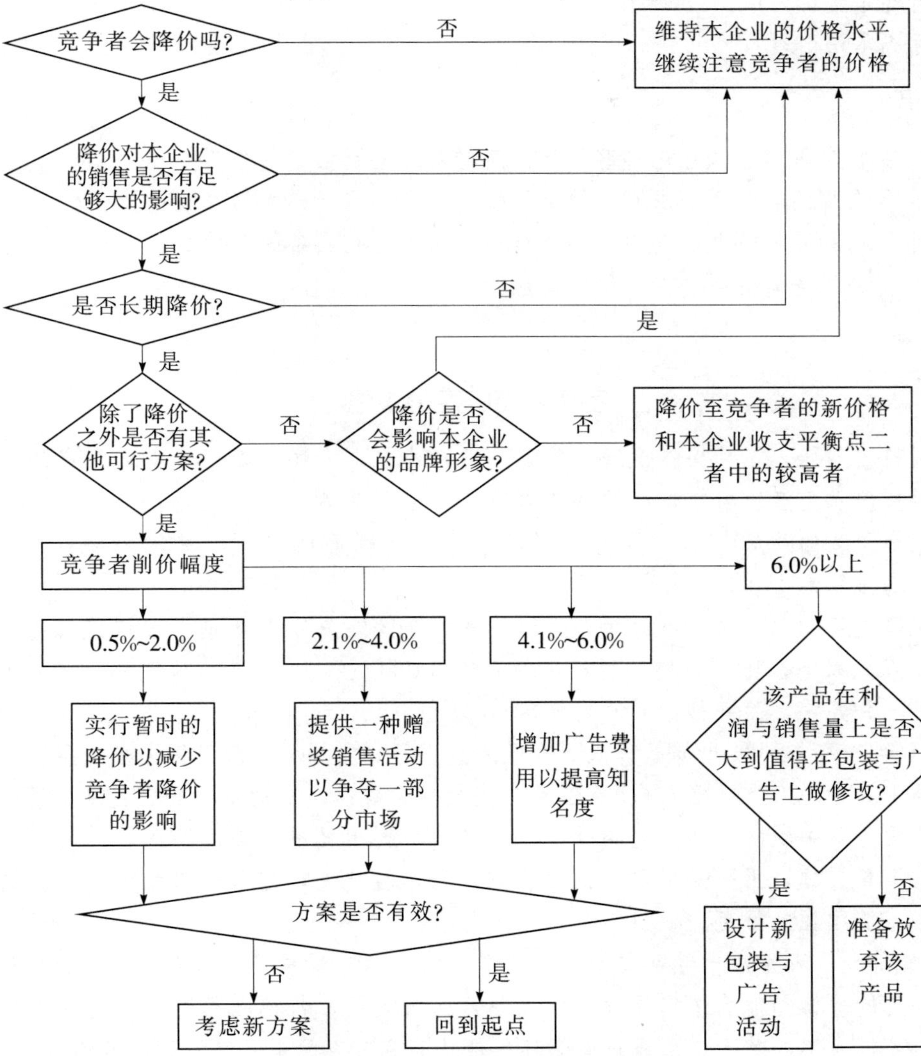

图 11－2 应对竞争者降价的决策程序

定价法（包括感受价值定价法、反向定价法和差别定价法）、竞争导向定价法（包括随行就市定价法和投标定价法）。

企业可采取的定价策略包括折扣与折让定价策略、地区定价策略、心理定价策略、差别定价策略、新产品定价策略、产品组合定价策略、互联网免费定价策略以及 PWYW 定价策略等。企业处在一个不断变化的环境之中，为了生存和发展，有时候需主动降价或提价，有时候又需对竞争者的变价做出适当的反应。

基本概念

规模效益	边际成本	总固定成本
总变动成本	完全竞争	垄断竞争
寡头竞争	纯粹垄断	需求的收入弹性
需求的价格弹性	需求的交叉弹性	成本加成定价法
目标回报定价法	感受价值定价法	反向定价法

随行就市定价法　　投标定价法　　参照价格

目标成本法

复习题

1. 企业在定价时应该考虑哪些因素？怎样对这些因素进行分析？
2. 在什么样的条件下需求可能缺乏弹性？需求的交叉弹性的含义是什么？
3. 市场结构具有哪几种类型？不同类型的市场必须具备的条件是什么？
4. 怎样分析竞争者对企业变价的反应？

案例分析

宇树科技的定价策略

宇树科技创始人王兴兴在机器人领域创业已有 8 年。国内第一只实现量产的机器狗由宇树科技研发生产。目前该公司的机器狗一半卖给国内，一半卖给国外，占全球机器狗市场销量份额的约 70%。2024 年 2 月，宇树科技融资 10 亿元，是国内今年以来融资数额最大的机器人公司。

在机器人行业，王兴兴更为知名的称号是“价格屠夫”。2 年前，他把机器狗的价格降到了 1 万元以下，比同行的同类产品便宜近 3 000 元。2024 年，他把人形机器人的价格降到了 9.9 万元，而同行产品的均价在 50 万元。

2024 年 8 月，2024 世界机器人大会在北京举行。宇树科技数百平方米的展区挤满了人，身高 1.3 米的人形机器人 G1 在展台中央旋转、跳跃。它的身手相当灵活，可以曲起一条腿，用另一条腿跳跃和人打招呼，也能像人一样上楼梯，速度不比真人慢。它甚至比人类的下盘更稳，王兴兴用双手使劲推它，用单脚绊它，它只是踉跄了一下，最终稳稳地站住，继续直立行走。

G1 售价 9.9 万元，已经正式量产，是国内第一个实现量产的人形机器人。9.9 万元是王兴兴定的价格。他的逻辑很简单，要想产品有人买，价格必须相对友好，如果价格太贵，产品没人用，就无法形成正向循环。他认为 9.9 万元是一个友好的价格。

2023 年宇树科技推出了第一款人形机器人 H1，定价 65 万元，当时有客户购买，但销量不算高。G1 的单价虽不到 10 万元，但普通人依旧负担不起。目前购买其人形机器人的客户，有科研教育机构、AI 公司，也有少量个人。在王兴兴看来，9.9 万元的价格还是有点贵，但现在不能定太低的价格，因为人形机器人的市场体量还没起来。如果定价为 1 万元一台，很可能就把行业做烂了。与同行相比，宇树科技人形机器人的售价很低。特斯拉的擎天柱价格预计为 2 万美元（约 14.2 万元人民币），其他大多数同类产品价格在 50 万元以上。

宇树科技 2017 年发布了第一款商业化机器狗，之后在 2019 年、2020 年、2021 年均发布新品，产品主打“击穿行业低价”。最知名的产品是 2023 年发布的，面向大众消费市场的机器狗 Go2，起售价为 9 997 元，把机器狗的价格打到了万元以下。宇树科技没有对外公布过产品销量。不过根据高工机器人的数据测算，2023 年全球机器狗销量为 3.4 万台，宇树科技卖出了 2.37 万台。

宇树科技在淘宝和京东有官方旗舰店，淘宝店粉丝数接近 10 万人。最便宜的机器狗价格为 9 997 元，目前淘宝店的销量超过 700 台，京东店的用户评价有 200 多条，个人消费端产品占宇树科技产品三分之一的销量，2024 年之后，个人消费端产品的增长速度很快。

宇树科技的机器狗主要分为两类，售价便宜的称为“小狗”，体重 15 公斤，体积 0.08 立方米，能负重 10 公斤，一般用来陪伴人类。售价较贵的称为“大狗”，体积是“小狗”的 2 倍以上，主要用于工业级场景和复杂救援领域，比如做电力巡检、地质灾害救援、消防救援等工作。王兴兴 2013 年提出了整只机器狗的技术方案，做出了 XDog，并在 2015 年获得了上海机器人设计大赛二等奖。XDog 研发成本只要一两万元，它可以做全项运动，而且很灵活。宇树科技此后的几代产品，都是在 XDog 基础上的更新。全球低成本高性能足式机器人产品的性价比最高，这是宇树科技产品能在全球卖得很不错的主要原因。

资料来源：杨柳．对话宇树科技王兴兴：不打流血价格战，克制对具身智能投入．南方都市报，2024-08-24；任晓宁．王兴兴：机器人“价格屠夫”是怎样炼成的．(2024-08-30)．经济观察网．

思考题

你如何评价宇树科技的定价策略？

第 12 章

分销策略

| 本章要点 |

- 分销渠道的职能与类型。
- 分销渠道的设计与管理。
- 渠道冲突的主要类型。
- 批发商的职能。
- 零售商的主要类型。

企业在为顾客创造价值、建立可获利的顾客关系方面，很少孤军奋战，而是与供应链和渠道系统中的其他成员密切配合，共同努力。

在营销实践中，生产者与消费者之间在时间、地点、数量、品种、信息、产品估价和所有权等多个方面存在差异和矛盾。企业生产出来的产品，只有通过一定的渠道，才能在适当的时间、地点，以适当的价格供应给广大消费者或用户，从而克服生产者与消费者之间的差异和矛盾，满足市场需要，实现企业的营销目标。一个企业的成功不仅取决于其自身的表现，还取决于整个渠道系统与竞争者相比是否更具综合优势。

第 1 节　分销渠道概述

一、价值递送系统与分销渠道

（一）从供应链、需求链到价值递送系统

《中共中央关于进一步全面深化改革 推进中国式现代化的决定》指出："建立产业链供应链安全风险评估和应对机制。完善产业在国内梯度有序转移的协作机制，推动转出地和承接地利益共享。"① 企业生产一件产品或提供一项服务，并让顾客轻松愉快地获得，不仅需要建立良好的顾客关系，而且需要与供应链上的关键供应商和分销商建立强有力的合作关系。供应链由上游和下游的合作伙伴构成。企业的上游合作者是指那些为

① 中共中央关于进一步全面深化改革 推进中国式现代化的决定．(2024-07-21)．新华社．

生产产品或服务提供所需原材料、零部件、信息、资金和专业技术的企业。供应链的下游部分是指面向顾客的营销渠道，包括批发商、零售商等合作伙伴。

供应链这一术语所强调的就是制造与销售，认为原材料、生产性投入以及工厂产能应作为营销计划的起点。需求链（demand chain）这一术语则更能反映市场感知与回应的真实过程。从需求链观点看，营销计划开始于识别目标顾客的需求，通过配置资源和行动链来响应这些需求，最终实现创造顾客价值的目标。

需求链将企业行为看作一个步骤接一个步骤的从采购到生产再到消费的线性活动。而实际上许多大型企业都在建立和管理一个复杂的、持续改善的价值递送网络。价值递送网络是由企业、供应商、分销商和终端客户组成的互为合作伙伴系统，各方共同致力于这个系统的绩效改进和提升。

（二）分销渠道与营销渠道

习近平早在河北正定工作时就指出，要通过多种渠道，扩大和争取市场，主攻城市，冲向全国。要千方百计使正定县商品流通渠道处于纵横交错、四通八达、常流不枯、常注不溢的良好状态。① 在营销理论中，有两个与流通渠道有关的术语经常不加区分地交替使用，这就是分销渠道和营销渠道。

所谓分销渠道是指某种产品和服务从生产者向消费者转移过程中，取得这种产品和服务的所有权或帮助所有权转移的所有企业和个人。因此，分销渠道包括商人中间商（因为它们取得所有权）和代理中间商（因为它们帮助转移所有权）。此外，还包括处于渠道起点和终点的生产者和最终消费者或用户。但是，不包括供应商、辅助商。

所谓营销渠道是指配合或参与生产、分销和消费某一生产者提供的产品和服务的所有企业和个人。也就是说，营销渠道包括某种产品供产销过程中的所有有关企业和个人，如供应商、生产者、商人中间商、代理中间商、辅助商以及最终消费者或用户等。

（三）分销渠道的职能

从经济理论的观点来看，分销渠道的基本职能在于把自然界提供的不同原料根据人类的需要转换成有意义的产品组合。分销渠道对产品从生产者转移到消费者所必须完成的工作加以组织，目的在于消除产品（或服务）与使用者之间的分离。分销渠道的主要职能有如下几种：

1. 信息，即收集制订计划和进行交换所必需的信息。
2. 促销，即进行关于所提供产品的说服性沟通。
3. 接洽，即寻找潜在购买者并与其进行有效的沟通。
4. 配合，即使所提供产品符合购买者需要，包括制造、分等、装配、包装等活动。
5. 谈判，即为了转移所提供产品的所有权，就其价格及有关条件达成最后协议。
6. 物流，即从事产品的运输、储存、配送。
7. 融资，即为补偿分销成本而取得并支付相关资金。
8. 风险承担，即承担与渠道工作有关的全部风险。②

---

① 程宝怀，刘晓翠，吴志辉．习近平同志在正定．河北日报，2014－01－02.

② Philip Kotler，Gary Armstrong，Sridhar Balasubramanian. Principles of Marketing. 19th ed. Harlow：Pearson Education Limited，2024：366.

AI 技术的引入为物流行业带来了前所未有的变革。从物流仓储、运输到配送，每一个环节都可以看到 AI 技术的身影。AI 在物流仓储方面通过自动化设备和智能算法，实现了仓库的智能化管理，大大提高了仓库的存储效率和货物的流转速度。在运输方面，AI 技术可以通过预测分析，优化运输路线和运力分配，降低运输成本，提高运输效率。在配送环节，AI 技术可以实现智能调度和智能配送，缩短配送时间，提升客户满意度。

二、分销渠道的特征

（一）分销渠道的层次

分销渠道可根据渠道层次的数目来分类。在产品从生产者转移到消费者的过程中，任何一个对产品拥有所有权或负有销售责任的机构，都称作一个渠道层次。由于生产者和消费者都参与了将产品及其所有权带到消费地点的工作，因此，他们都被列入每一渠道中。营销学就以中间机构层次的数目确定渠道的长度。

零层渠道通常叫作直接分销渠道。直接分销渠道是指产品从生产者流向最终消费者的过程中不经过任何中间商转手的分销渠道。直接分销渠道主要用于分销产业用品。因为，一方面，许多产业用品要按照用户的特殊需要制造，有高度技术性，制造商要派遣专家去指导用户安装、操作、维护设备；另一方面，用户较少，某些行业工厂往往集中在某一地区，这些产业用品的单价高，用户购买批量大。某些消费品有时也通过直接分销渠道分销，例如，农民在自己农场门口开设门市，或者在城市市场上摆货摊，将其生产的蔬菜、水果、禽蛋、生鲜农产品直接销售给最终消费者；有些大制造商和食品厂，自己开设零售商店和门市，将其产品直接销售给最终消费者；有些制造商通过网络将其产品直接销售给最终消费者。但是，由于广大消费者居住分散，购买数量零星，因而许多生产者不能将其产品直接销售给广大消费者。

一层渠道含有一个销售中介机构。在消费者市场，这个中介机构通常是零售商；在产业市场，则可能是销售代理商或佣金商。

二层渠道含有两个销售中介机构。在消费者市场，通常是批发商和零售商；在产业市场，则通常是销售代理商和批发商。

三层渠道含有三个销售中介机构。肉类食品及包装类产品的制造商通常采用这种渠道分销其产品。在这类行业中，通常有一专业批发商处于批发商和零售商之间，该专业批发商从批发商进货，再卖给无法从批发商进货的零售商。

更多层次的分销渠道较少见。从生产者观点来看，随着渠道层次的增多，控制渠道所需解决的问题也会增多。

（二）分销渠道的宽度

畅通的渠道对于企业扩大市场覆盖范围，提高销售额和利润，增强品牌影响力，提升客户体验具有重要的意义。习近平指出："要持续发展壮大扶贫产业，继续加强脱贫地区产业发展基础设施建设，拓展销售渠道，创新流通方式，促进稳定销售。"① 分销渠道的宽度是指渠道的每个层次使用同种类型中间商数目的多少。它与企业的分销策略密切

① 中共中央政治局常务委员会召开会议 听取脱贫攻坚总结评估汇报 中共中央总书记习近平主持会议．人民日报，2020－12－04.

相关。企业的分销策略通常可分为三种：密集分销、选择分销和独家分销。

密集分销是指制造商尽可能通过许多负责任的、适当的批发商和零售商推销其产品。消费品中的便利品和产业用品中的供应品，通常采取密集分销，使广大消费者和用户能随时随地买到这些产品。

选择分销是指制造商在某一地区仅仅通过少数几个精心挑选的、最合适的中间商推销其产品。选择分销适用于所有产品。但相对而言，消费品中的选购品和特殊品最宜于采取选择分销。

独家分销是指制造商在某一地区仅选择一家中间商推销其产品，通常双方协商签订独家经销合同，规定经销商不得经营竞争者的产品，以便控制经销商的业务经营，调动其经营积极性，占领市场。

（三）多渠道分销与去中介化

以往企业都采用单一渠道在一个或多个细分市场上分销产品。如今，随着消费者细分市场的多样化、客户群体的不断扩散和渠道形式的发展创新，越来越多的企业采用多渠道分销系统（multichannel distribution system）。所谓多渠道分销系统，是指企业为进入一个或多个客户细分市场分销其产品，而采用两个或多个营销渠道。当企业面对规模大且日趋复杂的市场时，采用多渠道分销系统具有多种优势。例如，利用多个渠道可以增加销售，提高市场份额，并且企业可以争取机会调整自己的产品组合以满足不同细分市场的特定需求。然而，多渠道分销系统不容易控制，往往会出现中间商抢夺客户和销售，引起渠道冲突的情况。

现代信息技术的发展和直复营销、在线营销的迅猛发展，给营销渠道的特征和设计带来了深远的影响。其中一个主要趋势就是去中介化（disintermediation）。它是指产品生产者和服务提供商摒弃中间商直接面对终端客户，或者用全新的渠道中介取代传统的渠道中介。网络营销的迅速崛起，逐步代替了传统的实体零售商。去中介化对生产者和中间商来说，既是机遇也是挑战。积极的创新者能找到给渠道增加价值的新方法，从而挤走传统的中间商以赚取利润。传统的中间商必须不断创新，以免被时代所淘汰。同样，为了保持和提升市场竞争力，产品生产商和服务提供商也必须致力于开发新的分销渠道，如互联网营销、直复营销等渠道。然而，这些新渠道又常常会与已有渠道产生直接竞争，导致渠道冲突的出现。为了解决这一问题，企业通常会寻找办法，使直销成为这个渠道系统的补充，起到锦上添花的作用，从而避免新老渠道展开竞争。①

例 12－1 蓝月亮打造线上线下双渠道

三、分销渠道的类型

构成分销渠道的不同环节的企业和个人，叫作渠道成员。按渠道成员结合的紧密程度，分销渠道系统可以分为传统渠道系统和整合渠道系统（如图 12－1 所示）。

---

① Philip Kotler，Gary Armstrong，Sridhar Balasubramanian. Principles of Marketing. 19th ed. Harlow：Pearson Education Limited，2024：373－376.

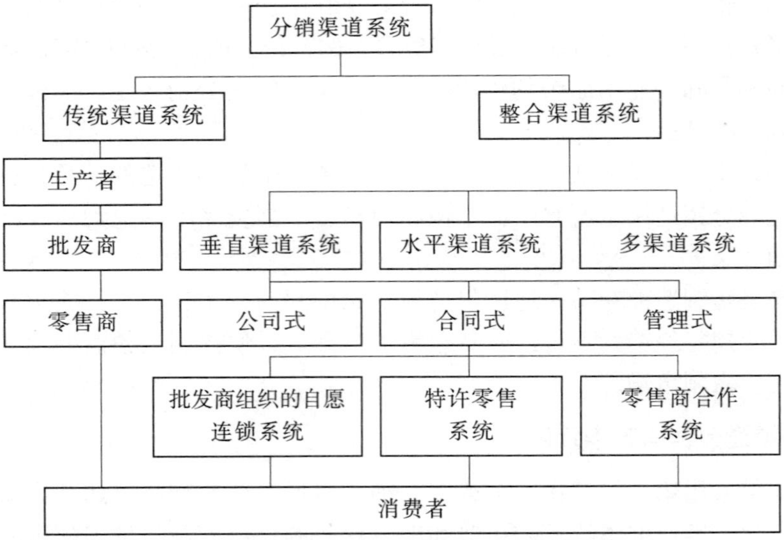

图 12－1　分销渠道系统的结构

（一）传统渠道系统

传统渠道系统是指由各自独立的生产者、批发商、零售商和消费者组成的分销渠道。传统渠道成员之间的系统结构是松散的。由于这种渠道的每一个成员均是独立的，它们往往各自为政、各行其是，几乎没有一个成员能完全控制其他成员。随着市场环境的变迁，传统渠道面临严峻挑战。

（二）整合渠道系统

整合渠道系统是指渠道成员通过一体化整合形成的分销渠道系统。主要包括：

1. 垂直渠道系统。由生产者、批发商和零售商纵向整合组成，其成员或属于同一家公司，或为专卖特许权授予成员，或被有足够控制能力的企业左右。该系统有三种主要形式：

（1）公司式渠道系统。指由一家公司拥有和管理若干工厂、批发机构和零售机构，控制渠道的若干层次，甚至整个分销渠道，综合经营生产、批发和零售业务。公司式垂直渠道系统又分为两类：一类是由大工业公司拥有和管理的，采取工商一体化经营方式；一类是由大型零售公司拥有和管理的，采取商工一体化经营方式。

（2）管理式渠道系统。指通过渠道中某个有实力的成员来协调整个产销通路的渠道系统。如名牌产品制造商以其品牌、规模和管理经验优势出面协调批发商、零售商经营业务和政策，采取一致的行动。

（3）合同式渠道系统。指不同层次的独立的制造商和中间商，以合同为基础建立的联合渠道系统。如批发商组织的自愿连锁系统、零售商合作系统、特许零售系统等。

2. 水平渠道系统。指两个或两个以上同一层次的企业为了抓住新的市场机会，在财务、产能及营销资源等各方面整合起来，以便取得独自行动所难以达成的目标。这种联合或合作，既可以是暂时的，也可以是长久的，还可以成立一家新的联合公司。例如，沃尔玛和麦当劳就构成了水平渠道系统，在沃尔玛超市内开设麦当劳餐厅，麦当劳从沃尔玛熙熙攘攘、川流不息的客流中获益，而沃尔玛也留住了在购物过程中感到饥饿的顾客，他们饿了就可以很便利地在麦当劳店内用餐，由此沃尔玛避免了这些人因去别处就餐而损失客流。加入水平渠道系统的企业或因资本、人力、生产技术、营销资源不足，无力单独利用市场机会，或因惧怕承担风险，或因与其他企业联合可实现最佳协同效益而组成这种共生联合的渠道系统。

3. 多渠道系统。指对同一或不同的细分市场，采用多条渠道的分销体系。大致有四种形式：（1）制造商通过两条以上的竞争性分销渠道销售同一商标的产品。（2）制造商通过多条分销渠道销售不同商标的差异性产品。（3）制造商通过同一产品在销售过程中的服务内容与方式的差异，形成多条渠道以满足不同顾客的需求。（4）价值交付网络（value delivery network），即制造商借助自有的供应链，以及与供应商、分销商建立的合作伙伴关系，将生产的产品推向市场。供应链管理（supply chain management）是指制造商借助营销信息系统获得市场需求信息，据此采购到合适的原材料、零部件、资本设备等投入品，进而有效地将其转化为制成品，及时分发配送到最终目的地的过程。多渠道系统为制造商提供了三方面利益：（1）扩大产品的市场覆盖面。（2）降低渠道成本。（3）更好地适应顾客要求。但该系统也容易造成渠道之间的冲突，给渠道控制和管理工作带来更大难度。

（三）数字经济时代的渠道系统——O2O 模式

数字经济的迅速发展不断冲击着传统的分销渠道系统，推动着渠道模式创新发展，O2O 模式应运而生。O2O（Online to Offline）是指线上促销和线上购买带动线下经营和线下消费。O2O 通过促销、打折、提供信息、服务预订等方式，把线下商店的消息推送给互联网用户，从而将他们转换为自己的线下客户，这特别适合必须到店消费的产品和服务，例如餐饮、健身、电影和演出、美容美发、摄影及百货等。O2O 模式对于“着力提升服务品质、丰富消费场景、优化消费环境，以创新激发服务消费内生动能，培育服务消费新增长点”[①] 必将发挥重要的作用。

在中国，以苏宁电器为代表的传统零售企业曾宣布自己是 O2O 企业，理由是它们线上有电商网站、线下有实体门店，而且两者能相互配合与促进。

不论什么行业，无论是销售还是营销，抑或是客户关系管理，只要是线上线下相互配合的，都可冠之以 O2O；无论是传统企业利用线上去促进转型升级，还是互联网公司利用线下去实现渠道下沉，都可以称为 O2O。线上的互联网公司、线下的传统企业在各自发展了很多年后，终于开始有了明显的交集。未来将没有纯互联网公司，也不会有纯传统企业。O2O 确实有别于 B2B，C2C 和 B2C。

在营销实践中，O2O 业务模式主要有以下四种：

（1）Online to Offline 模式（线上交易到线下消费体验产品或服务）。例如，小米手机上市初期仅在网上销售，在线下无处购买，利用网络将小米的“饥饿营销”模式打造到了极致。2015 年，小米手机销量下滑严重，被华为、OPPO、vivo 赶超，甚至一度滑出前五名，由此小米公司开始渠道转型，由线上转向 O2O，着手布局线下实体店，并计划于 2017 年开设 1 000 家小米之家。之后，小米手机实现了从销量下滑到再次高速增长。

---

① 国务院关于促进服务消费高质量发展的意见．(2024-08-03)．中国政府网．

（2）Offline to Online模式（线下营销到线上完成商品交易）。随着智能手机的日渐普及、二维码的兴起，很多企业在线下做促销，在线上实现交易。

（3）Offline to Online to Offline模式（线下促销到线上商品交易，再到线下消费体验产品或服务）。运营商在任何时间段都可能针对手机客户开展促销，而且很多营销活动在线下触发，在线上完成交易，然后客户在线下消费体验。例如，“预存话费100元送价值60元的金龙鱼油”，在情人节“办情侣套餐送电影票”，在校园开学季“校园新生开卡送自行车”，等等。这种业务模式是在线下触发，然后在线上完成交易，运营商把营销的产品或服务通过线上发给手机客户，手机客户再到线下完成消费体验。

（4）Online to Offline to Online模式（线上交易或促销到线下消费体验产品或服务再到线上交易或促销）。例如，某消费者玩一款网游，该游戏的道具有麦当劳某套餐，然后他在游戏中买了这款麦当劳套餐，该游戏提示他到线下的麦当劳实体店吃完该套餐，然后回到线上继续这款网游。该消费者去实体店消费后再进入网游时，线上那个麦当劳道具已经被使用，而且他在网游中的角色的实力大增。

电商平台作为数字经济的排头兵，自然而然地成了AI技术应用的先行者。生成式AI不再仅仅是辅助工具，而是成为推动业务增长、优化用户体验的核心引擎。从商品描述到视觉呈现，从智能推荐到客户服务，生成式AI正以其强大的能力，为电商平台的每一个环节注入新的活力。

（四）全渠道营销

例12-2 美的的DTC分销模式

全渠道营销（omni-channel marketing）是指企业为了满足消费者在任何时候、任何地点、任何方式购买的需求，采取实体渠道、电子商务渠道和移动电子商务渠道整合的方式营销产品或服务，为顾客提供无差别的购买体验。实体渠道包括实体自营店、加盟店等。电子商务渠道包括自建官方B2C商城、进驻电子商务平台（如淘宝、天猫、京东、苏宁易购、亚马逊、QQ商城、拍拍等）。移动电子商务渠道包括自建官方手机商城、自建App商城、微商城、进驻移动商务平台（如微淘店等）。

在方兴未艾的随经济时代，哪里有消费者，哪里就有连接企业与消费者的渠道。企业应致力于畅通消费者购物各环节，缩短消费者从想要到拥有或使用的历程，打造线上和线下有机结合的全渠道。在人工智能技术迅速发展的时代背景下，电商运营高度依赖于内容生成，包括文字、图片、视频等。研究机构的调查显示，约70%的用户在购物前会浏览商品图片，42%的用户因观看视频而购买商品。这决定了AI是电商行业发展的新引擎，电商也成为生成式AI应用的最佳试验场，并在技术初期可以直接产生实用价值。在物流、开店、商品上架、广告推广以及消费者交易、履约等方面，生成式AI都能为行业发展提供新动能：一是智能高效的供应链管理。通过优化库存管理和物流路径，AI助力电商平台实现了供应链的透明化和高效化，降低了运营成本，提升了整体竞争力。二是创意无限的“内容工厂”。AI成为商家的创意伙伴，无论是文字、图片还是视频，都能在短时间内生成高质量的内容，极大地降低创作门槛和成本。三是精准高效的智能推荐。基于大数据和机器学习算法，AI能够精准捕捉用户的兴趣和需求，给他们推荐最合适的商品，提升购物体验和转化率。四是全天候的客户服务。AI 客服机器人以 24 小时不间断的服务，为商家减轻了人工客服的压力，同时也为消费者提供了更加便捷、高效的咨询体验。①

第 2 节 分销渠道策略

分销渠道策略是指企业为实现分销目标而制订的渠道设计、渠道管理以及物流管理等各种方案的集合。有效的渠道设计，应以确定企业所要达到的市场为起点。有利的市场加上有利的渠道，才可能使企业获得利润。

一、影响分销渠道设计的因素

渠道设计问题的中心环节是确定到达目标市场的最佳途径。影响渠道设计的主要因素如下。

（一）顾客特性

渠道设计深受顾客人数、地理分布、购买频率、平均购买数量以及对不同营销方式的敏感性等因素的影响。当顾客人数多时，生产者倾向于利用每一层次都有许多中间商的长渠道。但购买者人数的重要性又受到地理分布程度的修正。例如，生产者直接销售给集中于同一地区的 500 个顾客所花的费用，远比销售给分散在 500 个地区的 500 个顾客少。购买者的购买方式又会对购买者人数及其地理分布产生影响。如果顾客经常小批量购买，则需采用较长的营销渠道为其供货。因此，少量而频繁的订货，常使得五金器具、烟草、药品等产品的制造商依赖批发商为其销货。相比线下购买，在线购物具有环境通吃的特性，只要网络通畅，在任何时间和任何地点都可以进行购买，在相当程度上弱化了顾客地理分布、购买频率等因素的影响。

（二）产品特性

产品特性也影响渠道选择。易腐坏的产品为了避免拖延及重复处理增加腐坏的风险，通常需要直接营销。那些与其价值相比体积较大的产品（如一些建筑材料等），需要通过生产者到最终用户搬运距离最短、搬运次数最少的渠道来销售。非标准化产品（如顾客定制的机器和专业化商业表格）通常由企业推销员直接销售，这主要是由于不易找到具有相关知识的中间商。需要安装、维修的产品通常由企业自己或授权独家专售特许商来负责销售和保养。单位价值高的商品则应由企业推销人员销售而不通过中间商。

（三）中间商特性

设计渠道时还必须考虑执行不同任务的营销中间机构的优缺点。例如，由制造商代表与顾客接触，花在每一顾客身上的成本比较低，因为总成本由若干个顾客共同分摊。但制造商代表对顾客所付出的销售努力不如中间商的推销员。一般来讲，中间商在物流配送、宣传促销、信用条件、退货特权、人员训练和送货频率方面，都有不同的

---

① 岳悬. AI 如何赋能电商高质量发展？. 人民邮电报，2024-08-23.

特点和要求。

（四）竞争特性

生产者的渠道设计还受到竞争者所使用的渠道的影响，因为某些行业的生产者希望在与竞争者相同或相近的经销处与竞争者的产品抗衡。例如，食品生产者就希望其品牌和竞争品牌摆在一起销售。有时，竞争者所使用的营销渠道反倒成为生产者避免使用的渠道。

（五）企业特性

企业特性在渠道选择中扮演着十分重要的角色，主要体现在：

1. 总体规模。企业的总体规模决定了其市场范围、较大客户的规模以及强制中间商合作的能力。

2. 财务能力。企业的财务能力决定了哪些营销职能可由自己执行，哪些应交给中间商执行。财力薄弱的企业一般采用佣金制的分销方法，并且尽力利用愿意并且能够承担部分物流配送、顾客融资等成本费用的中间商。

3. 产品组合。企业的产品组合也会影响其渠道类型。企业产品组合越广，与顾客直接交易的能力越强；产品组合越深，使用独家专售或选择性代理商就越有利；产品组合的关联性越强，越应使用性质相同或相似的营销渠道。

4. 渠道经验。企业过去的渠道经验和现行的营销政策也会影响渠道的设计。以前通过某种特定类型的中间商销售产品的企业，会逐渐形成渠道偏好。

5. 营销政策。现行的营销政策也会影响渠道的设计。例如，对最后购买者提供快速交货服务的政策，会影响生产者对中间商所执行的职能、最终经销商的数目与存货水平以及所采用的运输系统的要求。

（六）环境特性

渠道设计还要受到环境因素的影响。例如，当经济萧条时，生产者都希望采用能使终端顾客廉价购买的方式将其产品送到市场。这也意味着使用较短（扁平）的渠道，并免除那些会提高产品最终售价却并非必要的服务。

二、分销渠道的设计

一般来讲，要想设计一个有效的渠道系统，需经过确定渠道目标与限制、明确各种渠道方案、评估各种可能的渠道方案等步骤。

（一）确定渠道目标与限制

有效的渠道设计应以确定企业所要到达的市场为起点。原则上讲，目标市场的选择并不是渠道设计的问题。然而，事实上，市场选择与渠道选择是相互依存的。有利的市场加上有利的渠道，才可能使企业获得利润。渠道设计问题的中心环节是确定到达目标市场的最佳途径。每一个生产者都必须在顾客、产品、中间商、竞争者、企业政策和环境等所形成的限制条件下，确定其渠道目标。

（二）明确各种渠道方案

在研究了渠道的目标与限制之后，渠道设计的下一步工作就是明确各种不同的渠道方案。渠道方案主要涉及以下四个基本因素：(1) 中间商的基本类型；(2) 每一分销层次所使用的中间商数目；(3) 各中间商的特定营销任务；(4) 生产者与中间商的交易条件以及相互责任。

1. 中间商类型。企业首先必须明确可以完成其渠道工作的各种中间商的类型。生产者在选择中间商时，常常会面临若干可行的备选方案。

2. 中间商的数目。在每一渠道类型中的不同层次，所用中间商数目的多少受企业追求的市场展露影响，因而要求不同的分销策略，包括密集分销、选择分销和独家分销。

3. 渠道成员的特定任务。每一个生产者都必须解决如何将产品转移到目标市场这一问题。当渠道问题被视为“营销工作”分派时，可通过下列四种营销工作的组合来看究竟有多少备选方案可供使用。假设：T 为运输，即将产品运送至目标市场的工作；A 为广告，即通过广告媒体通知并影响购买者的工作；S 为储存，即准备接受订货的物品储存工作；K 为接触，即寻找购买者并与购买者协商交易条件的推销工作。再假设每一中间商可负责完成一项或多项工作，而目前所使用的渠道结构为：

生产者 (P) →批发商 (W) →零售商 (R) →消费者 (C)

以此为基础，研究某一特定层次 R（零售商）及其所完成的工作。当 R 负责完成运输、广告、储存及接触四项工作时，以 TASK 表示。当 R 只负责广告和接触两项工作时，以 OAOK 表示。当 R 不负责任何工作时，以 OOOO 表示。如果列举所有可能分派给 R 的工作，将有 16 种组合可供参考。

完全不负责	负责一项工作	负责两项工作	负责三项工作	完全负责
OOOO	TOOO	TAOO	TASO	TASK
	OAOO	TOSO	TAOK	
	OOSO	TOOK	TOSK	
	OOOK	OASO	OASK	
		OAOK		
		OOSK		

暂时假设上述可能性都合理，即从事上述任何工作都与零售商的身份相符合。同样，可以假定生产者和批发商从事 16 种组合中的任何一种工作，并假定每一渠道层次都能独立地选择其负责的营销工作而不受其他层次的影响，则将有 4 096 种不同的组合可供选择。

任意选择一种（生产者、批发商和零售商都仅负责两项工作）：

$$\frac{\text{P}}{\text{TAOO}}\rightarrow\frac{\text{W}}{\text{TOSO}}\rightarrow\frac{\text{R}}{\text{OAOK}}$$

在这种渠道中，生产者 P 所从事的营销工作仅限于运输所生产的产品，并为这些产品做广告。储存工作由中间商 W 负责，此外，它还负责运输工作。由此可知，该中间商是仓储代理商，属于辅助商的范畴，而不是提供完全服务的批发商。最后，R 负责进一步的广告（也许与生产者合作）以及与顾客接触的工作。

以下是另一种形式的渠道：

$$\frac{\text{P}}{\text{TOSO}}\rightarrow\frac{\text{W}}{\text{OOOO}}\rightarrow\frac{\text{R}}{\text{OAOK}}$$

在这里，生产者P变为私人品牌的厂家，即没有自己的品牌，自己所生产的产品将来要用别人的品牌，所以只从事生产、储存与运输；中间商W省略掉，而零售商R负责广告与接触。邮购商店的许多种产品都通过这种营销渠道销售。

在4 096种营销渠道类型中，有许多类型是不能采用的，必须剔除。如：

$$\frac{\text{P}}{\text{TOSK}}\rightarrow\frac{\text{W}}{\text{OOOK}}\rightarrow\frac{\text{R}}{\text{OAOK}}$$

这种渠道类型的主要问题是，三个层次的组织均致力于最后顾客的接触工作，渠道冲突就不可避免。

有些渠道类型因其不经济、不合法或不稳定，也应予以剔除。其结果必然是在营销工作分派上可行的渠道可能很少，而且必须做进一步仔细的评估。

（三）评估各种可能的渠道方案

每一渠道方案都是企业产品送达最后顾客的可能路线。生产者所要解决的问题就是从那些看起来似乎很合理，但又相互排斥的方案中选择最能满足企业长期目标的一种。因此，企业必须对各种可能的渠道方案进行评估。评估标准有三个，即经济性、控制性和适应性。

1. 经济性标准。在这三项标准中，经济性标准最为重要。因为企业追求的是利润而不是渠道的控制性与适应性。经济分析可用许多企业经常遇到的一个决策问题来说明，即企业应使用自己的推销力量还是使用生产者的销售代理商。假设某企业希望其产品在某一地区取得大批零售商的支持，现有两种方案可供选择：一是向该地区的营业处派出10名销售人员，除了付给他们基本工资外，还采取根据推销业绩付给佣金的鼓励措施；二是利用该地区制造商的销售代理商（该代理商已和零售店建立起密切的联系），代理商可派出30名推销员，推销员的报酬按佣金制支付。这两种方案可导致不同的销售收入和成本。判别一个方案好坏的标准，不是其能否导致较高的销售额和较低的成本费用，而是能否取得最大利润。

2. 控制性标准。进行渠道评估时还要考虑到对渠道成员的控制问题，以最大限度地降低风险。使用代理商无疑会增加控制问题。一个不容忽视的事实是，代理商是一个独立的企业，它所关心的是自己如何取得最大利润。它可能不愿与相邻地区同一委托人的代理商合作。它可能只注重访问那些与其推销产品有关的顾客，而忽略对委托人很重要的顾客。代理商的推销员可能无心去了解与委托人产品相关的技术细节，也很难正确或认真地对待委托人的促销数据和相关资料。

3. 适应性标准。在评估各渠道方案时，还有一项需要考虑的标准，那就是生产者是否具有适应环境变化的能力，即应变力如何。每个渠道方案都会因某些固定期间的承诺而失去弹性。当某一生产者决定利用销售代理商推销产品时，可能要签订5年的合同。在这段时间内，即使采用其他销售方式更有效，生产者也不得随意取消销售代理商。所以，一个涉及长期承诺的渠道方案只有在经济性和控制性方面都很优越的条件下才会被考虑。

三、分销渠道的管理

企业管理人员在进行渠道设计之后，还必须对个别中间商进行选择、激励与定期评估。

（一）选择渠道成员

生产者在选择中间商时，常处于两种极端情况之间。一种极端是生产者毫不费力地找到特定的商店并使之加入渠道系统，可能是因为它很有声望，也可能是因为它的产品能赚钱。在某些情况下，独家分销或选择分销的特权也会吸引大量中间商加入其渠道。对于那些毫不费力地得到所需数目的中间商的生产者来讲，它所做的工作只是选择适当的中间商而已。另一种极端是生产者必须费尽心思才能找到期望数量的中间商。生产者必须研究中间商如何做购买决策，尤其是在它们制定决策时，对毛利、广告、销售促进、退货保证等赋予的权重。此外，生产者还必须开发一些能使中间商赚大钱的产品。

不论生产者遇到上述哪一种情况，都需要明确中间商的优劣特性。一般来讲，生产者要评估中间商经营时间的长短及其成长记录、清偿能力、合作态度、声望等。当中间商是销售代理商时，生产者还需要评估其经销的其他产品大类的数量与性质、推销人员的素质与数量。当中间商打算授予某家百货公司独家分销权时，生产者尚需评估商店的位置、未来发展潜力以及经常光顾的顾客类型。

（二）激励渠道成员

生产者不仅要选择中间商，还要经常激励中间商使之恪尽职责。促使中间商进入渠道的因素和条件已构成部分激励因素，但仍需生产者不断地监督、指导与鼓励。

生产者必须尽量避免激励过度与激励不足两种情况。当生产者给予中间商的优惠条件超过它取得合作所需要的基本条件时，就会出现激励过度的情况，其结果是销售量提高，而利润下降。当生产者给予中间商的优惠条件过于苛刻，以致不能激励中间商的努力时，则会出现激励不足的情况，其结果是销售量降低，利润减少。所以，生产者必须确定应花费多少力量以及何种力量，来鼓励中间商。

一般来讲，对中间商的基本激励水平应以交易关系组合为基础。如果对中间商激励不足，生产者可采取两种措施：（1）提高中间商可得的毛利率，放宽信用条件，或改变交易关系组合使之更有利于中间商。（2）采取人为的方法来刺激中间商，使之付出更大努力。例如，可以向它们施加压力，迫使它们创造有效的销售机制，举办中间商销售竞赛，加强对终端顾客与中间商的广告活动等。不论上述方法是否与真正交易关系组合有关系，生产者都必须小心观察中间商如何从自身利益出发来看待、理解这些措施，因为在渠道关系中存在许多潜伏的矛盾点，拥有控制权的制造商很容易无意识地伤害中间商的利益。

（三）评估渠道成员

生产者除了选择和激励渠道成员，还必须定期评估它们的绩效。如果某一渠道成员的绩效远低于既定标准，则需找出主要原因，同时还应考虑可能的补救方法；当放弃或更换中间商将导致更坏的结果时，生产者只能容忍这种令人不满的局面；当不致出现更坏的结果时，生产者应要求工作业绩欠佳的中间商在一定时期内有所改进，否则就中止合作。

1. 合同约束与销售配额。如果一开始生产者与中间商就签订了有关绩效标准与奖惩条件的合同，就可避免种种不愉快。在合同中应明确经销商的责任，如销售强度、绩效与覆盖率、平均存货水平、送货时间、次品与遗失品的处理方法、对企业促销与训练方案的合作程度、中间商必须提供的顾客服务等。

除了针对中间商绩效责任签订合同外，生产者还应定期发布销售配额，以确定目前的绩效。生产者可以在一定时期内列出各中间商的销售额，并依销售额大小排出先后名次。需要注意的是，在排列名次时，不仅要看各中间商销售水平的绝对值，而且要考虑到它们各自面临的环境变化，考虑生产者的产品大类在各中间商的全部产品组合中的相对重要程度。

2. 测量中间商绩效的主要方法。测量中间商的绩效主要有两种方法。

（1）将每一中间商的销售绩效与上期的绩效进行比较，并以整个群体的升降百分比作为评价标准。对低于该群体平均水平的中间商，必须加强评估与激励措施。需要注意的是，如果对后进中间商的环境因素加以调查，可能会发现一些可谅解的因素，如当地经济衰退、某些顾客的流失不可避免、主力推销员的辞职或退休等。其中一些因素可在下一期弥补。这样，生产者就不应因这些因素而对中间商采取任何惩罚措施。

（2）将各中间商的绩效与该地区基于销售潜量分析所设立的配额相比较。在销售期过后，根据中间商的实际销售额与其潜在销售额的比率，将各中间商按先后进行排列。这样，企业的调整与激励措施可以集中用于那些未达既定比率的中间商。

（四）构建良好的中间商关系

在构建生产者与中间商的关系时，生产者可借助某些势力来赢得中间商的合作。这些势力包括：

1. 强制力。强制力是指生产者对不合作（如顾客服务差、未实现销售目标、窜货等）的中间商威胁撤回某种资源或中止关系而形成的势力。中间商对生产者的依赖性越强，这种势力的效果越明显。

2. 奖赏力。奖赏力是指生产者给执行了某种职能的中间商额外付酬而形成的势力。奖赏力的负面效应是：中间商为生产者服务往往不是出于固有的信念，而是因为有额外的报酬。每当生产者要求中间商执行某种职能时，中间商往往要求更高的报酬。

3. 法定力。法定力是指生产者要求中间商履行双方达成的合同而执行某些职能的势力。

4. 专长力。专长力是指生产者因拥有某种专业知识而对中间商构成的控制力。生产者可借助复杂精密的系统领导或控制中间商，也可向中间商提供专业知识培训或系统升级服务，由此便可形成专长力。如果中间商得不到这些专业服务，其经营很难成功。而一旦专业知识传授给了中间商，这种专长力就会削弱。

5. 感召力。感召力是指中间商对生产者深怀敬意并希望与之长期合作而形成的势力。像 IBM、微软、摩托罗拉等国际知名公司有很强的感召力，中间商愿意与之建立长期稳定的合作关系，也心甘情愿地按生产者的要求行事。

一般情况下，生产者都注重运用感召力、专长力、法定力和奖赏力，尽量避免使用强制力。这往往能收到理想的效果。

（五）渠道冲突

渠道冲突是指渠道系统中某些成员因从事妨碍企业实现目标的活动而发生各种矛盾和纠纷的现象。在营销实践中，分销渠道的设计很难兼顾渠道成员不同角度、不同层面和不同形式的利益，因此，不可避免地会出现渠道冲突。

水平渠道冲突是指在同一渠道系统中同一层次中间商之间的冲突。产生水平冲突的原因大多是生产者没有对目标市场的中间商数量及其分管区域进行合理的规划，致使中间商为了各自的利益而互相倾轧。生产者确定了目标市场后，中间商为了获取更多的利益必然要争取更大的市场份额，跑马占地，扩张势力范围。例如，经营某品牌产品的中间商，可能认为同一地区经营该产品的另一家中间商在定价、促销和售后服务等方面做得太过分，咄咄逼人，抢了他们的生意。如果发生了类似冲突，生产者应未雨绸缪，及时采取有效措施，缓和矛盾并协调关系，防止类似情况再度出现。否则，就会影响渠道成员的合作及企业产品的销售。

垂直渠道冲突是指在同一渠道系统中不同层次企业之间的冲突，即渠道上下游的冲突。例如，某些批发商可能会抱怨生产者在价格方面控制太紧，留给自己的利润空间太小，且提供的广告、宣传、公关、促销等服务太少。零售商对批发商或生产者可能也存在类似的不满。一方面，越来越多的中间商从自身利益出发，采取直销与分销相结合的方式销售商品，这就不可避免要同下游中间商争夺客户，大大挫伤了下游渠道的积极性。另一方面，当下游中间商的实力增强以后，不甘心目前所处的地位，希望在渠道系统中有更大的权力，向上游渠道发起挑战。在某些情况下，生产者为了增加产品销售，往往会越过一级中间商直接向二级中间商供货，致使上下游渠道成员之间产生矛盾。

渠道冲突一般都是为了维持市场份额，保持竞争优势，争夺渠道控制权而展开的利益纷争。在渠道系统的设计存在缺陷、渠道成员之间缺乏信息沟通的情况下，渠道冲突很难避免。

四、营销物流与供应链管理

（一）营销物流

企业必须决定储存、加工、配送的最佳方式，以确保顾客在适当的时间和地点得到自己所需要的产品或服务。物流效用对顾客满意度和企业成本具有重要影响。《中共中央关于进一步全面深化改革 推进中国式现代化的决定》指出：“完善流通体制，加快发展物联网，健全一体衔接的流通规则和标准，降低全社会物流成本。”[①] 营销物流（marketing logistics）也称实体分销（physical distribution），是指企业为了满足顾客需求，取得利润收入而规划、实施和控制产品、服务以及其他相关信息从起运点到消费地的实体流程。简而言之，就是将正确的产品在适当的时间和地点配送给正确的顾客。智慧物流是指利用物联网、大数据、人工智能等现代信息技术，实现物流全过程的智能化管理和优化。[②] 它的应用不仅提高了物流运作的效率和透明度，还显著降低了物流成本。一些人工智能企业基于 5G、人工智能、大数据、云计算及物联网等底层技术，持续提升自身在智能化、自动化、绿色化方面的能力，构建了一套全面的智能物流系统，实现了服务自动化、运营数字化及决策智能化，不仅提升了物流效率，还在绿色环保方面做出了积极

---

① 中共中央关于进一步全面深化改革 推进中国式现代化的决定．(2024－07－21)．新华社．

② “生产性服务业 12 条”助推智慧物流布局加码．(2024－08－30)．https：//www. beijing. gov. cn/ywdt/gzdt/202408/t20240830 _ 3785724. html.

贡献。创建于2013年，前身为物流实验室的京东X事业部承担着自研任务，无人车、无人仓、无人机，以及无人超市、无人店都是该事业部负责的与无人机械、人工智能相关的项目。①

（二）供应链管理

例12-3 叮咚买菜的生鲜供应链

顾客导向的营销物流从市场开始，反向延伸至工厂甚至供应源。营销物流不仅包括外向物流（outbound logistic，即将产品从工厂运送到中间商和最终客户），还涉及内向物流（inbound logistic，即将产品和原材料从供应商处运送至工厂）以及反向物流（reverse logistic，即将消费者或经销商退回的破损、滞销或多余的产品运回工厂）。也就是说，它涉及供应商的整个供应链管理（supply chain management），即管理那些在供应商、企业、中间商最终客户之间流动的涉及上下游渠道增值的原材料、最终产品及相关信息。物流经理的任务就是协调供应商、采购代理、营销者、渠道成员和客户的各种活动，包括预测、信息系统、采购、生产计划、订单处理、库存、仓储和运输计划。

（三）物流管理的重要作用

《中共中央关于进一步全面深化改革 推进中国式现代化的决定》指出，“支持有条件的地区建设国际物流枢纽中心和大宗商品资源配置枢纽”②。企业越来越重视物流，主要是由于：

1. 通过改进物流可以为客户提供更好的服务和以更低的价格获得强大的竞争优势。

2. 物流水平的提高可以节约企业和客户的成本付出。物流成本只要降低一小部分就能带来极大的节约。

3. 产品种类的激增从客观上要求物流管理必须持续改进。信息技术的进步为改善分销效率和物流管理创造了条件。当今企业都在使用完善的供应链管理软件、基于互联网的物流系统、自动销售扫描系统、无线射频识别标签、卫星追踪以及订单和支付数据的电子传输。这些技术使得企业可以快速高效地通过供应链来管理产品流、信息流和资金流。

4. 物流比其他任何一种营销职能更能影响环境，更能影响企业为环境可持续发展所付出的努力。运输、仓储、包装等物流功能对企业环境影响最大，同时，它们也是最能节约成本的供应链环节。换言之，发展绿色供应链不仅是对环境负责，对企业来说也是有利润空间的。

近年来，我国持续推动物流降本增效，2023年社会物流总费用18.2万亿元，比上年下降0.3个百分点，呈现稳步下降态势。但有些领域与发达国家相比，物流成本高、效率低的问题仍较突出。展望未来，要不断完善集约高效的现代物流服务体系，形成统一开放的交通运输市场，促进现代物流业与农业、制造、商贸等融合发展，持续提升现

---

① 京东2亿，追投炒菜机器人.(2024-07-25). https://www.thepaper.cn/newsDetail_forward_28182872.

② 中共中央关于进一步全面深化改革 推进中国式现代化的决定.(2024-07-21). 新华社.

代物流体系的数字化水平。① 物流站点覆盖率以及运送商品的效率，都关系到能否及时、精准地满足市场需求。产品创意再好、主播带货能力再强，若物流所需时间长、物流覆盖率低、偏僻地区运费贵，客户的网购意愿也必然会大打折扣。

（四）物流系统的目标

一些企业将自己的物流目标描述为以最低的成本提供最优质的顾客服务。虽然这听起来很美好，但几乎所有的物流系统都不可能在最大限度提高顾客服务质量的同时使物流配送的成本最小化。优质的顾客服务意味着交货迅速及时、大量库存、灵活搭配产品种类、自由退货政策等，所有这些服务都会增加物流配送成本。相比之下，物流配送成本最小化意味着交货速度慢或交付不及时、存货不足或时常断货、大批量装运难以满足零散供货需求等，所有这些都预示着水平低下的顾客服务。营销物流的目标应该是以最低的成本提供既定水平的顾客服务。首先，企业必须分析各种物流服务对顾客的相对重要程度，然后，为每项服务内容、服务项目设定顾客期望的服务水平。正确的目标是利润最大化，而不是销售额最大化。因此，企业必须在提供更高水平服务所带来的收益和由此而产生的成本之间权衡利弊。企业既可以比竞争对手提供更少的服务，收取更低的价格；也可以提供更多的服务，但收取更高的价格以弥补更高的成本付出。②

（五）物流系统的职能

一旦确定了物流目标，企业就可以据此设计一个以最小成本实现目标的物流系统。党中央提出，“降低全社会物流成本是提高经济运行效率的重要举措。物流降成本的出发点和落脚点是服务实体经济和人民群众，基本前提是保持制造业比重基本稳定，主要途径是调结构、促改革，有效降低运输成本、仓储成本、管理成本”③。物流系统的主要职能包括仓储、存货管理、运输和物流信息管理。

1. 仓储。生产周期和消费周期很难完全匹配，所以企业在很多情况下必须将待售的产品储存起来。仓储职能克服了生产和需求在商品数量和购买时间上的差异和矛盾，确保在顾客打算购买时企业能够及时提供产品。企业必须决定仓库的数量、类型及其地理位置。储存仓库（storage warehouses）和配送中心（distribution centers）是企业经常采用的仓储方式。前者是指用于中长期货物储存的仓库设施。后者是指为了配送产品而设立的高度自动化的大型仓库，用以接收来自各个工厂和供应商的货物，接受订单，高效率地供货，并尽快将货物交付给顾客。在物联网、大数据、云计算、人工智能、机器人等现代技术的推动下，储存技术也发生了翻天覆地的变化，过时的物资处理方式正在被需要更少员工的计算机系统所取代，计算机和扫描仪读取订单信息后，发指令给升降运输车、电动起重车或机器人收集货物，将货物运至装卸区，并开具发票。

2. 存货管理。存货管理也会影响顾客满意度。管理者必须保持精准的平衡，确保

---

① 物流“跑起来”！稳定因素累积 货畅其流凸显中国经济蓬勃活力．（2024-02-07）．光明网．

② Philip Kotler，Gary Armstrong，Sridhar Balasubramanian. Principles of Marketing. 19th ed. Harlow：Pearson Education Limited，2024：387.

③ 习近平主持召开中央财经委员会第四次会议强调　推动新一轮大规模设备更新和消费品以旧换新 有效降低全社会物流成本．人民日报，2024-02-24.

存货充足，但又不能过量。存货不足，就会面临当顾客需要产品时缺货断档的风险。为避免这种情况出现，企业需要以极高的代价来建立应急运输和生产机制。而存货过量又会导致不必要的存货成本和损耗。因此，在库存管理中企业必须在持有大量存货导致的成本与由此带来的销售和利润之间权衡利弊，做出明智选择。许多企业借助即时（just-in-time）物流系统，大大降低了存货水平以及由此引起的成本费用。生产者和零售商储存少量的零部件或商品，往往只能维持几天的运营。新货恰好在需要的时候准时到达，而不是一直储存在仓库里。即时物流系统要求进行准确的预测以及快速、频繁、灵活的货物递送，确保一旦有新的需求，所需货物就及时送到，从而大大降低存货成本和经营费用。

射频识别技术（RFID）或智能标签（smart tag）的应用正在推动存货管理实现完全自动化。智能标签技术是指将智能芯片嵌入或放置在从花卉、剃须刀到轮胎等各种产品或包装内。智能产品可以使整个供应链（占产品成本近75%）实现自动化和智能化。使用射频识别技术的企业能够随时随地精确地跟踪产品在供应链中的位置。智能货架不仅可以让企业知晓何时需要下单，还可以自动地直接向供应商下单。如此令人振奋的新信息技术的应用，将会彻底变革现有的营销物流系统。

3. 运输。运输公司的选择将会影响产品定价、递送效率、交货速度和货物交接状况，进而影响到顾客的满意度。在将产品运送至仓库、经销商和顾客的时候，可供企业选择的运输方式有：公路运输、铁路运输、水运、管道运输、空运。数字产品的交付要借助互联网。互联网通过人造卫星、电缆、电话线路、无线信号将数字产品从生产者传输至顾客。软件企业、媒体、音频和视频企业、教育培训机构等都通过互联网传输数字产品。互联网在降低物流成本上极具潜力。飞机、卡车和火车运输的是货物和包裹，而数字技术传输的是信息数据。

多式联运（multimodal transportation）是指将两种或两种以上的运输方式结合起来的营销物流模式。多式联运的优势在于，它能够达成任何单一模式所不能实现的目标。多式联运的实质就是“一单制”“一箱制”，通过打造托运人一次委托、费用一次结算、货物一次保险、多式联运经营人全程负责的服务模式，提供“门到门”和全程“一箱到底”的高效运输服务，从而有效提升多式联运的效率。

4. 物流信息管理。企业对供应链的管理要靠信息技术来实现。渠道合作伙伴之间通常会互相沟通，共享信息，以便制定更好的联合物流决策。客户交易、结算账单、装运量、存货水平、顾客数据等组成的信息流，都和营销物流的效率密切相关。企业需要建立一个简单、方便、快捷、准确的流程来获取、处理和分享渠道信息。信息可以通过多种方式共享和管理，但大多数共享是通过基于互联网的电子数据交换（electronic data interchange，EDI，即企业间计算机化的数据交换）实现的。

不少企业具备了整合物流管理（integrated logistics management）理念，即无论在企业内部还是在所有营销渠道机构之间都需要团队合作，以提供更好的顾客服务，有效地降低物流配送成本。就企业内部而言，各部门之间要密切配合，以最大限度地提升企业整体的物流绩效。就企业外部而言，企业必须整合其自身的、供应商的和顾客的物流系统，以便实现这个分销网络的绩效最大化。

第 3 节　批发商与零售商

正确选择中间商，需要掌握各类中间商（主要是批发商和零售商）的特点与作用，了解现代商业形式的新发展。

一、批发商

批发是指一切将产品或服务销售给为了转卖或者其他商业用途而进行购买的个人或组织的活动。我们使用批发商这个词来描述那些主要从事批发业务的公司。这个词的内涵排除了制造商和农场主（因为它们主要从事生产），也排除了零售商。

批发商可以有效地执行如下职能：

1. 销售与促销职能。批发商通过其销售人员的业务活动，可以使制造商有效地接触众多的小客户，从而促进销售。

2. 采购与搭配货色职能。批发商代替顾客选购产品，并根据顾客需要，将各种货色进行有效的搭配，从而使顾客节省不少时间。

3. 整买零卖职能。批发商可以整批地买进商品，再根据零售商的需要批发出去，从而降低零售商的进货成本。

4. 仓储服务职能。批发商可将商品储存到出售为止，从而降低供应商和顾客的存货成本和风险。

5. 运输职能。由于批发商一般距零售商较近，因此可以很快地将商品送到顾客手中。

6. 融资职能。批发商可以向顾客提供信用条件，提供融资服务；如果批发商能够提前订货或准时付款，也等于为供应商提供了融资服务。

7. 风险承担职能。批发商在分销过程中，由于拥有商品所有权，故可承担失窃、瑕疵、损坏或过时等各种风险。

8. 提供信息职能。批发商可向其供应商提供有关买主的市场信息，诸如竞争者的活动、新产品的出现、价格的剧烈波动等。

9. 管理咨询服务职能。批发商可经常帮助零售商培训推销人员、布置商店以及建立会计系统和存货控制系统，从而提高零售商的经营效益。

二、零售商

零售是指所有向最终消费者直接销售产品和服务，用于个人及非商业性用途的活动。任何从事这种销售活动的机构，不论是制造商、批发商还是零售商，也不论这些产品和服务如何销售（经由个人、邮寄、电话或自动售货机）或者在何处（在商店、在街头或在消费者家中）销售，都属于此范畴。零售商是指那些销售量主要来自零售的商业企业。零售商的类型千变万化，新组织形式层出不穷。

1. 专用品商店。专用品商店经营的产品线较为狭窄，但产品的花色品种较为齐全。例如服装店、体育用品商店、家具店、花店和书店均属于专用品商店。根据产品线的宽窄程度可以将专用品商店再分类：一是单一产品线商店，如服装商店；二是有限产品线商店，如男士服装店；三是超级专用品商店，如男士定制衬衫店。在这三类专用品商店中，超级专用品商店的发展最为迅速，因为它们可以利用的目标市场和产品专业化的机会将越来越多。

2. 百货商店。百货商店一般销售几条产品线的产品，尤其是服装、家具和家庭用品等，每一条产品线都作为一个独立部门由专门的采购员和营业员管理。此外，还有一些专门销售服装、鞋、美容化妆品、礼品和皮箱的专用品百货商店。由于百货商店之间竞争激烈，还有来自其他零售商，特别是来自折扣商店、专用品连锁商店、仓储零售商店的激烈竞争，再加上交通拥挤、停车困难和中心商业区的衰落，百货商店正逐渐失去往日魅力。

3. 超级市场。超级市场是指规模巨大、成本低廉、薄利多销、自我服务的经营机构，主要经营各种食品、洗涤用品和家庭日常用品等。超级市场的主要竞争对手是方便食品店、折扣食品店和超级商店。

4. 便利店。便利店是设在居民区附近的小型商店，营业时间长，每周营业七天，销售品种范围有限、周转率高的便利品。消费者主要利用它们做补充式采购，因此其商品价格要高一些。但是，它们满足了消费者一些重要的需求，人们愿意为这些便利品付高价。

5. 仓储商店。仓储商店是一种以大批量、低成本、低售价和微利多销的方式经营的连锁式零售企业。

6. 连锁店。零售商经营若干联号分店（商店单元），这些分店属于同一所有者，实行集中决策，同时对采购商实行一定程度的集中采购。相比于单店经营，连锁店在议价能力、批量采购、管理计算机化和多店经营效率上具有竞争优势。中国的许多老字号企业采用的都是连锁店的形式，如同仁堂就是以连锁店的形式经营着全国的门店。

7. 特许经营组织。特许人与受许人之间就特许经营建立合同协议，按照协议允许受许人使用既定名称，再根据既定的经营模式开展特定形式的经营。根据典型的特许协议的规定，受许人必须在期初缴纳一笔费用，并按月按销售额的一定百分比缴纳费用。特许经营在中国餐饮业和服装业中应用较广，比较典型的如蒸功夫等餐饮品牌和佐丹奴等服装品牌。

三、智慧零售及其未来趋势

2024年8月，国务院发布《关于促进服务消费高质量发展的意见》，提出，加快生活服务数字化赋能，构建智慧商圈、智慧街区、智慧门店等消费新场景，发展“互联网＋”医疗服务、数字教育等新模式，加快无人零售店、自提柜、云柜等新业态布局，支持电子竞技、社交电商、直播电商等发展。[①] 智慧零售是指企业以互联网为依托，运用大数据、云计算、移动通信、物联网、人工智能等技术手段，对产品的生产、流通与销售过程进行升级改造，并对线上服务、线下体验以及现代物流进行深度融合。总而言之，智慧零售就是以大数据为驱动，改造零售业形态，以发展和提升用户体验。

1. 智慧零售现状。阿里巴巴、腾讯、百度、京东、小米、网易等企业率先走出了一条智慧零售探索之路，例如：阿里巴巴的“盒马鲜生”、永辉的“超级物种”、小米公司

---

① 金观平．改善供给拓展服务消费空间．经济日报，2024-08-29.

的“小米之家”和网易公司的“网易严选”等。它们的共同特性是：以大数据、人工智能等核心技术为基础营造场景，迎合新一代消费群体的消费升级需求；布局线上线下，打通二者之间的数据连接；自建物流或者合作物流，追求极高的物流效率，提升消费者体验。

例 12-4　小米的智慧零售

2. 智慧零售的未来趋势。(1) 更加以消费者为中心。用特色产品、服务、体验打动消费者，触动消费者的心智，已经成为零售经营成功的关键。(2) 精准与场景零售。竞争取胜的重要基础是精准定位目标消费者，聚焦目标消费者的需求场景。在精准定位基础上，需要用有效的手段连接、影响目标消费者。(3) 流量销售。流量是零售企业重要的资源，未来的零售竞争是流量的竞争，是顾客资源的竞争。如何找到顾客、建立连接、产生影响、增强黏性、提升价值、打造终身价值顾客是零售经营的主线。(4) 社交与社群零售。在互联网环境下，社群影响已经成为消费购买的主要影响要素，零售具备了更多的社交属性。应围绕目标顾客，打造生活场景，通过社群产生黏性，逐步放大顾客价值，以产生更大更有效的传播。(5) 智能化零售。随着信息技术、智能技术的逐步成熟，人工智能将会逐步取代部分人力，使零售效率得到提升。无人零售、自助零售未来可能成为一种主要零售形式，或者成为一种重要的零售补充形式。

小　结

分销渠道是指某种产品和服务在从生产者向消费者转移过程中，取得这种产品和服务的所有权或帮助所有权转移的所有企业和个人。营销学以中间机构层次的数目确定渠道的长度，以每个层次使用同种类型中间商数目的多少确定渠道的宽度。按渠道成员结合的紧密程度，分销渠道系统可以分为传统渠道系统和整合渠道系统。影响渠道设计的主要因素有顾客特性、产品特性、中间商特性、竞争特性、企业特性和环境特性。企业必须对个别中间商进行选择、激励与定期评估。生产者与经销商的关系可借助感召力、专长力、法定力、奖赏力和强制力等方法来维系。渠道冲突包括水平渠道冲突和垂直渠道冲突两种。营销物流和供应链管理在企业营销管理中居于十分重要的地位。物流系统的主要职能包括仓储、存货管理、运输和物流信息管理等。

批发是指一切将产品或服务销售给为了转卖或者其他商业用途而进行购买的个人或组织的活动。零售是指所有向最终消费者直接销售产品和服务，用于个人及非商业性用途的活动。

智慧零售是指企业以互联网为依托，运用大数据、云计算、移动通信、物联网、人工智能等技术手段，对产品的生产、流通与销售过程进行升级改造，并对线上服务、线下体验以及现代物流进行深度融合。

基本概念

营销渠道	全渠道营销	分销渠道
密集分销	选择分销	智慧零售
独家分销	垂直渠道冲突	水平渠道冲突

多渠道系统	价值交付网络	营销物流
供应链管理	电子数据交换	即时物流系统
整合物流管理	智能标签	多式联运
内向物流	外向物流	反向物流
智慧物流		

复习题

1. 营销渠道和分销渠道有什么区别？如何理解全渠道营销？
2. 企业在设计自己的分销渠道时，应该考虑哪些因素？
3. O2O 业务的主要类型有哪些？
4. 渠道冲突的主要类型有哪些？
5. 智慧零售的未来趋势是什么？

案例分析

良品铺子全域营销的数字化赋能

良品铺子总部位于湖北武汉，是 A 股历史上首家“云上市”的企业。上市之后，良品铺子经营稳健，发展态势良好。2024 年 8 月 29 日，良品铺子发布 2024 年半年度报告，报告期内，公司实现营业收入 38.86 亿元。这源于良品铺子的整个业务布局和整个管理逻辑，包括全渠道多店型布局、组织激活、全国仓网布局、全域数字化系统以及门店+等创新业务。

良品铺子是一家渠道全覆盖的国内高端休闲零食龙头企业，实现了线上线下均衡发展。线上已实现整个品牌电商的多线布局，线下业务有进店零售、自营外卖以及第三方外卖、App、微信小程序等多渠道流量经营业务。多店型即社区店、购物中心店、交通枢纽店、校园店、景区店等。全渠道多店型的布局可以更好地多层次满足消费者的各方面诉求。良品铺子实现全国仓网布局，从仓储、入仓、出仓做好终端服务，保证商品能够覆盖到全国的所有门店。后台 OMS 系统支持整个电商上的货品寻源，通过后台监控叫货满足率、断货率、抛单率等指标，快速进行策略的优化和调整。

适应消费趋势新潮流，良品铺子快速推进了门店+本地生活、门店+社群运营、社交电商、全域营销等措施。对于良品铺子来说，已经完成了门店+的全渠道业务布局，并建立了自营+O2O 外卖+平台电商（外卖准时送达）+配送体系等全方位的互动和销售渠道，而门店社群运营是良品铺子在很短时间内快速搭建而成的。从团长招募、团购套餐、选品与上架、团长佣金、团购规则设置、顾客下单成团、物流配送，到佣金发放与货款结算等，进行试点，开展社区团购模式。良品铺子正是因为有了全域的数字化系统能力，才能快速实现线上线下相互补充，店与店之间相互调拨调整。

休闲零食渠道变革加剧，线上消费转型加速，线下业态趋向多元化发展。为了真正实现“降价不降质”的承诺，良品铺子在渠道端推出一系列举措针对性的立体攻势。在门店渠道，良品铺子持续实施降价策略。自 2023 年 11 月以来，随着供应链降本提效，良品铺子已完成 500 余款产品降价，并在门店内设立“好货不贵”专区，为消费者提供高质价比零食。

在社交电商平台上，公司聚焦单品运营，通过内容运营、传递产品价值促增长，与各行业达人、KOL、KOC广泛建立联系，沉淀爆款视频打造流程，设计直播间流量运营新模式，持续提升销售规模；在抖音商城与超市业务上，聚焦单品做精细化场域运营，实现销售同比增长443%。在团购业务上，良品铺子进一步拓展流通商超客户网络，积极探索并实施多样化产品营销策略，增加28款流通单品，有效提升市场渗透率。2024年端午节，团购端午粽子礼盒销售同比增长67%。

全渠道多店型的布局和全域的数字化系统建设，实现了整个数据互通和用户全触点管理，给企业营销带来了越来越多的市场机会。

资料来源：胡静蓉．良品铺子上半年实现营业收入38.86亿元．北京商报，2024-08-29；良品铺子半年度业绩出炉：营收38.86亿元，坚持走差异化品牌之路．(2024-08-29)．中新经纬；全域营销的数字化赋能，让企业在逆境下更优秀．(2020-05-20)．http：//www.ileader.com.cn/html/2020/5/20/71983.htm.

思考题

1. 良品铺子的全渠道多店型布局做到了什么程度？
2. 良品铺子为什么能做到经营稳健？

第 13 章

促销策略

|本章要点|

- 促销组合的含义。
- 影响促销组合的主要因素。
- 大众传播促销、数字传播促销、人员传播促销的主要方式。
- 广告宣传也要讲导向的深刻含义。

提升企业市场竞争力，不仅要求企业发展适销对路的产品，制定吸引人的价格，使目标客户易于获得他们所需要的产品，还要求企业控制其在市场上的形象，设计并传播有关产品的外观、特色、购买条件以及给目标客户带来的利益等方面的信息。因此，企业必须高度重视与中间商、客户等进行沟通，通过多种媒体进行有效的信息沟通，创造消费和使用产品的社会氛围和市场条件，从而促进销售的提升。习近平指出："要适应分众化、差异化传播趋势，加快构建舆论引导新格局。"① 企业要善于通过公益广告，促进社会和谐进步，履行企业社会责任。

第 1 节　促销组合

一、促销组合的含义

促销组合是指企业根据促销的需要，对广告、销售促进、事件体验、公共关系、在线营销、社交媒体营销、移动营销、直复营销、数据库营销、口碑营销、人员推销等各种促销方式进行的适当选择和综合编配（如图 13－1 所示）。企业运用促销组合来接触中间商、消费者及其他公众；中间商也可运用一套促销组合来接触消费者及其他公众；消费者彼此之间、消费者与其他公众之间则进行口碑传播；同时，各群体也与其他群体进行沟通和反馈。借助 AI 技术，企业可以为不同的消费者群体量身定制营销策略，提供个性化的商品推荐和促销活动。例如，根据消费者的购买历史和兴趣爱好，企业可以向其

① 习近平谈媒体融合发展：让正能量更强劲 主旋律更高昂．(2019－01－25)．央广网．

推送定制化的优惠券和商品推荐，提高消费者的购买意愿和忠诚度。此外，个性化营销还可以通过电子邮件、短信和社交媒体等多种渠道进行，实现全方位的消费者触达，提升促销效果。

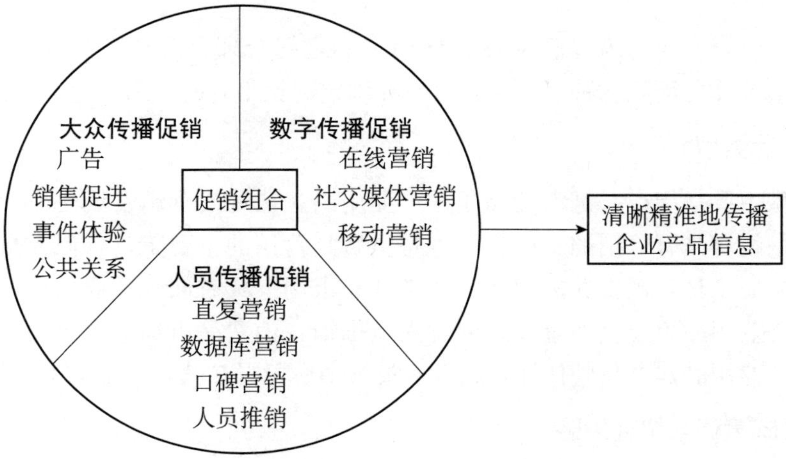

图 13-1　促销工具的整合

商家智能体作为帮助百度商家进行全域经营、精准获客、7×24 小时在线的金牌促销员，通过与用户的多轮对话，实现用户需求的持续满足和服务推荐，并最终帮助企业实现销售转化。通过巧舱平台可实现 0 代码、可视化、轻松创建商家智能体，通过私域知识供给和反馈调优，可以不断强化商家智能体的解答力、理解力和经营力。百度平台每天有超过 1.6 万个活跃的商家智能体在服务，每日对话超 250 万次，覆盖超过 30 个行业。使用商家智能体后，客户转化率提升 26.8%。商家智能体能稳稳接住每个对话框中的"期待"，满足全阶段的用户意图，且用户需求越复杂，智能体越会深挖。比如，高新技术企业节卡机器人公司面临促销人员成本高、专业精度高、学历要求高等痛点，商家智能体通过深度理解行业信息、掌握客户专业领域知识和经验，深挖需求细节促成交易，最终帮助企业实现转化率提升 190%，成本降低 71.8%。①

二、《商品流通法》关于促销活动的规定

《中华人民共和国商品流通法（草案征求意见稿）》（以下简称《商品流通法》）规定，商品流通经营者开展促销活动，应当明示促销内容，包括促销原因、促销方式、促销规则、促销期限、促销商品范围以及相关限制性条件等。促销相关限制性条件、附加条件、例外商品应以醒目方式进行标识。

根据《商品流通法》的规定，商品流通经营者不得采取以下欺骗性、误导性手段开展促销活动：

（1）利用虚构促销商品原价或奖品、赠品价值额等使人误解的标价形式或价格手段欺骗、误导消费者；

（2）降低促销商品（包括奖品、赠品）的质量和售后服务水平，或者将质量不合格

① 超拟真 AI 销售助力转化率提升 26.8%，商家智能体成为商家经营新阵．(2024-08-27). http://science.china.com.cn/2024-08/27/content_42902218.htm.

的商品作为奖品、赠品；

（3）虚构清仓、拆迁、停业、歇业、转行等事由开展促销。

三、确定促销组合的考虑因素

确定促销组合实质上就是企业在各促销工具之间合理分配预算的问题。一般来讲，企业在将促销预算分配到各种促销工具时或在确定促销组合时，需考虑如下因素。

（一）产品类型

产品类型主要是指产品是消费品还是产业用品。从现代营销发展史看，消费品与产业用品的促销组合是有区别的。广告一直是消费品营销的主要工具，而人员推销是产业用品营销的主要工具，销售促进则在这两类产品市场上具有同等重要的地位。这并不意味着广告在产业用品市场上不重要，或者人员推销在消费品市场上不重要，有些时候广告也可以为产业用品建立品牌认知，或者人员推销也可以在消费品市场上发挥作用。

（二）推式策略与拉式策略

企业是选择推式策略还是选择拉式策略来创造销售，对促销组合也具有重要影响。推式策略是指利用推销人员与中间商促销将产品推入渠道，即生产者将产品积极推到批发商手中，批发商又积极地将产品推给零售商，零售商再将产品推向消费者。

拉式策略是指企业针对最终消费者，花费大量的资金从事广告及消费者促销活动，以增进产品的需求。如果做得有效，消费者就会向零售商要求购买该产品，于是拉动整个渠道系统，零售商会向批发商要求购买该产品，而批发商又会向生产者要求购买该产品。企业对推式策略和拉式策略的选择显然会影响各种促销工具的资金分配。

（三）促销目标

促销目标是指企业开展促销活动所要达到的目的。相同的促销工具用于不同的促销目标，其成本效益会有所不同。例如，尽管经营产业用品的企业花在人员推销上的费用远远高于广告，但是所有促销目标都靠人员推销一种促销工具去实现是不切实际的。广告、销售促进和宣传在建立购买者知晓方面，比人员推销的效果要好得多。在促进购买者对企业及其产品的了解方面，广告的成本效益最好，人员推销次之。

（四）产品生命周期阶段

在产品生命周期的不同阶段，促销支出的效果也有所不同。在产品生命周期的导入期至成熟期，促销是一个十分重要的营销组合因素。这是由于新产品初上市时消费者对其不认识、不了解，必须通过促销活动来吸引广大消费者的注意力。

1. 在导入期，广告与销售促进的配合使用能促进消费者认识了解企业产品。

2. 在成长期，社交渠道沟通方式开始产生明显效果，口碑传播越来越重要。如果企业想继续提高市场份额，就必须加强原来的促销工作。如果企业想取得更多利润，则宜用人员推销来取代广告和销售促进的主导地位，以降低成本费用。

3. 在成熟期，竞争对手日益增多，为了与竞争对手相抗衡，保持已有的市场份额，企业必须增加促销费用。这一阶段可能发现了现有产品的新用途，或推出了改良产品，在这种情况下，加强促销能促使消费者了解产品，诱发购买兴趣。运用赠品等促销工具比单纯的广告活动更为有效，因为这时的消费者只需提醒式广告即可。

4. 在衰退期，企业应把促销规模降到最低限度，以保证足够的利润。在这一阶段，只用少量广告活动来保持消费者的记忆即可，公关宣传活动可以全面停止，人员推销也可减至最小规模。

（五）经济前景

企业应随着经济前景的变化，及时改变促销组合。例如，在通货膨胀时期，消费者对价格十分敏感。在这种情况下，企业至少可采取如下对策：

1. 提高销售促进相对于广告的分量。
2. 在促销中特别强调产品价值与价格。
3. 提供信息咨询，帮助顾客明智地购买。

人工智能技术已经广泛应用于企业促销。耐克（Nike）和马提尼（Martini）等品牌已经尝试使用成像工具，为其产品创建完全由人工智能生成的广告活动。现在，广告商通过使用正确的提示和关键词，不断发挥人工智能的创意潜力。一些广告技术方面的合作，比如维京游轮公司（Virgin Voyages）与初创公司 Deeplocal 之间的合作，将创新的阶梯提升到了更高的高度。通过将个性化客户邀请与名人吸引力相结合，该合作重新定义了定制营销和人工智能辅助创意的界限，使用授权的 deepfake（合成制作的与真人相似的媒体）詹妮弗·洛佩兹（Jennifer Lopez）来吸引客户乘坐游轮。

四、促销的实质是沟通传播

企业的沟通传播需要制定如下决策。

1. 传递什么信息。首先也是最重要的，信息发布者必须清晰地解释需要传递的信息。混淆不清的信息会让顾客产生困惑。最有效的沟通可以传播单一且清晰的信息，这称为市场供给物的 USP（独特销售主张，即卖点）。致力于以吸引人的新颖方式传播产品关键利益的沟通传播，不仅能够提高产品的知晓度，而且有助于在顾客心目中为该产品确立强有力的定位。

2. 使用什么沟通传播工具。有许多不同的沟通传播工具可供营销者使用，包括广告、公共关系、销售促进、人员推销、直复营销和赞助，每一种各有利弊。一些更适合创造知名度（例如广告），而另一些在精准促销上更有效（例如人员推销）。在沟通传播的不同阶段需要综合运用不同的工具。

3. 如何将信息转化为文案。对沟通传播者而言，将这些信息转化成有效的文字和符号，可以让接收者理解和接受。文案太隐晦或复杂会导致受众接收到令人困惑甚至错误的信息。英国早期的禁毒广告因为其文案没有有效传播毒品严重损害健康的信息，反而让毒品看上去有些吸引人而遭到批评。

4. 使用何种媒介。沟通传播可用的媒介及其效果在不同国家有很大的差别。主要媒介包括报纸、电视、电影、电子屏、海报、互联网、智能手机、平板电脑、微博、微信、广播、邮箱（电子邮箱，以及仍然用于直邮的传统信箱）、销售网点陈列等。

5. 在沟通传播上花多少钱。制定沟通传播预算是出了名的难题。事实上，企业提出的广告效果模型可以通过定期调查目标受众，并对其与广告活动的关系建模来评价促销活动所创造的知名度水平。

五、促销策略的新趋势：整合营销传播

随着市场环境的变化，促销策略出现了新的变化或发展趋势，这就是整合营销传播（integrated marketing communication，IMC）理论的兴起。作为一种实战性极强的操作性理论，整合营销传播理论兴起于市场经济最发达的美国，近年来，在我国也得到了广泛的传播，一度出现“整合营销热”。

（一）整合营销传播的内涵

整合营销传播理论的先驱唐·舒尔茨教授认为，整合营销传播是指针对顾客及其他受众制订、实施、评估品牌传播计划的商业过程。

整合营销传播是一个对现有顾客和潜在顾客制订、实施各种形式的说服性沟通计划的长期过程，所有与顾客的接触点都必须具有引人注目的沟通影响力，而且由顾客决定沟通方式，是对多种传播手段的战略作用进行比较分析的战略过程。

准确把握整合营销传播的科学含义，应注意两点：一是企业使用了多种多样的传播手段；二是对这些手段进行整合。只有同时满足这两个条件，才能形成整合营销传播。

（二）整合营销传播的阶段性和层次性

整合营销传播是一个概念，也是一个过程，整合意味着完整，实现传播活动的完整性便可以产生协同效应。每个企业在进行整合营销传播时所遇到的机遇与挑战不尽相同，这主要取决于它们的业务、所依赖的渠道、客户数据的可获得性、市场细分的能力等。但最重要的决定因素是企业的管理模式和战略方针。尽管各企业情况各异，但在进行整合时还是有一些共同之处，各企业在进行营销传播时也要经历相似的阶段或层次。

科罗拉多大学汤姆·邓肯（Tom Duncan）教授从传播领域的角度提出了整合营销传播的四个整合层次（见表13-1），这些层次揭示了整合营销传播活动的领域：从狭隘封闭的企业独白到开放互动的对话，最后从内到外形成了一种渗透整个企业的独特文化。

表13-1 整合营销传播的四个整合层次

层次	名称	描述/重点	实例
1	统一形象	一个面孔、一种声音、注意品牌形象	3M公司
2	一致声音	前后一致的声音和面孔，对不同受众（顾客、同行、供应商等）采取不同的信息	Hallmark公司
3	好听众	采取双向传播：通过免费电话号码、调查、商展等获取反馈，注重长期联系	可口可乐公司
4	世界级公民	关注社会、环保、健康的企业文化	苹果公司 本田公司

（三）企业实施整合营销传播的效果

国内外企业的营销实践证明，实施整合营销传播可收到如下效果：

1. 整合传播工具。整合营销传播可以使企业的广告、促销、人员推销、公关等所有的营销活动及其传播程序都具有整合感。这种独特的价值体现，可以使包括消费者、企业雇员、投资者、竞争对手、社区、大众媒体、政府机构、各种社会团体等在内的利益相关者更容易理解企业信息，更便于企业与利益相关者沟通。

2. 优化传播效果。整合营销传播是一种经济合理地运用营销手段或营销传播费用的有效方法。适当地减少或整合若干种传播工具，企业的组织效率、业务能力和竞争实力都会得到明显改善，从而以较少的营销传播费用取得更好的传播效果。

3. 减少交易费用。减少交易费用的最合理和最持久的方法应该是过程的整合。借助完善的整合营销传播活动，可使所有利益相关者的交易费用得到切实有效的降低。

4. 聚焦目标受众。整合营销传播就是通过营销活动，使企业与利益相关者的沟通更有效率，这就意味着，把包括广告、人员推销、宣传、公关等在内的所有营销活动和传播活动的焦点尽可能定位于目标受众，即企业的利益相关者。当营销者和消费者能够互相理解、密切合作时，就可以说营销和营销传播完全整合了。

（四）整合营销传播与传统促销策略的区别

市场环境的变化、消费者的日渐成熟和信息技术的发展，使得企业必须对促销提出更高的要求，即沟通和促销在更深、更广的层面上进行整合。相对于传统的促销策略而言，整合营销传播更强调买卖互动、传播分众和效果可控。

1. 买卖互动。传统的促销是单方面的：卖方拥有信息的优势，为使消费者了解对卖方有利的信息，卖方需要进行沟通。但现在，市场从以前的生产者主权市场转变为消费者主权市场。相对而言，消费者掌握了更多对企业有价值的信息，这就要求企业不仅要向消费者传递有关自己产品和企业的信息，还要尽可能获得消费者的有关信息。这一转变落实在企业的促销行为上，就要求企业不仅将促销看作一个单方面的信息传递，更希望通过了解消费者的反应来获得对市场的更充分的认识。消费者在促销中也不再是被动的信息接收者，他可以根据自己的偏好来选择企业传递的信息，从而使当前的促销更强调卖方和买方之间的互动。

2. 传播分众。大多数传统促销的信息沟通是通过大众传媒进行的，由于媒体传播的广泛性，促销不可避免地会出现与企业目标市场相比过于分散以至于浪费的倾向。整合营销传播更强调分众。分众是与大众相对的一个概念，指的是在大众消费者中按一定的细分标准进行的人群划分。企业所选择的分众是与其目标市场相符的。在分众的要求下，企业促销会选择一些能够实现有效与分众沟通的媒体或形式，如有线电视、直邮广告、电话促销、网络广告等，有些分众促销甚至达到了定制促销，即一对一的地步。

3. 效果可控。传统促销的一个主要问题是促销的效果较难把握，尤其是广告，因为企业往往无法确切地知道有多少人接收到了企业所发布的广告信息和反馈情况。现在，技术的发展为促销克服这一问题提供了条件，也使得整合营销传播越来越强调效果的可测量性。例如发布网络广告，就要及时统计每条广告被多少用户点击过，以及这些用户浏览这些广告的时间分布、地理分布和反映情况等。广告主可以实时评估广告效果，进而审定它们的广告策略合理性并进行相应调整，以及根据广告的有效访问量进行评估，并按效果付费。

（五）网络整合营销 4I 原则

在传统媒体时代，信息传播往往是自上而下，单向线性流动，消费者只能被动接收；而在网络媒体时代，信息传播呈现多向、互动式流动，消费者具有很强的主动性。奥美公司提出了网络整合营销 4I 原则，即趣味（interesting）原则、利益（interests）原则、互动（interaction）原则以及个性（individuality）原则。

1. 趣味原则。互联网的本质属性是沟通、链接，在互联网这个“娱乐圈”中，广告、营销也应该是娱乐化、趣味性的，这样有利于吸引消费者关注。

2. 利益原则。在互联网营销活动中，给用户提供的利益主要包括经济上的利益和心理上的利益。经济上的利益是指通过返现、抵现、打折等方式减少用户在交易过程中的花费；心理上的利益是用勋章、等级、称号等方式满足消费者“炫耀”、被特殊对待的心理需求。

3. 互动原则。在互联网时代，消费者可以更为便利地参与企业营销互动与新产品创造环节。消费者亲自参与互动与创造的营销过程，会在大脑皮层沟回中刻下更深的品牌印记。将消费者视为一个主体，发起其与品牌之间的平等互动交流，可以为营销带来独特的竞争优势。

4. 个性原则。个性化营销能够投消费者所好，更容易引发互动与购买行动。在传统营销环境中，个性化营销成本非常高，因此很难推而广之，但在网络媒体中，数字流的特征让个性化变得简单、便利，细分出一小类人，甚至一个人，做到一对一营销都成为可能。

第 2 节　大众传播促销

大众传播促销是指企业借助广告、销售促进、事件体验、公共关系等大众传播手段传播产品信息，吸引消费者购买，促进和扩大销售的活动。

一、广告

依据《中华人民共和国广告法》(以下简称《广告法》)，广告主是指为推销商品或者服务，自行或者委托他人设计、制作、发布广告的自然人、法人或者其他组织。广告经营者是指接受委托提供广告设计、制作、代理服务的自然人、法人或者其他组织。广告发布者是指为广告主或者广告主委托的广告经营者发布广告的自然人、法人或者其他组织。广告代言人是指广告主以外的，在广告中以自己的名义或者形象对商品、服务作推荐、证明的自然人、法人或者其他组织。

《广告法》明确规定，广告应当真实、合法，以健康的表现形式表达广告内容，符合社会主义精神文明建设和弘扬中华民族优秀传统文化的要求。广告不得含有虚假或者引人误解的内容，不得欺骗、误导消费者。广告主应当对广告内容的真实性负责。广告主、广告经营者、广告发布者从事广告活动，应当遵守法律、法规，诚实信用，公平竞争。广告中对商品的性能、功能、产地、用途、质量、成分、价格、生产者、有效期限、允诺等或者对服务的内容、提供者、形式、质量、价格、允诺等有表示的，应当准确、清楚、明白。广告中表明推销的商品或者服务附带赠送的，应当明示所附带赠送商品或者服务的品种、规格、数量、期限和方式。法律、行政法规规定广告中应当明示的内容，应当显著、清晰表示。

广告是由明确的发起者以公开支付费用的做法，以非人员的任何形式，对产品、服务或某项行动的意见和想法等的推广、介绍和传播。广告具有传播普遍性、艺术化呈现、便于控制等优势。广告宣传虽然是企业的微观行为，但也是媒体宣传的重要组成部分，因而也有导向问题。好的广告，能够传播正能量，弘扬社会正气，倡导正确的价值观，引导健康的消费观。不良的广告甚至虚假广告，可能误导消费者，助长奢靡之风，败坏社会风气，甚至给消费者带来财产损失，最终也会损害媒体的公信力。因此，企业制定广告决策必须注意导向问题，坚守市场道德，坚持客观真实，守住《广告法》这个底线。

（一）广告目标与广告预算

企业的广告目标主要有提供信息、诱导购买、提醒使用等。广告目标决定后，企业即可制定广告预算，即确定在广告活动上应花费多少资金。一般来讲，企业确定广告预算的方法主要有四种。

1. 量力而行法。尽管这种方法在营销学上还没有正式定义，但不少企业一直在采用。采用此法的企业确定广告预算的依据是它所能拿得出的资金数额。也就是说，在其他营销活动的经费被优先分配之后，尚有剩余再供广告使用。企业根据其财力情况来决定广告开支多少并没有错，但应看到，广告是企业的一种重要促销手段，企业做广告的根本目的在于促进销售。因此，企业做广告预算时要充分考虑自己需要花多少广告费才能完成销售指标。所以，严格说来，量力而行法在某种程度上存在片面性。

2. 销售百分比法。销售百分比法即企业按照销售额或单位产品售价的一定百分比来计算和决定广告开支。这就是说，企业按照每完成 100 元销售额（或每卖 1 单位产品）需要多少广告费来计算和决定广告预算。例如，某企业在 2025 年 12 月 1 日将前 11 个月的累计销售收入与 12 月预计的收入相加，以总额的 2%作为 2026 年的广告预算。

使用销售百分比法确定广告预算的主要优点是：

（1）暗示广告费用将随着企业所能提供的资金量的大小而变化，这可以促使那些注重财务的高级管理人员认识到，企业所有类型的费用支出都与总收入的变动有密切关系。

（2）可促使企业管理人员根据单位广告成本、产品售价和销售利润之间的关系去考虑企业的经营管理问题。

（3）有利于保持竞争的相对稳定，因为只要各竞争企业都在让其广告预算随着销售额的某一百分比而变动这一点上达成默契，就可以避免广告战。

使用销售百分比法确定广告预算的主要缺点是：

（1）把销售收入当成广告支出的“因”而不是“果”，造成了因果倒置。

（2）用此法确定广告预算，实际上是基于可用资金的多少，而不是基于机会的发现与利用，因而会失去有利的市场机会。

（3）用此法确定广告预算，将导致广告预算随每年的销售波动而增减，从而与广告长期方案相抵触。

（4）此法未能提供选择这一固定比率的依据，比率选择随意性较大。

（5）不是根据不同的产品或不同的地区确定不同的广告预算，而是所有的广告都按同一比率分配预算，造成了不合理的平均主义。

3. 竞争对等法。竞争对等法指企业比照竞争者的广告开支来决定本企业广告开支的多少，以保持竞争优势。在营销管理实践中，不少企业都喜欢根据竞争者的广告预算来确定自己的广告预算，造成与竞争者旗鼓相当、势均力敌的局势。如果竞争者的广告预算确定为 100 万元，那么本企业为了与它拉平，也将广告预算确定为 100 万元甚至更高。美国尼尔森调查公司的派克汉（J. O. Peckham）通过对 40 多年的统计资料进行分析，得出结论：要确保新上市产品的销售额达到行业平均水平，其广告预算必须相当于行业平均水平的 1.5～2 倍。这一法则通常称为派克汉法则。

采用竞争对等法的前提条件是：

（1）企业必须能获悉竞争者确定广告预算的可靠信息，只有这样才能随着竞争者广告预算的升降而调高或调低本企业的广告预算。

（2）竞争者的广告预算能代表企业所在行业的集体智慧。

（3）维持竞争均势能避免各企业之间的广告战。

（4）企业与竞争者生产、销售规模相仿，属于同一个层次。

但事实上，上述前提条件很难具备。这是由于：

（1）企业没有理由相信竞争者所采用的广告预算确定方法比本企业的方法更科学。

（2）各企业的广告信誉、资源、机会与目标并不一定相同，可能会相差很大，因此某一企业的广告预算不一定值得其他企业效仿。

（3）即使本企业的广告预算与竞争者势均力敌，也不一定能够稳定全行业的广告支出。

4. 目标任务法。前面介绍的几种方法都是先确定一个总的广告预算，然后，再将广告预算总额分配给不同的产品或地区。比较科学的程序步骤应是：

（1）明确地确定广告目标。

（2）确定为达到这种目标而必须执行的工作任务。

（3）估算执行这些工作任务所需的各种费用，这些费用的总和就是计划广告预算。

上述确定广告预算的方法，就是目标任务法。企业在编制总的广告预算时，先要求每个经理按照下述步骤准备一份广告预算申请书：

（1）尽可能详细地限定其广告目标，该目标最好用数字表示。

（2）列出为实现该目标所必须完成的工作任务。

（3）估计完成这些工作任务所需要的全部成本。

这些成本之和就是各自的经费申请额，所有经理的经费申请额即构成企业所必需的总的广告预算。

目标任务法的缺点是没有从成本的观点出发来考虑某一广告目标是否值得追求这个问题。譬如，企业的广告目标是下年度将某品牌的知名度提高 20%，这时所需要的广告费用也许会比实现该目标后利润的贡献额超出许多。因此，如果企业能够先按照成本来估计各目标的贡献额（进行成本效益分析），然后再选择最有利的目标加以实现，则效果更佳。实际上，这种方法也就被修正为根据边际成本与边际收益的估计来确定广告预算。①

① Philip Kotler，Gary Armstrong，Sridhar Balasubramanian. Principles of Marketing. 19th ed. Harlow：Pearson Education Limited，2024：448－449.

（二）广告媒体

企业的媒体计划人员还必须评估各种主要媒体到达特定目标沟通对象的能力，以便决定采用何种媒体。广告媒体是指企业用于向公众发布产品或服务广告的各种传播载体和技术手段。习近平指出："移动互联网已经成为信息传播主渠道。随着5G、大数据、云计算、物联网、人工智能等技术不断发展，移动媒体将进入加速发展新阶段。"① 目前，企业用于促销的主要媒体有互联网、微信群、电视、报纸、杂志、直接邮寄、广播、户外广告等。

近年来网络广告、社交媒体广告和移动广告的发展，为广告行业创造了丰富的机会，也为媒体选择带来了很大的挑战。例如，对于传统的电视、报纸、广播和杂志等大众媒体，这些媒体的受众较多，能够提供较高的到达率（Reach）和暴露频次（Frequency），但无法衡量每个具体用户是否接触相关媒体。网络广告则可以通过点击数据判断每个具体用户的接触情况，甚至可以通过销售数据计算广告转化率。此外，随着社交媒体和智能手机的发展，很多企业开始在社交媒体和手机应用上投放大量的广告。企业不仅要选择不同的媒体刊登广告，甚至要在同一媒体的不同渠道间进行分配，如同一企业的产品可能会在不同网站刊登不同的广告。这些变化使得企业的广告媒体决策更为复杂。

基本的广告媒体决策模型可以用如下公式表示：

确定 X_i，使得

$$\mathrm{Max}(Reach) = 1 - f(X)$$

约束于

$$0 \leqslant X_i \leqslant k_i \quad \text{（媒体约束）}$$

$$\sum c_i X_i \leqslant B \quad \text{（预算约束）}$$

式中，X_i 表示媒体 i 被选择的次数，X 代表 X_i 的变量组；k_i 代表媒体 i 被选择次数的上限；c_i 代表媒体 i 的单位成本，B 代表预算约束。模型的基本思想是在一定的约束条件下寻找 X_i，使得广告到达率最大。根据实际情况，广告到达率可以根据具体情况替换成其他指标（如总接触次数、加权接触次数）。广告媒体决策模型的重点在于函数 $f(X)$ 的确定，学者们针对不同的场景开展了很多研究，感兴趣的读者可以参考相关文献。我们接下来介绍广告媒体决策模型的一个简单应用。

【例13-1】REL公司正在开发一个环湖社区，目标市场主要是社区附近所有中上等收入家庭。REL公司聘请BP & J公司设计宣传活动。考虑到可能的广告媒体和要覆盖的市场，BP & J公司选择了5个媒体。公司计划先将广告投在5个媒体上，一个月之后再进行评估调整。BP & J公司收集了相关数据。其中宣传质量单位用于衡量各媒体中一次广告的相对价值，衡量的依据是BP & J公司在广告行业中的经验。综合考虑各方面因素后，REL公司给BP & J公司第一个月的预算是30 000元；要求覆盖的观众人数达到50 000人；至少要用10次电视广告；并且电视广告的预算不得超过18 000元。各种广告媒体的相关信息如表13-2所示，那么BP & J公司应该选择哪些媒体刊登广告？

① 习近平．加快推动媒体融合发展 构建全媒体传播格局．求是，2019（6）：6-7.

表 13-2 广告媒体决策的信息表

广告媒体	潜在受众人数	广告单价	每月最多可用次数	宣传质量单位
日间电视	1 000	1 500	15	65
晚间电视	2 000	3 000	10	90
日报	1 500	400	25	40
周日报纸杂志	2 500	1 000	4	60
广播电台	300	100	30	20

设 BP & J 公司在 5 个媒体（日间电视、晚间电视、日报、周日报纸杂志、广播电台）投放的广告量分别为 X_1，X_2，X_3，X_4 和 X_5，根据 BP & J 公司的要求，可以列出如下模型：

Max：$65X_1+90X_2+40X_3+60X_4+20X_5$（目标函数）

约束条件：$1\ 500X_1+3\ 000X_2+400X_3+1\ 000X_4+100X_5\leqslant 30\ 000$（广告预算约束）

$1\ 000X_1+2\ 000X_2+1\ 500X_3+2\ 500X_4+300X_5\geqslant 50\ 000$（覆盖观众约束）

$1\ 500X_1+3\ 000X_2\leqslant 18\ 000$（电视广告预算约束）

$0\leqslant X_1\leqslant 15$

$0\leqslant X_2\leqslant 10$

$0\leqslant X_3\leqslant 25$

$0\leqslant X_4\leqslant 4$

$V0\leqslant X5\leqslant 30$

式中，X_1、X_2、X_3、X_4 和 X_5 为整数。

用 Excel 工具对上述线性规划模型求解得：$X_1=8$，$X_2=0$，$X_3=25$，$X_4=4$，$X_5=30$。也就是说，日间电视投放 8 单位，不投放晚间电视，日报投放 25 单位，周日报纸杂志投放 4 单位，广播电台投放 30 单位。在这样的条件下，广告宣传质量为 2 360 单位，广告花费为 29 000 元，受众覆盖 64 500 人。

（三）程序化广告

鉴于广告管理成本和时间成本的高昂，程序化广告（programmatic advertising）逐渐成为热门选择。程序化广告为广告主和媒体提供高效、智能、精准的市场机会，带来营销效率和广告效果的双提升。程序化广告是一种借助人工智能技术，根据定位算法购买、投放广告的过程。程序化广告超越了网络空间，还可以用于购买和销售各种媒体广告资源，其中包括展示广告和户外广告。

程序化广告和传统广告之间的关键区别在于媒体资源配置程序化，而且广告信息可以实时更新，广告发布和制作的广告商能有更多的可控性。即使是中小卖家也可以利用程序化广告来最大化投资回报率。程序化广告依赖于自动化、大数据、媒体技术和营销知识的结合，而这无疑需要投入一定的人力成本，但也为提升广告效果奠定了坚实基础。

进入数字经济时代，智能广告投放系统能够不间断地进行 24 小时监控，实时捕捉并调整广告效果的下滑趋势，有效减少了无效广告的投放，从而极大提高了广告的投放效率。AI 通过多维度数据分析和自动化技术，可实现对不同用户群体的精准触达，并且可帮助广告主合理分配预算；通过实时分析投放数据，动态调整策略，可以实现广告效果和 ROI 的最大化。一站式智能广告投放平台 iAccess，基于海量数据源，深度挖掘受众行为，分析营销链路，通过整合全渠道营销资源，支持多种智能广告投放模式。通过这类智能工具和平台，广告主能够以更高效、更精准的方式触达目标受众，实现广告投放的最大化效益。①

二、销售促进

（一）销售促进的含义

销售促进是指除了人员推销、广告、公共关系以外的刺激消费者购买和经销商销售的各种促销活动，例如陈列、演出、展览会、抽奖、秒杀、积分、预售、团购、打折、优惠券、满减满赠、示范表演等。销售促进具有引人关注、激励诱导、邀请参与等特点。一般来讲，销售促进被理解为零售企业刺激客户的一切方法，它常被视为促销的同义词。

一般来讲，销售促进策略的实施步骤包括确定销售促进目标、选择销售促进工具、制定销售促进方案、预试销售促进方案、实施和控制销售促进方案以及评价销售促进结果等。

（二）销售促进工具的选择

销售促进工具多种多样，各有其特点和适用范围。选择合适的销售促进工具需要考虑以下因素：

1. 销售促进对象。销售促进工具按照销售促进对象可以分为以消费者或产业用户为对象的促销方式，以中间商为对象的促销方式及以零售商为对象的促销方式。图 13－2 展示了各种类型的销售促进工具及流程图。不同类型的市场对销售促进工具有着不同的要求，企业必须根据市场特点选择合适的工具。

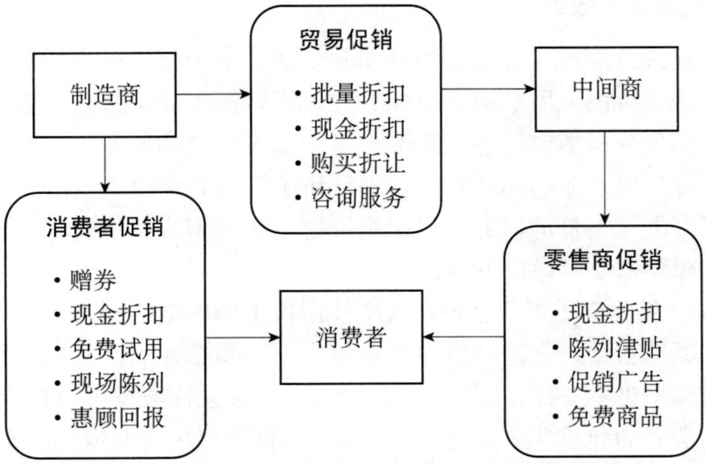

图 13－2　销售促进工具类型及流程图

2. 销售促进目标。不同的销售促进工具能够达到不同的目标。有些销售促进工具（如免费试用样品）能够提高非用户的使用率，有些销售促进工具（如包装内优惠券）则

① 普乐师加大人工智能在线下数字化动销的布局 共促线下数字化动销 AI 算法与应用的发展．（2024－08－27）．https：//finance. eastmoney. com/a/202408273166866193. html.

可以提高现有用户的重复购买率。图 13－3 列出了不同销售促进工具在满足消费者功能性利益和享乐性利益方面的优劣势。[1] 企业需要根据销售促进目标选择合适的销售促进工具。

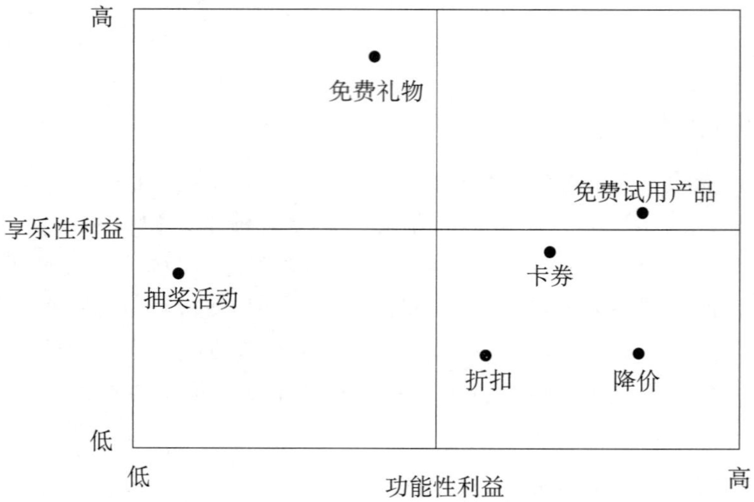

图 13－3　不同销售促进工具的利益矩阵

3. 竞争情况。企业需要考虑自身的条件、实力、竞争优势及外部环境中竞争对手的能力、竞争策略、销售促进工具等因素，选择适合自己的销售促进工具。

4. 销售促进预算。企业销售促进预算的制定可以参考广告预算决策的相关模型和方法。不同的销售促进工具费用不同，企业还需要根据销售促进预算选择合适的、有效的销售促进工具。

（三）评估销售促进效果

企业在销售促进方面投入了大量的时间和金钱，至于销售促进的效果怎样，企业需要进一步评估。企业可以采用定期调研的方式，评估销售促进是否改变了消费者对品牌的态度和情感，例如分析销售促进对顾客忠诚和品牌资产的影响。多数情况下，企业往往需要评估销售促进对企业利润的影响，即分析不同销售促进工具的弹性。学者们在销售促进效果方面开展了大量的研究，但很难说哪一个模型有普适性。一般来说，构建销售促进效果评估模型需要考虑以下因素：

1. 数据结构。销售促进可能在消费者个体层次上影响他们的选择购买，也可能在店铺层次上影响产品销售量，甚至可能在企业层次上影响企业利润。数据结构不同，评估销售促进效果的模型也不一样。例如，通过消费者个体层次数据可以构建品牌选择模型，同时需要考虑消费者的异质性；而通过店铺层次数据可以构建面板数据计量模型。

2. 结果变量。不同的结果变量会影响评估模型的选择。例如，销售促进可能影响消费者选购产品或者促进产品销售，也可能带来其他影响。例如，销售促进可能提高消费者对大类产品的购买需求，可能促使消费者购买同品牌的其他产品，也可能抑制消费者购买竞争对手的产品。除此以外，销售促进还可能影响消费者的参考价格，促使竞争对

---

① Pierre Chandon，Brian Wansink，Gilles Laurent. A Benefit Congruency Framework of Sales Promotion Effectiveness. Journal of Marketing，2000，64（4），65－81.

手做出反应。因此，企业需要根据销售促进的目标，从不同角度评估销售促进带来的影响。

3. 短期或长期效应。销售促进可能为企业产品带来短期激励，但长期来看销售促进既有可能提高消费者对品牌的偏好，提高消费者的重复购买率，也有可能促使消费者囤货，影响消费者的后续购买行为。因此评估销售促进效果时还需要考虑销售促进的短期效应和长期效应，综合评估销售促进的效果。

三、事件体验

事件体验是指企业通过对事件、情境的安排以及特定体验过程的设计，让消费者在体验中产生美妙而深刻的印象，并获得精神满足，从而实现促进产品或服务销售的目的。事件体验在促销方面具有关联客户、现场参与、间接促销等特点。事件包括企业公益活动、厂庆店庆、成功应对突发事件、企业或员工获得奖励荣誉、企业通过标准认证等典型有趣、新鲜稀缺、可能引起公众关注、具有正面新闻价值的各种事情。

事件促销是指企业通过策划、组织和利用具有名人效应、新闻价值以及社会影响的人物或事件促进产品或服务销售。事件促销通过制造新闻事件吸引媒体注意，集新闻效应、广告效应、形象传播、客户关系于一体，并为新产品推介、品牌展示创造机会，成为快速提升品牌知名度与美誉度的促销手段。

体验是指通过看、听、用、参与等手段，充分刺激和调动消费者的感官、情感、思考、行动、联想等感性因素和理性因素，促使消费者产生内在反应或心理感受的过程。体验通常是由于对事件的直接观察或参与造成的，无论事件是真实的还是虚拟的。只有那些能真正刺激消费者感觉、心灵和大脑，并且进一步融进其生活的体验才能使消费者内心深处感受到强烈的震撼，得到他们的支持和认可，从而建立起长期可持续发展的关系。

体验促销是指企业通过满足消费者体验需求实现促进产品或服务销售目的而开展的各种活动。

四、公共关系

（一）公共关系的含义

公共关系是指企业为改善与社会公众的关系，增进公众的认识、理解及支持，树立良好形象，实现其与公众的共同利益与目标的管理活动。公共关系具有高度可信、消除戒备、戏剧呈现等特点。

公共关系的主体可以是组织，也可以是个人。公共关系客体（对象公众）很广泛，既包括组织内部公众，如股东、员工等，也包括组织外部公众，如客户、新闻媒体、金融机构、政府、业务伙伴、竞争者等。

企业的公共关系形象包括产品形象、服务形象、员工形象和环保形象等。良好的公共关系形象无疑是企业的无形资产，可有效促进企业与客户及合作伙伴的沟通，增强企业的核心竞争力。

（二）公共关系的职能

公共关系作为一门经营管理艺术，其职能主要表现在信息监测、舆论宣传、沟通协调、危机处理四个方面。公关人员的重要任务之一就是发掘或创造对企业或其产品有利的新闻。新闻的创造要善于构想出好的故事，以争取媒体采用。公关人员必须尽可能多地结识新闻编辑人员和记者，以获得较多较好的有关本企业的新闻报道。

（三）公关公司的优势

企业既可以自身开展公关活动，也可以寻求外部公关公司的支持。公关公司的促销传播具有较强针对性、具体可控性和系统全面性，能够借助有效的营销调研及时捕捉客户需求，精准确定促销目标及预期 KPI，并做好舆论导向监测及总结报告等，可实现从促销到执行及监测的全面推广。公关公司从客户需求出发量身定制的公关传播计划，能够很好地贯彻实施。公关公司还要可依据 KPI 付费，让客户企业全程无忧。企业可以在最短时间内，用最少的成本达到最佳的促销传播效果。

（四）公关公司的选择

例 13－1　胖东来的危机公关

企业在选择公关公司时，应根据具体需要，选择那些口碑好，在行业有一定建树，并且收费合理，能够提供财经、路演、发布会等传统公关服务的公司。公关公司应能通过整合业务，引入其数字营销技术，包括广告投放、品牌形象管理、市场维护及危机管理等综合性解决方案及服务。这样的公关公司能为企业创造更多的传播价值。

第 3 节　数字传播促销

数字传播促销是指企业借助在线营销、社交媒体营销、移动营销等数字手段传播产品信息，吸引客户积极购买，促进和扩大销售的活动。习近平指出：“加强网络文明建设，促进优质网络文化产品生产传播，充分展示人类优秀文明成果，积极推动文明传承发展，共同建设网上精神家园。”① 这为企业开展数字传播促销提供了根本遵循。

一、在线营销

在线营销是指企业借助数字网络媒体以及数字化、网络化、智能化技术，传播产品信息，改变消费者态度和行为，刺激消费者购买，促进和扩大销售的活动过程。

（一）在线营销的特点

互联网是企业开展在线营销的基础，现代数字技术极大地降低了沟通成本，使得企业和消费者之间的信息交流更加便捷。在线营销具有如下特点：

1. 跨时空性。互联网跨时空进行信息沟通的特点使得在线营销也具备了不受时空限制的特点，可以在全球范围内获取客户、传播信息、促进销售，互联网的实时性确保企

---

① 习近平向 2023 年世界互联网大会乌镇峰会开幕式发表视频致辞．人民日报，2023－11－09.

业可以及时更改产品和服务信息，从而提高促销效果。

2. 多媒体性。互联网为信息沟通传播提供了包括声音、图像和视频在内的多种形式，而不仅仅局限于文本信息。例如，微博、微信等允许用户发布文字信息，分享图片和视频，将多种形式的信息进行有机结合，从而提高企业促销效率。

3. 高成长性。现代数字技术的发展和消费者收入的增加使得越来越多的人进入互联网，在线营销也朝着受众持续增加的方向发展。在线营销的高成长性正在吸引众多企业的注意力，而在线营销也被越来越多的消费者所熟悉和认可。

4. 成本低廉。音乐、电影和软件等特殊产品可以在互联网上完成交易，提供相关服务。企业和个人借互联网免费发布信息并进行沟通交流，这就有力地降低了在线营销的交易成本、宣传成本和促销成本。

（二）在线营销的功能

1. 信息发布平台。依托互联网的在线营销具备强大的信息发布功能，具有传统促销方式所不具有的优势。企业可以通过在线营销把产品或服务信息发布到全球任何一个地点。

2. 网络营销调研。企业利用互联网交互式信息沟通渠道来开展营销调研，具有方法多样、调查周期短和成本低的特点。企业可以主动获取市场信息，研究需求变化趋势，分析消费者心理和行为，研究竞争对手的促销目标和策略，更有效地开展促销活动。

3. 开拓促销渠道。企业可以建立具有网上交易功能的网站、电子商务综合平台、网店等开展品牌推广、个性化促销活动。

（三）网络社区和礼仪

习近平指出，“要在实行自治和法治的同时，注重发挥好德治的作用，推动礼仪之邦、优秀传统文化和法治社会建设相辅相成”①。网络社区和网络礼仪是在线营销的两个重要概念。网络社区是指包括 BBS 论坛、贴吧、公告栏、群组讨论、在线聊天、交友、个人空间、无线增值服务等形式在内的网上交流空间，同一主题的网络社区集中了具有共同兴趣的访问者。网络社区具备良好的私密性，网络成员可以隐藏自己的真实身份，这为在网络社区中讨论比较私密的话题提供了机会。企业营销人员利用网络社区成员之间的紧密关系来开展促销，实现盈利。

真实世界中，人与人之间的社交活动有不少约定俗成的礼仪，在互联网虚拟世界中，也同样有一套不成文的规定及礼仪，即网络礼仪，供互联网用户遵守。网络礼仪是自互联网诞生以来网民在实践中逐渐形成并不断完善的不成文的网络行为规范，也是网络上一切行为都应该遵守的准则，如不使用电子公告牌张贴私人的电子邮件，不进行喧哗的销售活动，不在网上随意传递带有欺骗性质的邮件等等。

（四）在线营销过程

一般地，在线营销过程包括七个阶段：选定市场机会，制订营销战略，设计用户体验，构思用户界面，设计营销计划，利用用户信息，以及评估营销计划。在线营销过程也可以用于产品或服务的在线促销。

---

① 习近平．把乡村振兴战略作为新时代“三农”工作总抓手．求是，2019 (11).

二、社交媒体营销

数字经济的发展催生了一系列社交媒体，给消费者提供了一个聚集、社交及交流意见和信息的网络空间。兼具社交属性和移动互联网便利性的社交媒体给企业带来了不同于以往的机遇和挑战。很多企业已经借助这类平台展示信息，开展口碑传播和品牌沟通活动，为消费者提供了更多的价值。成功的社交媒体营销，能给企业带来成本更低的大流量互动效果，从而扩大品牌影响力，提升销售量和品牌价值，发挥了重要的促销作用。

（一）社交媒体及其特点

社交媒体，又称社会化媒体，是指互联网上基于用户关系的内容生产与交换平台，具有参与、公开、交流、对话、社区化、连通性的特点，赋予每个人创造并传播内容的能力，人们可借此平台分享意见、见解、经验和观点。

从互联网技术兴起以来，社交媒体平台从最初的博客到微博、微信、快手、播客、视频号、抖音、公众号、小红书、知乎等，越来越多的媒体接入社交功能，同时催生更多细分的社交形态。社交媒体具有如下特点：

1. 受众广泛。基于用户数据不断积累、算法不断优化、内容形式与吸引力不断完善，社交媒体在人们的生活中发挥着越来越重要的作用。社交媒体的受众具有充分的广泛性。

2. 自发传播。许多人认为，自己所认识的朋友在社交媒体上分享的消息和产品比广告更真实可信、更具有说服力。社交媒体打破了生产、消费、传播的界限，用户既可以充当消费者，又可以充当内容生产者，同时积极扮演自发传播者的角色。社交媒体平台的提供者让用户深度参与内容的制作生产，并利用他们自身的人际关系网络传播。

3. 人际互动。社交媒体重视打造以人际关系网络为核心的传播路径。微博、微信等平台善于利用现实世界中的人际关系来建立虚拟关系网络。同时，基于网络用户间的分享文化，社交媒体还设计出许多功能及应用，来增强朋友之间的互动性。例如，点赞功能、评论功能和微信小程序等，推动产生更多的联系与关注度，培养用户互动习惯，并与线下活动紧密相连。由此，虚拟的社交圈成了维持现实中社交关系的重要一环。

4. 内容独特。社交媒体倡导“人人都能成为内容生产者”，一些关注度极高的社交媒体，内容上很重要的一个特点便是高度个性化。个性化体现在独特的观点和视角上，这在很大程度上迎合了消费者求新求异的心理。在自媒体时代，每个用户都可以为自己发声，而独特的内容是社交媒体区别于传统媒体的重要因素。这也有助于更多意见和多元价值观的形成。

（二）社交媒体营销的特点

社交媒体营销是指企业借助社会化网络、在线社区、视频号、公众号、小红书等社交媒体平台开展信息传播、品牌推广、公共关系、客户维系、促进销售等活动的过程。每个社交媒体平台或者社交媒体渠道都有不同的特征和功能，企业在制定社交媒体营销行动时应当考虑到这一点。社交媒体营销具有以下特点：

1. 直接沟通。基于社交媒体平台，企业能够通过直接发布以及推广链接的方式来获取关注，在任何时间、任何地点为客户提供关于品牌事件和活动的及时且相关的内容。企业可以利用先进的互联网技术，通过文字、图片、视频等不同方式对产品进行陈列和介绍，使消费者充分接收企业传播的信息，以提高产品的知名度与影响力。与客户直接沟通的便利，为企业更好地了解消费者需求、实现产品开发的有效性提供了保障。

2. 成本低廉。越来越多的企业以及个体加入社交媒体营销的行列，促进了社交媒体营销的发展。尽管创建和管理社交媒体内容可能投入较大，但是很多社交媒体可以免费或低价使用。因此，与电视、印刷品等昂贵的传统媒体相比，社交媒体营销活动的投资回报率往往较高。对于无法承受巨额营销预算活动的中小企业，社交媒体的低成本使得它们容易参与其中。此外，社交媒体上的推广多数是由用户主导的一种非强迫性的销售方式，推广成本很低。譬如，“微商”以微信平台为依托、微信朋友圈为基点，几乎不用投入任何金钱成本，便可达到促销、销售的目的。

3. 效果明显。社交媒体营销的优势体现在客户参与和社交分享能力。社交媒体特别适合创建客户参与和社区，以使客户能够与品牌和其他客户互动。随着社交媒体的使用人数迅速增长且分布范围不断扩大，社交媒体营销的影响也越来越大。以增速迅猛的拼多多为例，其销售模式在很大程度上就是利用了人们的交友圈，以一人发起拼团参与者均享受优惠的形式销售商品，很快打开了销路、扩大了知名度、提高了用户人数，并以很快的速度增长。

例 13-2 雷军的社交媒体传播促销

（三）信息流广告及其效果

信息流广告是指位于社交媒体用户的好友动态、资讯媒体和视听媒体内容流中，并符合用户使用原页面的行为习惯，将产品信息作为“内容”融入用户的社交生活中的广告。信息流广告具有如下特征：

1. 广告融入内容。信息流广告最大的特点就是将广告融入内容，为消费者提供沉浸式体验，提高信息流广告与用户之间的相关度，达到“广告即内容”的效果。这种广告形式与社交媒体中的用户动态形式一致，引人注意，既能产生较好的促销效果，又不会让用户反感。

2. 精准投放。实现个性化、差异化的精准投放是信息流广告的另一大特征。利用大数据分析，依据历史浏览、消费行为充分挖掘用户的喜好，并将用户进行分类，可以达到将每一个用户都标签化的效果，以此实现信息流广告的精准投放，使广告投放效果最大化。

3. 海量用户。承载信息流广告的载体是各类社交媒体，而社交媒体拥有海量的用户，例如微信、QQ、微博等。在用户群体数量庞大的基础上，精准的广告投放具有效果倍增的巨大潜力。

信息流广告的效果要受到如下因素的影响：

1. 媒介因素。首先，媒介自身的服务质量，包括操作是否便利，是否安全可靠等，会影响信息流广告的投放效果。其次，媒介本身的知名度无疑会影响到广告效果，一个知名度高的媒介会促使用户对信息流广告的认知和行为产生改变，起到正向的作用。

2. 受众因素。若信息流广告能够引起很多好友进行参与，则用户会增强对广告的注意力，因此提高用户的参与度会提高广告效果；用户创新性也会对广告效果产生显著影响，一般而言，用户创新性越强则信息流广告的效果会越好；不过，倘若用户感知自己的隐私受到侵犯，就会对广告产生负面的态度。

3. 广告因素。这与用户对广告图像、文案、声音、时间等的偏好有关。人们对广告要素的偏好不同，信息流广告的效果也就有所不同。

三、移动营销

移动营销指面向移动终端（手机或平板电脑）用户，在移动终端上直接向目标受众定向和精确地传递个性化即时信息，通过与消费者的信息互动实现营销目标的行为。移动营销具有传播及时、影响力强和覆盖面广等特点。

移动营销是在强大的云端服务支持下，利用移动终端获取云端营销内容，把个性化即时信息精准有效地传递给消费者个人，实现"一对一"的互动营销。

移动营销不同于短信群发。移动营销可以借助短信回执、短信网址、彩铃、彩信、声讯、流媒体等多种形式，开展营销或促销活动。短信群发只是移动营销的手段之一，是移动营销整体解决方案的一个环节。

移动营销有助于提高产品或服务品牌的知名度和美誉度，可以随时随地收集客户资料，不断充实完善数据库，也有助于吸引客户参加促销活动，提升客户满意度、信任度和忠诚度，增加企业产品或服务的销售收入。

第 4 节　人员传播促销

人员传播促销是指企业借助直复营销、数据库营销、口碑营销和人员推销等信息沟通手段，传播产品信息，说服或吸引客户购买，促进和扩大销售的活动。人工智能技术为人员传播促销带来了诸多便利。例如，EX 机器人公司生产的人形机器人小柒，可以与潜在客户进行智能交互问答，在国际大型展会、电子产品销售、景区咨询、商业展厅等领域得到了充分的应用和展示。还有多模态环境感知机器人，通过整合视觉感知模型、语言感知模型、传感器感知模型，帮助机器人对物理世界进行多维感知，可以用于现场销售推广。①

一、直复营销

（一）直复营销的含义

直复营销，又称直接营销，是指为了随时随地产生可测量的反应或达成交易而交互使用多种广告媒体的促销方式。"直"的意思便是舍弃中间分销渠道，直接通过媒体接触企业和消费者。在网络营销中，客户可以在接触到商品信息的同时，直接向企业下订单并付款。"复"则是针对企业与客户之间的互动而言的，企业可以对客户的最终决策进行收集，通过数据分析来调整营销策略。换句话说，直复营销就是在没有中间商的情况下，利用直接渠道来接触及传送产品和服务给客户，其最大特色为直接与客户沟通或不经过分销商而进行的促销活动。

---

① AI 与实体经济深度融合"机器人＋"赋能千行百业．中国证券报，2024－08－23.

利用多种媒体，理论上可达到任何目标对象所在区域，且是一种可以测量回应或交易结果之促销模式。通常直复营销所使用的媒体沟通工具与大众媒体例如电视购物不同，它是以小众的促销媒体为主，例如电话推销、网络销售等。

（二）直复营销的特点

互联网作为一种交互式的可以双向沟通的渠道和媒体，可以很方便地在企业与客户之间架起桥梁，客户可以直接通过网络订货和付款，企业可以通过网络接收订单、安排生产，直接将产品送达客户。直复营销具有如下特点：

1. 双向沟通。直复营销作为一种交互作用的体系，特别强调直复营销者与目标客户之间的“双向信息沟通”，以克服传统促销中“单向信息传播”方式的营销者与客户之间无法沟通的致命弱点。通过互联网开放、自由的双向式的信息沟通网络，企业与客户之间可以实现直接的一对一的信息交流和直接沟通，企业可以根据目标客户的需求制定生产和营销决策，在最大限度满足客户需求的同时，提高促销的效率。

2. 精准促销。直复营销活动的关键是为每个目标客户提供直接向企业反应的渠道，营销人员可以凭借客户反应找出不足，为下一次直复营销活动做好准备。互联网的方便、快捷使得客户可以方便地通过互联网直接向企业提出建议和购买需求，也可以直接通过互联网获取售后服务。企业也可以从客户的建议、需求和要求的服务中，找出自身的不足，按照客户的需求开展促销活动，减少促销费用。

3. 效果可测。直复营销最重要的特点是直复营销活动的效果是可测定的。互联网作为最简单直接的沟通工具，可以很方便地在企业与客户进行交易时提供沟通支持和交易平台。借助数据库技术和网络控制技术，企业可以很方便地处理每一个客户的订单和需求，从而提高促销的效率和效果。

二、数据库营销

（一）数据库营销的含义

数据库营销是指企业利用营销过程中收集的各种消费者数据，通过整理分析来支持营销策略的制定，有效地保持现有客户资源，为营销策略提供依据，有力地促进销售的重要手段。

大数据、云计算、区块链、人工智能等现代信息技术的快速发展，为企业以个性化、持续性、低成本的营销方式发现客户、满足需求、促进销售提供了绝佳的机会。借助管理信息系统（MIS）建立客户数据库，开展数据库营销，可以很好地强化长期稳定的客户关系，为企业应对市场竞争、实现可持续发展奠定了坚实基础。

（二）数据库营销的作用

数据库营销不仅是一种全新的营销方法，而且是一种行之有效的促销手段。其作用主要体现在六个方面：（1）更充分地了解客户的需求；（2）为客户提供更好的服务；（3）对客户的价值进行评估；（4）了解客户的价值；（5）分析客户需求和行为；（6）营销调研和需求预测。

（三）数据库营销的过程

作为一种促销手段，数据库营销过程一般经历数据采集、数据存储、数据处理、寻找理想客户、使用数据、完善数据库等步骤。

1. 数据采集。企业可以通过客户消费记录以及促销活动记录收集有价值的数据，也可以充分利用来自公共记录的数据，如人口统计数据、医院婴儿出生记录、患者记录卡、银行担保卡、信用卡记录等。在此基础上，及时准确地将客户数据纳入数据库。

2. 数据存储。以消费者为基本单元，将收集的数据输入电脑，建立起消费者数据库。

3. 数据处理。运用先进统计技术和计算机技术将各种不同的数据集成为有条理的数据库，然后在强有力的各种软件支持下，产出研发部、营销部、广告部、公关部等职能部门所需要的数据库。

4. 寻找理想客户。企业可借助电脑搜寻某类产品或品牌的消费者的共同特性，如职业、收入、兴趣、消费习惯、品牌偏好等，以此为基础确定理想客户，开展有针对性的促销活动。

5. 使用数据。数据库数据可以用于如下方面：（1）决定将优惠券送给哪些客户；（2）根据消费者特性，开展卓有成效的广告促销；（3）根据消费记录，准确判定客户的消费档次和品牌忠诚度。充分掌握、及时更新、有效利用客户数据，为提升促销效果奠定坚实基础。

6. 完善数据库。在促销实践中，随着优惠券反馈、抽奖销售活动记录及其他促销活动信息的不断增加，客户数据也在不断积累、更新、扩增，从而更加及时准确地显示出消费者购买行为新趋势，为企业开展促销活动提供有力支持。

三、口碑营销

进入数字经济时代，许多消费者都不再轻易信任传统的促销广告。当他们需要了解某个品牌或决定购买某种产品时，他们会咨询懂行的或有过使用经历的朋友，或是通过互联网在专业的网站上寻找建议，总之，他们认为最值得信任的信息来源是口碑。与之形成鲜明对照的是，广告、公关、推销等传统的促销手段对消费者的影响正在逐渐减弱。

（一）口碑与口碑传播

口碑是指对某产品、服务、品牌、信息的一种个人观点、评论或意见。

口碑传播是指由生产者以外的个人通过明示或暗示的方法，不经过第三方处理、加工，传递关于某一特定或某一种类的产品、品牌、销售者，以及能够使人联想到上述对象的任何企业或个人信息，从而导致受众获得信息、改变态度，甚至影响购买行为的一种双向互动的传播行为。大数据、互联网和人工智能等技术为企业介入口碑传播提供了极其有利的条件。而不同的网络口碑类型均对企业介入有着重要影响（如表13-3所示）。

表13-3 网络口碑的类型

网络口碑	释义	信息流动方向	互动时间	互动对象
网上布告	包括厂商张贴在网上的消费者意见，商业站点贴出的消费者意见，以及消费者在自己的网站上发布的产品意见等	单向	*	*

续表

网络口碑	释义	信息流动方向	互动时间	互动对象
帖子列表	包括那些在厂商的网站上发布的消费者对产品的意见，以及阅读该帖子的其他消费者的评论及反馈意见等	双向	延迟的	企业
论坛	包括网上布告栏、新闻组和主题讨论区等	双向	延迟的	消费者
私人电子邮件	由一个人直接发给另一个人（或另一组人）的电子邮件	双向	延迟的	消费者
聊天室	几组人就某个特定主题，通过互联网进行的实时对话	双向	即时的	消费者
即时信息	通过互联网进行的一对一的实时对话	双向	即时的	消费者

* 不具备“互动性”的特征。

（二）口碑营销及其形式

口碑营销是指企业为实现既定目标、刺激客户购买、促进产品销售，借助口碑传播而开展的营销活动。口碑营销有不同的表现形式，包括：(1) 蜂鸣营销，是指企业运用特色鲜明的短视频、娱乐活动或新闻报道来吸引消费者谈论品牌或产品，以正面口碑传播聚集人气，提高产品知名度和美誉度，增进消费者信任，促进产品销售的活动。(2) 病毒营销，是指企业借助电子邮件、视频号、公众号、抖音、知乎、微信、快手等数字技术手段和平台，使产品信息因消费者感兴趣、有口碑传播的内在动力而像病毒一样不断传播、复制、扩散开来，从而提高产品知名度和美誉度，促进产品销售的活动。(3) 社区营销是指企业通过建立分享品牌体验的社区（如用户群体、爱好者俱乐部、讨论区、微信群等），并为社区提供内容和信息等方面的支持，激励社区成员自愿进行口碑传播，促进产品销售的活动。(4) 草根营销，是指企业动员、组织志愿者对本地居民口碑传播产品信息，鼓励人们讲述老百姓身边的故事，靠普通人口口相传扩大产品影响力，促进产品销售的活动。(5) 倡导营销（evangelist marketing），是指企业通过培养倡导者或志愿者，鼓励他们扮演意见领袖的角色，进行口碑传播，开展营销活动。

（三）口碑营销及其形式

1. 有意识的传播行为。口碑营销不能仅仅凭借公众自发的信息传播，企业还应该有意识地去设计传播要素，对传播进行管理和追踪，强化和促进正面口碑传播，抑制和扭转负面口碑传播。

2. 目标导向的营销行为。企业实施口碑营销，目标十分明确，那就是满足客户需求、实现商品交易、与客户建立良好的关系、赢得客户满意和忠诚、提升企业品牌形象。

3. 营销成本费用较低。口碑营销是比较经济的信息传播工具，企业不需要广告宣传那样的高投入，一旦正面口碑形成，在很大程度上传播者就会自行宣传企业的产品和服务，并且很容易成为稳定的忠实客户。

4. 群体成员积极互动。同一消费群体内部具有相近的消费取向和品牌偏好，只要影响了其中的一部分人，群体成员之间就会产生相互影响、相互促进的积极热情，信息便会以极快的速度传播开来。

四、人员推销

（一）人员推销及其特点

人员推销是指企业派出销售人员与一个或一个以上可能成为购买者的人交谈，作口头陈述，说服购买者积极购买某种产品或服务的过程。在这一过程中，销售人员要确认购买者的需求，并通过自己的努力去满足购买者的各种需求，使双方都从公平交易中获取各自的利益。由此观之，人员推销也是一种生产性活动。

人员推销具有广告等其他促销形式无法比拟的优点，主要包括：（1）关系导向，注重人际关系，有利于客户同销售人员之间建立友谊。（2）灵活应对，对潜在客户的疑虑及时加以解答。（3）成功率高，在大多数情况下能实现潜在交换。（4）掌握信息，便于及时了解客户的需求偏好，优化促销决策。（5）重点突破，经常用于推销那些价格昂贵、性能复杂、竞争激烈的产品。

（二）销售队伍管理

销售队伍管理是指企业根据外部环境变化和内部资源条件设计和管理销售队伍的过程（如图 13 - 4 所示）。

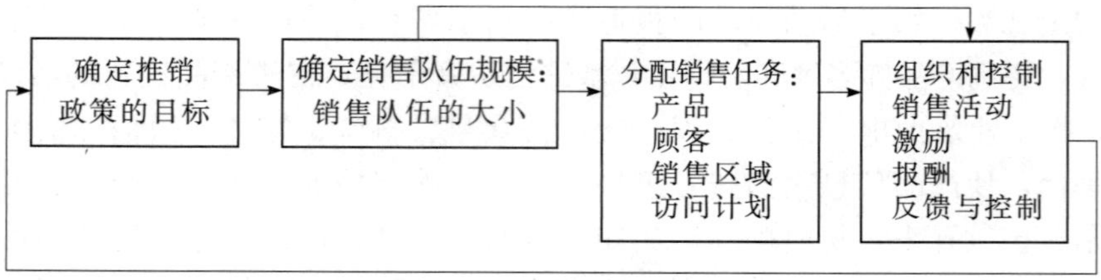

图 13 - 4　销售队伍管理

由图 13 - 4 可以看出，人员推销是一个循环的双向流动过程。销售队伍的目标影响销售队伍的大小（销售队伍规模），而销售队伍规模又会限制其目标。同时，销售队伍规模还制约资源和时间在产品、客户、区域等方面的分配。销售人员是企业最有生产价值、花费最多的资产之一，销售队伍规模直接影响企业的收入和成本。销售人员过少，不利于企业拓展市场；而销售人员过多，又会增加企业的经营成本。企业设计销售队伍规模通常有三种方法：

1. 销售百分比法。企业根据历史数据计算销售队伍的各种花费占销售额的百分比以及销售人员的平均成本，然后对未来销售额进行预测，从而确定销售人员的数量。例如，企业希望明年销售额达到 5 000 万元，根据经验判断销售队伍的花费占销售额的 20%。假设一个销售人员的平均成本（包括工资、激励、差旅费用等）为每年 100 万元，那么该企业销售队伍的规模应该为 10 人。

2. 销售能力法。企业测量每个销售人员在不同区域的销售能力，计算不同销售队伍规模下的销售额和投资回报率，从而确定销售队伍的规模。例如，企业分别估计了不同销售队伍规模情况下的短期利润和长期利润（如图 13 - 5 所示）。① 如果企业追求长期利

① Prabhakant Sinha，A. Zoltners. Sales-Force Decision Models：Insights from 25 Years of Implementation. Interfaces，2001，31（3），S8 - S44.

润，可以确定销售队伍规模为 100 人；如果企业希望获得短期利润，那么可以确定销售队伍规模为 82 人。

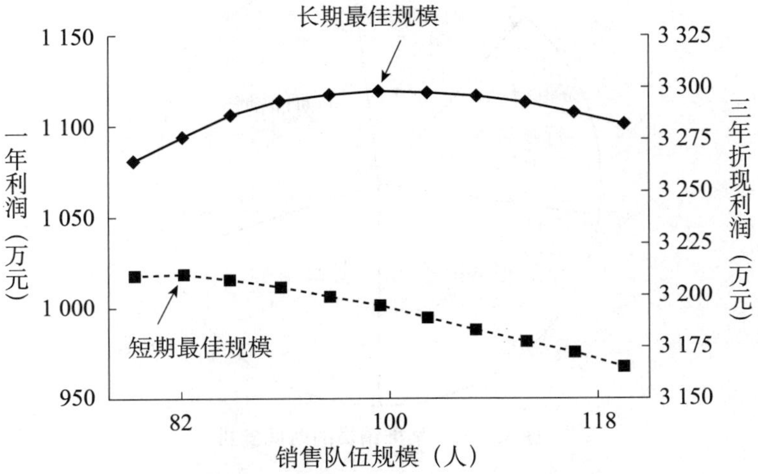

图 13-5　不同销售队伍规模下的企业利润

（3）工作量法。企业根据不同客户的需要，确定总的工作量，进而确定销售队伍的规模。我们通过如下的示例说明工作量法的应用。

【例 13-2】 假设 Z 企业的客户类型如表 13-4 所示。根据客户的分类信息，企业每年需要拜访不同类型的客户总计 4 200 次。如果每个销售人员一年能够平均访问 700 次，那么该企业的销售队伍规模就是 6 人。

表 13-4　Z 企业客户分类信息

客户类型	客户数量	年访问数	总访问数
A	30	24	720
B	90	12	1 080
C	400	6	2 400
合计	520		4 200

与广告预算决策类似，确定销售队伍规模也可以建立销售队伍规模和企业利润的函数关系，然后估计利润最大化时的销售队伍规模。基本公式如下：

$$\max(Z) = PQ(X) - C_1(Q) - C_2(X)$$

式中，Z 代表利润，X 代表销售队伍的规模，P 为产品的销售价格，$Q(X)$ 代表销售量，$C_1(Q)$ 和 $C_2(X)$ 分别代表产品的生产成本和销售队伍成本。模型的关键在于销售反应函数 $Q(X)$，一般可以通过历史数据或区域实验来构建。

销售队伍规模确定后，还需要进行销售资源配置。所谓销售资源配置，是指对销售队伍进行分配，即在销售队伍规模既定的条件下，销售人员如何在产品、客户和地理区域方面分配时间和资源。

1. 面向客户的时间安排。图 13-6 呈现的是某位推销员 2025 年的时间安排。大多数市场的客户是互不相同的，因而每位销售人员在安排销售时间时涉及这样三个问题：（1）在潜在客户身上要花多少时间？（2）在现有客户身上要花多少时间？（3）如何在现有客户和潜在客户之间合理地分配时间？

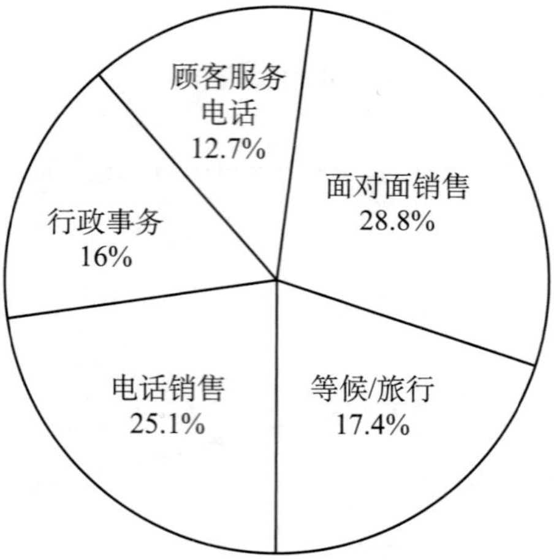

图13-6 某推销员的时间安排

2. 面向产品的资源分配。一支销售队伍通常要推销一系列产品，所以，销售人员必须寻求一种在各个产品间配置推销资源（时间）的最为经济的方式。新产品的推销有时要花上好几年才能使销售额达到最高水平。因此，企业在决策时不能仅看到近期的销售额和利润率，必须着眼于长远的利益，从战略角度来分配资源和时间，设计营销组合。

（三）销售区域设计

企业委派销售代表常驻一些地区负责产品销售，这些地区通常称为销售区域。区域设计是人员推销策略的重要内容之一。无论是设计新的区域系统，还是调整现有的区域构成，都要尽量符合下列条件：（1）区域要易于管理。（2）各区域的销售潜量容易估计。（3）能够严格控制推销旅途的时间花费。（4）对推销员来说，每个区域的工作量和销售潜量都是大体相等的，而且足够大。

企业可以运用同等销售潜量法划分销售区域，这样，能给每个销售代表提供相同的收入机会，有利于企业衡量销售代表的工作绩效。由于各区域间长期存在的销售额差异能反映出各销售代表能力与努力程度的差异，可以促使销售代表互相竞争，尽最大努力工作。在现代数字技术迅速发展的时代背景下，越来越多的企业借助数字化销售提升营销绩效。

小　结

促销组合是指企业根据促销的需要，对广告、销售促进、事件体验、公共关系、在线营销、社交媒体营销、移动营销、直复营销、数据库营销、口碑营销、人员推销等各种促销方式进行的适当选择和综合编配。企业在将促销预算分配到各种促销工具或在确定促销组合时，需考虑的因素是产品类型、推式策略与拉式策略、促销目标、产品生命周期阶段和经济前景。广告是由明确的发起者以公开支付费用的做法，以非人员的任何形式，对产品、服务或某项行动的意见和想法等的推广。确定广告预算的方法主要有量力而行法、销售百分比法、竞争对等法、目标任务法。销售促进是指除了人员推销、广告、公共关系以外的刺激消费者购买和经销商销售的各种促销活动，例如陈列、演出、展览会、抽奖、秒杀、积分、预售、团购、打折、优惠券、满减满赠、示范表演等。公共关系是指企业为改善与社会公众的关系，增进公众的认识、理解及支持，树立良好形象，实现其与公众的共同利益与目标的管理活动。人员推销是指企业通过派出销售人员与一个或一个以上可能成为购买者的人交谈，作口头陈述，说服购买者积极购买某种产品或服务的过程。企业设计销售队伍规模通常有三种方法：销售百分比法、销售能力法和工作量法。所谓销售资源配置，是指对销售队伍进行分配，即在销售队伍规模既定的条件下，销售人员如何在产品、顾客和地理区域方面分配时间和资源。

基本概念

促销组合	直复营销	促销目标
赞助	整合营销传播	广告
数字媒体	量力而行法	销售百分比法
竞争对等法	目标任务法	网络广告
人员推销	销售促进	公共关系

复习题

1. 怎样理解促销组合？
2. 企业将促销预算分配到各种促销工具时需考虑哪些因素？
3. 什么是广告？确定广告预算的方法有哪些？
4. 怎样理解公共关系的含义和职能？

案例分析

白酒企业的中秋促销

随着中秋节临近，2024 年白酒促销季也即将拉开序幕。物美、沃尔玛等商超均开启“中秋消费时间”，其中酒水产品以堆头形式进行集中展示，并以不同程度折扣促销。在白酒消费旺季开启的重要时间节点，酒企也通过多种手段不断推动终端市场开瓶率提升。酒企在积极布局中秋市场的背后，还存在渠道动销不畅、库存压力尚未疏解的问题。

按照白酒消费惯例，随着中秋节与国庆节临近，白酒消费旺季也随之到来。因此，无论是酒企还是渠道商，抑或终端市场，都为迎战这一重要营销节点摩拳擦掌。各商超及烟酒店主推产品多集中于名优白酒，例如第八代普五、国窖 1573、牛栏山以及剑南春等。比如，在某物美超市中，牛栏山、剑南春、古井贡酒以及洋河旗下产品被摆放在较为显眼的位置。值得注意的是，从堆头展示的产品价格带来看，今年中秋期间终端市场主要以 100～300 元产品为主。

不仅是线下市场促销，消费者登录古井贡酒天猫官方旗舰店发现，店内正开展中秋提前购充值满赠活动。店内各产品详情页也更换为中秋节营销物料。

终端市场布局如同双面镜，在反映出终端市场消费需求转变的同时，也展现出酒企促销方式的多样性。8 月以来，郎酒举办的“中国郎·福建博饼文化节”开幕，旗下七大战略产品组团亮相；江苏洋河正式推出“中秋团圆喝洋河万部华为抢先得”活动，开启中秋攻势；水井坊开展各类针对消费者、零售终端和经销商的促销和激励活动；国台酒业为抢占中秋市场份额举办“国台酒·2024 海峡两岸中秋博饼状元王中王”大赛。

中秋是白酒消费的重要时间节点，尤其在近年来终端动销不畅、渠道库存压力较大的背景下，双节更是成为酒企及渠道商消化库存的重要机会。中国酒业目前面临的最大问题是社会购买力不足，过去几年，大量渠道代理商和烟酒行终端库存消化不及预期，酒业库存难以消化。渠道库存太大，导致零售终端不敢贸然囤货。

各大酒厂为抢占中秋节消费旺季，或将出台渠道压货政策，各大酒厂渠道塞货促销政策水涨船高，可能会抵消促销效果，中秋节后白酒市场价格倒挂现象会加剧。除在节后或将面临价格倒挂外，线下渠道商也同样要在白酒消费旺季面临线上渠道挤压，从而难以消化库存。当下消费者购酒渠道选择更多，天猫、京东等平台促销力度较大，线下终端在价格层面上不具有优势。2024年“6·18”期间，线上多款白酒出现破价情况，叠加线上赠品较多，促使消费者对比线下价格后选择在线上下单。而在“6·18”结束后价格也并未出现明显回弹，直接影响到线下价格。在此背景下，部分酒商不得不转战线上进行销售。2024年下半年，酒类企业和经销商拓展新渠道的方向主要是直播带货、线上商城、社交媒体和即时零售等，其中选择进一步拓展直播带货方向的占比达38%，超过了线上商城的35%。

资料来源：白酒企业吹响中秋营销“集结号”：酒企集中发力 渠道重负尚存．(2024-08-23). http://finance.hebei.com.cn/system/2024/08/23/101367873.shtml；调查：成本十元“特供酒”卖数百元，购潜在客户信息精准营销．湖南日报，2024-08-30；白酒企业吹响中秋营销“集结号”．北京商报，2024-08-23.

思考题

1. 白酒企业中秋促销有什么特点？带给你怎样的启示？
2. 请选取某一白酒品牌，结合一个特定节日，策划一份促销方案。

第 4 篇

营销管理与新发展

第 14 章

营销计划、执行、组织、控制

| 本章要点 |

- 营销计划的主要内容。
- 营销执行过程的步骤
- 营销组织的类型。
- 营销控制的主要方法。
- 营销审计的内容。

营销的计划、执行、组织和控制构成了营销管理的主体部分。营销计划是企业在分析市场状况基础上预先制订的行动方案和规划，它是企业管理经营的重要依据；营销组织是实现计划制订和执行的载体，营销的成功和市场计划的实现离不开有效的营销组织；营销控制则通过监测、检查营销计划的完成和实现情况，适时适当地进行调整和改进以保证计划的有效实现。

第 1 节　营销计划与执行

人工时代实现从营销计划到落地执行，在传统业务流程中人＋人的协作情况下需要 30 天；而在 AIGC 智能体 Agent 时代，人＋AI 的协作情况下仅需 3 天就能完成从营销计划到落地执行的过程。这里的 Agent 是指具有自主性、社会能力、反应性和能动性等性质的基于硬件或（更经常的）软件的计算机系统。由李开复博士领导的创新工场领衔投资的小赞 AI 助手“你的智能营销助手”，将专业营销计划、执行、控制的方法论迁移到 Agent，使营销管理工作流从人力时代走向算力时代。从用户和 Agent 协作的过程，抽象出人的方法论并不断迭代进化，使小赞 AI 助手成为最聪明、最高效的智能营销助手。根据营销行业的核心业务流，小赞 AI 助手上线了 16 个 bot（机器人），无论是社媒热点、营销热点匹配，还是用关键词写小红书爆文、品牌监控，只需@bot 相关机器人，就可以高精度快速输出营销管理者想要的结果。①

① 你的超级智能营销助手上线！人＋AI 协作时代启航！.（2024－08－08）. https：//www. cet. com. cn/itpd/itxw/10090045. shtml.

一、营销计划的内容

营销计划是指在研究当前营销状况（包括市场状况、产品状况、竞争状况、分销状况和宏观环境状况等），分析企业面临的主要机会与威胁、优势与劣势以及存在问题的基础上，对财务目标和营销目标、营销战略、营销行动方案以及预计利润表的确定和控制。营销计划无论是对企业营销部门还是对其他职能部门而言，都具有重要作用，它往往是其他行动计划工作的起点，包括产品计划、品牌计划、市场计划等。

营销计划主要由八个部分组成：

1. 内容摘要。它可使最高管理层迅速抓住计划的要点。

2. 当前营销状况。它提供与市场、产品、竞争、分销和宏观环境有关的背景数据。

3. 机会和威胁分析。它概述企业外部的主要机会与威胁、企业内部的优势与劣势，以及在计划中必须注意的主要问题。

4. 目标。它确定计划中想要达到的关于销售量、投资报酬率、市场份额、利润额等方面的目标。

5. 营销战略。它描述为实现计划目标而采用的主要营销行动，为此要制定路线图、时间表、任务书，明确近期、中期、远期目标。包括目标市场的选择和市场定位战略、营销组合策略、费用水平预估等。

6. 行动方案。它回答应该做什么、谁来做、何时做、需要多少成本等。

7. 预计的利润表。它概述计划所预期的财务收益情况。

8. 控制。它说明将如何监控该计划。

二、营销执行过程

分析营销环境、制定营销战略和营销计划是解决企业营销活动“应该做什么”和“为什么要这样做”的问题；而营销执行则是要解决“由谁去做”、“什么时候做”和“怎样做”的问题。营销执行是指将营销计划转化为行动方案的过程，以期完成使命，实现计划目标。

（一）营销执行过程的步骤

营销执行过程包括如下主要步骤。

1. 制订行动方案。为了有效地实施营销战略，必须制订详细的行动方案。这个方案应该明确营销战略实施的关键性决策和任务，并将执行这些决策和任务的责任落实到个人或小组。另外，还应包含具体的时间表，定出行动的确切时间。

2. 建立组织结构。企业的正式组织在营销执行过程中起着决定性作用。组织结构必须同企业战略一致，必须同企业本身的特点和环境相适应，通过明确的分工和有效的协调作用，实现内部各项决策和行动。

3. 设计决策和报酬制度。决策和报酬制度直接关系到战略实施的成败。

4. 开发人力资源。营销战略最终是由企业内部的工作人员来执行的，人力资源的开发涉及人员的考核、选拔、安置、培训和激励等问题。

5. 建设企业文化。企业文化是一个企业内部全体人员共同持有和遵循的价值标准、基本信念和行为准则，包括企业环境、价值观念、模范人物、仪式、文化网五个要素。

良好的企业文化能够把全体员工团结在一起，为企业战略的执行奠定坚实的基础。

6. 确定管理风格。企业管理风格与企业文化直接关联，不同的战略要求不同的管理风格，这主要取决于企业的战略任务、组织结构、人员和环境。

为了有效地实施营销战略，企业的行动方案、组织结构、决策和报酬制度、人力资源、企业文化和管理风格这六大要素必须协调一致、相互配合，才能使营销战略成功执行。

（二）营销执行中的问题

营销执行是一个艰巨而复杂的过程。美国的一项研究表明，90%的被调查计划人员认为，他们制定的战略和战术之所以没有成功，是因为没有得到有效的执行。企业在实施营销战略和营销计划过程中出现问题的原因主要有以下几个方面。

1. 计划脱离实际。企业的营销战略和营销计划通常是由上层的专业计划人员制定的，而执行则要依靠营销管理人员。一方面，专业计划人员往往只考虑总体战略而忽视执行中的细节，使计划过于笼统和形式化；另一方面，专业计划人员往往不了解计划执行过程中的具体问题，制订的计划脱离实际。而专业计划人员和营销管理人员缺乏有效的沟通和协调，进一步加剧了计划执行过程的困难，并导致二者的相互对立和不信任。

因此，正确的做法应该是让计划人员协助营销人员制订计划，因为营销人员比计划人员更了解实际情况，只有他们参与企业的计划管理过程才更有利于营销执行。

2. 长期目标和短期目标相矛盾。营销战略通常着眼于企业的长期目标，涉及今后3～5 年的经营活动。但对具体执行这些战略的营销人员通常是根据他们的短期工作绩效，如销售量、市场份额或利润率等指标来进行评估和奖励的。因此，营销人员常选择短期行为。许多公司都在采取适当措施，克服这种长期目标和短期目标之间的矛盾，设法求得两者的协调。

3. 因循守旧的惰性。企业当前的经营活动往往是为了实现既定的战略目标，新的战略如果不符合企业的传统和习惯就会遭到抵制。新旧战略的差异越大，执行新战略可能遇到的阻力也就越大，要想执行与旧战略截然不同的新战略，常常需要改变企业传统的组织结构和供销关系。

4. 缺乏明确具体的执行方案。有些计划之所以失败，是因为计划人员没有制订明确具体、能够使企业内部各有关部门协调一致的执行方案。

（三）营销战略的四类执行情境

在营销战略的执行过程中，根据执行技能的强弱，以及过程管理水平的高低，可以划分为四类执行情境，具体如下：糟糕的执行，指过程管理和执行技能都不适合推动营销战略；管理驱动的执行，强调通过管理的领导和控制使战略有效执行，并克服可能存在的问题和障碍；执行驱动的战略，强调利用组织现有的能力使战略适应当前的现实；整合的战略与执行，通过既管理关键过程又运用执行技能来实现有效执行，具体如图 14 - 1 所示。

1. 糟糕的执行。糟糕的执行在很大程度上基于管理者认为只要形成计划和战略就能生效的假设。这一假设影响了管理者的处事方式，当他们的指令和计划无效或者被敷衍执行时，就不可避免地产生问题。

2. 管理驱动的执行。其重点是管理人员掌控、克服障碍、领导、控制和使事情发

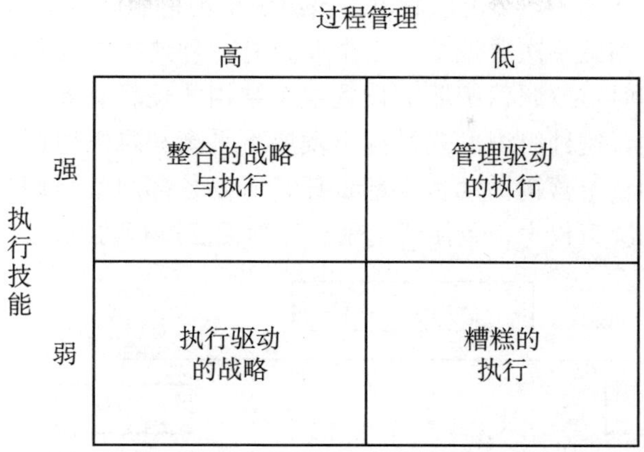

图 14－1　整合战略与执行

生，它依赖高质量的管理执行技能来克服执行障碍。它可以迅速付诸实践并在短期内实现改变，但问题是在持续的变化中缺乏长期效果。

3. 执行驱动的战略。主要采用适合组织现有技能、能力的营销战略，这时战略能够迅速生效，并使执行成本保持在低水平，但在适应战略变化上能力比较弱，因为其重点是利用企业已经拥有的而不是开发新的能力，当企业现有的努力无法满足市场所需，也就是说，战略无法适应市场变化时，它就无效了。

4. 整合的战略与执行。这是企业追求的理想状态，此时执行不是一个问题，因为它充分地与营销战略整合在一起，企业没必要紧抓现有的技能和过程，因为战略制定本身就包括开发恰当的过程、结构、技能和能力来驱动战略。它实施起来比较慢而且代价高昂，在短期内没有明显的效果，但或许是长期维持战略变革的唯一路径。

理解上述执行情境，能够为企业有效执行营销战略提供启示。

第 2 节　营销组织

营销组织是指企业内部涉及营销活动的各个职位及其结构，有效的组织能够跟随市场变化和技术革新而不断地进行自我调整。加强营销组织建设，灵活机动地调整营销组织结构，是现代企业在市场竞争中取胜的关键因素。

企业的营销部门是随着营销管理哲学的不断发展演变而来的，大致经历了单纯的销售部门、兼有附属职能的销售部门、独立的营销部门、现代营销部门、现代营销企业五个阶段。

为了实现企业目标，企业领导必须选择合适的营销组织。大体上，营销组织可分为专业化组织和结构型组织。

一、专业化组织

专业化组织包括以下四种类型。

（一）职能型组织

职能型组织是最古老也最常见的营销组织形式。它强调营销各种职能如销售、广告和研究等的重要性。从图 14－2 可以看出，该组织把销售职能当成营销的重点，而广告、产品管理和研究职能则处于次要地位。当企业只有一种或很少几种产品，或者企业产品的营销方式大体相同时，按照营销职能设置组织结构才比较有效。但是，随着产品品种的增多和市场的扩大，这种组织形式暴露出发展不平衡和难以协调的问题。因为没有一个部门能对某产品的整个营销活动负全部责任，所以各部门就强调各自的重要性，以便争取到更多的预算和决策权力，致使营销副总经理无法进行协调。

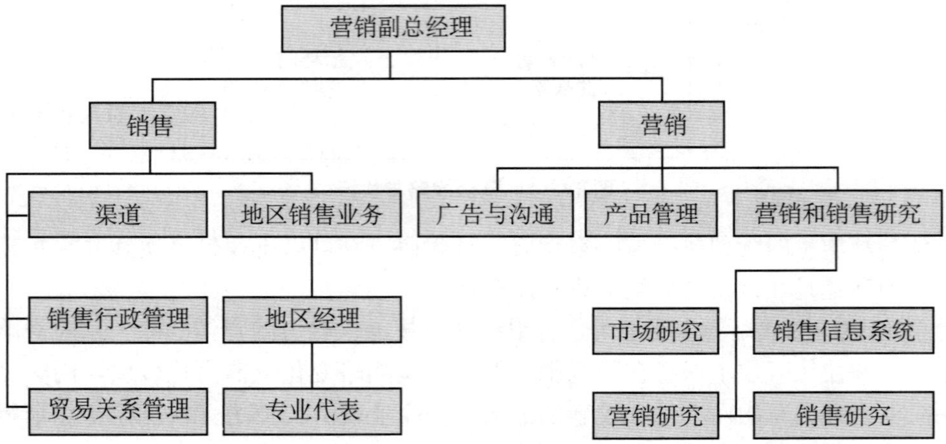

图 14－2　职能型组织

（二）产品型组织

产品型组织是指在企业内部建立产品经理组织制度，以协调职能型组织中的部门冲突。在企业所生产的各产品差异很大、产品品种太多，以至于按职能设置的营销组织无法处理的情况下，建立产品经理组织制度是适宜的。其基本做法是，由一名产品营销经理负责，下设几个产品大类经理，产品大类经理之下再设几个具体产品经理负责各具体的产品。

产品营销经理的职责是制订产品开发计划，付诸实施，并监测其结果和采取改进措施。具体可分为六个方面：

（1）发展产品的长期经营和竞争战略。

（2）编制年度营销计划和进行销售预测。

（3）与广告代理商和经销代理商一起研究广告的文稿设计、节目方案和宣传活动。

（4）激发推销人员和经销商经营该产品的兴趣。

（5）收集产品、市场情报，进行统计分析。

（6）倡导新产品开发。

产品型组织形式的优点在于产品营销经理能够有效地协调各种营销职能，并对市场变化做出积极反应；同时，由于有专门的产品经理，那些较小品牌的产品可能不会被忽视。不过，该组织形式也存在不少缺陷。

1. 缺乏整体观念。在产品型组织中，各个产品经理相互独立，他们会为保持各自产品的利益而产生摩擦。事实上，有些产品可能面临收缩和被淘汰的威胁。

2. 部门冲突。产品经理未必能获得足够的权威，以保证他们有效地履行职责。这就要求他们靠劝说的方法取得广告部门、销售部门、制造部门和其他部门的配合与支持。

3. 多头领导。由于权责划分不清楚，下级可能会得到多方面的指令。例如，产品广告经理在制定广告战略时接受产品营销经理的指导，而在预算和媒体选择上受制于广告协调部门。

（三）市场型组织

当企业拥有单一的产品大类，面对各种不同偏好的消费群体，以及使用不同的分销渠道时，建立市场型组织是可行的。许多企业都在按照市场系统安排其营销机构，使市场成为企业各部门为之服务的中心。

市场型组织的基本形态如图 14－3 所示。一名市场主管经理管理几名市场经理（市场经理又称市场开发经理、市场专家或行业专家）。市场经理开展工作所需要的职能性服务由其他职能性组织提供并保证。其职责是负责制订所辖市场的长期计划和年度计划，分析市场动向及企业应该为市场提供什么新产品等。他们的工作成绩常用市场份额的增加来判断，而不是看其市场现有盈利状况。市场型组织的优点在于，营销活动可以按照满足各类不同顾客的需求来组织和安排，这有利于企业加强销售和市场开拓。其缺点是权责不清和多头领导，这与产品型组织类似。

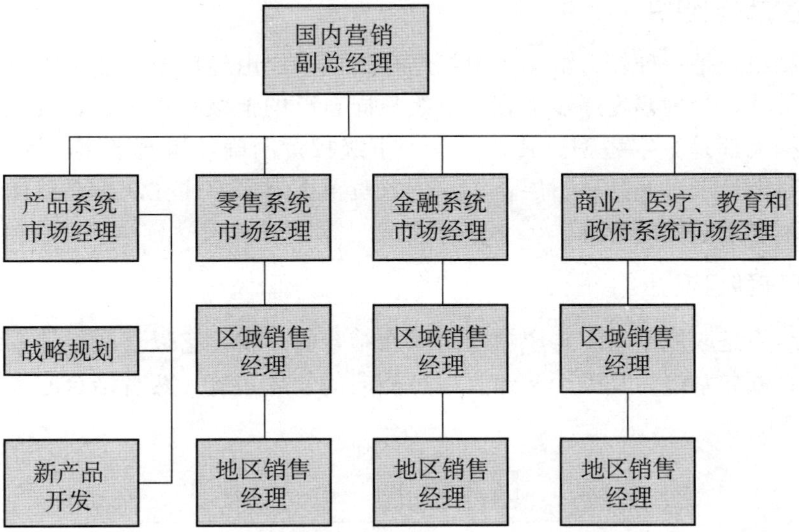

图 14－3　市场型组织

（四）地理型组织

如果一个企业的营销活动面向全国，那么它会按照地理区域设置其营销机构（见图 14－4）。该机构设置包括：一名负责全国销售业务的销售经理，若干名区域销售经理、地区销售经理和地方销售经理。为了使整个营销活动更为有效，地理型组织通常与其他类型的组织结合使用。

二、结构型组织

专业化组织只是从不同角度确立了营销组织中各个职位的形态，至于如何安排这些职位，还要分析组织结构与职位之间的相互关系。企业设计组织结构不是最终目的，而只是实现营销目标的一种手段。各个企业有着不同的目标、战略、目标市场、竞争环境

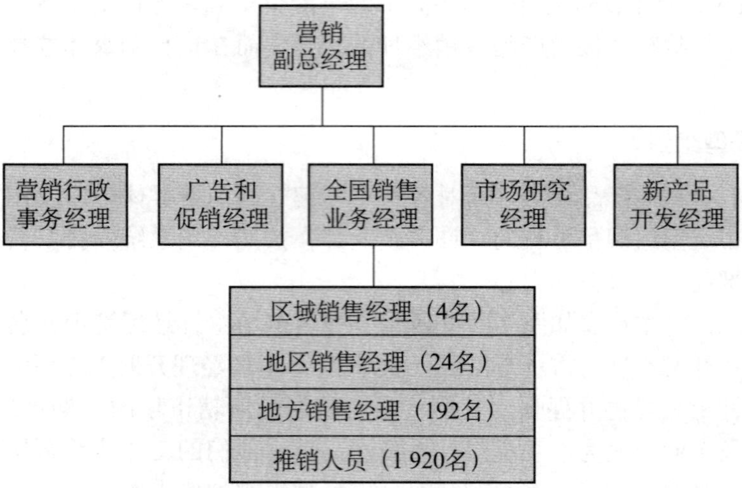

图 14-4　地理型组织

和资源条件，因此要建立起不同类型的组织结构。

（一）金字塔型组织

金字塔型组织是一种较为常见的组织结构形式。它由经理至一般员工自上而下建立垂直的领导关系，管理幅度逐步加宽，下级只向自己的上级直接负责。按职能专业化设置的组织结构大都是金字塔型。其特点是上下级权责明确，沟通迅速，管理效率较高。不过，由于每个员工（尤其是下层员工）的权责范围有限，往往缺乏对总体营销状况的了解，因而不利于他们的晋升。

（二）矩阵型组织

矩阵型组织是职能型组织与产品型组织相结合的产物，它以直线指挥系统为职能部门组成的垂直领导系统为基础，又建立一种横向的领导系统，两者结合起来就组成一个矩阵（见图 14-5）。

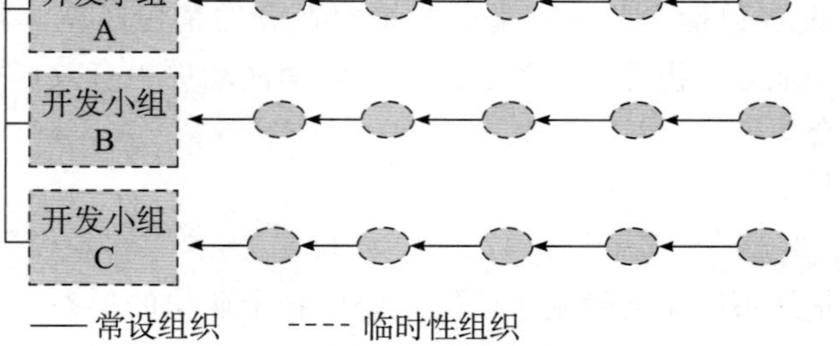

图 14-5　矩阵型组织

在营销管理实践中，矩阵型组织的产生大体分两种情形：

一是企业为完成某个跨部门的一次性任务（如产品开发），从各部门抽调人员组成由经理领导的工作组来执行该项任务，小组的有关人员一般受本部门和小组负责人的共同领导。任务完成后，小组撤销，其成员回到各自的岗位。这种临时性的矩阵型组织又叫小组制。

二是企业要求个人对维持某个产品或品牌的利润负责，把产品经理的位置从职能部门中分离出来并加以固定；同时，由于经济和技术因素的影响，产品经理还要借助各职能部门实施管理，这就构成了矩阵。

矩阵型组织能加强企业内部门间的协作，集中各种专业人员的知识技能又不增加编制，组建方便，适应性强，有利于提高工作效率。但是，双重领导、过于分权、稳定性差和管理成本较高的缺陷又抵消了一部分效率。

例 14-1　零跑的营销组织创新

第 3 节　营销控制

由于在营销计划的执行中会出现许多意外情况，营销的成功离不开对营销计划执行情况的监测、检查。营销控制是指通过检查营销计划的执行情况，看计划与实际绩效是否一致，如果不一致或没有完成计划，就要找出原因，并采取适当措施和正确行动，以保证营销计划的完成，实现有效的控制。

一、年度计划控制

年度计划控制是指企业在本年度内采取控制步骤，检查实际绩效与计划之间是否有偏差，并采取改进措施，以确保营销计划的实现与完成。企业可借助营销绩效指标（marketing metrics）核对年度计划目标的实现程度。营销绩效指标是指帮助企业对营销方面的业务绩效进行量化、比较和解释的一组指标。一般来讲，可借助五种工具来实施，即销售分析、市场份额分析、营销费用对销售额比率分析、财务分析、顾客态度追踪。

（一）销售分析

销售分析是指用于衡量和评估经理人员所制定的计划销售目标与实际销售之间的关系的一种方法。这种关系的衡量和评估有两种主要方法。

1. 销售差异分析。销售差异分析用于决定各个不同的因素对销售绩效的不同作用。例如，假设年度计划要求某种产品第一季度出售 4 000 件，每件 1 元，总销售额 4 000 元。在该季度结束时，只销售了 3 000 件，每件 0.8 元，即实际总销售额为 2 400 元。销售绩效的差异为－1 600 元，或预期销售额的－40%。那么，绩效的降低有多少归因于价格下降？有多少归因于销售数量的下降？我们可用如下计算来回答：

$$\text{售价下降的差距} = (P_S - P_A)Q_A = (1-0.8)\times 3\,000 = 600(\text{元})$$

$$\text{售价下降的影响} = \frac{600}{1\,600} = 37.5\%$$

销量减少的差距 $= (Q_S - Q_A)P_S = (4\ 000 - 3\ 000) \times 1 = 1\ 000$（元）

销量减少的影响 $= 62.5\%$

式中，P_S 为计划售价；P_A 为实际售价；Q_S 为计划销售量；Q_A 为实际销售量。

可见，约有 2/3 的销售差异归因于未能实现预期的销售数量。由于销售数量通常较价格容易控制，企业应该仔细检查为什么不能达到预期的销售量。

2. 微观销售分析。微观销售分析是指对未能达到预期销售额的特定产品、地区等进行确认、审核的一种方法。假设企业在三个地区销售，其预期销售额分别为 1 500 元、500 元和 2 000 元，总额 4 000 元。实际销售额分别为 1 400 元、525 元和 1 075 元。就预期销售额而言，第一个地区有 7%的未完成额，第二个地区有 5%的超出额，第三个地区有 46%的未完成额。主要问题显然在第三个地区。造成第三个地区绩效不良的原因有如下可能：一是该地区的销售代表工作不努力或有其他个人问题；二是有主要竞争者进入该地区；三是该地区居民收入下降。

（二）市场份额分析

企业的销售绩效并不能反映出其相对于竞争企业的经营状况如何。市场份额分析可以剔除一般环境影响来考察企业本身的经营状况。如果企业的市场份额上升，表明它较其竞争者的情况更好；反之，则表明其相对于竞争者绩效较差。衡量市场份额时可以利用全部市场份额或相对市场份额（相对于市场主导者或三个最大竞争者）。

了解企业市场份额之后，尚需正确解释市场份额变动的原因。企业可从产品大类、顾客类型、地区以及其他方面来考察市场份额的变动情况。一种有效的分析方法是从顾客渗透率 C_P、顾客忠诚度 C_L、顾客选择性 C_S 以及价格选择性 P_S 四个因素分析。顾客渗透率是指从本企业购买某产品的顾客占该产品所有顾客的百分比。顾客忠诚度是指顾客从本企业所购产品占其所购同种产品总量的百分比。顾客选择性是指本企业一般顾客的购买量相对于其他企业一般顾客的购买量的百分比。价格选择性是指本企业平均价格同所有其他企业平均价格的百分比。这样，全部市场份额 T_{MS} 就可表述为：

$$T_{MS} = C_P \cdot C_L \cdot C_S \cdot P_S$$

（三）营销费用对销售额比率分析

年度计划控制也需要检查与销售有关的营销费用，以确定企业在达到销售目标时的费用支出。营销费用对销售额比率是一种主要的检查方法。营销管理人员的工作就是密切注意这些比率，以发现是否某个比率失去控制。当一项费用对销售额比率失去控制时，必须认真查找原因。

（四）财务分析

财务分析是指为了预测企业未来发展及经营业绩，而对现在及过去的财务状况、经营成果进行评估、判断的过程。营销管理人员应就不同的费用对销售额的比率和其他比率进行全面的财务分析，以决定企业如何以及在何处开展活动，获得盈利。尤其是利用财务分析来判别影响企业资本净值收益率的各种因素。

（五）顾客态度追踪

年度计划控制所采用的上述衡量标准大多是以财务分析和数量分析为特征的，即基本上是定量分析。定量分析虽然重要但并不充分，因为它们没有对营销的发展变化进行定性分析和描述。因此，企业需要建立一套系统来追踪其顾客、经销商以及其他营销系统参与者的态度。如果发现顾客对本企业和产品的态度发生了变化，企业管理者就能较早地采取行动，争取主动。一般可以运用投诉建议系统、固定顾客样本和顾客调查等系统来追踪顾客的态度。

二、盈利能力控制

盈利能力控制是指通过测定不同产品、不同销售区域、不同顾客群体、不同渠道以及不同订货规模的盈利能力来对营销计划的执行情况进行监测、调控。由盈利能力控制所获取的信息，有助于管理人员决定对各种产品或营销活动是加以扩展，还是减少、取消。一方面，企业可以通过对销售利润率、资产收益率、资产管理效率等财务比率指标进行分析，综合评估和考察盈利能力；另一方面，企业在对盈利能力进行详细分析的基础上，根据企业发展需要做出适当的调整，排除不利因素以更好地实现企业发展。

三、营销效率控制

营销效率控制是指对销售人员、广告、促销、分销等方面的投入产出情况进行监测、调控的过程。假如盈利能力分析显示出企业关于某一产品、地区或市场所得的利润很少，那么紧接着的一个问题便是有没有高效率的方式来管理销售人员、广告、促销及分销。

（一）销售人员效率控制

企业进行销售人员效率控制时，各地区的销售经理需要记录本地区内销售人员效率的几项主要指标，包括每个销售人员每天平均的销售访问次数、访问时间、平均收益、平均成本，每百次销售访问所订购的百分比，每期间的新顾客数和流失的顾客数，销售成本对总销售额的百分比等。企业销售人员效率的改善往往能带给企业实质性的改进。

（二）广告效率控制①

广告效率控制主要采用每千人成本法。每千人成本（cost per mille，CPM）是指在广告投放过程中，广告主为每千次展示广告所支付的费用。CPM 的计算公式为：CPM＝广告费用/广告到达人数×1 000。CPM 通常用于在线广告和传统媒体广告中。在线广告中，CPM 是指广告在网页上展示 1 000 次的费用。例如，如果每千次展示的费用为 30 元，则广告主需要为其广告的每千次展示支付 30 元。传统媒体中，CPM 用于衡量通过媒体或媒体广告排期送达每千人或家庭户的成本。

（三）促销效率控制

促销效率控制主要通过追踪和评价优惠券的使用以及测量交易促销最终到达消费者的情况两种方式实现。包括优惠券赎回率和赎回成本、优惠券销售额百分比、折扣销售额百分比等指标。

---

① 法里斯，本德勒，普法伊费尔，等．营销量化指标：第 2 版．北京：中国人民大学出版社，2007：309－326.

（四）分销效率控制

分销效率控制主要是对企业存货水平、仓库位置及运输方式进行分析和改进，以达到最佳配置并寻找最佳运输方式和途径。效率控制的目的在于提高人员推销、广告、促销和分销等营销活动的效率，营销经理必须关注若干关键比率，这些比率表明上述营销职能执行的有效性，显示出应该如何采取措施改进执行情况。

第4节 营销审计

企业在进行战略控制时，可以运用营销审计这一重要工具。各个企业都有财务会计审计，在一定时期客观地对审核的财务会计资料或事项进行考察、询问、检查、分析，最后根据所获得的数据按照专业标准进行判断，得出结论，并提出报告。这种财务会计控制制度有一套标准的理论、做法。但是，营销审计尚未建立一套规范的控制系统，有些企业往往只是在遇到危急情况时才开展这一工作，目的是解决一些临时性的问题。目前，我国已有一些企业开始运用营销审计进行战略控制。

营销审计是对一个企业的营销环境、目标、战略、组织、方法、程序和业务等进行全面性、系统性、独立性和定期性的核查，以便确定困难所在和各种机会，并提出行动计划的建议，改进营销管理效果。营销审计实际上是在一定时期对企业全部营销业务进行总体效果评价，其主要特点是不限于评价某些问题，而是对全部活动进行评价。

一、营销审计的发展

第二次世界大战以后，发达国家产品更新加快，需求趋向个性化、多样化，市场竞争日益激烈，企业营销面临危机。为了提高经济效益，企业必须对营销活动加强检查、分析和控制，逐步展开营销审计。进入20世纪70年代，美国许多工商企业，尤其是一些跨国公司，逐渐从单纯关注利润和效率发展到全面检查经营战略、年度计划和营销组织，高瞻远瞩地改善企业经营管理和更有效地扩大经济效果。它们对营销活动的检查范围逐步扩大，包括用户导向、营销组织、营销信息、战略控制以及作业效率等；同时制定了检查的具体要求，确立了检查标准并采用计分办法加以评核。营销审计开始成熟并逐步发展。越来越多的企业把它当作加强营销管理的一个有效工具。

二、营销审计的特性

1. 全面性。营销审计涉及企业全部主要的营销活动，而不仅是产生问题之处。仅仅审计出现问题之处可能会产生误导，看不到真实的问题和原因。只有进行全面的营销审计才能有效地找到企业营销的真实问题与原因。

2. 系统性。营销审计是对整个内部营销活动和外部营销环境的审计，包括营销环境、内部营销制度和各种具体的营销活动，然后在此基础上制订调整行动的计划，以提高组织的整体营销效益。

3. 独立性。营销审计可以通过六种途径进行：自我审计、交叉审计、上级审计、公司审计处审计、公司任务小组审计和局外人士审计。其中，自我审计是营销经理利用考核指标和考核表评价自己的营销活动效益。这种审计缺乏客观性和独立性。一般而言，最好聘请外界经验丰富的专业人士进行审计。

4. 定期性。营销审计应当定期进行，而不应在发生问题时才去审计。问题之所以发生往往是因为之前在一切顺利的时候没有进行审计。

三、营销审计的内容

1. 营销环境审计。营销必须审时度势，必须对营销环境进行分析，并在分析人口、经济、生态、技术、政治、文化等环境因素的基础上，制定企业的营销战略。

2. 营销战略审计。企业是否能按照市场导向确定自己的任务、目标并设计企业形象，是否能选择与企业任务、目标相一致的竞争地位，是否能制定与产品生命周期、竞争者战略相适应的营销战略，是否能进行科学的市场细分并选择最佳的目标市场，是否能恰当地分配营销资源并确定合适的营销组合，在市场定位、品牌形象、公共关系等方面的战略及策略是否卓有成效，所有这些都需要经过营销战略及策略审计的检验。

3. 营销组织审计。营销组织审计主要是评价企业的营销组织在执行营销战略方面的组织保证程度和对营销环境的应变能力。包括：企业是否有坚强有力的营销主管领导及明确的职责与权力；是否能按产品、用户、地区等有效地组织各项营销活动；是否有一支训练有素的营销及销售队伍，对营销及销售人员是否有健全的激励、监督机制和评价体系；营销部门与采购部门、制造部门、研发部门、财务部门及其他部门的沟通情况以及是否有密切的合作关系等。

4. 营销系统审计。企业营销系统包括营销信息系统、营销计划系统、营销控制系统和新产品开发系统。对营销信息系统的审计，主要是审计企业：是否有足够的有关市场发展变化的信息来源；是否有畅通的信息渠道；是否进行了充分的营销调研；是否恰当地运用营销信息进行科学的市场预测等。对营销计划系统的审计，主要是审计企业：是否有周密的营销计划，计划的可行性、有效性以及执行情况如何；是否进行了销售潜量和市场潜量的科学预测；是否有长期的市场份额增长计划；是否有适当的销售定额及其完成情况如何等。对营销控制系统的审计，主要是审计企业对年度计划目标、盈利能力、营销成本等是否有准确的考核和有效的控制。对新产品开发系统的审计，主要是审计企业：开发新产品的系统是否健全；是否组织了新产品创意的收集与筛选；新产品开发的成功率如何；新产品开发的程序是否健全，包括开发前充分的调查研究、开发过程中的测试以及投放市场的准备及效果等。

5. 营销盈利能力审计。营销盈利能力审计，是在企业盈利能力分析和成本效益分析的基础上，审核企业的不同产品、不同市场、不同地区以及不同分销渠道的盈利能力；审核进入或退出、扩大或缩小某一具体业务对盈利能力的影响；审核营销费用支出情况及其效益；进行营销费用-销售分析，包括销售队伍费用与销售额之比、广告费用与销售额之比、促销费用与销售额之比、营销调研费用与销售额之比、销售管理费用与销售额之比，以及进行资本净值报酬率分析和资产报酬率分析等。

6. 营销职能审计。营销职能审计是对企业的营销组合因素（产品、价格、渠道、促销）效率的审计。主要是审计：企业的产品质量、特色、式样、品牌的顾客欢迎程度；企业定价目标和战略的有效性；市场覆盖率；企业分销商、经销商、代理商、供应商等渠道成员的效率；广告预算、媒体选择及广告效果；销售队伍的规模、素质以及能动性等。

小　结

营销的计划、执行、组织和控制构成了营销管理的主体部分。营销计划是企业有效实现经营、管理和协调的主要依据，通过对外部市场环境和企业内部状况的分析，制定明确的营销目标和选择实现目标的路径；营销执行是将营销计划转化为行动方案的过程，并保证这种任务的完成，以实现计划的既定目标；营销组织是企业内部涉及营销活动的各个职位及其结构，是营销计划和执行得以实现的基本载体，主要包括专业化组织和结构型组织；营销控制有四种主要类型，即年度计划控制、盈利能力控制、营销效率控制和战略控制，有效的营销控制能够在评审和信息反馈过程中，对营销战略和计划进行及时修正，确保营销战略计划的顺利实现，最终实现企业既定的目标。营销审计的基本内容包括营销环境审计、营销战略审计、营销组织审计、营销系统审计、营销盈利能力审计和营销职能审计。

基本概念

营销计划	营销组织	产品型组织
金字塔型组织	矩阵型组织	营销执行
营销控制	年度计划控制	营销效率控制
营销审计	盈利能力控制	营销绩效指标
销售分析	微观销售分析	财务分析

复习题

1. 营销计划应该包括哪些内容？
2. 当前企业在营销执行过程中，容易存在的问题是什么？怎样才能克服这些问题？
3. 什么是营销组织？营销部门的职能是怎样发展演变的？
4. 营销效率控制的常用指标有哪些？
5. 营销审计的内容有哪些？

案例分析

珍宝岛药业的营销管理

2024年8月26日，珍宝岛药业发布2024年半年报，报告显示公司实现营业收入16.6亿元，其中药品销售14.43亿元，同比增长61%。

营销业绩的显著增长得益于珍宝岛药业在市场营销计划、执行、组织和控制等方面的积极作为。面对复杂多变的医药市场环境，公司不断激发市场一线人员的活力和中后台服务人员的动力，提出“单品优质化、小品最大化”的营销战略。公司坚持以市场为导向，以产品为旗帜、以渠道为命脉、以客户为根本、以学术为后劲，全面实行药品研发与市场营销协同发展，在打造营销管理“升级版”上下足功夫。公司全面贯彻执行“平台、合作、共享、共赢”的发展理念，通过“产品结构全线升级、生产运营服务支撑、营销转型构建终端、强化内控提升组织”的四大战略路径，重点打造“高质量、强创新、国际化”的核心实力，制订了“一张网、一张图、一张表”营销计划，坚持“多线并存”与“多品共销”的营销模式。

在营销组织方面，珍宝岛药业建立不同品种、不同规格、不同渠道的组合式营销组织体系，依托公司强大的营销服务团队，通过细分市场精准定位、渠道拓展及整合、强化资源利用及转化，不断提升营销服务质量与市场占有率，实现营销绩效的最优化。

公司在重塑团队力量的同时，还积极主动地拥抱药品集采政策，大力推进中成药、化药品种参与国家及省级集采项目。公司持续推进参与其他集采项目，夯实公司品种产品准入资格，不断为市场营销提供强有力的产品准入支持。为保证持续产品市场供应，公司不仅在化药研发项目上取得了良好的进展，还在中药创新药、院内制剂、中药二次开发项目上稳步推进，这为公司的长期发展和提升市场竞争力奠定了坚实的基础。

珍宝岛药业在夯实营销团队与营销渠道建设的基础上，还持续聚焦企业品牌及产品学术品牌的塑造、积累与传播，形成了“以品牌促发展”的良好发展态势。企业品牌建设成果丰硕，获得了新华社、中国国家品牌网授予的“大健康领域 2024 品牌信用建设典型案例”，获评“2024 年中国医药健康产业绿色可持续践行者”称号，并位列“2023 中国医药市场药企排行榜（中药）TOP 100”第 24 位、“2023 年度中国中药企业 TOP 100 排行榜”第 26 位。在产品学术品牌建设方面，珍宝岛药业打造自上而下一体化市场学术推广体系，完善配套各类推广工具，形成统一的终端推广标准，开展专业化学术推广工作，提升产品学术品牌影响力，不断扩大企业品牌和产品品牌的宣传半径和纵深实现学术引领的目标。

展望未来，珍宝岛药业仍将大力推进药品研发并加强生产管控，在保证产品质量的情况下进一步优化成本，让更多更好的产品惠及人民群众，同时还将加强市场营销计划、组织、实施力度，进一步提升品牌影响力，确保各项业务高质高效运行。

资料来源：改革·创新·突破：营销模式变革点燃珍宝岛药业高质量发展新引擎．（2024－08－08）．新浪财经；珍宝岛“硬核”举措抓营销，上半年药品销售 14.43 亿元，同比增长 61%．（2024－08－26）．财联社；珍宝岛今年上半年净利润同比增长 281.93%．新京报，2024－08－27.

思考题

珍宝岛药业的营销管理带来了哪些有益的启示？

第 15 章

营销道德

| 本章要点 |

- 关于营销道德的主要理论。
- 传统文化中的营销道德观。
- 企业的社会责任。

营销道德是用来判定营销活动正当与否的准则、规范和标准，即判断企业营销活动是否符合广大消费者及社会的利益，能否给广大消费者及社会带来福祉。这是涉及企业营销活动的价值取向并贯穿企业营销活动始终的重要问题。进入人工智能时代，企业营销管理者要积极推动制定相关法律法规，确保人形机器人的设计、开发和应用合乎人类道德和伦理价值，持久保障人类使用人形机器人的权益和安全，为人类带来更多福祉和便利。

第 1 节　营销道德导论

一、营销道德问题的起源

（一）道德的含义和作用

《中共中央关于进一步全面深化改革 推进中国式现代化的决定》提出，“构建中华传统美德传承体系，健全社会公德、职业道德、家庭美德、个人品德建设体制机制，健全诚信建设长效机制，教育引导全社会自觉遵守法律、遵循公序良俗”。[①] 道德是社会意识形态之一，是一定社会调整人们之间以及个人和社会之间的关系的行为规范的总和。习近平指出：“要大力弘扬时代新风，加强思想道德建设，深入实施公民道德建设工程，加强和改进思想政治工作，推进新时代文明实践中心建设，不断提升人民思想觉悟、道德

① 中共中央关于进一步全面深化改革 推进中国式现代化的决定．(2024－07－21)．新华社．

水准、文明素养和全社会文明程度。”① 营销道德可以界定为调整企业与所有利益相关者之间的关系的行为规范的总和，是客观经济规律及法制以外制约企业行为的另一要素。道德是由一定社会的经济基础所决定，并为一定社会经济基础服务的，任何道德都具有历史性。在不同的社会制度下和不同的历史时期，营销道德的评判标准可能有所差异。不过，在研究和认定营销道德时，应有明确的是非、善恶观念。营销道德的最根本的准则，应是维护和增进全社会和人民的长远利益。凡有悖于此者，皆属非道德的不正当行为。

人工智能时代，数字技术的运用在拓展人际交往向度、提高人际交往的自由度并延伸个人生活空间的同时，也会促使新的网络圈层不断出现，技术革新与伦理关系变化会产生新的紧张关系，形成人际交往的鸿沟，导致人与人之间关系的冷漠、对立等。面对技术理性与价值理性的冲突，不能简单用伦理合理性的标准来调节，而要对伦理限度进行调整，平衡数字技术的发展与伦理合理性的关系。

（二）学术界对营销道德问题的研究

西方学者对营销道德的研究始于 20 世纪 60 年代。第二次世界大战后，美国在恢复战后经济的基础上，实现经济的飞速发展，同时出现了一系列违背道德的营销行为。例如，社会腐败、生态失衡、环境污染等引起了保护消费者利益活动。当时许多人士呼吁人们重视对企业道德的研究。他们著书立说，分析企业道德的案例，提出企业应当承担社会责任，倡导企业之间竞争要“以德为本”。

20 世纪 70 年代以后，营销道德的研究重点在于营销社会责任的探讨，并由此引发了“利润先于伦理”与“伦理先于利润”两个命题之争。80 年代以来，这一问题成为学术界的热点之一，不少学者开始论证经济活动与道德活动的本质统一，并试图建立营销道德问题研究的理论框架。在世界各国，道德资源已成为可以转化的一种特殊社会资本。

进入 90 年代以后，国际学术界对营销道德的研究，从发达国家延伸到发展中国家，从原来对某地区、某国家营销道德的研究，扩展到对不同地区、不同国家的比较研究。学者们综合应用社会学、经济学、法学、管理学、心理学、信息传播学等学科中的新方法，使营销道德学成为一门综合性的边缘学科。

弗兰西斯·福山（Francis Fukuyama）在其《信任——社会道德与繁荣的创造》一书中，通过对欧美、日本和一些东南亚国家的社会信任度差异的实证研究和分析，揭示了诸如诚信等“社会美德”在这些国家或地区的现代化经济生活中所产生的不同作用和效果。② 虽然人们还不能精确地证实道德能够给市场经济增加什么，但至少已经可以证明道德能够给市场经济活动减少什么，例如，普遍的社会道德信任可以降低市场的“交易成本”或“额外交易成本”。道德的这种“减少”效应，实际上也是一种经济的“增长”效益。

就我国而言，经过 40 多年的改革开放，符合市场经济要求的新的价值观念正在形成，学术界也十分重视对商业道德的研究，但对营销道德的研究尚缺乏深度和系统性，而在现实经济生活中，假冒伪劣现象屡禁不止，引发了道德问题和信任问题。道德虽然

---

① 习近平在全国宣传思想工作会议上强调 举旗帜聚民心育新人兴文化展形象 更好完成新形势下宣传思想工作使命任务．(2018 - 08 - 23). http: //news. china. com. cn/2018 - 08/23/content _ 59856359. htm.

② 福山．信任：社会道德与繁荣的创造．呼和浩特：远方出版社，1998.

没有法律的强制性，但它是一种无形的力量，从某种意义上讲，它的调节范围及影响力远大于法律，道德的标准高于法律。人类社会需要用道德来维系，企业的营销活动也应该在一定的道德氛围中进行，并遵循一定的商业道德标准，否则，可能得意于一时，却会严重损害企业的公众形象，甚至使企业走向自我消亡。因此，无论是从理论还是从实践来讲，都应重视新时期营销道德的研究，对营销实践中的义与利、公平与效率、关系与契约等重新做出规范，建立并完善满足人民日益增长的美好生活需要的营销道德体系。

在数字经济时代，远程协作、平台共享等新型工作形式的兴起，使劳动者有了更为自主的灵活就业方式。但数字劳动中数据精准、算法控制等手段让传统雇佣关系变得模糊的同时，加剧了劳动关系的不平等。如有些互联网企业运用算法精准计算外卖行业劳动者单位时间内的工作任务，劳动者常常处于超时工作、无休假等工作状态，加上劳动时间的不稳定性和工资计算的不透明性等，给劳动者带来了巨大的压力和不确定性。再如，随着人工智能的发展，部分劳动者被人工智能所代替，劳动者的劳动权利相对受到削弱，劳动者权利受到侵害的问题变得更加复杂且隐蔽。这就带来了如何合理解决劳动者权利的伦理边际问题。

二、西方学术界的道德观

西方学术界在道德问题上主要有三种具有代表性的观点。

（一）功利论

功利论最有影响的代表人物是英国的杰里米·边沁（Jeremy Bentham）和约翰·穆勒（John Mill）等。功利论是一种以行为后果来判断行为的道德合理性的观念，如果某一行为给大多数人带来最大幸福，该行为就是道德的，否则就是不道德的。

如何界定功利？一般认为，功利是指事物的内在价值或者内在的善，而不是外在价值或道德上的善。内在的善是指健康、快乐等非道德意义上的内在价值。外在的善是一种手段的善。某事物是否具有外在的善，需要通过它能否获取内在的善的能力来证明。例如，获得更多的财富是善的，如果它使人们的生活更加幸福、快乐。按照边沁和穆勒的观点，功利完全等于幸福和快乐。而且，幸福和快乐是可以衡量和比较的。边沁认为：总计所有快乐和痛苦的全部价值，然后加以比较，如果余额在快乐的方面，则表明行为总体上表现为善的倾向；如果余额在痛苦的方向，则表明行为总体上表现为恶的倾向。现在许多功利主义者倾向于把内在的善扩大到知识、友谊、爱情、美等方面，而不只理解为幸福和快乐。

功利论强调行为的后果，并以此判断行为的善恶。一种行为在善恶相抵后，只有存在净善，才是符合道德的。功利理论对行为后果的看法，主要有两种典型代表：一种是利己功利主义，它以人性自私为出发点，但它并不意味着在道德生活中因为自身利益去损害他人和集体的利益。因为利己功利主义者深知，自身利益有赖于集体和社会利益的增进，一味追求自身利益而不顾他人利益，最终会损害自己的利益。另一种是普遍功利主义，它抛弃了利己主义原则。普遍功利主义认为，行为道德与否取决于行为是否普遍为大多数人带来最大幸福。同时认为，为了整体的最大利益，必要时个体应不惜牺牲个人利益。当代功利论者大多倾向于采用普遍功利主义原则来判断行为的道德性。

(二)道义论

道义论是一种强调行为正当性的道德理念，主张从处理事物的动机来审查是否道德，而不是从行动的后果来判断，并且从直觉和经验中归纳出某些人们应当遵守的道德责任和义务，以这些义务履行与否来判断行为的道德性。道义论认为，某些行为是否符合道德不是由行为结果，而是由行为本身的内在特性决定的。也就是说，判断某一行为是否具有道德性，只需要根据行为本身的特征加以确定，而不一定要根据行为的“善”“恶”后果，即符合义务原则的要求时便是道德的。例如，企业之间签订经济合同，它们必须履行合同义务，否则经营活动便会瘫痪。

道义论还强调行为的动机和行为的善恶的道德价值。例如，有三个企业进行同一工程的投资（如希望工程）：甲企业是为了树立良好形象以便今后打开其经营之路；乙企业是为了捞取政治资本；丙企业是为了履行社会责任。很显然，丙企业的投资行为来自尽义务的动机，因而更具有道德性。

道义论从人们在生活中应承担责任与义务的角度出发，根据一些普遍接受的道德义务规则判断行为的正确性，是有现实意义的。事实上，诚实信用、公正公平、不偷窃、不作恶和知恩图报等品行已经被大多数人视为基本的道德义务并付诸行动，而且这些义务准则已经被广泛应用于许多国家的法律、公司政策及商业惯例等方面。

(三)相对主义论

相对主义论认为，事物对与错以及某行为恶与善的判断标准，因不同的社会文化背景而异。在某一国家适用的道德及道德标准不一定适用于其他国家。不同国家文化的差异使企业伦理教育与伦理原则很不相同。当然，在不同国度，也不排斥存在共同的道德观，例如，关心社会福利、保护儿童、严惩犯罪分子等，这些既是法律的要求，也是道德的反映。

道德相对主义往往由文化相对主义作支撑。道德观的广泛不同来源于各国文化之间的差异，包括语言、法律、宗教、政治、技术、教育、社会组织、一般价值及道德标准等。

三、营销道德判断

不论是西方早期的功利论与道义论之争，还是我国古代“君子爱财，取之有道”的义利观，实质上都是营销道德观念的反映，营销道德的理论探讨应是建立在西方伦理体系与东方价值观念基础上的一种整合研究。

如何界定营销道德？判定某一营销行为是否符合道德，在很多情况下并不像人们想象的那么容易。固然，有些违反营销道德的行为，其不道德性是一目了然的，诸如虚假广告，合谋定价，贩卖假烟、假酒、假种子等行为普遍为社会所痛恨，然而对某些营销行为，如儿童广告、以顾客身份从竞争对手处获得营销情报、对购买大户实行价格优惠等，由于个人价值观及生活经历的不同，不同企业具有的企业文化及经营哲学的差异，人们对其道德性会存在不同的见解。以下是三种带有“道义偏向”的西方道德理论。

(一)罗斯的显要义务理论

罗斯（W. D. Ross）首次系统提出了“显要义务”（prima facie duty）的观念，并将其归纳为六项基本内容。

1. 诚实。要求企业在营销中信守诺言，履行合约，避免欺骗和误导性宣传，对过失予以补救，使产品或服务符合消费者的预期要求。

2. 感恩。要求企业以知恩图报的方式，处理好与自己有长期友好合作关系的供应商、中间商、客户及其他利益相关者的关系，在他们遇到困难时给予适当的支持和帮助。

3. 公正。要求企业在相同条件下不厚此薄彼，在招标、签约等活动中不以主观好恶或回扣多少做出决定。

4. 行善。要求企业助人为乐，热心社会公益事业；当公司利益和公众利益发生矛盾时，企业应以后者为重，拒绝做出损害社会公众的行为。

5. 自我完善。企业应尽其所能生产符合社会需要的产品，使自身潜力和美德得到最大限度的发挥，实现自身价值。

6. 不作恶。企业在营销活动中要坚决避免欺行霸市、强买强卖等不道德行为。

罗斯将上述六项显要义务解释为在一定时间、一定环境中人们自认为合适的行为，即在多数场合无须仔细推敲，人们便明白自己应当做什么和怎样做。倘若六项显要义务之间发生冲突，人们凭借其正确的直觉，也会做出优先履行何种显要义务的选择。显要义务理论对于营销道德建设的意义在于，它鼓励营销人员如实履行凭借直觉意识所应承担的责任和义务，并强调这些责任和义务贯穿在营销活动中无处不在的全过程，从而避免了单纯功利观点的只看结果、不问过程的片面性。但是，这种理论将高层营销中的道德责任和义务完全归结为正常人的直觉和意识的反映，难免带有主观色彩。在肯定显要义务理论积极意义的同时，不应忽视它的这一理论缺陷。

（二）加勒特的相称理论

加勒特（T. M. Garrett）的相称理论认为，应从目的、手段和后果来判断某一行为是否符合道德。作为行为背后动机与意图的目的，本身构成道德的一部分，动机或意图的纯正与否是判断营销行为是否道德的重要因素。例如，营销调研的目的究竟是决策前获得真实、准确的市场信息，还是决策后为已经制订出来的营销方案提供佐证，本身就存在目的是否纯正的问题。作为使目的得以实现所运用的方式、方法、手段本身也存在道德与否的问题，如以回扣或贿赂方式获取订单，则所用手段是不道德的。作为行为结果的后果，加勒特认为不能简单地根据后果来判断行为，例如用后果的合理性来证明手段的可取性，而只能借助行为后果的分析来了解行为本身的内在性质，这是该理论和功利论的显著区别。

相称理论还提出了“大恶”、“小恶”和“相称理由”的概念，借以对某一行为的道德合理性做出评价。“大恶”是指导致某组织或个人丧失某些重要能力的行为；“小恶”是指虽对他人物质利益造成损害，但这种损害一般不会导致被害方丧失某些重要能力的行为；“相称理由”则指行为人所意欲的善的效果超过可能发生的但不为行为人所希望的恶的效果。该理论认为，作为行为的目的和手段，倘若旨在给他人造成“大恶”或“小恶”，均是不道德的；即使目的和手段均无可挑剔，但如果预见行为将导致“大恶”或“小恶”之类的副作用，则行为人应当有足够的“相称理由”来解释这类副作用的发生，否则，行为将是不道德的。

相称理论对营销道德建设有着现实的指导意义。首先，围绕意图、手段、结果的综合考察方式为判断营销行为的道德合理性提供了一个全方位的思考框架；其次，提出了具有普遍意义的原则，即要求营销人员不要从事那些会给他人造成利益损害且又提不出正当理由的营销活动；最后，将利益损害区分为“大恶”“小恶”，有助于提醒营销人员将道德建设的重点放在那些有可能发生严重不道德行为的活动领域。但也应当承认，相称理论在某些方面仍带有主观臆想的含糊不清的色彩，如“大恶”和“小恶”的边界怎样划分？对具有道德合理性的“相称理由”怎样准确把握？这在实际判断中并非易事，而相称理论并没有提供一套标准的伦理判断答案。

（三）罗尔斯的社会公正理论

罗尔斯（J. B. Rawls）被誉为 20 世纪最具影响力的政治哲学家之一，以其著作《正义论》和《政治自由主义》而蜚声世界。他试图从一种被称作“起始位置”（original position）的状态出发，构建一个理想的社会公正系统。起始位置是指具体到一个社会，社会中的每个人并不知道自己将来在社会上居于哪一层次，处于什么样的地位，只有在不清楚自己是扮演富翁还是贫民的角色时，才能对社会成员的权利与义务做出一种合理安排，这一合理安排应遵循两条基本原则，即自由原则和差异原则。自由原则是指在保持社会和谐、稳定的条件下，最大限度地使人们行使同样平等的权利，尽可能让每一成员享受更多的自由。差异原则是对自由原则的一种修正和补充，它要求任何社会的制度安排一方面应普遍适合社会每一成员，另一方面又要使社会底层的人们获得最大的利益，不应出现强者剥夺弱者而使弱者更弱的状况。

社会公正理论对营销道德建设具有现实的指导意义。自由原则强调了人的权利与责任，任何一个消费者都有权选择安全、可靠的产品和相应的服务，企业的营销活动应充分尊重和维护消费者的这些权利。差异原则要求树立道德公正的营销观念，重视处于弱者地位的消费者的需求，尤其不能以强欺弱，以牺牲小部分贫困群体的利益来换取整个社会或大多数人的利益。但这一理论中的自由原则和差异原则有时会相互矛盾，社会公正理论依然不能解决营销活动中的所有道德冲突。

上述三种理论从不同的角度，为企业的营销道德判断提供了基本线索，但任何一种理论都不能成为解决营销道德冲突的万能钥匙。在企业营销实践中，必须在道义论和功利论相互融合的基础上，把行为的目的、过程和结果结合起来，以此判断企业营销策略的道德性。

第 2 节 传统文化与营销道德

中国的传统文化博大精深，作为传统道德根基的儒家伦理，其核心思想与现代营销观念有许多相通之处。传统儒商作为我国早期企业家的雏形，在他们的经营活动中，无不体现着儒家伦理，“守信用，重诺言”“童叟无欺”“诚招天下客，义纳八方财”等经营格言明显体现了儒家伦理思想，“以信为本，以义生利，以和为贵”等伦理观念也是这一思想的重要表现。儒家伦理的核心“仁、义、礼、智、信”不仅是伦理之德，而且是营销之道。

一、“仁”与营销理念

儒家伦理中的“仁”体现了人与人之间的关系，具体到营销活动，使顾客满意就是企业最大的“仁”，正所谓“仁者，爱人”。关心消费者需求及其满足情况和满意程度，就是“仁”的体现。企业只有对消费者“仁”，即充分满足消费者需求，消费者才能以“仁”来回报企业，即成为企业的长期顾客，应该从营销理念的高度来认识儒家伦理与营销间的关系。百年老店同仁堂的大堂对联“同声同气，济世济人；仁心仁术，医国医民”的营销理念就充分体现出儒家思想中“仁”的精华。

二、“义”与营销规则

“义”是儒家重要的道德规范，要求人自觉地做合理之事，在行为规则上，儒家并不排斥人对自身利益的追逐，但应以“义”为前提。在“义”与“利”的关系方面，儒家伦理主张“见利思义”“先义后利”“以义求利”“义然后取”，即把“义”作为人的行为的重要精神支柱。孔子在倡导以“德”治天下的同时，也常常以“利己固利人”假说来判断事物发展的后果。现代营销活动天然地要求“利”，不但要追求正常的利润，有时也不排除对超额利润的追求，但必须要有以“义”为基础的行为规范，坚决反对的是那种不仁不义、重利轻义、见利忘义甚至唯利是图的不义之举，要在“义利合一”基础上，既重经济效益，又重社会效益。

三、“礼”与营销手段

在儒家伦理道德体系内，相对于内在的感情或思想的“仁”而言，“礼”是外在的伦理行为。讲究礼尚往来，遵从礼制规范，对待顾客及其他合作伙伴彬彬有礼，是“礼”的重要体现。儒家之所以重视“礼”，是因为“礼”是协调人际关系的行为手段。激烈的市场竞争有时难以避免残酷的商战，即使在商战中企业也应遵守“礼”，杜绝非“礼”行为，如恶语中伤竞争对手、以谎言欺骗消费者或合作伙伴、通过行贿收买相关人员等，均是不守“礼”的行为。营销手段的使用应遵守社会的法律规范和人们普遍信仰的道德规范，不应为一时的利益而不择手段。

四、“智”与营销策略

儒家伦理中的“智”是人的聪明才智和专业技能。“待物为智”表明对万物的认识依赖于“智”，由此可见知识和技能的重要性。事实上，整个营销活动过程都贯穿着“智”，预测市场需求、细分目标市场、制定营销组合策略，无处不需要“智”。尤其在当今知识经济时代，“智”的重要地位更加突出。“智”离不开人才，重视智力投资，也就是重视人才的培养和管理技能的培训。在营销活动中，企业家不仅要爱才、惜才、识才，广揽人才，而且要信才、容才、用才，做到“以人为本”，人尽其才。

五、“信”与营销效果

“信”是“仁”“义”“礼”“智”的必然结果，儒家伦理对“信”的评价极高。孔子曾在《阳货》中指出，如能把恭、宽、信、敏、惠这五种品德推行于天下，便是仁了。在他对学生的教学中，把信作为“四教”（文、行、忠、信）的内容之一，居于重要的地位。“言必信，行必果”既是人的处世原则，也是企业求生存、求发展的基本保证。

企业在营销活动中，必须守“信”。“用户至上，信誉第一”的口号要求企业向客户提供全面满意的服务，以此赢得他们的信任，树立企业形象和提高企业信誉。在竞争日趋激烈的现代营销活动中，企业的信誉和形象比产品和价格更重要，只有取信于客户，企业才能获得经营的成功，求得可持续的发展。

第 3 节 营销实践与营销道德

企业的营销实践活动始于营销调研与预测，终于对顾客的售后服务，自始至终贯穿着营销道德问题，以下从营销组合出发逐一分析。

一、产品策略中的道德问题

产品是企业营销最重要的可控因素。为消费者提供货真价实的优质产品是企业最基本的社会责任，如果违反这一原则便会产生营销道德问题。产品策略违背营销道德的主要表现，可从功利论与道义论相结合的角度来考察。

例如，从企业设计和生产产品的动机看，是否存心欺骗顾客，将假冒伪劣产品充当真货好货出售给消费者；与动机相联系，在手段上是否操纵消费者需要，过度刺激消费者欲望，并导致社会经济成本的增加；从后果看，消费者从企业购买的产品能否给自己带来最大的幸福。

产品策略中的道德问题还可从企业应承担的社会责任来考察。企业在产品的生产过程中，对广大员工的工作条件及工作时间能否做出恰当及合理安排，能否保证员工的人身安全及身心健康；企业在生产产品的过程中，是否造成环境污染及影响附近居民的正常生活；产品的包装及标签是否提供真实的商品信息，产品包装是否过度进而造成社会资源的浪费及环境的污染等。

（一）产品策略中的不道德行为

产品策略中的不道德行为主要体现在以下几个方面：

1. 产品没有达到应有的质量标准，产品实际提供的利益较少。

2. 企业出于自身的利益考虑，未向消费者披露与产品相关的价值、功能、用途或安全，例如儿童玩具中含有有害化学元素或者家用电器在使用时可能发生危险等。

3. 产品包装不能提供真实信息，包装所注明的内容与包装内物品不相符，或包装过度造成社会资源的浪费。

4. 出于竞争因素，企业采用劣质材料或配件冒充优质材料或配件，或者是企业使用廉价替代品而未告知消费者产品质量已改变等。

（二）产品策略中不道德行为的判别

在有些情形下，产品策略的不道德行为并非一目了然。对某一产品策略，人们从不同的角度去分析，可能会得出不同的看法和认识。例如对于产品的更新换代，根据产品生命周期理论，企业开发新产品，淘汰旧产品，有利于保持企业的可持续竞争力。从企业角度看，这一点无疑是正确的。但从整个社会的角度看，新产品开发的过度竞争会导致产品很快过时，致使消费者在产品尚可使用时就丢弃不用，这无疑造成了产品的人为淘汰。从资源节约的角度看，人类能投入生产过程的石油、天然气、金、银、煤等都属于不可再生资源，新产品开发过度会导致资源枯竭，也就是说，一代人需求的满足是以剥夺今后几代人的需求为代价的。从整个社会的可持续发展来看，这种行为是不道德的。所以，应把正常状态下产品的更新换代与产品的人为淘汰两种情况区分开，把企业的新产品开发引导到节约资源、提高质量、改善性能的轨道上来。

二、定价策略中的道德问题

为消费者提供货真价实的产品，是企业应履行的社会责任。价实要求企业必须依据产品成本、消费者的承受能力和竞争对手状况来制定价格，并把真实的价格信息提供给消费者。但在实际的定价活动中，经常出现虚假打折降价、歧视定价、垄断价格等违反道德标准的定价行为。

定价策略中的道德问题可从功利论与道义论相结合的角度来考察。从动机看，企业为牟取暴利而欺骗顾客，通过诸如变相涨价、哄抬物价等掠夺消费者的利益；为了压垮竞争对手而实行差异性歧视定价或垄断价格。与动机相联系，在手段上采取欺骗、诱惑及强制方法迫使顾客购买产品。从后果看，顾客购买产品后造成严重的经济损失。定价策略中的道德问题还可从企业应承担的社会责任来考察。企业未按照价值规律进行公平交易，损害了企业及消费者的合法权益。企业未能全面披露真实价格信息妨碍了消费者对产品或服务价值的判断，不利于消费者科学决策、明智购买。

（一）定价策略中的不道德行为

定价策略中的不道德行为具体表现为：

1. 某些企业为追求利润而变相涨价或漫天要价，损害消费者利益。

2. 差异性的价格不一定违法，但如果企业是为了挤垮竞争对手而实行差异性的歧视价格，就是营销不道德的表现。

3. 有些企业为了掠夺消费者及打击竞争对手而实行垄断价格，有些垄断性行业对产品实行超额加成，也构成营销不道德问题。

4. 有些企业利用消费者价格信息的缺乏而不披露真实价格，目的是欺骗及诱惑消费者购买其产品，这也是违背道德的典型表现。

5. 数字经济条件下，个别企业出现了不公平价格行为、限定交易、大数据杀熟、先杀对手再提价、不合理搭售等有违道德或法律的问题。

（二）定价策略中不道德行为的判别

上述定价策略中的营销不道德问题是比较明显的，而有些定价行为的道德性是较模糊的，需认真分析。例如折扣定价，企业经常利用数量折扣或现金折扣的策略来吸引消费者大量购买或提前付款，但对于低收入人群来讲，只能是多次少量购买；相对于那些能大量购买或购买大包装商品的高收入群体来讲，低收入消费者付出了更高的成本费用。所以，这一定价策略有利于高收入消费者却不利于低收入消费者，也同样存在营销道德问题。

三、渠道策略中的道德问题

分销渠道主要涉及生产者、中间商、消费者之间的购销关系，渠道成员要根据各自的利益和条件相互选择，并以合约形式规定双方的权利和义务，如果违背合约规定，损害一方的利益，便会产生道德问题，因此，渠道中的道德问题主要源于企业与中间商之间的关系。

（一）渠道策略中的不道德行为

渠道策略中的不道德行为具体表现为：

1. 如果合约中规定中间商只能销售某企业的产品，而实际上中间商出于自身利益的考虑，只要是畅销商品就去经营，就会产生营销不道德。

2. 按合约规定，中间商在货到后要及时付款给生产者，并及时反馈其库存需求，如若中间商未及时付款，影响了生产者正常的资金营运，便会引发道德问题。

3. 倘若某些零售商避开合法的生产者和批发商，另从非法渠道进货，损害了生产者、批发商和顾客的利益，也是不道德的表现。

4. 假如生产者凭借其自身的产品优势或经营性垄断地位，采用减少或停止供货的手段来迫使中间商屈服于自己，对中间商的销售活动施加种种干预，便会产生营销不道德问题。因此，无论是生产者对中间商的胁迫，还是中间商对生产者利益的背离，一旦企业与中间商之间的关系处理不当，就可能出现不道德行为。

（二）渠道策略中不道德行为的判别

在营销实践中，有些渠道策略从企业角度看是有利的，是毋庸置疑的，但从社会角度看却并不一定有利，隐含着一定的不道德因素。例如，一些电商平台的导流规则是竞价排名，以致价格战频发，出现了劣币驱逐良币的现象，影响了客户的消费信心。又如，垂直整合营销渠道系统是由生产者、批发商和零售商组成的一体化整合营销渠道系统，在该系统中，可能某个成员拥有其他成员的产权，即公司式渠道系统；或者渠道成员之间通过合同关系连接起来，形成具有明确权利义务关系的渠道系统，即合同式渠道系统；或者由于某个成员拥有相当的实力，其他成员因此愿意与之合作，即管理式渠道系统。整合营销渠道系统的形成固然有利于降低产品分销费用，提高营销渠道系统效率，但这种渠道模式在把生产环节和营销环节连为一体的同时，也提高了市场垄断程度，削弱了竞争力度，从而把那些未参加整合营销渠道系统的生产者和中间商排挤在市场之外，或者使它们在市场上处于很不利的地位，整合营销渠道系统的成员便可通过控制产量和垄断价格来谋取自身的最大利润，也就有可能导致损害消费者利益的营销不道德现象发生。

四、促销策略中的道德问题

促销活动的社会责任是将产品或服务的真实信息传递给用户，如果违背此原则，这种信息沟通就会产生道德问题。

（一）广告中的不道德行为

广告是促销组合中最重要的因素。广告中的不道德行为具体表现为：

1. 为搞垮竞争对手，经常借助针对竞争者的攻击性广告，含沙射影地诋毁同行业竞争对手来提高本企业和产品的地位。

2. 为诱惑消费者购买自己的产品而采用过度夸大产品功效的广告或隐瞒产品缺陷的广告，这类广告在药品和保健品上表现得尤为明显。

3. 在广告宣传中使用含糊其词、模棱两可的词句，引起消费者对广告真实含义的误解，使消费者做出错误的购买决策。

（二）人员推销中的不道德行为

在销售人员的促销活动中也暴露出许多违背营销道德的行为，具体表现为：

1. 推销员使用诱惑方式使消费者购买那些他们既不需要也不想买的产品或服务，这些产品或服务常常是靠推销员推销出去的，而不是消费者主动购买的。

2. 销售人员通过操纵或强迫手段向消费者推销其伪劣产品或积压滞销产品。

3. 推销员通过向对方送礼，甚至行贿的手段来获取销售订单，或者为获得个人回扣而向其他企业购买假冒伪劣产品等，这些行为都存在较严重的道德问题甚至法律问题。从表面看，小恩小惠、请客送礼等似乎给个人或企业带来好处，但它会损害个人或企业的长远利益及根本利益。因此，世界著名公司为约束其员工行为，纷纷制定了营销道德标准，其中包括对贿赂行为的界定及限制。

五、营销调研中的不道德行为

营销调研往往涉及三方面的关系，即调研人员同委托者、调研人员同受访者、委托者同调研人员。各方均承担一定的权利与义务，只有履行彼此间的道德责任，方能保证营销调研任务的顺利完成及保证调研资料的真实性和可靠性。

首先，从调研人员对委托者的道德责任看，委托者有权要求调研人员保守业务秘密，未经委托者许可不能泄密，否则是不道德行为；调研人员必须根据委托者的要求，保证调研工作质量，如问卷设计要认真，访谈调研不要偷工减料、弄虚作假，调研人员要严格培训，否则不仅浪费了委托者支付的调研费，而且往往使所收集的资料失真而误导委托者的决策；调研人员要向委托者真实反映其调研所采用的方法、调研时间、调研对象、调研地点、访问方式及问卷反馈率等，使委托者据此推断调研所得的资料是否可靠。如果调研人员违背委托者签订的合约，必然会引起道德问题。

其次，从调研人员对受访者的道德责任看，调研人员要尊重受访者的权利，如受访者可拒绝接受调研人员的访问；调研人员要尊重受访者的隐私权；访问者不要在受访者繁忙或不便时去访问，应对受访者身份进行保密；未经受访者许可，不能随意公布受访者提供的资料。

最后，从委托者对调研人员的道德责任看，委托者必须依约支付调研费；委托者要公正、全面地发表调研成果，不能断章取义从而对广大受众产生误导。

六、营销实践中的道德维护

通过对营销组合和营销调研中不道德行为的分析，我们可以看出这样两个问题：一是在整个营销活动过程中，每一个环节都有可能出现营销道德问题；二是对营销道德性的判断必须兼顾企业和社会两个方面，对企业有利的营销活动对整个社会来说不一定是有利的活动。

当然，这不是说对企业有利的营销活动必然不利于社会整体的利益，在很多情况下，企业营销活动的开展与社会的文明进步是一致的，营销活动是一种既有利于企业微观经济利益又有利于社会宏观经济利益的活动。企业利益和社会整体利益存在局部善意的差异也是合理的。企业所要避免的是蓄意损害。

第 4 节　营销与社会责任

任何企业均具有双重身份。首先，企业是“经济人”。作为经济人的企业，势必以追求利润为标准衡量自己的经营成果及决定自身的价值取向。同时，企业又是社会经济细胞，是社会财富最基本的创造者，企业的这种社会性决定了它是“社会人”。企业生存与发展所需的各种资源（包括人、财、物等）及所生产产品的实现条件都有赖于社会提供，因而企业应当承担一定的社会责任，其营销行为应当受到社会的约束和限制。

一、企业的社会责任

企业的社会责任可概括为三大类：保护消费者权益，保护社会利益及社会发展，保护自然环境及社会生态平衡。

（一）保护消费者权益

1962 年，美国总统约翰·肯尼迪（John F. Kennedy）在给国会的咨文中提出，消费者有安全权、知情权、选择权和表示意见权。美国国会随后对某些行业进行调查并提出消费者保护法案。之后，消费者至上主义在世界各国逐渐兴起，各种有关保护消费者权益的法律纷纷出台，并且日臻完善，政府及民间的相关组织也应运而生。消费者至上主义是公民和政府有组织的活动，其目的是增加买方对卖方的权利。消费者至上主义团体期望通过对公司的劝说和立法，使消费者获得更多的信息、更多的商品知识和更多的保护。有些消费者至上主义者还要求企业遴选消费者代表参加企业的董事会会议，促使企业在做出决策时充分考虑消费者的利益。尽管过细、过严的法规会给企业带来约束和威胁，导致生产及服务成本上升，并最终以提高售价的形式转嫁到消费者身上，然而，越来越多的企业已经认同消费者至上主义，力求在满足消费者需要的前提下实现利润增长。

保护消费者权益是企业的主要社会责任。具体说，要求企业为广大消费者提供品种多样的、优质的产品和服务，以满足各种不同的需求。为此，要求企业树立顾客导向、以人为本的经营哲学，并根据市场需求的变化，不断调整营销策略，以满足消费者不断变化的需要。

为了保护社会及广大消费者的利益，许多国家的消费者自发掀起了消费者权益保护运动，迫使企业保护消费者的权益。在我国，各级消费者协会等机构有组织地开展消费者权益保护活动，推动企业承担有关这方面的社会责任。在消费者权益保护运动中，社会关心的焦点是要求企业承担以下社会责任或执行四项基本义务。

1. 使消费者获得安全产品与服务的权利，即要求企业保证购入产品或服务的消费者的身体健康及生命安全。为此，要求生产者及经营者对其所生产和出售的产品或服务所产生的后果负责。

2. 使消费者获得有关产品充分信息的权利，即要求企业向消费者提供充分的关于产品优劣、构成成分、使用方法及使用效果等真实信息，以免误导消费者做出错误的购买决策。

3. 使消费者具有自由选择产品的权利，即要求企业在任何时候让消费者自由选择自己所需要和所喜爱的产品，反对企业对消费者采取高压推销及垄断政策，反对诱惑消费者购买并不需要的产品。

4. 使消费者具有申诉的权利。对于消费者因购入的产品或服务不满意而向有关部门申诉，企业应持欢迎和支持态度，并对消费者的损失进行赔偿。

（二）保护社会利益及社会发展

保护社会利益及社会发展是企业义不容辞的社会责任。企业从事营销活动，一方面为社会创造日益丰富的物质财富；另一方面，缴纳一定的税款，即从价值形态上为国家做贡献，促进国家各项建设事业的迅速发展。此外，企业还应当对文化教育、减灾扶贫、敬老助残等社会公益事业进行支持和捐赠。

在线教育、网络评价、平台经济等新型服务模式和经济模式的出现，使人们可以在任意时空中进行工作和学习，大大提高了学习和工作的便利性和灵活性。但这种匿名性和距离感也导致了一些不负责任的行为，如传播网络谣言、恶意攻击、使用虚假信息、侵犯他人隐私等，因此，罚责的边际要相应地扩大。此外，还有扩大积极责任的问题，如数字技术的普及和应用为企业提供了更多的市场机会和更大的创新空间，提高了企业的市场竞争力，但也面临如何重新界定企业的社会责任、增强企业的社会责任感和使命感的问题。

（三）保护自然环境及社会生态平衡

保护社会自然环境免遭污染，实现社会生态平衡是企业重要的社会责任。在市场竞争中，一些企业在为社会创造巨大财富、给广大消费者提供物质福利的同时，破坏了自然生态平衡，污染了环境，不利于人类生存环境的良性循环。因此保护自然环境，治理环境污染，实施社会可持续发展战略势在必行。党的二十大报告指出："我们要推进美丽中国建设，坚持山水林田湖草沙一体化保护和系统治理，统筹产业结构调整、污染治理、生态保护、应对气候变化，协同推进降碳、减污、扩绿、增长，推进生态优先、节约集约、绿色低碳发展。"① 通过绿色营销从微观方面实施可持续发展战略是企业的社会责任，通过绿色营销来保证消费者的绿色消费也成为企业的社会责任。

保护自然环境及社会生态平衡要求企业把注意力集中在现代营销对环境的影响及在满足消费者需求过程中所带来的成本上。营销与消费应符合生态平衡的原则，营销系统不应追求消费者选择或消费者满足的极大化，而应追求最佳的生活质量。要把环境代价纳入生产者及消费者的决策范围，如对恶化环境的行为课税并征收实际社会费用；要求企业投资安装防污染设备；对不可回收的包装物课税，禁止使用高含磷量的洗涤剂和含铅汽油等。

二、社会责任对企业营销的影响

（一）营销道德与社会责任

营销道德与社会责任两个概念虽然经常互换使用，但二者是存在区别的。道德与个

---

① 习近平．高举中国特色社会主义伟大旗帜 为全面建设社会主义现代化国家而团结奋斗：在中国共产党第二十次全国代表大会上的报告．人民日报，2022－10－26.

人哲学观（或价值观念）相联系，即在某特定的决策环境中判断是非。社会责任是指某组织有责任扩大其对社会的积极影响和减少对社会的消极影响。因此，社会责任是营销策略对社会的整体影响。公司既要履行社会责任，又要支持营销道德。

实践证明，社会责任与企业利润二者之间不但不矛盾，而且企业的社会责任意识能为其带来长远的盈利。它会改变人们对企业的看法，间接地促进企业的声誉、形象以及销售等。美国一项对 469 家不同行业的公司的调查表明：资产、销售、投资回报率均与企业的社会形象有着不同程度的正比关系。

判断某一行为是否道德及负有社会责任，主要视企业根据这两种因素及有关条件制定的营销策略是否获得广大消费者的拥护、是否合法、是否符合行业的习惯而定。如果回答是肯定的，那么该策略是符合道德规范的。企业履行社会责任，可以促使企业的营销策略不仅以顾客需求为出发点，而且以社会责任为出发点，从而使企业的经营目标将企业利益同消费者利益及社会利益三者有机地结合，使企业短期利益同长远利益更好地结合起来。企业通过承担社会责任，可以赢得声誉和组织认同，同时也可以更好地体现自己的文化取向和价值观念，为自身发展营造更佳的社会氛围，以保持生命力，实现长期可持续的发展。

但是，企业履行社会责任也会面临诸多困难。诸如社会存在各种不同的群体，各个群体具有不同的利益诉求，企业要确认并满足整个社会的需求是有一定困难的。企业往往在满足某一群体需求的同时，很难满足另一群体的需求，亦即对某一群体履行了社会责任，对另一群体则未能履行社会责任。而且，满足整个社会需求及满足某一群体需求，均需付出成本。例如，社会要求洁净环境及保护野生动植物及生存环境，这就需要付出大量费用，从而使产品成本及价格提高，并将成本的提高转嫁到消费者身上；而消费者则要求低价高质产品。这种企业利益同消费者利益的矛盾，必然会影响企业履行社会责任。因此，企业需要权衡各种利益，做出最佳的社会责任决策。

例 15－1　京津冀的国有企业社会责任

（二）支撑企业社会责任运动的四种理念

企业社会责任运动的支持者以四种理念来阐释关注企业社会责任并加大资源投入的合理性。

1. 道德责任。对企业而言是成为好公民和做“正确的事情”的责任。

2. 可持续性。强调企业对环境和社会的影响。在某种程度上，这也反映出对自身利益的重视，例如麦当劳通过改变包装减少了 30%的固体垃圾。

3. 许可经营。企业需要从政府、社会和其他利益相关者那里得到默许或明确的许可。

4. 声誉至上。企业要注重声誉，讲求信誉，提升形象，而提升企业形象的社会责任行为可强化品牌，提高士气，甚至提升股价。

（三）归因理论与企业社会责任

归因理论（attribution theory）是关于个人阐释他人或自己行为原因的社会认知理论，旨在通过分析和推测行为的因果关系，控制人们的环境及其影响下的行为。这是一个跨学科的概念，最初提出是在心理学研究领域，表明人们不仅关注他人做了什么，而且关注行为背后的动机。对于企业社会责任的动机归因主要有以下几类：（1）两分法，即将消费者对企业社会责任的动机感知分为利己归因和利他归因两种；（2）三分法，即将企业社会责任动机由利己归因和利他归因进一步细分为战略动机、利益相关者动机和利他动机；（3）四分法，即将企业社会责任行为归因于企业自身利益的驱动、以自身利益为主兼顾他人利益的驱动、以他人利益为主兼顾自身利益的驱动以及完全由他人利益驱动四种。中国企业的营销实践表明，企业社会责任行为更多的是自身利益和社会利益的结合。

其中，动机归因三分法的具体解释如下：（1）战略动机，是指企业通过开展社会责任活动来获取短期的利润增长，将社会责任活动作为业务扩张和市场扩展的助力，获取长期的经济利益，如提高销售额或其他战略要求。（2）利益相关者动机，是指企业由于受到直接或间接的利益相关者的影响而开展社会责任活动，如受到股东、公益组织以及社会公众的压力。（3）利他动机，是指企业出于他人、社会和环境的利益，通过开展社会责任行为来帮助他人、回报社会、增进社会福祉。研究证明，当消费者将企业社会责任更多地看作社会利益驱动的结果时，其消费态度和行为会表现得更加积极；当消费者更多地将企业社会责任行为看作战略动机或者利益相关者动机时，会将社会责任行为视为企业借机宣传的噱头，更多地表现为企业的自利动机，这对消费者购买意愿的促进作用并不显著。

三、提升企业道德水准和社会责任意识

（一）影响企业道德水准和社会责任意识的因素

党的二十大报告指出："实施公民道德建设工程，弘扬中华传统美德，加强家庭家教家风建设，加强和改进未成年人思想道德建设，推动明大德、守公德、严私德，提高人民道德水准和文明素养。"① 企业在营销实践中能否注重营销道德，增强社会责任意识，做出符合道德规范的营销决策，主要受制于如下因素：

1. 个人道德观。个人道德观是指用来指导个人行为的原则或规则。个人道德观，尤其是高层管理者的个人道德观，必然会渗入企业营销策略。个人道德观正确与否及其水平的高低，必然会影响企业营销策略是否符合道德标准及营销策略道德水准的高低。

2. 企业价值观。企业价值观是指企业员工拥有共同的价值观念。它是在企业经营哲学指导下构成企业文化的基础与核心，它决定企业的经营目标、企业的管理风格及企业的行为规范。因而，它是决定营销策略是否符合道德规范的关键。例如，当企业价值观是"实现利润最大化"时，企业的营销策略往往会忽略甚至无视消费者及社会的利益。相反，如果企业价值观是"为客户提供最优质的产品和服务"时，企业的营销策略就会以消费者利益为立足点。

3. 组织关系。组织关系是指在企业中，领导与员工、上级与下级、同事之间的关系。在这些诸多关系中要保持相互信任、履行相互的责任及义务等。一般来说，高层管理者设计整个营销管理的道德性基调，中下层领导干部则根据高层管理者的决策指示，

---

① 习近平．高举中国特色社会主义伟大旗帜 为全面建设社会主义现代化国家而团结奋斗：在中国共产党第二十次全国代表大会上的报告．人民日报，2022－10－26.

结合自己的个人道德哲学，去影响营销道德策略的实施。员工在实施道德策略的过程中相互影响。员工在营销道德策略中的能动作用程度取决于个人受道德行为与不道德行为影响的程度。如果员工面临越多的不道德经营行为，他就越可能做出不道德的行为；相反，如果员工面临越多的道德经营行为，他就越可能效仿做出道德的营销行为。

4. 报酬制度。报酬制度是影响企业营销道德策略的另一个因素。它是指对员工的一些有利条件，减少障碍或提供报酬，从而影响营销策略的道德水准。报酬包括来自内部和外部的。内部报酬是指为他人做某事后的良好感觉。外部报酬是指在等价交换基础上从他人那里获得自己想得到的有价值的东西，如职位提升和加薪、同事的赞扬等。但如果某职员采用欺骗手段增加了销售额进而增加了个人提成，且获得了领导的奖励，这就表明，领导肯定了其非道德行为，从而为职员指明了非道德的努力方向。可见，企业领导为员工提供的报酬或机遇对企业员工的营销道德进而对企业营销道德策略起着十分重要的作用。

（二）提升企业道德水准和社会责任意识的对策

1. 优化营销环境。一是要创造客观条件，即迅速发展社会生产力，为企业文明营销奠定物质基础；二是转换政府职能，通过宏观间接调控模式引导企业营销沿着法制及道德的轨迹运行；三是不断完善立法及强化执法力度，既要打击非法营销行为，又要保护和鼓励合法营销行为。就主观方面看，在企业内部要严格自律。

2. 塑造优秀企业文化。在企业经营活动中，渗透着大量文化因素，它融于企业经营哲学思想、价值观念、群体意识、管理方式、道德规范及行为标准中。随着企业的发展，逐步形成了企业自身经营管理哲学及精神文化即企业文化。党的二十大报告指出："弘扬诚信文化，健全诚信建设长效机制。"① 如果每个企业都重视塑造具有创造力、影响力、凝聚力、鲜明个性的高水平的企业文化，将有利于企业领导及广大员工树立正确的价值观，从而有利于企业做出道德性营销策略。

3. 制定营销道德规范。企业自觉地建立营销道德标准，并将道德标准实施融入控制系统中。国外企业对营销道德标准的创建及实施，为我国企业的营销道德的建设提供了有益的借鉴。自 20 世纪 80 年代以来，许多世界著名的大企业创立了道德决策及执行机构，并制定了用来约束员工经营行为的道德标准，如美国市场营销协会制定出协会成员必须遵守的职业道德条例，并规定了相应的惩处办法。又如 IBM、GE 及麦当劳等均制定出各具特色的营销道德标准，有力地规范了企业的营销行为。

4. 奉行社会营销观念。企业要自觉树立社会营销观念，真正地将企业利益、消费者利益及社会利益结合起来，并成为企业制定道德性营销策略的保证。

小　结

道德是社会意识形态之一，是一定社会调整人们之间以及个人和社会之间的关系的行为规范的总和。营销道德可以界定为调整企业与所有利益相关者之间的关系的行为规范的总和，是客观经济规律及法制以外制约企业行为的另一要素。西方学术界在道德问题上主要有三种具有代表性的观点：功利论、道义论和相对主义论。界定一种营销行为

① 习近平．高举中国特色社会主义伟大旗帜　为全面建设社会主义现代化国家而团结奋斗：在中国共产党第二十次全国代表大会上的报告．人民日报，2022－10－26.

是否道德，可以借鉴三种带有“道义偏向”的西方道德理论：罗斯的显要义务理论、加勒特的相称理论、罗尔斯的社会公正理论。

中国的传统文化博大精深，作为传统道德根基的儒家伦理，其核心思想与现代营销观念有许多相通之处。传统儒商作为我国早期企业家的雏形，在他们的经营活动中，无不体现着儒家伦理。儒家伦理的核心“仁、义、礼、智、信”不仅是伦理之德，而且是营销之道。

产品是企业营销最重要的可控因素。为消费者提供货真价实的优质产品是企业最基本的社会责任，如果违反这一原则便会产生营销道德问题。价实要求企业必须依据产品成本、消费者的承受能力和竞争对手状况来制定价格，并把真实的价格信息提供给消费者。渠道成员要根据各自的利益和条件相互选择，并以合约形式规定双方的权利和义务，如果违背合约规定，损害一方的利益，便会产生道德问题。促销活动的社会责任是将产品或服务的真实信息传递给用户，如果违背此原则，这种信息沟通就会经常产生道德问题。

企业的社会责任可概括为三大类，即保护消费者权益，保护社会利益及社会发展，保护自然环境及社会生态平衡。影响企业道德水准和社会责任意识的因素主要有：个人道德观、企业价值观、组织关系、报酬制度。提升企业道德水准和社会责任意识的对策包括：优化营销环境、塑造优秀企业文化、制定营销道德规范、奉行社会营销观念。

基本概念

道德	功利论	道义论
相对主义论	个人道德观	营销道德
显要义务	相称理论	相称理由
自由原则	差异原则	归因理论
消费者至上主义	企业价值观	组织关系

复习题

1. 如何理解西方学术界关于道德和营销道德的主要理论？
2. 中国传统文化中的哪些观念在营销道德建设中具有借鉴意义？
3. 在营销调研中经常出现的不道德行为有哪些？
4. 制约企业遵循营销道德的因素有哪些？
5. 企业社会责任动机归因三分法的内容有哪些？

案例分析

安踏集团的ESG理念

2024年4月22日，安踏集团在上海启动全国首家碳中和店铺ANTA ZERO。该店铺签约3年，总店租逾千万元。安踏集团高管认为，环境、社会和公司治理（ESG）在上海最容易获得成功，如果能将主打的专业科技产品打造成碳中和产品，这在国内体育用品行业中尚属首次，具有战略意义。

在安踏集团，前20大股东中有超过半数对ESG标准表现出浓厚兴趣，已经成立了可持续发展委员会。截至2024年4月，安踏集团的可持续产品比例已经达到全系列的

20%，预计到 2030 年将提高到 50%，到 2050 年达到碳中和。为了实现这一战略目标，安踏将其细化为各个子目标，并下放至旗下每个品牌，从上到下，ESG 几乎跟每个部门相关，跟每个人相关。ESG 已经成为管理层日常管理决策的一部分，并且渗透到所有业务流程，逐渐形成了一种企业文化。

在 MSCI 最新公布的 ESG 评级中，安踏集团连升两级至“BBB”级。鞋服产品可持续包装使用量 9 157 吨，已回收再利用鞋盒 57 万个，鞋头纸或包装纸 1 800 万张，99.9%的鞋类产品不使用塑料袋。

安踏集团 2024 年上半年收入同比增长 13.8%到 337.4 亿元，创半年度历史新高。其营收体量相当于 1.2 个耐克中国、2.4 个李宁集团、2.6 个阿迪中国，营收增速也高于行业整体水平。

安踏集团实践 ESG 原则、贯彻 ESG 理念有如下特点：首先，安踏集团并不打算利用 ESG 理念来对消费者进行道德上的强制或“绑架”。消费者选择安踏产品的原因应当是多方面的，包括产品设计的美观性、穿着的舒适性、搭配的便捷性以及产品的高性价比，而非仅仅是因为环保标签。其次，安踏集团践行 ESG 理念，并非完全出于公益目的。公司更深层次的考虑是通过 ESG 实践来构建一个可持续的商业模式。这意味着安踏集团在追求环境责任、社会责任和良好治理的同时，也在探索如何将这些原则融入其核心业务战略，以实现长期的商业成功和可持续发展。最后，ESG 实践已成为企业战略的一部分，而不是单纯的促销手段。安踏集团致力于在 ESG 领域做出实质性贡献，并通过这一过程寻找和确立新的商业机会和竞争优势，进而提升品牌形象，推动整个行业朝着更加可持续的方向发展。

资料来源：科技+可持续，安踏探索绿色增长新动力．(2024-04-22)．36 氪；安踏品牌 CEO 徐阳：ESG 理念不能道德绑架消费者，是企业战略而非营销手段．(2024-04-25)．蓝鲸财经.

思考题

安踏集团的 ESG 实践有哪些特色？取得了哪些成功？

第 16 章

营销新发展

| 本章要点 |

- 营销工程决策模型分类。
- 绿色营销的实施步骤。
- 体验营销的特征。
- 大数据营销的特点和程序。
- 客户关系管理和交叉销售的应用。

全球化的深入和信息技术的普及，推动了市场环境的急剧变化和营销实践的迅速发展，营销理论也呈现出蓬勃发展之势。跟踪研究营销理论的新发展，并加以系统整合和创造性应用，是企业营销创新的内在要求。

第 1 节　营销工程

一、营销工程的概念

加里·利连（Gary Lilien）等学者综合以往相关领域的研究成果，率先提出了“营销工程”（marketing engineering）这一概念，旨在借助多学科的知识以及定量的数学分析方法，系统、科学地进行营销决策。习近平指出，“工程科技是推动人类社会发展的重要引擎”①，是产业革命、经济发展、社会进步的有力杠杆，而“工程师是推动工程科技造福人类、创造未来的重要力量”②。近年来国际学术界所做的有关营销学科面临的问题和学者研究情况的调查进一步表明，营销工程作为营销决策方法论，是未来营销最重要的研究领域。

营销工程是通过营销决策模型对营销数据、营销案例等进行定量化、系统化分析，

① 习近平致信祝贺中国工程院建院 30 周年强调 发挥国家战略科技力量作用 为实现高水平科技自立自强建设世界科技强国作出新的更大贡献．人民日报，2024-06-04.

② 习近平在“国家工程师奖”首次评选表彰之际作出重要指示强调 坚定科技报国为民造福理想 加快实现高水平科技自立自强服务高质量发展．人民日报，2024-01-20.

修正概念性营销中的思想模型，提高决策准确性的系统工程。营销工程的发展为企业理性决策提供了技术支持。企业通过搜集营销相关案例、数据等，修正传统概念性营销观点，建立起新型营销决策模型借助分析工具对其进行量化的程序性研究，从而制定出理性决策。营销工程的意义主要在于它实现了从思想模型到决策模型的转变。大数据、云计算、物联网、人工智能等现代技术的发展促使大量数据信息借助网络媒介涌现，面对庞杂的海量数据，基于定性方法的营销思想模型显然无法满足企业精准制定营销战略决策方法的需求，营销工程使营销管理活动上升到基于数学运算的定量分析层面，对营销人员做出科学的指导，大大提高了决策的及时性与准确性。因此，营销工程方法是营销者在数据爆炸性增长的环境中制定优势决策的得力工具。

二、营销工程的特点

（一）综合性

营销活动的主要目的是解决企业营销过程中的问题，通过营销的具体实践活动解决企业中不适应的问题。而营销活动的复杂性、多样性决定了营销工程内容的综合性。营销人员不仅要掌握营销学、社会学的理论知识，还需要掌握政治学、概率论、经济学等内容。营销工程是营销思想模型的辅助工具，以数学思想为基础解决企业经营决策问题。

（二）不确定性

营销活动需要面对企业、市场以及消费者三类对象，在这一过程中每个环节都是复杂多变的，具有高度的不确定性。政治、经济、文化、法律等每一个因素的微小变化都有可能影响企业营销活动。此外，通过决策模型指导营销活动具有一定时滞性，因为数据收集、建立模型、分析结果需要一定的时间，这样营销人员所得决策内容可能并不适用于当前变化了的环境，从而导致不确定性的发生。

（三）科学性与艺术性有机结合

营销工程既是一门科学又是一门艺术。首先，营销工程具备相当的客观性与理论系统性。营销工程主要研究企业的营销活动，对消费者、企业、市场等搜集有关意见、事实等资料，通过决策模型对数据进行分类测量，反映客观规律，每一程序都建立在科学严谨、准确可靠的基础之上。其次，营销工程还具备高度的艺术性，营销工程只是实现企业营销决策的一种手段，根据营销人员的经验不同，对数据的处理方式以及对结果的理解均不相同。营销管理者必须将理论与实践相结合，熟练运用自己的从业经验，艺术性地灵活处理相关问题，创新性地制定决策。

三、营销工程的内容

（一）营销工程流程概述

首先，要从营销环境中搜集与企业经营活动有关的数据。在企业经营过程中，内外部环境常常会发生变化，导致企业营销活动与市场需求不匹配，因此，为了看到这些问题，营销人员要对营销环境进行扫描，从环境中寻找切入点搜集相关的数据，整个数据搜集过程都要遵循严谨科学细致的原则。同时，将搜集来的数据输入计算机系统，对相关的现象进行初步的主观解释。

其次，对所搜集的数据进行规范化处理，转化为有效信息。搜集得到的数据都是一些分散凌乱的原始信息，会有个别数据出现缺失甚至会有错误数据。在这一步，营销人员要对数据进行初步的处理，以科学的方法进行数据库管理，对数据进行筛选、分类、加总、制作报表，得到系统真实的信息。

再次，需要对信息进行深入的分析。这是营销工程方法实施的关键步骤，将海量繁杂的数据进行整理，获得客观规律，得出结论。在这一步，需要有较高的数学思想，借助相关的营销工程软件，对数据信息深入探究并进行定性和定量的解释，建立起思想模型和决策模型。

然后，对数据结论要进行分析阐述。仅仅对数据进行统计处理并不是企业的最终目的。我们还需要对研究结论做出主观的判断解释，推出各种可能的方案并建立评估修正模型，以获得最优化决策，驱使企业良性发展。

最后，要对所制定决策加以实施。结合企业的人力资源、物力资源、财务资源等，将决策进行具体落实。同时，在实施过程中要对市场环境变化继续加以关注，并及时预测营销活动，以便发现市场新趋势，及时调整企业战略，做出经验性的总结，不断提高企业的经营效果。营销工程的运行框架如图 16－1 所示。

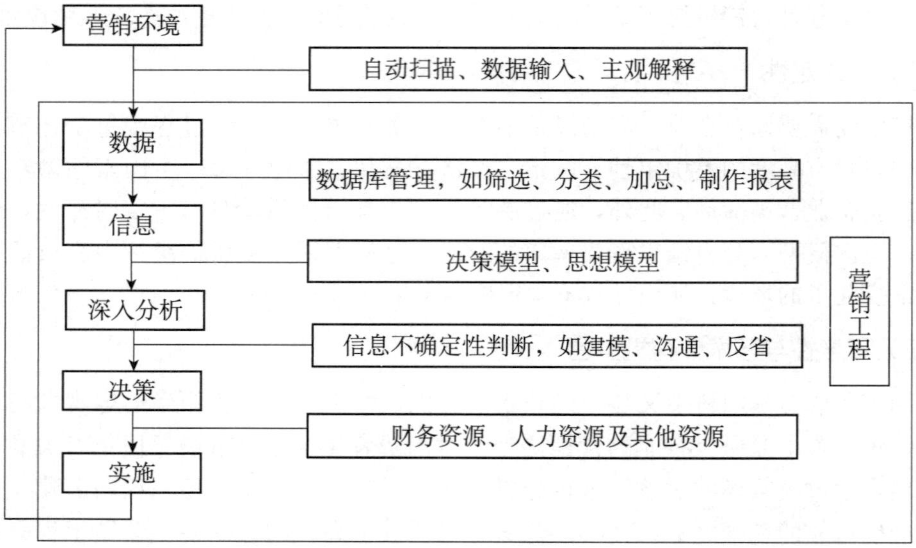

图 16－1　营销工程的运行框架

（二）营销工程的基础——决策模型

营销工程和数量模型有助于揭示经济现象间互相依存的数量关系，为决策者开展市场分析和市场预测提供理论支持。习近平指出："对现代社会科学积累的有益知识体系，运用的模型推演、数量分析等有效手段，我们也可以用，而且应该好好用。"① 营销工程的基础是决策模型，主要为交互性决策模型。营销决策模型是用于描述、分析和解决营销决策问题的一种精确化、逻辑化和科学化的方法，是对营销变量的数学优化。借助营销工程的交互决策模型，营销人员可以模拟决策，研究不同决策下的市场反应。决策模

① 习近平．习近平著作选读：第一卷．北京：人民出版社，2023：481.

型是为了研究企业营销活动中某种现象与各种相关因素的客观存在规律的系统性方法，主要目的是确定原因型变量、结果型变量、中介变量以及各变量之间的相互联系的特征，旨在体现营销事物发展变化的内在原因。决策模型在实际应用中具有较高的准确率，能给企业带来收益价值。同时，决策模型在营销过程中作为基础和灵魂，对问题的解决起着关键作用。

建立决策模型之时，营销人员首先要有明确的研究目的。营销人员要透彻理解消费者的行为变化，目的是改善某一个特定环节的营销活动，使得在制定决策过程中改进公司营销团队的效率，提升营销活动的质量。其次，要对问题进行梳理，寻找关键环节。现实市场环境复杂，模型不可能涵盖所有环节。因此营销人员要对整个营销活动进行程序化的梳理，抓关键因素。最后，要选择适当的表述方式，可以采用文字、图画、表格以及数学公式等多种形式，关键在于分析清楚因果关系，揭示事物的客观规律。

（三）决策模型分类

对营销决策模型进一步细化，按照建立目的可以大致分为三类，分别为测量模型、决策模型和理论模型。

（1）测量模型，是为了确定市场环境中自变量与因变量之间的函数关系，而对市场的某些特定特征进行测量，描述市场现象，解释消费者行为和竞争者行为的模型。因变量主要是市场成果指标，譬如市场份额、销售量等；自变量主要是营销组合中的一些变量，包括企业自身能够控制的一些变量等。

（2）决策模型，是建立在测量模型之上，对测量数据进行分析，为营销人员提供营销组合决策的选择域，辅助营销人员进行具体决策的模型。通过多种计算方法和研究技术如整数规划、动态规划等获取不同情况下的最优决策点。

（3）理论模型，主要是以文字或数学公式的表现形式对营销环境建立假设，以定性方法进行理论推导解释某一因素对现实市场现象的影响的模型。它可以作为测量模型和决策模型的理论前提以辅助定量分析。

依据所涉及的营销模块，决策模型可以分为消费者分析、市场需求与趋势分析等，相应的决策模型方法如表 16-1 所示。可见，营销工程所包含的决策模型是一种系统的决策工具，几乎涵盖了营销领域的所有决策。

表 16-1　决策模型方法

消费者分析	消费者选择模型（二元分对数模型、多项式分对数模型）等
市场需求与趋势分析	时间序列分析法、因果分析法等
营销战略决策分析	决策树、波士顿矩阵、PIMS 策略模型指导等
市场细分与目标市场选择	因子分析法、主成分分析法、聚类分析法（层次聚类法、非层次聚类法）等
市场定位分析	知觉图分析、偏好图分析等
新产品决策分析	联合分析、巴斯模型、ASSESSOR 模型等
定价策略	需求导向定价法、成本导向定价法、差别定价法、竞争导向定价法等
分销策略	重力模型等
广告预算决策	ADBUDG 模型等

以新产品决策分析中的巴斯模型和广告预算决策中的 ADBUDG 模型为例进行简要介绍。

巴斯模型的理论基础是：创新的潜在采用者受两种传播途径影响，即大众媒体和口碑传播；创新的采用者分为两个群体，一个群体只受大众媒体的影响（外部影响），另一个群体只受口碑传播的影响（内部影响），巴斯将前者称为“创新者”，将后者称为“模仿者”。

巴斯模型为预测首次购买行为提供了良好的方法，特别适合预测目前市场上还没有竞争者的创新产品的销售情况。但运用巴斯模型进行销售预测必须具备以下两个条件：（1）企业已经引入新产品，并且观察了一段时期；（2）企业尚未引入新产品，但是该产品或者技术在某些方面同有一段销售历史的产品或者技术相似。

这是因为，巴斯模型必须要有一定的参考数据来估计其模型中的参数。通过构建巴斯模型及对巴斯模型参数的估计，可以很好地回答最终有多少顾客会采用该新产品以及何时采用的问题。

正如假设所述，巴斯模型将采用创新产品的顾客分为两类。（1）创新者：只受外界因素（如大众媒体）的影响购买产品。创新系数是未购买产品的消费者受外部因素的影响购买新产品的可能性。（2）模仿者：只受内部因素（如口碑）的影响购买产品。模仿系数是未购买产品的消费者受内部因素的影响购买新产品的可能性。

巴斯认为，产品的接受速度是前一阶段购买者的线性函数，与创新者和购买者有关。在这样的前提下，巴斯模型将新产品在 t 时刻的销量表示为：

$$S_t = \left(p + \frac{q}{N} N_{t-1}\right)(N - N_{t-1})$$

式中，S_t 表示 t 时刻新产品的销量；N 表示最终购买新产品的顾客数量（也就是市场容量）；N_{t-1} 表示 t 时刻之前购买新产品的顾客数量；p 为创新系数（对应创新采用者，外部影响系数）；q 为模仿系数（对应模仿者，内部影响因素）。

ADBUDG 模型是利特尔（Little）在 1970 年提出的广告预算模型，主要研究市场份额对广告支出的反应。模型基于以下假定（见图 16-2）：

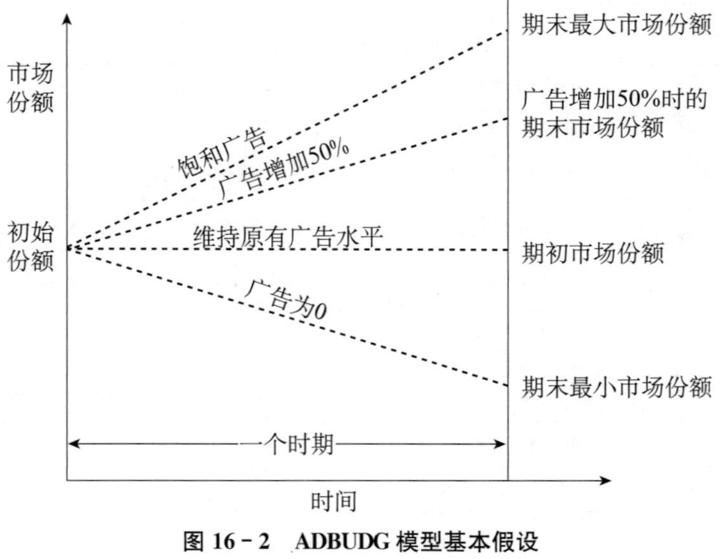

图 16-2 ADBUDG 模型基本假设

• 如果企业的广告预算为零，那么市场份额会相应减少，但是应该存在一个“期末最小市场份额”。

• 如果企业的广告预算无限增长，那么市场份额在一定程度后会达到饱和，即存在一个“期末最大市场份额”。

• 存在一个广告预算水平，使得市场份额始终保持不变，即“期初市场份额”。

• 基于数据分析或经验判断，可以估计广告预算增加 50%时的市场份额。

ADBUDG 模型构建如下：

$$M = \min + (\max - \min)\frac{(AC)^{\alpha}}{\beta + (AC)^{\alpha}}$$

将基本假设的市场份额数值带入公式，可以得到：

$$\begin{cases} M_0 = \min + (\max - \min)\dfrac{(AC_0)^{\alpha}}{\beta + (AC_0)^{\alpha}} \\ M_{50} = \min + (\max - \min)\dfrac{(1.5AC_0)^{\alpha}}{\beta + (1.5AC_0)^{\alpha}} \end{cases}$$

式中，M_0 为初期市场份额，AC_0 为维持 M_0 的必要广告预算；M_{50} 为广告预算比 AC_0 高 50%时的市场份额；min 为期末最小市场份额，max 为期末最大市场份额；α，β 为估计参数。通过解上述方程，可以得到市场份额与广告预算之间的函数，从而确定最佳的广告预算。

ADBUDG 模型比较简单，易于解释，也具有一定的合理性。但是，模型中并没有考虑竞争广告或其他市场因素的影响，并且假设市场份额的最大值、最小值与期初市场份额无关。因此，营销实践中这种广告预算决策模型应用较少。

四、营销工程的优点

（一）提高营销决策准确性

营销工程对整个营销调研过程（例如观察、调查、实验等阶段）都提出了严格的要求，以得到客观的事实，通过运用经验测量、统计分析和建立模型等方法采用数字语言进行描述，研究结论更能深入事物的本质，有利于做出准确的决策判断。

（二）启发营销人员新思路

营销工程的应用给营销人员提供新思路。海量数据处理虽然具有一定的复杂性，但可以用决策模型试探性地输入，大胆设定自变量、因变量，监测自变量对因变量的影响，确定事物的因果联系，甚至可以发现令人意想不到的规律。

（三）监测改进营销决策

智能化数据可以实现所有对决策方案的评价，判断方案的优劣。决策者在决策后的实施过程中可以进行监测、评价、调整、优化，对决策是否有效进行监督，使营销活动朝更为有利的方向发展。

五、营销工程的不足

（一）决策模型预测偏差

由于消费者行为、社会行为以及市场环境的复杂性，企业无法考虑影响营销活动的所有因素，在建立模型时，只能提出假设忽略个别复杂原因，但实际上这种简化现实市场复杂性的方式可能会导致预测偏差，甚至使企业营销活动决策失败。

（二）营销工程软件推广受限

营销工程软件成为制约其应用推广的瓶颈，营销工程的应用推广一定程度上取决于营销工程软件平台。但在目前的营销决策过程中，专门为营销工程量身打造的软件 Engineering Classic 和 Marketing Engineering for Excel 使用率不高。人们还是要借助 SPSS、SAS 等传统统计软件来完成决策模型运算，但这与真正意义上的营销工程尚有差距。企业必须依据自身的经营项目与营销特色，利用专业的工具，有针对性地建立起自己的营销决策模型从而辅助决策。

科学技术的不断发展为营销工程领域提供了不断探索与进步的空间，交互系统逐步成熟，新方法新模型的产生也给企业带来了新的机遇和挑战。在我国，营销工程领域还处在引进阶段，相关研究和探索有待进一步加强，尚有广阔的空间去发展、提升。

第 2 节　绿色营销

20 世纪 90 年代以来，绿色营销（green marketing）风靡全球，企业营销步入了集企业责任与社会责任为一体的理性化的高级阶段。《中共中央关于进一步全面深化改革 推进中国式现代化的决定》提出："中国式现代化是人与自然和谐共生的现代化。必须完善生态文明制度体系，协同推进降碳、减污、扩绿、增长，积极应对气候变化，加快完善落实绿水青山就是金山银山理念的体制机制。"①

一、绿色营销的概念及其与传统营销的差异

绿色营销是指以促进可持续发展为目标，为实现经济利益、消费者需求和环境利益的统一，市场主体根据科学性和规范性的原则，通过有目的、有计划地开发及同其他市场主体交换产品价值来满足市场需求的一种管理过程。英国威尔士大学的肯 · 毕提（Ken Peattie）教授在其著作《绿色营销——化危机为商机的经营趋势》一书中指出："绿色营销是一种能辨识、预期及符合消费者与社会需求，并且可带来利润及永续经营的管理过程。"这里要强调两个主要观念：首先，企业所服务的对象不仅是顾客，还包括整个社会；其次，营销过程的永续性一方面需依赖环境不断地提供营销所需资源的能力，另一方面还要求能持续吸收营销所带来的产物。

绿色营销与传统营销的差异主要有以下几点。

（一）营销观念的升华

绿色营销观是继 20 世纪 50 年代由产品导向转向顾客导向，在根本性变革基础上的又一次升华。绿色营销观与传统营销观的差异主要表现在以下几个方面：

1. 绿色营销观是以人类社会的可持续发展为导向的营销观。

2. 绿色营销观更注重社会效益。

① 中共中央关于进一步全面深化改革 推进中国式现代化的决定．(2024 - 07 - 21)．新华社.

3. 绿色营销观更注重企业的社会责任和社会道德。

绿色营销观要求企业在营销中不仅要考虑消费者利益和企业自身的利益，而且要考虑社会利益和环境利益，将四方面利益结合起来，遵循社会的道德规范，实现企业的社会责任。

（二）经营目标的差异

传统营销是以取得利润作为最终目标，在营销中不注意资源的有价性，将生态需要置于人类需求体系之外，往往不惜以破坏生态环境利益为代价来获得企业的最大利润。绿色营销的目标是使经济发展目标同生态发展和社会发展的目标相协调，促进总体可持续发展战略目标的实现。绿色营销不仅考虑企业自身利益，还考虑全社会的利益。

（三）经营手段的差异

例 16 - 1 数字技术促绿色转型

传统营销通过产品、价格、渠道、促销的有机组合来实现自己的营销目标。绿色营销强调营销组合中的“绿色”因素：注重绿色消费需求的调查与引导；注重在生产、消费及废弃物回收过程中降低公害；开发和经营符合绿色标准的绿色产品；在定价、渠道选择、促销、服务、企业形象树立等营销全过程中都要考虑以保护生态环境为主要内容的绿色因素。

二、绿色营销的理论架构

绿色营销的理论架构主要包括以下三大因素：一是影响绿色营销的内部因素；二是影响绿色营销的外部因素；三是影响绿色营销成功的因素。

（一）影响绿色营销的内部因素

影响绿色营销的内部因素亦称 8P 因素：

1. 产品（product）。产品在生产、使用及丢弃时应具有安全性，企业使用的原材料和包装要有利于环境保护。

2. 价格（price）。产品价格要反映绿色成本，并制定能使消费者接受的绿色价格。

3. 分销（place）。选择具有绿色信誉的分销渠道来分销产品。

4. 促销（promotion）。采用绿色媒体宣传绿色信息，并对绿色信息的传播进行监测。

5. 提供信息（providing information）。提供同环保有关并能激发营销者重视可持续发展的全新观念的国内外绿色信息。

6. 过程（process）。控制原材料、能源消耗过程以及废弃物的产生和处理过程，以有利于优化环境。

7. 政策（policy）。制定及实施鼓励、监测、评估和保护环境的政策。

8. 人员（people）。指企业的营销人员。企业应该培养了解有关环境的议题、认识企业在环保中的表现及在绿色营销中善于宣传的营销人员。

（二）影响绿色营销的外部因素

影响绿色营销的外部因素亦称 6P 因素：

1. 付费顾客（paying customers）。企业要了解顾客对绿色议题的关心程度及对绿色产品的需求程度。

2. 供应商（providers）。企业的供应商对绿色主张的关心程度及对绿色产品的需求状况，直接关系到企业绿色营销的发展。

3. 政府官员（politicians）。政府官员可通过行政方式给企业经营活动施加压力，可通过立法形式规范企业的绿色营销。

4. 问题（problems）。经常了解和掌握企业绿色营销中存在的问题，诸如判断企业或其竞争对手的营销活动是否同环境及社会问题有联系。

5. 预测（predictions）。预测环境保护的发展趋势及其对企业绿色营销的影响。

6. 伙伴（partners）。加强企业与对环境具有重大影响的组织的联系，改善同这些组织的关系。如环保志愿团体、大众传媒、专家及其他有关公众。

（三）影响绿色营销成功的因素

企业绿色营销能否取得成功，关键在于能否将影响绿色营销的内部因素与外部因素有机地结合、协调，从而使企业真正做到：

1. 满足顾客对绿色营销的需求。
2. 产品生产及使用过程安全、对环境有利。
3. 企业绿色营销策略为社会所接受。
4. 企业从可持续发展战略的高度来组织营销。

三、绿色营销的实施步骤

绿色营销是基于企业、顾客、环境及社会利益的一种战略性协调，其具体实施过程必须结合企业所处的环境及企业自身实际情况加以规划和执行。就其共性而言，绿色营销通常包括如下步骤。

（一）树立绿色营销观念

习近平指出，“走向生态文明新时代，建设美丽中国，是实现中华民族伟大复兴的中国梦的重要内容。中国将按照尊重自然、顺应自然、保护自然的理念，贯彻节约资源和保护环境的基本国策，更加自觉地推动绿色发展、循环发展、低碳发展”①。企业各部门应以习近平新时代中国特色社会主义思想为指导，从战略计划到实施过程都贯彻绿色理念。

（二）收集绿色信息，分析绿色需求

绿色信息包括如下内容：绿色消费信息、绿色科技信息、绿色资源和产品开发信息、绿色法规信息、绿色组织信息、绿色竞争信息、绿色市场规模信息等。在此基础上，分析绿色消费需求所在及需求量的大小，为绿色营销战略的制定提供依据。

（三）制订绿色营销战略计划，树立良好的绿色企业形象

企业为了适应全球可持续发展战略的要求，实现绿色营销的战略目标，求得自身的

---

① 生态文明贵阳国际论坛二〇一三年年会开幕 习近平致贺信．人民日报，2013-07-21.

持续发展，必须使自己朝着绿色企业方向发展。为达到此目的，企业必须制订相应的战略计划。

1. 绿色营销战略计划。在生产经营活动之前，制订一个总的计划——绿色营销战略计划，包括清洁生产计划、环保投资计划、绿色教育计划、绿色营销计划等。

2. 绿色企业形象塑造战略。导入企业形象识别系统 CIS，特别是在获得绿色标志的基础上制定绿色企业形象战略，对于统一绿色产品标志形象识别、加强绿色产品标志管理、提高经营绿色产品企业自身保护能力、增强企业竞争意识、拓展市场、促进销售等十分重要。

（四）开发绿色资源和绿色产品

全球可持续发展战略要求实现资源的永续利用，企业要适应该战略要求，在进行绿色营销时，开发绿色资源显得十分重要。企业应在现有基础上，利用新科技，开发新能源，节能节源，综合利用。绿色资源开发的着眼点可放在：无公害新型能源、资源的开发，如风能、水能和太阳能以及各种新型替代资源等；节省能源和资源的途径及工艺，采用新科技、新设备，提高能源和资源的利用率；废弃物的回收和综合利用。

绿色产品的开发是企业实施绿色营销的支撑点。开发绿色产品要从设计开始，包括材料的选择，产品结构、功能、制造过程的确定，包装及运输方式，产品的使用以及产品废弃物的处理等都要考虑对生态环境的影响。

（五）制定绿色价格

在制定绿色产品的价格时，首先要摆脱以前认为投资环保是白花钱的思想，树立“污染者付费”“环境有偿使用”的新观念，把企业用于环保方面的支出计入成本，从而成为价格构成的一部分。《中共中央关于进一步全面深化改革 推进中国式现代化的决定》提出：“实施支持绿色低碳发展的财税、金融、投资、价格政策和标准体系，发展绿色低碳产业，健全绿色消费激励机制，促进绿色低碳循环发展经济体系建设。”① 其次，注意绿色产品在消费者心目中的形象，利用人们求新、求异、崇尚自然的心理，采用消费者心目中的“感知价值”来定价，从而提高效益。

（六）选择绿色渠道

选择恰当的绿色销售渠道是拓展销售市场、提高绿色产品市场份额、扩大绿色产品销售量、成功实施绿色营销的关键，企业可以通过创建绿色产品销售中心，建立绿色产品连锁商店，设立一批绿色产品专柜、专营店或开展直销。

1. 在大中城市建立绿色产品销售中心。

2. 建立绿色产品连锁商店。

3. 借助社会渠道，建立一批绿色产品专柜或专营店。

4. 开展直销。对于一些易腐烂变质或丧失鲜活性的绿色食品，如蔬菜、水果等，要尽量缩短流通渠道，比如采用直销，以免遭受污染和损失。

（七）开展绿色产品的促销活动

运用绿色产品的广告战略，宣传绿色消费，可以强化和提高人们的环境意识，迎合

---

① 中共中央关于进一步全面深化改革 推进中国式现代化的决定.（2024-07-21）. 新华社.

现代消费者的绿色消费心理，引起消费者的共鸣，从而达到促销的目的。

进行绿色推销和销售促进。要有效地实施绿色营销策略，营销人员必须了解消费者对绿色消费的兴趣，回答消费者所关心的环保问题，掌握企业产品的绿色表现及企业在经营过程中的绿色表现。绿色销售促进企业采用传递绿色信息和促销的补充形式。通过免费试用样品、竞赛、赠送礼品、产品保证等形式来鼓励消费者试用新的绿色产品，提高企业知名度。

（八）实施绿色管理

绿色管理就是融环境保护的观念于企业的经营管理之中的一种管理方式。主要从三个方面来实施绿色管理。

1. 建立企业环境管理新体系。
2. 进行全员环境教育，提高企业的环境能动性。
3. 进一步健全环境保护法，实行强制性管理。

四、促进绿色消费的干预策略

尽管越来越多的社会公众持有绿色消费价值观和态度，然而把绿色消费态度转换为相应消费行为的消费者比率仍然较低，存在绿色消费态度-行为差距，即绿色消费态度往往不能形成绿色产品购买、节约产品或能源使用、减少废弃物等绿色消费行为。为了促进绿色消费行为，可采取以下策略。

（一）加强参照群体内部的沟通

参照群体内部的沟通能够有效提高消费个体采纳绿色消费行为的倾向，尤其是对那些能够以较低成本、较低认知努力开展的绿色消费行为，譬如购买必需品时选择绿色产品，外出时选择绿色出行以及节约使用能源等。原因有以下四点：首先，在绿色消费理念被公众普遍接受的条件下，加强参照群体内部的沟通，有利于促进积极信息的扩散，有利于建立绿色消费行为规范；其次，内部沟通可以提高个人信念，即预期其他参照群体成员也将采取类似的绿色消费行为；再次，对倾向于采取非绿色消费行为的个体成员提供劝说机会；最后，能够通过绿色消费行为在成员中的沟通建立起参照群体身份，而群体身份又将强化成员的绿色消费行为。

（二）建立绿色消费社区

建立绿色消费社区，能够形成一个以绿色消费行为为主的消费群体，既有利于形成绿色消费群体规范，促使个体对参照群体的行为进行模仿，也有利于通过提供绿色消费信息、绿色消费教育以及改变消费行为条件结构等方法，促使成员个体改变以往的传统消费行为习惯，并形成新的绿色消费行为习惯，从而缩小绿色消费态度-行为差距。党中央提出，到二〇三五年，我国发展的总体目标之一是“广泛形成绿色生产生活方式”①。因个人消费行为对环境影响的有限性，满足可持续发展所需要的行为改变主要体现为集体行为的改变，即需要基于社区的解决方案。我国一些地方较早建立了绿色消费社区，对绿色消费行为促进效果明显。绿色消费社区中群体规范和消费习惯的再造对促进个体

---

① 习近平．新时代新征程中国共产党的使命任务．求是，2024（13）.

成员绿色消费态度与行为的一致具有重要作用。

（三）改善绿色产品属性

面对绿色购买这种亲社会的合作行为，倘若消费者能够将绿色产品与传统产品视为替代品，则合作成本会最小化，合作行为的成本越低，个体就越愿意开展合作行为。然而，研究表明，厂家提出的替代品概念并不成功，多数消费者认为二者在产品属性方面存在差异，对于汽车等技术含量高的产品更是如此。从短期看，政府政策会在绿色产品扩散方面扮演关键角色，可以提供补贴给消费者、厂商和渠道商作为补偿，但这种干预策略成本是昂贵的，效果是暂时的；从长期看，要求科学家和设计者开发出更好的绿色产品，加强产品的功能属性，要求厂家提高生产效率，降低产品的生产成本，以消除属性权衡中令人不快的部分。

（四）优化渠道与信息

在提升绿色产品属性、降低生产成本的同时，绿色产品营销者还需要优化分销渠道与信息供给，通过上述营销组合的调整，使那些心存疑虑的消费者确信，成为绿色消费者是简单、容易的，具体包括以下举措：在主流分销渠道铺货，包括线上渠道和线下渠道，便于消费者寻找购买；在产品标签、包装或促销活动中引用权威机构的绿色认证标志和信息，便于消费者认知；在营销沟通材料中要展示出其他消费者的绿色购买行为，对他人行为的期望会影响绿色购买行为，当消费者知道他人也在购买绿色产品时，就更有可能进行绿色购买；开发营销信息，强调个人绿色购买行为可以为增进社会利益做出贡献，从而使消费者感觉良好并进一步提升感知效力。

（五）改变环境结构条件

提供便利绿色消费的外部条件，核心就是改变促成传统消费习惯的环境结构条件，即调整影响消费行为的情境因素，通常包括提供便利条件、经济刺激、政策制度、法律法规以及培育社会规范，促进绿色消费行为。首先，一些绿色消费的正外部性以及绿色产品功能属性的不足，意味着绿色产品购买者往往损失个人利益以对环境保护做出贡献，因此应由政府提供良好的设施条件和鼓励性的政策制度以促进绿色消费态度更好地转化为具体行动，譬如提供便利的公共交通设施，对于通过“以旧换新”方式购买的家用电器进行财政补贴等。其次，应由社会公信力高的政府机构或非营利组织设立绿色产品认证机构，通过产品认证方式使消费者更加容易辨识、接触绿色产品。再次，为促进绿色消费，政府机构可以通过经济手段加大绿色产品供给，譬如采取减免税收、财政补贴、政府采购、绿色信贷等措施鼓励环境技术研发、绿色产品的生产，提高企业生产绿色产品的积极性，使消费者接触到日趋丰富的绿色产品；还可以通过法律手段，譬如制定实施环境保护法，强制约束企业的污染物排放，抑制高耗能、高排放、高污染产品的生产供应。最后，中国属于高情境社会，政府表率对社会公众消费行为具有榜样作用，因此政府机构也应该通过绿色产品采购、践行绿色消费方式等起到积极表率作用，这对形成绿色消费社会规范极具意义。

（六）进行干预策略组合

干预策略的有效性在于能够移除阻碍绿色消费态度向行为转化的重要障碍。由于绿色消费态度-行为差距取决于多种影响因素，这些因素有时还相互作用，所以单一的干预方法往往难以带来多少行为变化。单一的干预策略在履行其主要功能后边际效益递减，影响了干预效果，例如一旦经济刺激足够大，可以清楚表明个人利益时，再提高这一刺激水平所带来的行为改变将远逊于提供信息的作用，二者结合会产生更好的效果，胜于两个干预方法单独作用的效果之和。因此，最有效的行为改变方法，是将不同的干预策略相结合。这意味着，为促进绿色消费态度向行为的转化，需要同时提供多种干预，将之有效组合，方能达到最好的干预效果。

第 3 节　体验营销

2001 年，著名未来学家阿尔文·托夫勒（Alvin Toffler）预言：服务经济的下一步是走向体验经济，人们会创造越来越多的跟体验有关的经济活动，商家将靠提供体验服务取胜。毫无疑问，人们的消费需求和欲望也随着体验经济的渐进发展而发生新的变化，人们更加期待某些不同寻常的产品或经历，并乐于体会由此产生的心灵感受。因此，面对新的消费心理和需求，企业应洞察先机，积极开展体验营销，提供能满足消费者体验方面需求的产品和服务，争得市场竞争中的优势地位。

一、体验营销的概念

体验指因某些刺激而使消费者产生的内在反应或心理感受。习近平指出："我们热情欢迎美国游客来华旅行，结识中国朋友、体验中华文化、游览美丽山水，亲身感受真实的中国。"① 体验通常是由于对事件的直接观察或是参与造成的，无论事件是真实的还是虚拟的。只有那些能真正刺激消费者感觉、心灵和大脑，并且进一步融进其生活的体验才能使消费者内心深处感受到强烈的震撼，得到他们的支持和认可，从而建立起长期持续发展的关系。

体验营销指企业以满足消费者的体验需求为中心所开展的一切营销活动。体验营销主要研究如何根据消费者的期望，利用现代技术、艺术、大自然以及社会文化传统等各种手段来丰富产品的体验内涵，以更好地满足人们的娱乐体验、情感体验、超脱体验及审美体验等体验需求，在给人们心灵带来震撼和满足的同时实现产品销售的目的。现在很多知名公司都在自觉地运用体验营销，比如全聚德、麦当劳、星巴克等，这种现象并非巧合，而是人们需求层次不断提高和企业竞争不断升级所导致的一种趋势。②

二、体验营销的特征

体验营销一切活动的开展都是以满足消费者需求为中心的，伴随体验经济的到来，消费者的需求变化可主要概括为以下几点：（1）从消费结构看，情感需要相对物质需要的比重增加。消费者在重视产品或服务质量的同时，更加注重情感、心理方面的需要和

---

① 习近平向第 14 届中美旅游高层对话开幕致信．人民日报，2024－05－23.

② Philip Kotler，Gary Armstrong，Sridhar Balasubramanian. Principles of Marketing. 19th ed. Harlow：Pearson Education Limited，2024：413－414.

满足。(2) 从消费的内容看，大众型的标准化产品日渐失势，消费者对个性化的产品或服务需求越来越高。(3) 从价值目标看，消费者从注重产品本身的使用价值，转移到注重产品使用时所产生的感受。(4) 从接受产品的方式来看，人们已经不再满足于被动地接受企业制造好的产品或服务，而是要实现自身需求与企业生产的互动，主动参与产品的设计与制造。(5) 消费者的公益意识不断增强，在满足自身需要的同时，开始关注环境保护等公益问题。

随着经济的发展和生活水平的提高，人们对价格的敏感度逐步下降，而产品或服务所带来的心理上的效益则占据着越来越重要的位置。这说明了精神需求将逐步超越物质需求成为人们的主导需求，以满足人们的体验需求为目标的体验营销将在竞争激烈的市场舞台上大放异彩。

作为新兴营销方式的体验营销具有如下三个特征。

(一) 需要消费者的主动参与

消费者的主动参与是体验营销区别于产品营销和服务营销的一个显著特征。离开了消费者的主动性，体验是难以产生的，而且消费者参与程度的高低也直接影响体验的产出。譬如采摘体验中，积极的采摘者总是会获取较丰富的体验，而一个心不在焉的参与者往往体验较少。

(二) 以消费者体验需求为中心

在现代社会，人们已不满足于单纯地购买产品，而更看重购买产品过程中所产生的满足。因此，企业在提高产品本身的使用价值时，还应该开展各种沟通活动，增强顾客的体验需求，使顾客在物质上和精神上得到双重满足。体验营销要求企业切实站在消费者的立场，从消费者的感觉、情感、思考、行动及关联五个方面进行产品和服务的设计思考，提供可以满足不同体验诉求的产品和服务。

(三) 认为消费者是理性和感性的结合体

传统营销把消费者看成理智购买决策者，把消费者的决策看成解决一个问题的过程，非常理性地分析、评价，最后决定购买；体验营销则认为消费者同时受感性和理性的支配，消费者因理智和因情感因素而做出购买决策的概率是一样的，这也是体验营销的基本出发点。

例 16-2　人工智能带来用户新体验

三、体验营销实施策略

企业开展体验营销并无严格的步骤、程式可循。成功的体验营销实践表明，企业在实施体验营销时，应着重把握和开展如下工作。

(一) 研究消费背景，关注产品或服务对顾客的整体价值

产品或服务的价值往往不容易在购买时立即得到肯定，而常常在顾客购物前、中、后的体验中逐步得到认可，此时顾客的整体体验就成为提高顾客满意度和品牌忠诚度的关键因素。因此，营销人员应通过各种手段和途径来创造一种综合的效应以增加消费体

验，营造出与目标顾客需要相一致的心理属性，而且还要注意社会文化因素，考虑消费所表达的内在价值观念、消费文化和生活意义等。也就是说，企业应注重与顾客之间的沟通，发掘他们的心理需要，站在顾客的角度，审视自己的产品和服务提供的价值，挖掘潜在的市场机会。

（二）确定体验主题，让顾客切实感受到企业所要展现的体验价值

体验营销是一个包含严格的计划、组织、实施和控制的完整管理过程。体验营销要首先设定一个“主题”，也就是说：体验营销必须从一个主题出发，并且所有服务都围绕这个主题，或者至少应设有一个“主题道具”（例如一些主题公园、游乐园或以某主题为导向设计的一场活动等），以便顾客能亲身感受，引起共鸣。同时，设计具有特色的主题也是建立差异化竞争优势的需要。

（三）设计营销事件，激发顾客体验需求

顾客体验本质上是一个持续的过程，企业不能让顾客体验随机地自发形成。企业着力塑造的顾客体验应该是经过精心设计和规划的，应具有稳定性和可预测性，顾客在购买前能够知道将得到什么样的体验。从企业竞争的角度看，企业要提供的顾客体验应该是与众不同的，对顾客有价值的。

设计营销事件和刺激必须建立在目标顾客在体验上的消费习惯和对体验营销的要求的基础上，同时自始至终不能偏离体验主题。这需要根据不同的地区特征和消费终端环境，展现不同的体验诉求，充分把握好不同顾客群的需求和期望，进而满足顾客的体验需求。

（四）借助体验工具，调动顾客参与体验的主动性

体验工具包括交流（或沟通）、产品展示、空间环境、电子媒介等。要充分利用企业资源，将各种工具进行全方位的组合运用，让消费者充分暴露在企业提供的氛围中，主动参与到设计的事件中来，从而完成“体验”生产和消费过程。

人们的需求和欲望是多方面、多层次的，随着时间和环境的变化而变化，因此体验需求也具有多样性。企业要善于寻找和开发适合自己的营销方法和工具，不断推陈出新，调动顾客参与体验的积极性和主动性。

（五）必须细致、周密地考虑企业的体验营销战略

体验是非常复杂的心理感受，没有哪两种体验是完全相同的，人们只能通过一些标准将体验大致分为几类不同的体验形式。比如，有的学者将其划分为：娱乐体验、情感体验、超脱体验和审美体验。企业营销人员应着重探讨营销战略，考虑企业的资源、能力及历史特点等，确定企业的目标顾客以及将要提供的体验类型，还应考虑如何才能更好地提供体验价值，给顾客长久的新奇感受，为企业创造竞争优势。周密细致的营销战略既有利于企业各种具体营销策略的相互配合，在短期内迅速提高企业的竞争力，也有利于企业的长期发展。

四、体验营销与价值共创

随着体验经济时代的到来，价值共创活动越来越活跃，用户参与企业研发、生产、

销售和营销的程度也越来越深，诸多行业都尝试开展体验营销，以便与价值共创实现协同，从而更好地创造价值。学术界也围绕基于体验营销的价值共创问题展开了深入的研究，形成了较好的成果积淀。

（一）体验营销与价值共创的关系

价值共创是指企业与所有利益相关者在一种体验环境或体验平台中共同识别问题并共同解决问题，从而创造价值的整个过程。

一方面，价值共创是体验营销的目的，顾客体验与感知对于价值决定而言具有根本性意义。顾客与服务提供者之间的共同价值日益增多，合作、互动体验成为顾客与服务提供者之间价值共创的焦点。企业开展各种形式的体验营销活动，也必须要能够理解顾客体验的形式与价值的形成过程，只有这样才能更好地提供服务，促进价值共创。

另一方面，体验营销是价值共创的基础。价值共创的关键是顾客与企业之间的互动，在顾客参与体验营销的过程中，顾客将适应自己的角色，提高自己的能力，并贡献自己的资源，也就是由顾客掌握的各种体验与知识。这种资源只有在体验营销中才会被分享给企业，进而为企业所用，对现有产品和服务进行改进或创新。

（二）基于体验营销的价值共创机理概念模型

基于体验营销的价值共创始于体验营销环境的构建。沟通有效性、情感承诺、顾客参与和人际互动是体验营销环境的表现形式，四者共同决定了体验营销参与各方的价值共创意愿，并带来了之后三个环节的价值共创活动：研发共创、生产共创和销售共创。三种形式的价值共创活动具备先后的逻辑关系：研发共创是起点，生产共创是后续，销售共创是终点。这三个环节的价值共创活动都以体验共创为主题展开。

在价值共创活动中，参与各方增加了彼此的信任，也带来了对体验营销活动的满意，并最终形成人际关系强度的提升。不断提升的关系强度使得参与各方一方面形成强烈的态度忠诚，进而形成行为忠诚，主要表现为对其他用户的依赖与持续互动，另一方面又对体验营销环境形成稳定的态度忠诚，同样带来行为忠诚的产生，表现为对虚拟社区平台的持续使用与用户生成内容的不断分享。随着参与各方融入程度的加深，体验营销环境也随之发生变化，从而带来下一轮的价值共创活动。至此，基于体验营销的价值共创循环往复，呈螺旋状不断提升价值创造的效率和效果。

（三）实践启示

如何营造出让参与各方有效沟通、积极参与、持续互动并形成情感承诺的体验营销环境，是众多开展价值共创活动的企业需要思考的关键问题。同时，研发共创、生产共创与销售共创等活动，需要最终统一于体验共创这一主题。因此，企业需要统一内部各个环节的认识，在体验共创的统一调度下协同开展各项价值共创活动。最后，企业还应该认识到，基于体验营销的价值共创是一个持续循环的过程，应注意参与各方关系强度的形成、维系及提升，尤其要关注以下两点：构建彼此间的信任以及让参与各方满意。

第 4 节　大数据营销

大数据营销依托多平台的数据采集及基于大数据技术的分析及预测能力，可使企业的营销管理更加精准，为企业带来更高的收益。大数据营销的核心是借助大数据技术的应用，基于企业对消费者或用户的了解，把希望推送的产品或服务通过合适的载体，以合适的方式在合适的时间推送给合适的人。

一、大数据及其在营销中的应用

（一）大数据的含义

大数据是一种规模大到在获取、存储、管理、分析方面远远超出传统数据库软件工具能力范围的数据集合。它是需要新处理模式才能具有更强的决策力、洞察发现力和流程优化能力的海量、高增长率和多样化的信息资产。习近平指出："我们正处在新一轮科技革命和产业变革蓄势待发的时期，以互联网、大数据、人工智能为代表的新一代信息技术日新月异。"[①] 要促进数字经济和实体经济融合发展，加快新旧发展动能接续转换。数字经济条件下的大数据具有 4V 的特点：大量（volume）、高速（velocity）、多样（variety）、价值（value），即海量的数据规模、快速的数据流转、多样的数据类型和价值密度低。

大数据在营销领域的价值主要体现在以下几个方面：

1. 面向大量消费者提供产品或服务的企业，可借此实施精准营销。
2. 根据客户的消费规律、购买习惯，为其推送感兴趣的优惠信息。
3. 从大量情形各异的客户中快速识别出金牌客户。

（二）大数据在营销中的应用

1. 借助大数据，企业可以根据每个客户和每个品牌的关系进行等级差别定价。因为客户对品牌的忠诚度不同，所愿支付的价格也不同，借助大数据可以实现定价个性化，并且最大限度地优化定价策略。麦肯锡发现，某企业 75%的收入来源于其标准产品，年复一年，在这成百上千种标准产品的定价决策中，有 30%的产品定价并不理想。假定销售量没有减少，1%的价格提高就可以使利润增加 8.7%。

2. 借助大数据，企业可以获取更高的客户反应率和更准确、全面的客户信息。Forrester 调查机构发现，44%的 B2C 营销人员正在借助大数据提高客户反应率，36%的营销人员运用数据分析和数据挖掘，来获取更多的深层客户信息，从而制定出更多关系驱动型营销策略。大数据联盟（Datameer）研究发现，大数据营销有助于增加潜在客户，减少客户流失，促进客户购买，推动产品创新。

3. 借助大数据，企业可以更精准地掌握消费者的个性、偏好、生活方式、购买行为及其他信息，从而提升企业营销决策的科学水平。58%的首席营销官（CMO）认为，在搜索引擎营销、邮件营销和手机营销方面，大数据发挥着重要的作用。54%的 CMO 相信大数据在生产智能化、产品定制化、定价个性化以及渠道创新优化等营销战略决策过程中扮演着十分重要的角色。

4. 借助大数据，企业可以更及时地把握每个市场机会。市场机会一般来自市场上尚未得到满足的需要。企业通过对大数据的收集、分析、整合、利用，可以及时发现消费者的需求趋势及其满足情况，便于根据客户价值等因素精准地选定目标市场，进行营销

---

① 习近平向首届中国国际智能产业博览会致贺信．光明日报，2018－08－24.

定位，进而通过有效地满足市场需求，提升客户忠诚，牢牢把握各种有利可图的市场机会。事实上，一些企业基于大数据的客户价值分析，已经在发现需求、捕捉机会、精准营销、优化管理、提升绩效等方面进行了不少成功的尝试。大数据可使企业在市场细分、市场选择、市场定位等各环节实现营销的精准化、个性化和动态化，使得每一个市场机会尽在企业掌握之中。

二、大数据营销及其特点

大数据营销是指在大数据分析的基础上，描述、预测、分析、引导消费者行为，帮助企业制定有针对性的营销战略战术的过程。以企业促销实践为例，以往都是选择知名度高、浏览量大的媒体进行投放。如今，大数据技术可让企业了解目标受众身处何方，关注什么位置的什么屏幕等详细信息。因此，大数据营销可以做到当不同用户关注同一媒体的相同界面时，广告内容有所不同。

大数据营销具有很强的时效性，互联网时代的消费者行为极易在短时间内发生变化，大数据营销可以在用户需求最强烈之际，实施精准及时的营销。大数据营销具有明显的个性化优势，可以根据用户的兴趣爱好及其在某一时间点的需求，有的放矢，实施一对一营销。大数据营销还具有精准化、高效率的特点，可以根据实时的定价、分销、促销效果反馈，及时调整营销策略。尤其是企业通过对用户的各种信息进行多维度的关联分析，可从大量数据中发现有助于优化营销决策的各种关联。例如，通过发现用户购物车中的不同商品之间的联系，分析、预测用户的消费习惯和规律，获悉哪些商品被哪些用户频繁地购买，从而帮助营销人员由此及彼，举一反三，掌握用户的购买行为及其规律，有针对性地制定出相关商品的营销策略。

运营商在大数据领域占据独特的天然“管道”优势，拥有多年业务运营积累的网络运营数据和用户业务数据，具备精准营销必备的基本要素。

1. 运营商通过用户办理业务时提供的信息掌握用户的姓名、性别、年龄、单位、住址等详细数据。

2. 运营商能够掌握用户的业务类型、业务资费、通话信息、消费行为等信息。

3. 运营商可以根据基站、定位系统等准确获取用户的地理位置等信息。

4. 运营商拥有海量的用户互联网访问数据的记录。

例 16－3　卖菜也可以靠算法

三、大数据营销模式

目前，大数据营销具有如下几种典型模式。

（一）关联推荐模式

关联推荐模式是指借助人脑的视觉思维能力，通过挖掘数据之间重要的关联关系将若干关联性的可视化数据进行汇总处理，揭示出大量数据中隐含的规律和发展趋势，借以提升大数据对精准营销的预测支持能力。关联推荐模式就是由 A 找到 B，从数据中找到关联。

例如，在美国的沃尔玛大卖场，当收银员扫描完顾客所选购的商品后，POS 机上会显示出一些附加信息，然后售货员会友好地提醒顾客："我们商场刚进了两三种下酒小菜，正在促销，位于D5 货架上，您要购买吗?"这时，顾客也许会惊讶地说："啊，谢谢你，我正想要，刚才一直没找到，那我现在再去买。"这就是沃尔玛在大数据系统支持下实现顾问式营销的一个实例。

（二）精准定向模式

利用关联分析（conjoint analysis，也译为交互分析）等相关技术对用户社交信息进行分析，通过挖掘用户的社交关系、所在群体来提高用户的保有率，有助于企业实现交叉销售和向上销售，也有助于营销人员识别社交网络中的"头羊"、跟随者以及其他成员，识别目标市场中最有潜力的用户，从而开展更富有成效的精准营销。精准定向模式是指从 A，B，C……一群人中找到企业最想要的 A，这也是所有需求方平台（DSP）广告所惯用的模式。

（三）动态调整模式

动态调整将用户行为列入大数据维度，以动态的运算结果来指导目标市场的选择以及营销组合策略的实施，最终目标是实现营销绩效的最大化。动态调整模式是指计划要推 A，但是在实际的场景交互中，数据反馈的结果发现 B 更受欢迎，因此调整计划改推 B。

（四）瞬时倍增模式

瞬时倍增模式是指利用积累的大量人群数据，根据已经拥有的 A，找到更多的一群 A。相对于已经成为客户的人群规模，还没有成为客户的人群规模是非常大的。从数量巨大的潜在客户中找到忠实的消费者人群这个过程的效率和成本就成为商家制胜的关键。阿里巴巴集团旗下的阿里妈妈为此构建了一个 Lookalike 模型，它被形象地称为"粉丝爆炸器"，可以做到"给定一小群人，自动找到 10 倍、20 倍规模相似人群"，实现瞬时倍增。

通过大数据算法对全网用户应用"粉丝爆炸器"，实际上更像是把全网消费者和商家的已购消费者之间的关联可能性进行精准排序。商家圈定某一小部分忠实用户人群以后，系统可以给出最像这群人的前 1 万人、前 10 万人、前 100 万人或更多。此时，便可根据商业目标来选择合适规模的人群进行营销活动。

四、大数据营销的程序

大数据营销的程序分为采集和处理数据、建模分析数据、商业解读数据、定制化营销策略四个步骤。

（一）采集和处理数据

大数据营销的第一步，就是对数据进行采集和处理。通过对客户特征、产品特征、消费行为特征数据的采集和处理，可以进行多维度的客户消费特征分析、目标市场细分选择、营销策略等指导分析。准确把握客户需求、增加客户互动可以推动营销战略战术的实施。营销策略都是建立在市场洞察基础之上的。营销调研往往是一切营销活动的前提。成功营销的关键因素一是对客户需求做出快速反应，二是通过数据分析洞察客户行为。企业需要通过市场调研来了解客户的市场需求、购买趋势、决策过程等，著名的市场研究公司如尼尔森、TNS、Ipsos 等都在营销调研方面颇有建树。但随着互联网的普及、大数据的出现，原本以发问卷为主的市场调研开始慢慢转型。现在，大数据能够收集到客户方方面面的信息：年龄、性别、背景、收入、地理位置、社交媒体使用、购买习惯和喜好、常上哪些网站等。

传统上，一般都是采取有限的、有意识的、结构化的手段（例如问卷调查）进行数据采集，能采集到的数据一定是企业能设想到的情况，而且数据的结构化较好。一般的数据库管理系统 MySQL 或 Excel 就能满足数据处理需要。而在互联网时代，大数据的采集过程基本是无限的、无意识的、非结构化的。各种纷繁复杂的行为数据都会以行为日志的形式上传到服务器。所有的生产营销过程信息都可以转化为结构化或者非结构化的数据。大数据营销需要企业具备三大能力：数据获取能力、数据处理能力和数据洞察能力。

（二）建模分析数据

大数据营销的第二步，便是对处理过的数据进行建模分析。在此过程中，所使用的数据分析模型主要涉及基本统计、机器学习、分类、聚类、关联、预测等算法。银行、运营商、零售商等早已运用消费者的属性和行为数据来指导客户关系的维持以及营销策略的制定。但是由于数据量的极大扩增，算法也获得了极大的优化提升。借助商业智能的联机分析处理（OLAP）技术对复杂的数据进行分析，可以快速灵活地进行大数据的复杂查询处理。

大型活动的数据收集要借助系统化管理来完成。为营销决策提供依据的用户行为分析至关重要。这就需要对收集到的数据进行深度挖掘。一般说来，完整的用户行为数据应包含用户的习惯、来源、服务体验度等。对大型活动的数据分析，需要了解参会人员的报名渠道来源、支付方式，人群职位分布与行业来源，人员的群体习性与特征、对不同分会场的关注度，现场服务的体验度，不同区域的人流密集度，等等。把这些数据完整、准确地记录下来，并依据一定的算法逻辑进行分析，可以获得许多有价值的信息。例如，在对参会人员的报名渠道来源分析中，大数据处理方式会精确地分析出该名参会人员获知活动信息的推广渠道、地域来源，不同渠道分布比例，各渠道营销成本与收益对比，以及团队报名与个人报名的比例、参会群体获取信息的行为分析等。

（三）商业解读数据

大数据营销的第三步，就是对分析处理过的数据进行商业解读，做出能够精准应用于营销实践的阐释。如前所述，大数据营销的惯常做法是，首先定义营销问题，之后采集对应的数据，然后根据确定的分析模型进行数据分析、验证假设，在此基础上进行商业解读。在商业解读数据的过程中，既可以根据营销问题封闭性地去挖掘对应数据，也可以开放性地将外部环境数据与内部数据结合起来进行探索、验证，得出一些可能与常识或经验判断完全相异的结论。

（四）定制化营销策略

在借助消费者洞察，精准了解客户之后，进行及时的、定制化的营销策略调整是大数据营销的最后一步。市场细分、市场选择、市场定位、产品开发与创新、品牌建设、渠道选择与管理、定价策略的调整、广告促销等营销策略都可以适应市场的变化而灵活变通，依据不同的市场环境、不同的客户需求、不同的客户行为来量身定制切合实际的营销策略。

在定制化营销策略层面上，真正能应用大数据的企业主要是BAT（百度、阿里巴巴和腾讯）。大多数企业仍然通过网站、业务系统、外部商业数据等开展数字营销，在如下方面实现营销策略的精准定制：

1. 用户行为特征分析。基于大量的事实数据，企业可以从年龄、职业、学历、收入等维度分析用户的喜好和习惯，给用户设定“标签”，及时、精准地了解用户。

2. 精准消息推送。借助数据分析结果的支撑，在分析用户行为和特征之后，企业可以对客户群体进行细分，用邮件、短信、客户端推荐产品或服务。实体商店据此可以改善产品的组合陈列、搭配销售来向特定用户推荐特定产品，实现精准定位。

3. 挖掘重点用户。关系营销理论认为，80%的利润来源于20%的老用户，而且开发一个新用户的成本高得多，所以维系老用户、挖掘重点用户成了营销管理的重中之重。通过分析用户行为，企业决策者可以判断哪些用户的需求恰好与企业的产品和服务相一致，哪些用户是最有价值的用户。通过调查了解网站的访问情况，企业可以判断用户关心的产品属性。借助外部的社交媒体信息，从千丝万缕的社会联系中挖掘信息，也可以帮助企业筛选重点用户。

互联网大数据具有丰富性、自发性、实时性、成本低、探索未知等特点，可以确保企业营销调研的成本低、周期短、实时反馈，能够发掘自发、真实、多元的声音，探索经验外的未知信息。在杭州，“城市大脑”每天要汇入来自全市70余个部门和企业的数据，日均新增数据达到8 000万条以上，包括警务、交通、城管、文旅、卫健等11大系统、48个应用场景，给老百姓生活带来方方面面的新变化。在深圳，借助互联网大数据研判车流监测准确率达95%以上，道路通行能力提高8%以上，30分钟就能形成交通情报精准推送。①

五、大数据营销面临的挑战

大数据营销在我国还处于起步阶段，从行业实践范围来看，多局限于银行、保险、电信、电商等领域；从技术应用度来看，多表现在对一些相对成熟的数据分析处理技术进行范围有限的应用。如何利用大数据技术实现更大的营销价值和效果，需要持续、深入地探索。当前，大数据营销尚面临以下四个方面的挑战：

1. 数据挖掘的事后性或滞后性。数据挖掘中所使用的数据都是事后发生的，在时间维度上具有滞后性，而市场环境的动态性、不确定性愈加明显，数据挖掘是否能够及时跟进以准确预测未来，面临挑战。

2. 非数据事物的数据化。在所采集的数据中，有些是量化的，可以用数字来表达；有些并不是量化的，像网络评论、图片、声音，甚至是一些物理情境的因素，如何将这些非数据事物转化为数据，以及如何有效解决数据化过程中的量纲问题，都需要予以解决。

3. 数据挖掘难以反映消费者的心理动机。大数据的价值密度低，分析表需要从庞大

① 迈出建设网络强国的坚实步伐：习近平总书记关于网络安全和信息化工作重要论述综述．人民日报，2019-10-19.

的大数据中分析消费者行为留下的痕迹或数据，探析从行为到行为、从现象到现象的关联影响。因此，数据挖掘所发现的结论大多是行为或现象之间的关联，但难以解释为什么关联，更加难以揭示行为或现象之间关联的深层次动机或原因。

4. 大数据营销中的数据安全问题。《中共中央关于进一步全面深化改革 推进中国式现代化的决定》强调，要"促进平台经济创新发展，健全平台经济常态化监管制度"①。在进行大数据营销时，必须考虑消费者的隐私问题，否则无法完全发挥其潜能，甚至会给消费者造成困扰和伤害。譬如，一旦消费者发现企业是通过非法途径购买个人信息向自己发送促销信息，不仅难以达到预先的营销目标，还会引起消费者对企业的反感。

第 5 节　客户关系管理与交叉销售

在数字时代，客户留存的关键在于提供卓越的体验，而吸引新客户的关键在于营销的精准和高效。大数据和人工智能技术为深入理解并迅速满足客户需求提供了解决方案，实现卓越的服务体验。根据麦肯锡的研究，数字化营销的成功实施能够显著提高银行的销售效率，降低客户流失率，并大幅提升交叉销售的成功率。随着全球信息技术的迅速发展，尤其是营销自动化软件开发及应用的突飞猛进，数据处理技术在营销领域得到空前广泛的应用，不仅促进了客户满意度与忠诚度的提高，而且增强了企业组织的核心竞争能力。其中，客户关系管理和交叉销售（cross-selling）给企业营销带来的变化最为明显。

一、客户关系管理

（一）客户关系管理的产生与发展

客户关系管理（customer relation management，CRM）起源于 20 世纪 80 年代初的"接触管理"（contact management），即专门收集整理客户与企业相互联系的所有信息，借以改进企业经营管理，提高企业营销效益。到 90 年代中期，接触管理逐渐演变为包括呼叫中心（call center）和数据分析在内的"顾客服务"（customer service）。经过 20 多年的不断发展，CRM 最终形成一套完整的管理理论体系。它既是一种市场导向的企业营销理念，也是面向客户优化市场、服务、销售业务流程，增强企业部门间集成协同能力，加快顾客服务的响应速度，提高顾客满意度和忠诚度的一整套解决方案。②

（二）CRM 的主要功能

CRM 包括各种营销理念、战略和策略，如根据客户行为方式的变化安排分销渠道，借助客户数据来规划和实施分销、促销和服务战略等。但是总体上讲，CRM 的主要功能集中在以下三个方面。

1. 客户的获取。首先，借助 CRM，企业可识别并吸引最有利可图的客户。系统收集客户的数据资料，然后加以详细分类和分析，从中筛选出本企业的目标客户群。给那

---

① 中共中央关于进一步全面深化改革 推进中国式现代化的决定．（2024－07－21）．新华社．

② 郭国庆．营销方式新进展：从 CRM 到交叉销售．管理评论，2003（2）．

些重复购买的客户以奖励，使之从中感受到良好的双向沟通，并认为自己得到了特别关注，以此来增强企业与客户的交往沟通，强化彼此之间互利互信的长期合作关系。其次，运用客户数据资料来设计开发上述客户喜欢的产品与服务。最后，提供个性化服务，或针对某一客户群提供专门服务。

2. 客户的开发。借助 CRM，企业可站在客户的立场，研究客户需要什么产品，在什么时候、以何种付款方式来满足具体的服务需求，并据此运用分销、促销等营销战略和策略来改进服务，降低成本，赢得忠诚。做好客户开发，需做好以下工作：

（1）在客户需要的时间与地点提供客户切实需要的产品和服务，以最大限度地获得利润收入。

（2）了解客户价值及其行为特征，以此为基础，优先安排营销方案，有效配置服务资源。

（3）借助多种营销手段、促销方式和服务渠道，改进服务并降低成本。

（4）通过销售产品，向客户个人或家庭实施更大规模的市场渗透，以不断提高企业的市场份额。

3. 客户的保持。在保持已有客户方面，一要致力于建立和维持客户忠诚度；二要借助客户数据资料进行有针对性的促销和交叉销售活动；三要努力扩大每位客户参与的产品和服务范围，从而在客户和企业之间建立更牢固的联系。所有这些，都可借助 CRM 来完成。

（三）实施 CRM 的注意事项

CRM 为卖方提供了迅速收集客户信息，确定特定时期内最有价值的客户，并通过提供定制的产品和服务提高客户忠诚的良机。研究表明，企业实施 CRM 必须注意以下四个方面：

1. 避免在制定客户战略之前就执行 CRM。成功依赖于明智地选择战略客户和定位，这比计算机系统、软件、呼叫中心和其他技术更重要。

2. 避免在组织做好准备之前就启用 CRM。CRM 不仅影响与客户接触的过程，而且影响内部结构和系统，必须做好组织内部的调整。

3. 避免认为 CRM 技术越多越好，而应将技术与客户战略相匹配。

4. 避免与不感兴趣的客户建立关系，应深入挖掘那些真正看重企业所提供价值的顾客。

从营销战略和竞争定位的视角看，重要的是将 CRM 作为企业的关键能力要素来有效地管理客户关系，在制定和执行有效的客户战略中考察 CRM 的能力和投资。

二、交叉销售

（一）交叉销售的含义

交叉销售是 CRM 的一个重要应用领域。那么，什么是交叉销售呢？一般来讲，交叉销售是指借助 CRM，发现现有顾客的多种需求，并通过满足其需求而销售多种相关服务或产品的一种新兴营销方式。

事实上，交叉销售不仅是一种营销方式，而且是一种营销哲学，即充分利用一切可能的资源来开展营销，服务市场，赢得顾客，甚至在更大范围内与合作伙伴共享市场。

这些资源包括自己现有的、可以开发或正在开发的，也包括合作伙伴的。例如，一个高尔夫俱乐部会员卡的购买者可能也是轿车购买者，还可能是健康服务购买者。如果了解这个顾客的消费属性和兴趣爱好，我们就可以根据更多的客观参考变量做出正确判断。所有这些参考变量都需要借助 CRM，由数据库来进行存储和分类。

（二）交叉销售的应用

交叉销售可以应用于多种不同的行业，如家电业、银行业、保险业、证券业、旅游酒店业等。前提是企业知道顾客是谁，他购买了什么产品或服务，有哪些具体的消费属性。核心是数据库的应用，关键是与特定顾客高效率的沟通，结果则是更多的销售和利润。所以，这种营销方式在很大程度上是以数据库营销为基础，对于 CRM 的深度挖掘和应用，或者说是 CRM 的一个派生功能。企业借助数据库来锁定某个特定的顾客，了解顾客消费属性和购买历史，进而采取明智的营销战略和策略，来满足顾客需要，赢得竞争优势，提高营销效益。

世界各国的营销实践证明，交叉销售在银行业和保险业等领域的应用效果最为明显。这是因为，消费者在购买这些产品或服务时，必须提交真实的个人数据资料。一方面，这些数据资料可以用来进一步分析顾客的需求（CRM 中的数据挖掘）作为市场调研的基础，从而为顾客提供更多更好的服务；另一方面，也可以在保护顾客个人隐私的前提下，将这些顾客资源与其他具有互补性的企业进行互相营销（mutual marketing）。

对于一家金融企业来说，顾客购买的产品和服务越多，企业留住顾客的希望就越大。国外营销学界的研究表明，如果顾客在银行只有一个支票账户，银行留住顾客的概率是 1%；如果顾客在银行只有一个存款账户，留住顾客的概率是 0.5%；如果顾客同时拥有这两个账户，则银行留住顾客的概率会增大到 10%；如果顾客享受到三种服务，概率将会增大到 18%；一旦银行让顾客享受四种或者四种以上的服务，则银行留住顾客的概率将会增大到 100%。

（三）CRM 与交叉销售的营销效果

CRM 中的数据库给企业带来了极其宝贵的营销资源优势。基于数据库，企业组织可以实现跨行业、多品种的交叉销售。企业将顾客数据充分利用起来，至少可以在如下方面做得卓有成效：

1. 为本企业的顾客提供周到全面的服务，提高顾客满意度和忠诚度，不断提高企业营销效益。（1）提高顾客忠诚度可以给企业创造更多的利润与销售。美国哈佛商学院的一个研究报告显示，多次光顾的顾客比初次登门者可为企业多带来 20%～35%的利润；固定顾客数量每增长 5%，企业的利润会增加 25%～95%。（2）顾客忠诚度的提高，不仅可以使顾客重复购买，树立良好的企业形象，而且可以产生口碑效应，吸引更多的消费者惠顾，使企业的业绩得以提升。（3）提高顾客的忠诚度还可以降低顾客流失率。

2. 有助于本企业开展富有成效的市场调研，更加精确地掌握顾客需求现状、发展趋势、满足程度等数据资料，借以改善营销管理。借助回归分析法、因子分析法、聚类分析法等工具，企业可以从顾客数据库中挑选出对企业有价值的优质顾客和潜在目标顾客群，从而为开展交叉销售奠定坚实基础。

3. 向其他企业提供有关的名单租赁服务，不仅从顾客关系资源中获取更多的经济价值，还借此密切与战略合作方的互利关系，增进相互信任。

4. 为本企业拓展新业务和维持顾客关系提供数据支持，促进企业提高营销工作的精确度。新顾客不仅开发费用高，而且成交机会少。然而，将产品或服务推销给原有顾客的成交机会却能够达到50%。因此企业必须采取措施尽最大努力维系顾客，防止顾客流失。若是流失一名最好的顾客，企业要多花7～10倍的成本去寻找一名替代顾客，或找更多的普通顾客来弥补利润的损失。而顾客关系的维持，不仅可节省市场细分、市场选择和市场定位的资源耗费，而且可以提高效益、改进管理，增进企业与顾客的双向沟通。这一效果的取得，又为更大领域的交叉销售拓宽了渠道。

展望未来，在非营利机构及其他行业领域，交叉销售同样可以得到有效的应用，而且在数据库的支持下，交叉销售的精确性将不断提高，实现手段更加多样化和更富灵活性。

第6节　商业分析

一、商业分析的概念

商业分析（business analysis，BA）近年来受到了广泛的关注。一方面是由于当今社会各个领域的数据量飞速增长和各类应用软件的普及，原先只能被政府和大型企业所掌握的数据分析已经能够被各个企业获得和负担。运用相关的统计学知识和计算机等工具进行数据收集、整理和分析，已经被纳入了企业进行决策的考量之内，并且越来越多的企业认识到数据分析是明智的商业决策的基础和必要条件。另一方面是由于当今计算机技术的发展和各类相关数据的存储和共享，使得先进的计算机软硬件能够使各个企业以惊人的速度进行数据计算和处理，通过模型构建、数据挖掘、预测等方式，推动商业分析的实现和发展。

一直以来，传统的商业分析都被认为是以概率论和统计学原理为基础，通过计算机等工具收集、整理、研究、分析、处理相关的经济或管理类数据，从而为解决各相关领域出现的一些实际问题提供有效的决策参考，包括财务分析、市场预测、投资风险预测、各类报表分析、质量管理等方面。商业分析的目的是通过对收集到的数据进行分析，反映企业在市场运行中的表现、市场对于企业的产品需求、资源的成本和需求情况、整体经济运行状况以及相关市场条件，为企业进一步制定有效的生产服务决策，提高资源利用率，提高管理质量和效率，从而不断提高企业的经济效益提供支持。

简言之，商业分析就是在理解自身业务问题的基础上，掌握一定的统计学和概率论原理，利用计算机技术对收集到的数据进行分析和处理，应用各种分析模型对数据进行分析和挖掘，实现描述业务现状、解决业务问题、预测业务前景的目标。

二、商业分析的基本思想

（一）商业分析的目标

商业分析已经出现并发展了很多年，只是一直被人们认为是一种技术，直到近年来，商业分析才逐渐和业务紧密联系起来，企业也在逐步建立与商业分析相关的部门来提升业务决策的专业性和准确性，不断优化业务流程，提高企业绩效和经济效益。

商业分析的目标是通过对业务相关的数据进行分析、挖掘，充分体现其中包含的信息和价值，为企业提供科学管理思维和最优的问题解决方案，以提高发现问题的及时性和快捷性以及决策的科学性和准确性。

商业分析可以实现从特定形式的数据中提炼有效信息，可以针对特定的数据和问题更为快捷、便利地选择一种或多种挖掘算法，寻找数据背后隐藏的规律和相关关系，并运用这些规律和关系来对问题的解决提出参考建议，并对未来的发展做出可靠预测，为决策的制定提供参考。

除此之外，商业分析还可以帮助企业探索市场运行机制，发现竞争对手未发现的潜在知识和规律，这些是企业进行生产经营活动的基础和必要条件，也是帮助企业形成一体化战略和集约化经营的重要组成部分。在大数据时代的背景下，在商业全球化的今天，企业需要通过不断提升数据信息的利用能力来提高自身竞争力，商业分析能帮助企业对信息进行充分系统的提取和分析，对于企业的资源配置、成本管控、生产管理、绩效管理、风险预测、决策制定等都有着重要的作用。

（二）商业分析的模型

商业分析平台在发达国家的企业中已经得到了广泛运用，趋于成熟，但在我国，只有少数大型企业在使用商业分析平台。结合国内外行业分析模型的研究和企业的使用情况，将商业分析常用的业务模型大致分为以下几类：

1. 市场分析模型。市场分析模型是通过对企业的宏观环境进行分析，包括政治环境、经济环境、社会环境等，这类分析关系到企业的生产计划和销售政策的制定，是企业进行商业决策的基础和必要条件。商业分析的市场分析模型主要由以下几个方面组成：客户洞察力分析、市场购物篮分析、产品倾向性分析、广告和活动效果分析、广告和活动投资回报分析。

2. 采购和费用模型。采购和费用管控是企业实行成本控制的核心要点。企业要想实现利益和价值最大化，除了提高自身的竞争力和盈利能力，进行合理有效的成本控制也是一个关键因素。企业的性质不同，进行商业分析的侧重点和着力点也不一样，但归结起来，大致可以将企业的采购和费用分析分为以下几类模型：供应商绩效分析、采购合同管理分析、采购周期分析、员工开支分析、买方生产力分析、直接和间接支出分析。

3. 供应链和订单管理模型。供应链和订单管理是否科学深入影响着企业利润和客户满意度，对其进行分析可以有效实现以下几个目标：一是降低错误发生的概率，提高业务流程的准确性和工作效率；二是提高流程自动化能力；三是提高订单转换率和库存周转率，缩短库存周转时间，提高配货的效率和准确度。将商业分析模型围绕以上几个目标大致分为以下几类：收入和积压分析模型、库存分析模型、结算状态分析模型、客户状态分析模型、订单周期分析模型和 BOM 物料清单分析模型。

4. 服务分析模型。要想提高企业客户满意度，就必须先对企业自身的服务进行评价和分析。商业分析中的服务分析模型主要包括以下几个模块：服务成本分析、服务成效分析、服务代表率分析、服务趋势分析、问题解决率分析、客户满意度分析。

三、商业分析的主要流程

商业分析是指针对某一业务问题进行信息收集整理，并运用统计学原理和计算机工具进行研究分析的过程，大致可以分为业务需求分析、信息收集、数据挖掘、商业分析和总结评估五个步骤。

（一）业务需求分析

完整的商业活动涉及多个方面的问题，在商业分析中，必须要明确业务的具体需求，这样才能在该问题上发力，着重找出特定的领域和问题，了解商业分析的研究目的、研究对象和研究内容。业务需求是否合理，直接影响商业活动过程能否实现价值，直接关系客户的切身利益。良好的业务需求能够有效地表达客户的体验和要求，对这些需求的分析能够有效地解决其中存在的一些问题，提高资源利用率，提升经济效益，创造社会价值。

在业务需求分析的过程中，应当遵循以下基本原则：

1. 针对性原则。针对性是指在业务需求分析中要注意与市场发展、合作竞争、科学研究、生产管理等方面紧密联系和结合起来，能够反映客户在商业活动中的各种需求，为企业的商业决策、产品拓展、产能发展和市场开拓等提供切实有效的服务。简言之，商业分析的针对性是要针对各类需求提供切实有效的分析并提出参考建议，正确处理好当前需求和长远需求、现实需求和潜在需求、战略需求和战术需求等方面的关系。

2. 科学性原则。科学性原则是指在业务需求分析中必须符合科学原理，必须在科学的统计学、概率论等相关专业知识和原理的基础上才能开展，必须以客观规律为行动指南，不能为了不合理的商业目标而违背客观规律和事实，这对于做出正确的、切实可行的商业决策起到至关重要的作用。

3. 可行性原则。可行性原则是指对于选定的目标，如果已经具备了或者可以具备完成该目标所需的条件，就可以认为业务需求是可行的。业务需求分析会受到很多因素的制约和影响，比如研究机构的物质条件、研究人员的素质和水平、宏观和微观环境的影响等，因而结合各方面实际情况找到一种切实可行的、合适的分析方式才能帮助企业做出准确而有效的分析。

（二）信息收集

商业信息不仅包括市场动态、行业发展趋势和消费者信息，也包括竞争对手的各类信息和情况，大致可以通过以下渠道来获得商业信息：

1. 内部信息。情报收集是一项专业性较强的工作，善于收集情报的人员能够在组织内部发现各类自己需要的资料。为了更好地利用这些资料，这些信息会根据来源的部门、职务以及涉及的技术、市场来进行整合。在较大型的企业中还有专门的部门或组织进行情报搜集的训练和研究，可以为企业提供更加专业、全面、有效和具有针对性的信息，为商业分析和商业决策提供强有力的支撑和保障。

2. 网络信息。在大数据时代，网络已经成为人们生活、生产中不可分割的一部分，包含着大量的信息，通过一些渠道可以收集到一些有价值的资料。

（1）搜索引擎。通过搜索引擎，可以登录目标公司官方网站查找公布的相关信息，还能对一些专业术语以及与目标公司有关联的一些企业、用户等进行检索，了解各方面与目标公司的关系，了解目标公司的产品、服务、供销渠道、市场现状等情况。

（2）社交网络。由于社交网络的兴起，对于一个企业而言，无论是管理者还是员工，都在乐此不疲地进行社交，不断丰富着自己的社交网络，从中可以挖掘出很多有价值的信息。例如员工在社交平台上发布的动态能够反映出该企业在哪个时间段开展哪些活动，员工对这类活动的评价感受如何，再结合外界的相关信息，能够推测出关于该企业更多更详尽的情况。

（3）商业情报数据库。数据库以其检索速度快、检索途径多、检索识别度高等特征一直被关注。国外有很多大型的数据库，诸如Dialog、Data-Star、BRS等都含有大量的竞争情报信息。国内的一些数据库也在不断更新和发展，如万方数据库等。

（三）数据挖掘

前面介绍过，商业分析之前大多被界定在技术领域，这是由于商业分析要用到很多计算机技术和知识，其中最为人们津津乐道的就是数据挖掘（data mining，DM）工具和技术。在大数据时代，只有在收集大量的信息后，通过数据挖掘技术，探索隐藏在数据背后的有价值的知识和客观规律，运用这些知识来修正对于商业问题的主观感性认识，才能客观理性地认识问题本身，依据客观数据制定更为科学的决策。诚如习近平所指出的，要“综合运用各方面掌握的数据资源，加强大数据挖掘分析”①。

数据挖掘是一种依据企业既定的业务目标，通过对收集到的大量数据和信息进行探索和分析，揭示隐藏在数据背后的客观规律，并将其推广形成固定模型的管理活动过程。

数据挖掘的主要方式大致可以分为以下几类：

1. 分类：将已知的数据集合提炼出共同特征，再参照该特征将其他拥有该特性的数据归入这一类别。

2. 聚类：识别数据的分组，每一组都有共同特征。聚类与分类的不同在于，分类提前界定了数据的特征，进而把拥有相同特征的数据都归进来；聚类则没有提前界定数据分类的特征。

3. 关联分析：探索在相同时间点，各类发生的事件之间有怎样的相关关系。

4. 序列分析：探索在某一段时间内，各类发生的事件之间有怎样的相关关系。

5. 回归分析：进行估计的一种方法，用于探索各个变量之间的相关关系，推出变量间的模型，从而达到预测和估计的目的，大致可以分为线性回归和非线性回归两类。

6. 预测：一种根据大多数集合中的模式来预估未来值的常用方式。

（四）商业分析

前文提到，在商业分析活动中，需要遵循针对性、科学性和可行性原则，因而选择适当的分析方法对数据进行挖掘和处理，能够得到大量的有效信息和丰富的模型，再根据实际情况进行合理分析和解读，从而得出更加直观的结论，为商业决策的制定提供强有力的支撑和参考。

典型的商业分析方法有PEST模型分析、波特五力模型分析、内部环境分析、SWOT模型分析等。

1. PEST模型分析。PEST模型分析主要用于对外部宏观环境的分析。外部宏观环境又称一般环境，是指影响企业行为的各种宏观力量，四个字母对应四种力量，即政治（political）、经济（economic）、社会（social）和技术（technological）。

2. 波特五力模型分析。五力模型主要用于对行业环境的分析，包括供应商的讨价还

---

① 习近平：在网络安全和信息化工作座谈会上的讲话.（2016-04-25）. 新华社.

价能力、购买者的讨价还价能力、新进入者的威胁、替代品的威胁和企业内现有竞争者的情况，据此判断该行业是否具有吸引力。

3. 内部环境分析。内部环境分析主要是通过对企业内部的资源、能力等进行分析（资源包括专业技术、关键人才、社会资本、企业文化等方面，能力包括研发能力、管理能力、营销能力、生产能力、商业模式等方面），据此判断企业是否具有核心竞争力。核心竞争力是什么，判断的标准是该种资源或能力是不是有价值的，是不是稀缺的，是不是难以模仿的，是不是不可替代的，如果相关条件都满足就认为该企业具有核心竞争力，该种资源或能力就是该企业的核心竞争力。

4. SWOT 模型分析。SWOT 分析又称态势分析，是最常用也是最基础的分析方法，是对企业内外部的各方面条件进行综合归纳和概括，进而分析企业的优劣势，以及面临的机会和威胁的一种分析方法。四个字母对应着四方面，即优势（strength）、劣势（weakness）、机会（opportunity）、威胁（threat）。

（五）总结评估

为了能将商业分析的结果直观、清晰地展现出来，让数据生成的专业结论变得通俗易懂，提高决策的参考价值，需要对所得分析结果进行二次处理，使结论能够被客户接受。常用的总结评估有以下两种途径：

1. 报表。报表就是通过图表、表格等形式来展现分析结果，由于报表所具备的数据动态化、格式多样化等特点，这样展现的好处是能直观地看到各类数据分析的结果，并且能够通过纵向和横向对比，看出不同时期同一事件的变化情况，或是同一时期内不同事件的相互关系，能够使决策者简明扼要地抓住信息中包含的重要信息，为商业决策提供重要依据。

2. 管理驾驶舱。管理驾驶舱是模拟交通工具驾驶舱中众多控制器和仪表盘的组合和格局，将大量的已有数据按照一定的规律进行展示，并且可以在不同界面和图形之间切换，在显示数值的同时判断数值反映的情况并做出提醒，如经营情况良好、正常等，让客户方便快捷地获取各种信息。

小　结

进入数字经济时代，营销领域发生了很大的变化，营销工程、绿色营销、体验营销、大数据营销、客户关系管理和交叉销售、商业分析等营销新进展日益引起学术界、企业界的高度关注。营销工程的发展实现了从思想模型到决策模型的转变，为企业理性决策提供了技术支持。绿色营销倡导绿色文明，强调企业经济利益、消费者利益和环境利益的兼顾。分析影响绿色营销的企业内部和外部因素，对于成功地实施绿色营销至关重要。体验营销是指企业以满足消费者的体验需求为中心所开展的一切营销活动。大数据营销是指在大数据分析的基础上，描述、预测、分析、引导消费者行为，帮助企业制定有针对性的营销战略战术的过程。大数据营销具有很强的时效性，有利于实施精准及时的营销。兼具社交属性和移动互联网便利性的社交媒体给企业带来了不同以往的机遇和挑战，成功的社交媒体营销能给企业带来成本更低的大流量互动效果，能够扩大品牌影响力，提升销售量和品牌价值。客户关系管理和交叉销售则是充分利用信息技术和客户数据赢得更多忠诚客户、优质客户，提升企业竞争实力和获利能力的有效手段。商业分析就是在理解自身业务问题的基础上，掌握一定的统计学和概率论原理，利用计算机技术对收集到的数据进行分析和处理，应用各种分析模型对数据进行分析和挖掘，实现描述业务现状、解决业务问题、预测业务前景的目标。

基本概念

营销工程	测量模型	决策模型
理论模型	巴斯模型	绿色营销
体验营销	大数据	大数据营销
社交媒体	社交媒体营销	客户关系管理
交叉销售	商业分析	信息流广告
价值共创	数据挖掘	管理驾驶舱

复习题

1. 营销工程的特点有哪些？
2. 实施绿色营销的步骤有哪些？
3. 体验营销与价值共创的关系如何？
4. 大数据营销的典型模式有哪些？
5. 商业分析中常用的业务模型有哪些？

案例分析

小米的客户关系管理

2024 年第二季度，小米公司总收入为 889 亿元，创历史新高，同比增长 32.0%。业务分部来看，2024 年第二季度，“手机×AIoT” 分部收入为 825 亿元，“智能电动汽车等创新业务” 分部收入为 64 亿元。

小米注重客户关系管理，通过积极与粉丝互动，建立了一个庞大而忠实的用户群体，即“米粉”。小米注重培养粉丝的参与感和归属感。通过举办“米粉节”等活动，小米为粉丝提供了一个专属的节日，在这一天推出大量的优惠活动、新品发布和互动体验，让粉丝感受到自己是小米品牌的重要组成部分。此外，小米还邀请粉丝参与产品的设计和开发过程，通过线上调研、社区讨论等方式收集粉丝的意见和建议，将粉丝的想法融入产品，使产品更符合粉丝的需求和期望。

小米还通过建立粉丝社区，为粉丝提供了一个交流和互动的平台。在社区中，粉丝可以分享使用小米产品的经验和技巧，交流对小米品牌的看法和建议，还可以参与官方组织的各种活动和任务。社区不仅增强了粉丝之间的联系和凝聚力，也为小米提供了一个直接了解粉丝需求和反馈的渠道，有助于不断优化产品和服务。

为了回馈粉丝的支持，强化客户关系，小米还推出了一系列针对粉丝的专属福利，如优先购买权、粉丝专属优惠、限量版产品等。这些福利不仅让粉丝感受到了特殊的待遇，也进一步激发了粉丝的购买欲望和忠诚度。

微博是小米开展客户关系管理的重要工具。小米官方微博拥有庞大的粉丝群体，通过发布产品信息、预告新品发布、分享用户故事、举办线上活动等方式，与粉丝保持密切互动。例如，新品发布前，小米会在微博上逐步透露产品的特性和亮点，引发粉丝的猜测和讨论，制造话题热度。同时，小米还会利用微博的话题功能，创建与产品或活动相关的话题标签，如“小米新品发布会”“小米 XX 手机”等，吸引更多用户参与讨论和传播，扩大活动的影响力。

微信也是小米客户关系管理的重要一环。小米通过微信社群，将粉丝聚集在一起，进行产品的内测、用户调研等活动，增强用户的参与感和忠诚度。

除了国内平台，小米在国际社交媒体平台上也积极开展营销活动，加强客户关系管理。在脸书上，小米面向全球用户发布产品信息、展示品牌文化，与国际粉丝进行互动交流。通过发布多语言内容和针对不同地区市场的定制化内容，小米能够更好地满足全球用户的需求，提升品牌在国际市场上的知名度和影响力。

资料来源：从直销到社交：小米如何利用互联网和社交媒体实现销售奇迹．(2024－07－15)．腾讯新闻；小米集团：第二季度总收入 889 亿元 同比增长 32.0%．证券时报，2024－08－21；小折叠一炮而红，小米为什么是营销界的常胜将军？．(2024－08－20)．澎湃新闻．

思考题

小米在开展客户关系管理方面有哪些创新之处？

参考文献

1. 中共中央关于进一步全面深化改革 推进中国式现代化的决定．(2024－07－21). 新华社.

2. 习近平．关于《中共中央关于进一步全面深化改革、推进中国式现代化的决定》的说明．人民日报，2024－07－22.

3. 习近平．论把握新发展阶段、贯彻新发展理念、构建新发展格局．北京：中央文献出版社，2021.

4. 习近平．习近平谈治国理政：第四卷．北京：外文出版社，2022.

5. 习近平．高举中国特色社会主义伟大旗帜 为全面建设社会主义现代化国家而团结奋斗：在中国共产党第二十次全国代表大会上的报告．人民日报，2022－10－26.

6. 习近平．必须坚持自信自立．求是，2024 (14).

7. 习近平．新时代新征程中国共产党的使命任务．求是，2024 (13).

8. 习近平．开创我国高质量发展新局面．求是，2024 (12).

9. 习近平．发展新质生产力是推动高质量发展的内在要求和重要着力点．求是，2024 (11).

10. 习近平．习近平著作选读：第一卷．北京：人民出版社出版，2023.

11. 邝鸿．市场学概论．北京：中央广播电视大学出版社，1986.

13. 邝鸿，郭国庆．市场学原理．北京：中国展望出版社，1987.

14. 邝鸿．现代市场学．北京：中国人民大学出版社，1989.

15. 邝鸿．现代市场营销大全．北京：经济管理出版社，1990.

16. 罗真耑，黄燕，江一舟．销售学原理与应用．北京：中国财政经济出版社，1982.

17. 吴健安，郭国庆，钟育赣．市场营销学．3 版．北京：高等教育出版社，2007.

18. 甘碧群．宏观市场营销研究．武汉：武汉大学出版社，1994.

19. 甘碧群．企业营销道德．武汉：湖北人民出版社，1997.

20. 符国群．消费者行为学．北京：高等教育出版社，2001.

21. 郭国庆．市场营销管理：理论与模型．北京：中国人民大学出版社，1995.

22. 郭国庆．服务营销．6 版．北京：中国人民大学出版社，2024.

23. 郭国庆．市场营销．4 版．北京：中国人民大学出版社，2021.

24. 郭国庆．市场营销学通论．9 版．北京：中国人民大学出版社，2022.

25. 郭国庆．市场营销学概论．3 版．北京：高等教育出版社，2018.

26. 郭国庆．中国市场营销学科发展史．北京：中国人民大学出版社，2023.

27. 费鸿萍．营销工程与应用．上海：华东理工大学出版社，2012.

28. 蔚海燕，许鑫．商业分析概论．上海：华东师范大学，2015.

29. 王仁武，蔚海燕，范并思．商业分析：商业数据的分析、挖掘和应用．上海：华东师范大学出版社，2014.

30. 凯林，哈特利，鲁迪里尔斯．市场营销：插图第9版．北京：世界图书出版公司，2011.

31. Peter D. Bennett. Marketing and Economic Development. AMA，1965.

32. Ronald E. Frank，Paul E. Green. Quantitative Methods in Marketing. Prentice-Hall，Inc.，1967.

33. Raymond M. Hans. Science，Technology & Marketing. AMA，1966.

34. Dominique M. Hanssens，Leonard J. Parsons，Randall L. Schultz. Market Response Models：Econometric and Time Series Analysis. Kluwer Academic Publishers，1990.

35. John U. Farley，Donald R. Lehmann. Meta-Analysis in Marketing：Generalization of Response Models. Lexington Books，1986.

36. Richard P. Bagozzi. Causal Models in Marketing. John Wiley & Sons，1980.

37. William R. King. Quantitative Analysis for Marketing Management. McGraw-Hill，1967.

38. Gilbert A. Churchill. Marketing Research：Methodological Foundations. The Dryden Press，1976.

39. Jr. William Perreault，Joseph Cannon，E. Jerome McCarthy. Basic Marketing. 19th ed. McGraw-Hill，2014.

40. Kunal Basu，Guoqing Guo. The Need for the Reforms in Chinese Marketing Education. Ivey Business Journal，2007（May/June).

41. Philip Kotler，Kevin Lane Keller. Marketing Management. 15th ed. Pearson Education，Inc.，2015.

42. Philip Kotler，Garry Armstrong，Sridhar Balasubramanian. Principles of Marketing. 19th ed. Pearson Education Limited，2024.

43. Philip Kotler，Hermawan Kartajaya，Iwan Setiawan. Marketing 4.0：Moving from Traditional to Digital. Wiley，2016.

44. Philip Kotler，Hermawan Kartajaya，Hooi Den Huan. Marketing for Competitiveness：Asia to the World in the Age of Digital Consumers. World Scientific Publishing Co. Pte. Ltd.，2017.

45. V. Kumar. Transformative Marketing：The Next 20 Years. Journal of Marketing，2018，82（4)：1－12.

46. Rajan Varadarajan. A Commentary on "Transformative Marketing：The Next 20 Years". Journal of Marketing，2018，82（4)：15－18.

图书在版编目（CIP）数据

市场营销学：数字教材版／郭国庆，陈凯编著．
8版．--北京：中国人民大学出版社，2024.12.
（高等学校经济管理类核心课程教材）．-- ISBN 978-7
-300-33464-6

Ⅰ．F713.50
中国国家版本馆CIP数据核字第2024F5R943号

普通高等教育“十一五”国家级规划教材
全国普通高等学校优秀教材一等奖
普通高等教育精品教材
面向21世纪课程教材
商务发展研究成果奖优秀奖
高等学校经济管理类核心课程教材

市场营销学（第8版・数字教材版）
郭国庆　陈　凯　编著
Shichang Yingxiaoxue

出版发行	中国人民大学出版社		
社　　址	北京中关村大街31号	邮政编码	100080
电　　话	010－62511242（总编室）		010－62511770（质管部）
	010－82501766（邮购部）		010－62514148（门市部）
	010－62515195（发行公司）		010－62515275（盗版举报）
网　　址	http://www.crup.com.cn		
经　　销	新华书店		
印　　刷	涿州市星河印刷有限公司	版　　次	2000年5月第1版
开　　本	787 mm×1092 mm　1/16		2024年12月第8版
印　　张	23.75 插页1	印　　次	2024年12月第1次印刷
字　　数	572 000	定　　价	69.00元

中国人民大学出版社　管理分社

教师教学服务说明

中国人民大学出版社管理分社以出版工商管理和公共管理类精品图书为宗旨。为更好地服务一线教师，我们着力建设了一批数字化、立体化的网络教学资源。教师可以通过以下方式获得免费下载教学资源的权限：

- 在中国人民大学出版社网站 www.crup.com.cn 进行注册，注册后进入“会员中心”，在左侧点击“我的教师认证”，填写相关信息，提交后等待审核。我们将在一个工作日内为您开通相关资源的下载权限。

- 如您急需教学资源或需要其他帮助，请加入教师 QQ 群或在工作时间与我们联络。

中国人民大学出版社　管理分社

教师 QQ 群： 648333426（工商管理）　114970332（财会）　648117133（公共管理）
教师群仅限教师加入，入群请备注（学校+姓名）

联系电话： 010-62515735，62515987，62515782，82501048，62514760

电子邮箱： glcbfs@crup.com.cn

通讯地址： 北京市海淀区中关村大街甲 59 号文化大厦 1501 室（100872）

管理书社　　人大社财会　　公共管理与政治学悦读坊